東亞文明研究叢書 73

中國人的自我：
心理學的分析

楊國樞、陸洛◎編

臺大出版中心
NATIONAL TAIWAN UNIVERSITY PRESS

中國人的自我：心理學的分析

目 次

華人自我的多元展現與統合人我關係之界定：
「折衷自我」的現身

華人的自我評價與自尊

序

楊國樞、陸洛

在集體主義的傳統中國社會，人民在生活中既不重視自我，在學術上也殊少探討自我。民國建立以來，在個人主義的新潮下，民風漸開，學風丕變，學者方對自我之課題論述漸多。早期的有關著作皆是由人文學者所撰寫，主要是從思想史的觀點，分析先秦、兩漢、魏晉、及當代之自我觀念的演變。中國遠古的氏族部落之涉及自我的論述，所強調的是自然觀點的個體；西周與春秋時期所強調的是宗族社會觀點

* 中原大學心理科學研究中心暨心理學系講座教授、中央研究院院士、臺灣大學心理學系名譽教授。
** 臺灣大學工商管理學系教授。

的個體；春秋末期、戰國時期、及漢朝初年所強調的是「個人化」的個體；兩漢時期所強調的是國家社會觀點的個體；漢晉之際所探討的則是國家社會觀點之個體的自我價值危機與自我覺醒假象（馬小虎，2004）。及至當代，兩岸三地之人文學者（如文學者、歷史學者、哲學者、及藝術學者）的著作，涉及自我的論述日益增加，其中尤以新儒家的學者如錢穆（1955，2004 重印）的《人生十論》、唐君毅（1944）《人生之體驗》著墨最多。新儒家之論自我有一極大轉折，那就是從國家、社會、及宗族的觀點，變換為人生的觀點。落實於人生來談自我，從心理學的視角來看，當然是一種更符合人本主義（humanism）原則的安頓。

在兩岸三地的當代華人社會中，人文學者自一九五五年開始討論自我的課題，但社會科學（如社會學、政治學、經濟學、教育學、心理學、及管理學）對自我的研究則起步較晚。就心理學而言，有關華人自我的分析始於黃瑞煥（1973）與楊國樞（1974），足足晚了將近二十年。探討華人自我，人文學者主要是採用歷史回溯與概念分析的方法，社會科學者則是偏重實徵分析（empirical analysis）的程序。

自一九七三年以來的三十多年中，臺灣之有關自我的研究大致可分為兩個階段：

一、西化研究期（一九七三年至一九九〇年）：分就自

我概念、自我統整、自我知覺、自我強度、自我期望、自我評價、自我接納、及自尊等問題，從事理論分析與實徵研究。在此時期中，研究的問題與採用的概念、理論、方法、及工具，皆是直接取自美歐心理學。

　　二、本土化研究期（一九九〇年迄今）：楊中芳（1991a）發表〈回顧港臺「自我」研究：反省與展望〉的論文，檢討臺港有關自我的研究，指出華人自我與中華文化有密切關係，研究上不能過分依賴西方理論，必須在概念與研究兩方面有所更新。劍及履及，楊中芳（1991b）復於同年發表〈試論中國人的「自己」：理論與研究方向〉一文，強調「西方有關『自己』的理論多半無法涵蓋中國人的特色。因此，作者主張中國學者應『自食其力』發展本土研究，以充分瞭解中國人的『自己』」（頁 138）。楊氏的這兩篇論文奠定了臺灣心理學者進一步探討華人自我的基礎。

　　行政院教育部於一九九八年設置「大學學術追求卓越發展計畫」之研究經費補助項目，臺灣大學心理學系之「本土心理學研究中心」的本土心理學研究群（由六所大學與研究機構的二十多位教授與研究員組成），以「華人本土心理學研究追求卓越總計畫」（黃光國教授主持）提出申請，獲得連續四年（二〇〇〇年四月一日至二〇〇四年三月三十一日）的經費補助。總計畫共有六個分項計畫，第三分項計畫為「自我歷程、自我概念及自我評價」（楊國樞教授主

持），其下包括四個子計畫，分別探討有關華人自我的不同
層面。在規畫此一分項計畫及其四個子計畫的過程中，楊中
芳教授那兩篇有關華人自我研究的「開山」之作，仍然是我
們時常參考的主要文獻。

　　在執行第三分項計畫的過程中，楊國樞（1993）首先根
據 自 主 性 趨 勢 （ autonomous　trend ） 與 融 合 性 趨 勢
（homonomous　trend）兩種基本人類適應方式，界定個人取
向與社會取向，再將社會取向分為關係取向、家族取向、及
他人取向。以此四種取向為基礎，楊國樞（2004）進而建構
個人取向自我、關係取向自我、家族取向自我、及他人取向
自我的華人自我四元論。自此之後，我們所從事之有關華人
自我的各項研究，皆是採用此一概念架構。具體而言，本書
所收錄的十一篇正式論文，除了楊中芳與孫蒨如兩位教授的
四篇之外，其餘七者所報導的研究成果，皆是為了驗證華人
自我四元論所獲得。

　　本書的十一篇論文中，六篇曾刊載於《本土心理學研
究》期刊，兩篇發表於楊中芳與高尚仁合編（1991）的《中
國人‧中國心：人格與社會篇》一書，三篇為尚未發表的著
作。十一篇論文中，三者從事華人自我的回顧性與概念性分
析，四者釐清華人自我的類別與成分，四者探討華人對其自
我的綜合與分項評價。由此觀之，本書的論說內容涵蓋了華
人自我心理學的主要範圍，提供了有關華人自我的多方面知

識。作為解析華人自我的第一本文集，我們希望它能有效呈現過去十七年來有關自我的本土化研究成果，以使讀者適當瞭解本土化的華人自我研究所探討的課題、所採用的方法、所獲得的結果、以及所創發的概念與理論。我們也希望對華人自我有研究興趣的讀者，能參考我們以往的經驗，在自己的研究中從事更好的實徵分析，發展更好的理論系統。

　　作為本書的編著者，我們特別感謝楊中芳、孫蒨如、翁嘉英、許燕、許功餘五位教授，及王崇信、余思賢、潘君鳳三位先生女士，若非他（她）們同意編著者採用其大作，《中國人的自我：心理學的分析》定難成書。§

楊國樞、陸洛

二〇〇八年一月二十日

§ 作者感謝國科會「華人本土心理學追求學術卓越延續計畫」（NSC96-2752-H-002-019-PAE）經費支持。

緒論：
從自我心理學的研究中找回自我

陸洛[*]

　　在西方的心理學研究中，「自我」（self）一直是一個相當重要且熱門的研究主題，這是因為西方的價值體系一直十分強調個人對環境的掌控，及自我潛能的實現，如此強勢的自我偏執當然會反映在心理學的「自我」研究中。但是，華人的價值體系並不強調個人去控制環境，表現自我，或實踐潛能，而強調人境融合，自我克制及顧全大局，因此，華人關注的「自我」層面或許與西方人不同，且在這些受到關

* 臺灣大學工商管理學系教授。

注之層面上的分化，理解與感受也可能與西方人不同。易言之，「自我」的研究必須回歸到文化的脈絡之中，從分析東、西方文化對「自我」的不同建構著手，始能發掘對理解華人的自我有意義，有啟示的研究旨趣。

　　我們要如何在現代心理學的研究典範中找回「自我」呢？一個可能的起點正是面對心理學家漠視已久的「人觀」與「我觀」的思考。人何以為人？自我的本質是什麼？自我又如何體現在我們的日常生活之中？這些看似深奧的哲學問題，實則是心理學家在開展自我相關的研究時必須認真思索和深入探究的核心議題。一方面，我們對「人」與「自我」本質的把握，可為自我的心理學研究提供哲學的根基和理論的基礎。另一方面，我們所持有的「人觀」與「我觀」，不管是清晰的還是模糊的，不管是理性意識到的還是內隱不顯的，都是與自我有關的各項心理歷程開展的動力與依歸。舉凡西方心理學研究中歷久不衰的熱門議題，自我概念（自我知識）、自我呈現（自我歷程）、自我評價（自我維護）、自我接受（自尊）、及自我實現，其實皆源自個人特有的「人觀」與「我觀」，經由日常生活的實踐，也最終成就了個人的「人觀」與「我觀」。更不用說，看似玄虛清談的哲學命題，實則亦是每個人生命中無可迴避的試煉和人生意義之所在。

　　「我觀」奠基於「人觀」的哲學意涵，但在對「人」作

為哲學性本體的反思與界定外，更行凸顯人我關係、人與社會及人與環境的關係，可謂同時彰顯了人最根本的社會性與文化性，亦根植在每個人的社會參與及文化實踐之中。這樣的議題在心理學研究上的重要性自不待言，西方心理學者如William James（1892）將自我的研究引入了西方主流心理學的領域，他的「主體我」（I-self）與「客體我」（Me-self）的劃分，呼應了西方文化傳統中一以貫之的主客對立式認識自己的特色，也有效地表達了自我所獨具的主宰（覺知之我，建構之我）與被動（被覺知之我，被建構之我）的雙重性，成就了西方自我心理學研究的一個重要典範。主體我與客體我的討論其實是很有可能延伸到深層自我觀的探討，只可惜 James 及其後學並未在此議題上多做系統性的討論。隨著認知學派的興起及主導，西方自我心理學者的主要研究興趣遂轉向了自我認知（self-cognition）和自我歷程（self-process）的分析，如自我概念、自我基模、自我維護、自我呈現等，對其背後深層的自我觀議題始終視而不見，不論是理論分析與實徵研究都付之闕如。

近年來，隨著文化心理學的興起，心理學家開始注意到在不同的文化脈絡之下，人們對自我的觀念及體驗其實是十分迥異的。Markus 和 Kitayama（1991）的「獨立我/互依我」建構無疑是文化與自我研究的一個里程碑，也吸引了無數學者的跟進。但是，獨立我與互依我的理論建構是聚焦在人我關係的界定與運作上的，作為一套理論構念，它的誘人

之處在於將紛雜失焦的個人主義/集體主義建構定位到個人層次，鎖定在人我關係的議題上，讓「文化」的作用得以在心理學的分析中展現。不過，也正因如此，獨立我與互依我的建構有其局限性，其所反映的文化與自我的互動關係缺乏了哲學省思的深度，如 Tu（1985）對「自我」做為主體的考察；也不及人類學家論述自我時的厚度，如許烺光（Hsu，1985）所闡述的關係性、互動性的「人」（Jen）。類似「獨立我/互依我」的其它理論建構，如 Sedikides 和 Brewer（2001）所提的「個體我/關係我/集體我」（individual self，relational self，collective self），也存在同樣的問題，且這組「自我三元論」的建構更明確地關注自我知識（自我概念）和自我認同，而非自我觀念。

那麼，中、西文化中的深層「我觀」究竟是如何地不同呢？在中國傳統哲學的理念中，自我是具有彈性的、可變的，是一種精神發展的動態歷程，同時也強調個人的道德修為，視之為自我完善的重要手段。這樣的自我在外顯行為上可能會有多面性，甚至有矛盾，這可能正是自我回應各種情境要求的彈性處理，故華人總相信，看人與析事一樣，要有整體觀。這樣的自我本質上是「人倫」的，是鑲嵌在社會關係網之中的，正因這種互依性、關係性與集體性的自我格外重要，個我的獨特性常被壓抑，人與人的相似性才是強調的重點，俾以維持團體及社會的和諧運作。這種自我的兩面性也可能比較高，公開的自我與私密的自我之間會有較大的差

距。對華人而言，自我與他人的界限並非固定的，而是有彈性的，甚至強調應將不斷追求自我的擴張以包納他人作為道德修為的課目，此正所謂「修身、齊家、治國、平天下」。就華人的自我完善而言，天人合一才是終極目標。

　　相對應的，在西方個人主義的價值系統中，自我是一個恆定不變的實體，是以「真我」為核心，以追求一致性（consistency）和統合性（integration）為最高原則。西方的自我強調人與社會的分離，甚至對立，強調個人性的自我內涵，突顯個人的獨特及與眾不同，也認為公開與私密的自我應保持一致（除了禮貌等規範性因素的考量之外），此即對自己絕對的誠實。對西方人而言，自我與他人的界限是相當明確且固著的，而自我的終極目標則是將個人的潛能充分發揮出來，並不斷地追求自我超越。

　　這樣的兩套自我觀不僅在本體性和結構性上各具特色，在功能性與運作性上亦大不相同。先就在自我與他人的關係而言，傳統華人文化視社會關係的本質為共生性的，人絕不能離開他人而生活，故特別強調人際共享和人際情感，使之成為角色義務的心理基礎。同時，華人的社會規範也要求個人表現出合禮合宜的行為，運用各種面子功夫來維持人際和諧，個人也會對他人的評價與回應特別敏感，並據此作為自我瞭解的基礎。相對應的，西方文化的觀點則認為社會關係的本質應是交換性的，意即以個人福祉為中心，透過人際競

爭來達成自我的目標。同時也強調理性功能的發揮，以誠實地表達個人的偏好、感受、和需求，作為人際關係的基礎，人們主要靠自我探索來達成自我瞭解，對他人評價的在意度較低。

再就自我與團體的關係而言，華人文化傳統強調個人應依附並融入團體，在團體內克盡本分地扮演好自己的角色，維護團體的和諧與完整，並以團體目標與福祉為優先，甚至應不惜犧牲個人的利益。相對應的，西方文化則強調個人要靠自己，自給自足，即便加入團體，也應是個人基於自身利益的自主性選擇。個人在團體內依舊要保持自主性，維持與團體適當的心理距離，處於獨立而非融合的位置，個人目標優先於團體目標，個人福祉才是最重要的考量。

最後，對自我與社會關係而言，華人文化傳統強調個人與社會的高融合性，重視社會規則與規範，用之來解讀情境的要求，並配合表現出合宜的行為來順應環境，完成個人被社會或團體所賦予的角色責任。並藉由自我批評、自我改善等道德修為的努力，來贏得社會的肯定。相對應的，西方文化則視個人與社會為對立的關係，故強調個人應追求自我在跨時間、跨情境中的一致性，並以自己內在的情感及態度作為行為的導引，而非依循社會的規範與要求行事。西方文化亦極為重視個人潛能的充分發揮，強調自我對環境的掌控與主宰，靠著自我提升和自我成長來獲取自尊及社會尊嚴。

　　我們僅以中、西文化這兩套自我觀中相當重要的兩項特徵為例，再稍加說明。首先，西方文化的自我觀十分強調以「真我」為自我的核心，如 Rogers（1951）在其名著《成為一個人》（"On becoming a person"）中就特別強調人要相信自己，誠實面對自己，做自己想做的事，活出真正的自己（the true self）。事實上，西方心理學家在將人格理論和自我論述應用於臨床治療和諮商輔導時，都將找到真我（自我瞭解）、活出真我（自我接納）視為心理健康的終極指標（Coan，1977）。與此同時，這樣的「真我」是有其內在統整性和一致性的（coherent and consistent），這也是西方心理學者在論述自我時相當有共識的看法（Suh，2000）。不過，傳統華人的自我觀則相信自我是多面向的，各面向之間甚至可能存在表面上的矛盾與衝突，這是可以理解也必須被容忍的。現已有相當多的實徵研究顯示：華人的思考帶有素樸辯證論的色彩，較能容忍矛盾性和不一致性，關注整體特徵而非進行局部的分析（參見 Nisbett，Peng，Choi，& Norenzayan，2001）。在自我表現上，集體主義文化下的亞洲人也不追求跨越情境的一致性和穩定性，反而強調視情境要求而彈性調整自我的表現內容與方式（Suh，2000），相當接近許烺光所言之「情境取向」的概念（Hsu，1985）。

　　其次，傳統華人的自我觀強調道德修為和靈性成長，楊中芳（1991b）在分析儒家傳統下自我的特色時就指出：華人的自我發展可視為一個不斷向前進步，走向道德至善的過

程。陸洛和楊國樞（2005）在分析儒家對理想人格的論述時
也指出：自我完善的重點就在於個人人格的德行修持與道德
實踐，從修身的內省功夫開始，由「修己以敬」到「修己以
安人」，再到「修己以安百姓」，將道德實踐的範圍從自己
開始，在人際關係網中層層外推，也使道德實踐的成就從修
身、齊家、治國、平天下漸次提升，最終成就「內聖外王」
的完美自我典範。儒家對道德修為的堅持可謂不遺餘力，而
中華文化傳統中的另兩大流派，道家和佛家則將不同意涵的
靈性修為帶進了自我的本質，何友暉（Ho，1995）對此就有
詳盡的解析。西方文化雖是以基督教傳統為根基，但經過宗
教世俗化的現代化洗禮，靈性成長大多被歸於宗教性的範
疇，在自我的界定中已不再佔有主導性的地位，而表現為一
種最高層次的超越性心理需求（Maslow，1971）。更甚之，
東西方的道德觀也有本質的不同（Hwang，2001）。對照儒
家將道德置於自我之中心的論述，西方現代文化中的自我觀
對個人的道德修為並不特別強調。不過，如果我們討論的是
一個有虔誠基督教信仰者的自我觀念，當然就另當別論了。

　　以上對中、西文化中所蘊含之深層「我觀」的討論，正
回應了文初我們的提問——如何在現代心理學的研究典範中
找回「自我」？——答案是：走本土化心理學之路。意即，
重回文化脈絡中去梳理、解構、再建構自我的意涵、結構、
形式、與表現，去分析、理解、概念化自我與種種基本心理
歷程之關聯，去觀察、詮釋、最優化自我在日常生活適應中

的正面功能。藉此，我們不僅能將自我心理學與「文化」結合，推進到一個新的理論層次，也能更有效地應用本土化的心理學知識幫助世紀之交的華人在中、西文化激盪的地球村中，找到安身立命的圓滿。鑑於此，我們編著本書以匯整十數年來臺、港心理學者蓽路藍縷耕耘華人本土化自我心理學研究的初步成果，從理論建構到實證研究，從對華人自我之本質的反思到華人自我歷程的具體開展，兼顧本土化研究的深耕與跨文化對話的開放度，共收納 11 篇論文，歸為三大篇，概述如下：

第一篇旨在突顯華人自我研究應摒棄西方心理學的理論與工具，以華人文化特色為依歸，全新展開，全面出擊，始有可為，且大有可為。此處共有 3 篇論文，第 2 章「回顧港臺自我研究：反省與展望」是香港心理學者楊中芳十數年前對華人自我研究的深切反省，也是第一篇兼具深度與廣度的華人自我研究之文獻整理。第 3 章「試論中國人的『自己』：理論與研究方向」，楊中芳教授在前章文獻回顧與反思的基礎上，進一步回到華人的歷史、文化、社會脈絡中意圖為華人的自我研究尋找出路與方向。第 4 章「華人自我的理論分析與實證研究：社會取向與個人取向的觀點」中，楊國樞教授建構了「華人自我四元論」，並匯整了華人地區至今最具系統性的自我本土化研究之成果，為華人自我理論提供了堅實的實證支持。

　　第二篇旨在提出現代華人自我已不同於傳統文化原型的建構，而具有多元性特色，在日常生活實踐中亦展現出這樣的多元性，我們以「自我實現」的相關研究成果來說明之。這一篇所收納的 4 章也試圖回應近年來西方「文化」研究中甚囂塵上的多元文化（multiculturalism）、雙文化（biculturalism）、及多元性（pluralism）等論述。我們在這一篇中特別強調現今華人社會中普遍存在的「雙文化」現象，以「傳統與現代雙文化自我」來理解華人在社會變遷歷程中所體驗的衝突與矛盾，更用之來詮釋中、西文化激盪中華人所面對的挑戰與契機。

　　第三篇可視為第一篇所提出的大理論與第二篇所提出的自我多元性觀點的實徵檢驗，我們以「自我評價」與「自尊」為例來說明之。此篇納入 4 篇論文，有採實驗法，也有採心理計量取向完成的實證研究報告，都意在突顯華人的正向自我評價與自尊不僅來自自我肯定，更要以關係維護及歸屬為前提。

　　最後，我們亦試圖為未來華人自我的研究提出一些具體的方向與議題。迢迢千里，始於足下。這第一本華人自我的本土心理學研究專書必有許多疏漏與不足，然從這裡開始，我們翼望能凝聚共識，團結力量，打好基礎，持續努力。

第壹篇
華人自我研究的反思與理論建構

第一章
回顧港臺「自我」研究：
反省與展望

楊中芳[*]

第一節　前言

本論文[1]試圖將近年來在港、臺所作過的，有關「自

* 北京大學人格與社會心理研究中心研究員及中國社會科學院社
　會學研究所社會心理小組客座研究員。
1 作者感謝陳淑娟、理賀蓓的幫助，得以使本文迅速完成。

我」這個大題目的實徵研究加以整理。除了總結研究成果之外，並全面檢討這些研究對真正了解中國人的「自己」到底作出了什麼貢獻，借以展望未來在這個研究領域中所應走的方向。

　　我在本論文中，將 self 翻譯為「自我」，而非「自己」。我之所以這樣做的原因，是在於本論文中所回顧的研究全部都是以西方的理論及研究工具來探研中國人的「自己」。而西方理論中所涉及的「自己」，實屬「個己」。它是以個體實體為劃分界限的，而且強調「自己」的內在特質及控制性。我認為這樣的「自己」似乎用「自我」來翻譯比較更恰當。加上，在我所回顧的論文中，所有的作者也都是如此翻譯。因此。我在本篇論文中我沿用此一名詞。

　　本篇論文首先就目前現有的實徵研究分為兩大類來加以回顧：（1）以「自我」為「客體」（object）的研究；（2）以「自我」為控制行動之「主宰者」（agent）的研究。前者主要是指對「自我概念」研究的回顧。「自我概念」代表一個人將自己當成像其他事、物一樣的客觀物體來知覺及評價，後者主要是回顧一些把自己當成是有自覺性的，會去主動控制外界環境的研究。在這一方面的回顧包括了：（1）「自我基模」；（2）「自我注意」；（3）「自我投入」；及（4）「自我防衛」對行為的影響。

　　而後，我再就這個研究領域的研究方法及理論架構兩方面作全面的檢討，指出當前已有的「自我」實徵研究的缺陷，並探討在未來的研究裡，應該作些什麼研究，以便使研究結果更能幫助了解中國人的「自己」。

　　在此文的一開始。我必須先澄清一下在本文中所談「自我」及一些有關概念的定義，以便與讀者先建立一個共識。

　　在西方心理學的研究中，「自我」（self）是一個相當熱門的題目，由於西方價值體系是一個比較以個人「個己」去控制，去實現為主的體系，所以他們對這個題目特別有興趣。但是也正因此，他們在這個大題目之下所探討的內容，可謂是五花八門，也用了許多不同的名詞來細分「自我」。常見的有「自我認識（self-knowledge），「自我接受」（self-acceptance）、「自我諧合」（self-congruence）、「自我肯定」（self-assertiveness）、「自我尊敬」（self-esteem），「自我注重」（self-regard）、「自我評價」（self-evaluation）、「自我認定」（self-identity）、「自我認同」（self-identification）、「自我滿意」（self-satisfaction）、「自我實現」（self-actualization）等。西方心理學家也有用「一我」（ego）的名詞來討論「自我」的（見郭為藩，1979）。因此又有像「一我認定」（ego identity）及「一我強度」（egostrength）等名詞出現。

　　目前港、臺在「自我」方面的研究多半是沿用西方的概念及測量工具。但是，在比較不重視「個己」去控制環境、去實現內在潛能的中國價值體系中，中國人「自我」的心理分化並不那麼仔細。在中文中，也沒有完全相對應的名詞來表達這些分化的「自我」概念。（嚴格的說起來「自我」這個名詞本身也是在接受西方概念之後，創出來的名詞，在中文中甚至帶有貶意，帶有只自顧自地自私自利的意味）。因此在我閱讀有關這方而的研究論文時，就發現有名詞混淆的困擾。有的闊複名案，同一英文名詞有兩個以上的中文翻

譯，也有的鬧雙胞案，兩個英文名詞用一個中文名詞。

　　這種名詞上的混淆，事實上是反映了概念上的混淆。許多在西方注重個人「個己」內在特點，情感知覺及表達用文中，可以用不同名詞分辨的心理現象，對中國人來說是無法感受，也無從分辨的。以我個人意見，要發展中國人自己的心理學，第一步要做到的就是只去發掘及分辨現時中國人自己能感受及理解的心理現象。以免有徒空研賞「皇帝的新衣」之嫌。

　　根據這個立場，我在本文中依據中國人的感受及理論，將所有與「自我」有關的名詞加以適當的歸類。例如，對「自我」及「一我」這兩個字不做分別。事實上，幾乎所有港、臺文獻皆以「自我」譯之。由於在本論文所回顧文獻均沒有涉及精神分析學派的理論，因此即採取韋氏字典對「一我」所作的普通性質的解釋，亦即與「自我」同義。

　　「自我」在本論文中的定義是採取韋氏字典的定義，泛指「一個可以與他人分開來的個體」，或是「一個人對自己的認定，一個人的人格及特點」。在此定義中，不對此詞摻以任何褒貶的意味。我所持意見是：以「自我」作為一個概念，無論在什麼價值體系之中，都是值得研究的。只是研究成果的有用性，可以因文化、社會的不同而有不同。

　　簡單說明「自我」的定義後，我們來看看以「自我」為「知覺對象」的有關研究。

第二節　「自我」作為「知覺對象」的研究

一、「自我概念」的定義

在「自我」這個大標題之下，最常被提出的一個非常籠統的概念叫「自我概念」（self-concept）。西方學者對這個概念所給的定義很多，有的較寬廣，有的較狹窄。一般是泛指一個人對自己個人自身的知覺（perception）。它是一種把「自我」當做一個靜態的對象（object）來看的結果。西方心理學家多數認為它是多方面的；有層次的及有組織的；穩定但是在不斷發展中的；具有評價性而且是可以與別人分開來的（Shavelson, Hubner, & Stanton, 1976）。

在這個定義之下，「自我概念」很顯然已經包括了「自我認定」（self-identity），自己對自己究竟是一個什麼樣的人的確認；「自我意識」（self-consciousness），自己對「個己」存在的感覺及注意；「自我評價」（self-evaluation），自己對「個己」所做的好壞的評定。

在「自我評價」這概念之內，西方學者又將之細分為「自我接受」（self-acceptance）[2]，自己對現實真正自己的

---

[2] 在英文中 acceptance 可以解為 to receive willingly，或是 to receive favorably，to approve，這裡是採取後一意。

接受及贊許程度；「自我尊敬」（self-esteem）[3]，自己對自己的好的看法及評價；「自我注重」，自己對自己的關心及看重，不管自己是好的，還是壞的。

二、「自我概念」的測量

如果我們再詳細研究一下用來測量「自我概念」的工具時，就不難發現似乎所有「自我概念」的測量都隱含地只測量上述「自我概念」中的「自我評價」部份，雖然各量表所含有關「如何評價自我」的假設各不相同。甚至可以說它們測量的只是「自我評價」中的「自我尊敬」部份。下面就先回顧一下用以測量「自我概念」的工具，來闡明這一論點。

在港、臺的「自我概念」研究中最常用的測量工具有四類。它們都是將西方現有的工具加以編譯而成。這些工具原本都是依據西方學者對「自我概念」所持的一些理論所編製而成。港、臺的研究也多半是應用這些工具來探測西方理論是否適用於中國人身上。

---

3 請注意，在中文中根本找不到與 self-esteem & self-regard 相對的詞彙，所有中國詞彙與此兩字相近者皆帶有貶意，與西方人的原意不合，而此兩字與中國人平時常用來翻譯它們的「自尊」與「自重」的定義又不甚相同，因此，在本文中，作者決定不用「自尊」及「自重」來翻譯，而另行尋找其他兩字以代之。

1. 多維度自陳式「自我概念」量表

　　「田納西自我概念量表」（Tennessee Self-Concept Scale）是最被西方及港、臺學者愛用的一個多維度自陳式的「自我概念」量表。此量表為 Fitts（1965）所編。中文譯本有好幾個，但以林邦傑（1980）的修訂本最廣為人知及採用。此量表的特點在於它並非籠統的探測「自我概念」，而是將這個概念分從兩個大的角度來看。一方面由表面內容所包括的領域來看（簡稱內容），它將「自我概念」分為五大領域：生理自我，道德／倫理自我（以下簡稱道德自我），心理自我，家庭自我，及社會自我。Fitts 的理論是：一個人不一定在每一個上述的自我領域中都有相同的認識及相同的評價。因而，這個量表讓研究者能更分化及深入的了解一個人的「自我概念」的內涵。

　　另一方面，這個量表就同樣的題目也可以從另一個角度來看。那就是從「自我概念」的內部結構特性來看（簡稱結構）。這個量表探測了三個特性：自我認定（identity）；自我滿意（satis-faction）；及自我行動（behavior）。自我認定指自己對自己是什麼樣的人的確認；自我滿意是指自己對自己現狀的滿意及值得接受的程度；自我行動是指在對自己感到滿意或不滿意後，所表現的應對行為。

　　「田納西自我概念量表」（簡稱田納西量表）要求被測者用五點量尺表示他們是否同意（或不同意）問卷中所包含的自我描述題。它可以給每一個受測者一個總分，代表受測者「對整個自我的看法。得分越高，表示他愈喜歡自己，信任自己，認為自己是有價值的人，並且依此行事」（林邦

傑，1980）。另外還可以有八個部份分數分別代表受測者在
五個內容領域及三個結構領域上的得分。

　　究竟田納西量表是否真的能測出八種不同的「自我」特
性，在西方發表的論文中也爭論不已（例如 Lang & Vernon,
1977；Roffe, 1981 等）。不過，大多數學者都同意，這個量
表只是測量了受測者對「自我」各方面的評價。究竟一個人
對自己的評價是否如此分化，則可能因人而異。

　　再則，田納西量表的總分代表一個人對自己的各方面評
價的一個未加權的總和。理論上，一個人對自己整體的評價
很可能並非對自己各方面「一視同仁」的相加的結果。而
且，他對自己的各方面並不一定有同樣深度的了解。而不同
的人對自己在不同的方面可能有較深或較淺的了解。而不同
的人對自己在不同的方面可能有較深或較淺的了解，田納西
量表的計分方式，自然無法對這「自我概念」的特色加以測
量。

　　不管怎麼樣，田納西量表將「自我概念」分成若干部分
來測量，可以說是一種較深入的測量工具，因此得到許多研
究者的愛戴。

　　2. 自評式形容詞鑑定量表

　　在港、臺「自我概念」研究中常用的，屬於這一類問卷
的有兩個。其中之一是「自我概念衡鑑卷」，這個問卷是由
楊國樞（1974）編寫，又稱「自我接受量表」。「自我接

受」主要是指個人覺得自己是否是有價值的（worthiness）。本量表分為兩部份，其中之一要求受測者在 142 個描述自己特性的正、負形容詞旁邊填寫下他們認為這些形容詞是否貼切地描述了他們自己。另一部份是讓受測者在 53 個類似的正負特性形容詞之後註明自己是否「已有」或「沒有」這些形容詞所描述的特性。

前面部份的計分方式是將受測者認為自己有的好的特性數目減去他們自認為有的壞的特性數目，通稱「自我接受（甲）」。這個數目如果是正的，而且愈大，表示受測者對自己的「自我概念」愈好。第二部份的計分方式是將受測者認為自己「已有」的好的特性加上他們認為自己「沒有」的不好的特性。這部份稱為「自我接受（乙）」。

前者是一個相對的指標，它只是指出一個優點與缺點的淨差異，無法從中測量一個人對自己優點及缺點了解的寬度及深度。後者則是一個比較全面的正面指標，但忽略了負面（缺點）的測量。同時，這兩個指標也都有忽略加權的問題。

另一個與上述的甲型類似的問卷是由郭生玉（1973）所編製的「自我態度形容詞表」，記分方法也與甲型相似，故不贅述。

此類形容詞評鑑量表都是以個人內在特性為題目，則有忽略了「自我概念」中其他組成份子之嫌。除了人格特性之外，「自我概念」尚可能包括動機、目標、社會規範、信念

等。我在前一篇的論文中曾指出，中國人的「自己」可能對自己本身的人格特性等並不敏感，反而是對自己的角色及社會對角色的期望比較敏感。因此，我懷疑這一類的測量工具是否真正能測量中國人的「自己」。

3. 自陳式「自我態度」量表

這裡以郭為藩（1972）所編製的「兒童自我態度量表」及「自我態度量表」為主。郭氏的理論將自我概念定為「個人對自身形相與有關人格特質所持有的知覺與態度」（郭為藩、李安德，1979），所以此論的自我概念可以說是一個人對「自我」所持的一個總的好的或壞的態度。我對這一類量表的評價如前面第（2）類，故不贅述。

4. 自陳式「真實／理想自我諧合度」量表

這一類的量表是先由受測者就一系列的描述自己的自陳題或形容詞，按它們描述自己現狀貼切的情形填答一次，稱為「真實自我」（actual self）。然後，再由他們將自己認為自己在這些題目上所想要或喜歡達至的狀態再填答一次，稱之為「理想自我」（ideal self）。自我的諧合度是由後者減去前者，再加總每題的得分而求得。這個量表背後的理論是「自我概念」愈好的人，自我諧合度應該是愈高，亦即「真實自我」與「理想自我」差距愈低。楊國樞（1974）的「自我概念衡鑑卷」也有包括對這種自我諧合度的測量。

此類量表的最大缺點是受測者對「真實自我」與「理想

自我」的評價，往往是在同一時間進行的。因此，「自我諧和度」可能是自我良好的人的一種反應，而非自我良好的原因。這類指標除了有忽略加權的問題外，它們的計分方法方面也顯示不出諧和度在各種特性的差異。一個在諧和度上得低分的人，可能是在每一個特性上皆與「理想自我」有中等的差異，也可能是在某幾個特性上與之有較大的差異，而在另一些特生上則沒有差異。這兩種情形，固然得分相同，但是心理的差距可能很大。

上述這四種不同類型的量表都是用得分的多寡來表示一個受測者「自我概念」的「好壞」。得分高者並不表示這個受測者對自己認識多，認識深，而是評價好。得分高代表受測者覺得自己是好的，有價值的。而覺得自己好的原因則因量表背後的理論不同而有所不同。有的是因為自己的優點多過缺點，有的是因為自己對自己有一個正面的認識及態度，也有的是因為「真實自我」與「理想自我」有緊密的配合。

根據以上的討論，本文作者認為在本論文的討論中，沒有必要對一些在西方文獻中經常去試圖區別的概念，例如，「自我尊敬」，「自我接受」，「自我諧合」等加以強行區辨。既然他們同是測量「自我概念」中的評價部份，就可以放在一起討論。

三、「自我概念」研究的回顧

由於對「自我概念」研究的興趣主要是來自教育心理學

研究者，因此對這個領域的回顧有很強烈的「學校氣息」。
在本文中主要就五個大題來討論：

（1）港、臺學生「自我概念」的特性：國小、中、高
中及大學生的「自我概念」有那些特點？

（2）「自我概念」的發展：隨年齡的增加，自我概念
有沒有變得更好？男女學生在發展上有沒有什麼不同？

（3）社會教化與「自我概念」：在一個人的社會教化
過程中有那些因素可能影響「自我概念」的發展？父母親教
養方式，及他們和老師對學生的期待，學生自己的「理想自
我」的擬訂等是主要的討論重點。

（4）「自我概念」與學生學業成績的關係：學生自身
的一些與學業成績有關的先天及環境因素是否會影響他們
「自我概念」的發展？特別是對資賦優異兒童「自我概念」
的探討。

（5）「自我概念」與其他社會行為的關係：有關這方
面的研究在探討一些可能受「自我概念」影響的社會行為。
例如，人際關係，犯罪行為，及精神病患的關係等。

1. 港、臺學生「自我概念」的特性

在港、臺的「自我概念」研究中，有許多皆是用田納西
量表作為研究工具（例如，盧欽銘，1979；1980a；1980b；

1981；林邦傑，1981 等）。在前節中已述，田納西量表的特點在於它不將「自我概念」看成為一個單一維度的概念，而是將之看為是多維度的。就不同的「自我」領域，測得不同的自我部份分數。由此，研究者可以看看究竟中國人在「自我概念」中，那一部份自我比較強，那一部份比較弱。

　　由林邦傑在修訂田納西量表時，用的國中樣本所得到的常模結果及由盧欽銘（1979；1980a；1981）所用的數個國小、國中生為對象所得到的研究結果，都很清楚的看出中、小學生，無論男女，都認為自己的「家庭自我」最好，「道德自我」次之，「社會自我」及「心理自我」最差（兩者相差不遠），而「生理自我」居中。而在三項自我概念的結構特性上，以「自我認定」分數最高，「自我行動」次之，「自我滿意」最低。這個結果很能反應中國文化價值體系所帶給中、小學生的影響。「孝道」及「道德自己」的教育，使他們最注重或意識到自己在這方面的修養，而致對自己在這兩方面有好評。這當然也可能是受社會贊許心向的影響，在這兩個社會最讚許的「自我」上，給自己最好的評價以博取好感。「心理自我」是測量受測者對自己人格、價值，及能力等的評價。國小、國中生在「心理自我」得分低可能顯示在心理因素方面他們還沒有認清自己，以致無法掌握自己。「社會自我」是測量受測者對與他人交往的價值感及勝任感。對國小、國中生來說，他們的社交圈子狹窄，因而對這部份的自我自然不可能有很高的分數。至於在「自我」結構的維度方面，「自我認定」之得分最高，支持了我在前篇論文中所推測；中國人對自己要成為什麼樣的人似乎比較確定，主要是要知道「怎麼去做？」。而「自我認定」正是在測量一個人對自己本身究竟是什麼樣人及要做什麼樣人的知

覺。「自我滿意」是測量受測者對自己現況接納及滿意程
度。而他們在「自我滿意」得分低也可能是由於社會贊許因
素的影響，因為在中國文化中，一個人是不容許自滿的（楊
中芳，1990）。

至於成人方面，不管研究對象是大學生（例如，何英
奇，1981）或是一般成人（例如，黃光國、黃囑莉，1982；
黃曼聰、陳美津，1984），大多數研究也大致得到相同的結
果。

有的學者沿用 Erikson（1959）的發展概念及理論，用
「自我認定」的概念來研討「自我概念」。根據 Erikson 的
理論，每一個人的「自我認定」，大體上來說，都必須經過
一個對自己本身究竟是一個什麼樣的人及自己在這個世界上
要成為什麼樣的人的探索過程，而逐漸對自己有較深入的認
識，對自己將來要成為什麼人有比較肯定的方向。自我認定
發展快的人，他對自己本身有充份的了解及對自己將來要成
為什麼樣的人也有較肯定的方向。在測量方面，田納西量表
中有包括對「認定」（identity）的測量。前面已經說過用此
量表所得的「認定」得分，沒有例外地，都顯示中國人對自
己的認定的評價是比較高的。

張春興、黃淑芬（1982）根據 Erikson 及他的跟隨者的
理論，就一個對自身認定所達到的狀態（egoidentitystatus）
作分析探討。一方面他們根據 Marcia（1966）的理論，將青
少年「自我認定」的狀況分為四個種類：自主定向者、尋求
方向者、他主定向者，及迷失方向者。另一方面也測量了一
個人對這種自我認定的肯定程度（certainty）。張、黃二氏

用這些概念所發展出來的測量工具，探測了 1117 個大專男女生的「自我認定」。發現這些大學生中有 44.3%是在尋求方向階段，26.3%為自主方向階段，16. 6%為他主方向者，12.7%在迷失階段。女生比男生有更多的人在尋求階段，更少為他主方向者。隨年紀的增加，屬自主定向及他主定向的人愈多，尋找方向及迷失方向的越少。而有工作經驗者屬自主定向者多，尋找及迷失者少。學業成績好的人屬自主定向者多而迷失者少，他主定向與尋找方向者與學業成績無關。至於「自我認定」的肯定程度，則是男生比女生大，年級愈高肯定性愈大。有工作經驗及領導經驗者肯定性較大，學業成績好者肯定性也較大。在求取「自我認定」與「肯定程度」的關係時，發現自主及他主定向者在肯定程度上沒有差別，兩者同比尋求及迷失方向者高，而後兩者之間也沒有差別。這個結果可以說是顯示出兩個變數事實上是在測量同樣的東西。有了方向的就有肯定性，沒有方向的就沒有肯定性。

陳李綢（1983）採用張春興、黃淑芬（1982）同樣的測量工具調查了 251 名大專即將畢業學生的「自我認定」。她發現這些學生中有 42.2%是屬尋求方向者，34.7%屬自主定向者。16%他主定向者，7.2%迷失方向者。男生自主定向者與尋求方向者百分比接近，而女生自主定向者與他主定向者百分比略同，但兩者較男生的自主定向者少。迷失方向者在兩組都少，但以女生較多。有關「自我認定」的狀況變量與「自我認定」肯定程度變量之間的關係，與黃、張二氏所得結果一致。

有關「自我認定」的研究顯示有百分之四十以上的臺灣

大學生，即使到畢業時，尚不知自己要幹什麼。另有百分之
四十以上的已經選定了方向，已選定方向的在接近畢業時有
增長的趨勢。而工作及領導經驗、學生成績、及性別等都影
響「自我認定」的發展。可惜有關這方面的研究並不多，以
致不能更清楚地支持 Erikson 的發展理論。

　　在回顧了以上有關「自我概念」的研究之後，不難發現
研究者的注意力顯然都集中在看看中國人的「自我概念」在
用西方工具測量時顯現了那些特性。而對中國人的「自我概
念」本身在本質上與西方的「自我概念」有什麼不同這一問
題並沒有研討。中國人的「自我概念」很可能在寬度、深
度、及組織結構上與西方人有很大的差異（楊中芳，
1990），因此用西方的測量工具，很可能並不能探得中國人
在「自我概念」上的本質特性。如果要真正探討這些特性，
在研究方法上就必須研製自己的測量工具。因為西方「自我
概念」的測題只能測出中國人對西方認為「自我概念」中所
應包含內容的「反應」，而不能測出中國人在「自我概念」
中真正包括些什麼（楊中芳、趙志裕，1987）。

　　在這方面，香港的兩個研究例子足以給我們一點啟示。
Bond & Cheung（1983）用開放式（open-ended）的填充量表
來探測中國大學生「自我概念」的內容。他們要求香港中文
大學的大學生就十二題以「我是」開頭的填充題，來自由表
達對自己的看法。結果他們發現在作內容分析後與美國學生
幾乎完全沒有差別。而中、美學生與日本學生的內容分析結
果差別卻相當大。楊中芳、趙志裕（1987）解釋這結果可能
是由於香港中國人的「自我概念」內容貧乏，以致必須以英
文教科書本中所背誦過的一些西方人的「自我概念」特徵來

「搪塞」。

在另外一項研究中，張德勝[4]，也發現在用這種開放式問卷來測量「自我概念」時，中國人喜歡用「角色」及自己對「角色」扮演的好壞來評價自己。說明中國人在看自己時，不一定將注意力集中在自身人格、感受的特性上，而是可能將注意力放在人際關係及自己在社會中所擔任的「角色」義務。

在這一部份的研究中，最大的特點自然是他們清一色的以學生為研究對象。這些人，特別是大學生，可能是代表一群對自己比較注意，比較能表達自己，「自我概念」也比較有組織，有系統的人。他們的特性是否真正代表一般中國人「自我概念」的特性是很值得懷疑的。

這些研究的另一個特點就是研究者對中國人「自我概念」中所包涵的內容究竟是什麼沒有做更深入的探討；只是沿襲西方的理論重點，放在抽象特質的探討上。例如對「自我認定」的研究，並不關注認定之實際內容的探研，而關注自我認定的肯定性（肯定、尋求、或迷失），及肯定性產生的來源（自主或他主）等的探研。故此，在回顧了所有有關「自我概念」的研究之後，我們尚無法對中國人對自己的認

---

4 張氏尚未發表的研究資料，作者感謝他應允在本文中引用這些資料。

識，有一個真實的了解。

2. 自我概念的發展

到目前為止，所作有關「自我概念」的發展的研究，多半是採取橫切面式的研究方法。在同一個時期看國小、國中各個不同年齡學生在「自我概念」量表上的分數。只有盧欽銘（1980a；1981）是採用縱貫三年的追蹤研究來探討這個問題。

在橫切研究中，「自我概念」與年齡的關係得到相當不一致的結果。陳照雄（1978）發現「自我概念」有隨年齡而變得清楚而切實的趨勢。郭為藩（1979）發現「自我概念」並沒有隨年齡而有明顯的變化。而蘇建文（1978）卻發現有隨年齡而遞減的現象。

楊國樞（1974）曾用「自我接受程度」來探討 1500 名國小四、五、六年級及國中一、二、三年級學生「自我概念」的發展，他用了「自我概念衡鑑卷」來測量各年級組的「自我接受程度（甲）」時（見前文測量部份討論），發現男生的自我正向評價減去負向評價的總分並未隨年齡而改變，女生甚至有逐年下降的趨勢，直到國三才見有回升（至與男生相同程度）的趨勢。另外楊氏也曾用「自我接受（乙）來求取與年級及性別的關係，所得到的結果與前一結果相似。在前一小節討論測量工具時，我已經提過，「自我接受」的指標並不能完全看出受測者對內裏「自我」特性評價的變化，所以這種下降或回升到底代表什麼意義，就很難

確定了。

　　盧欽銘（1980a；1981）採取縱貫三年的研究方法，來探測小學一年級（256 人），四年級（257 人），及國中一年級（251 人）學生（共男生 309 人，女生 339 人），在田納西量表上的作答結果。他發現小學一年級學生在這個量表所測的各項自我的部份分數上三年內並沒有變化，倒是在性別上有差異；女生的各項自我分數，除了在「生理自我」及「自我滿意」之外，三年內每年都比男生來得高。

　　至於小學四年級學生的「自我概念」在性別上的差異完全不顯著。在年級的變化上，三年之間的變化也不大。只有在「自我認定」一項上，有隨年齡的增加而減少的現象。在「生理自我」上有年齡及性別的交互作用，男生有較強的隨年齡下降趨勢，而女生則並沒有下降多少。

　　至於國中一年級學生，盧氏的結果發現女生在「心理自我」上，隨年齡而下降的趨勢較男生的為強。而「家庭自我」方面，男生有隨年齡上升的趨勢，而女生則有下降的趨勢。本來在初一時男生的「家庭自我」比女生弱，而三年後，男生的已比女生強了。在「自我行動」方面，國一時女生的分數比男生高，但到三年級時男生的未見下降多少，而女生的則下降到比男生低。

　　在盧氏的研究中也可以由橫切面的三個年級（例如，小一、小四及國一等），看出二個不同年級自我概念分數的異同。結果顯示無論是男生或女生，在量表中似乎在所有的部

份自我指標上，都有隨年齡下降的趨勢。

　　事實上，在盧氏較早兩年的研究中（盧欽銘，1979），用了較大的樣本（2092 人），做了小學一至六年級及國中三個年級的橫切研究。在這個研究中，他只分析了「自我認定」、「自我滿意」，及「自我行動」三項分數。結果相當一致的顯示小學生在二、三、四年級時分數略有上升的趨勢，但之後就隨年級而有下降的趨勢。在這個總的趨勢之下，小學五年級有一個較低的低潮，這可能與小學生生理上的變化有關。男女生間發展的趨勢並沒有太大的不同。只是女生的平均分數在各年級均較男生為高。

　　回顧了青少年自我概念發展的研究之後，發現並沒有得到完全一致的結果。盧欽銘（1981）認為這可能是因為各研究所用的測量「自我概念」的測量工具各不相同。但是，這些工具如果是真正共同測量同一樣概念，他們應該得到類似的結果。所幸，在這裡，有林邦傑（1981）的研究可以幫助我們看一下這些工具之間的相關到底如何。林氏在這個對田納西量表作效度考驗的研究中，曾就同一組被試，測量了他們的「自我接受度（甲）」，「真實／理想自我諧合度」，及「自我態度」。結果發現這三項「自我概念」工具與田納西各部份分數及總分的相關均在.37 至.76 之間。而本節就採用這三項「自我概念」測量工具所作研究的回顧顯示，大多數青少年的自我概念並沒有隨年齡增加而有增加的趨勢。而女生的下降趨勢比男生更為顯著。

　　至於為什麼「自我概念」並沒有隨年齡的增加而增加，

是一個非常耐人尋味的問題，西方的研究結果也有如是的發現。最粗淺的解釋是，在這裡所回顧的研究所採用的研究工具，全是屬於自評式的量表，各年級學生所用的評價準則不一定相同。他們在逐漸長大後，可能比較會用較複雜的準則來評價自己。而且社會教化的影響隨年齡而加深，也使他們不便於對自己的評價作吹噓（楊中芳、趙志裕，1987）。

另一項相當奇怪的結果是所有的田納西量表分數，都沒有在不同年齡有個別發展的現象，所有的發展走線都極為相似。這一點不能不令人懷疑這些部份指標事實上與總指標同是測量一樣東西;即是自己對「自我概念」的總態度，這一點西方理論家早已提出（例如 Lang & Vernon，1977）。

在這裡的回顧中，可以很清楚的看出，所有的研究只對中、小學生「自我概念」發展的狀況（status）有興趣，而並沒有對「自我概念」的獲得（acquisition）的途徑作理論性的探討，也因而沒有在事先成立假設，來特別探討中國人在「自我概念」的獲得上是否影響了它的發展。故此使對研究結果的解釋（亦即為什麼中、小學生有如此這般的「自我概念」的發展的解釋）相當困難。除了作一些「研究後」（Post facto）的猜測之外，我們完全不能肯定的解答，像為什麼女生在「自我概念」評分上比男生高，及為什麼女生「自我概念」有逐年下降，而男生則沒有等問題。有關這類的研究似乎不可以老停留在看「狀況」及作「研究後」解釋的階段。應該進一步研究「自我概念」的獲得途徑，進而走向預測發展的方向。

3. 社會教化與「自我概念」

在這一個標題下，回顧的範圍包括那些可能會影響「自我概念」形成的先決因素。其中包括性別角色認定、父母親的教育程度、父母管教子女的方式及態度、父母親及老師對子女的期望及這些期望與子女自己對自己期望的差異等。學生自身智力、及學業成績則在下小節中回顧。

何英奇（1981）研究了大學生性別角色認定（gender role identlty）傾向與自我概念之間的關係。他發現 208 名大學生中屬於「兩性化」（androgyny）者的學生在田納西量表上的分數為最高，其次是「男性化」及「女性化」者，以「未分化」者的分數為最低。很奇怪的是男生（或女生）具有「女性化角色」，及男生（或女生）具有「男性化」角色性在自我概念總分上並無差異。這一點何氏並沒有給予什麼解釋，不過實在令人懷疑兩個量表之間的建構效度（construct validity）的問題。同時，也不得不令人懷疑兩者均受「社會贊許」因素影響的可能性（林邦傑，1981）。西方有關性別角色的研究，也是擺脫不掉「社會贊許」因素的干擾（Deaux，1984）。

楊國樞（1974）在研究「自我接受」的發展時，曾要求學生將自己父母的教育程度寫下。結果發現父母教育程度與學生「自我接受」的分數無關係。

盧欽銘（198Oa）曾探討親子關係與「自我概念」的關係。他採集了學生對父親及母親管教自己態度的評定資料。

讓學生就愛護、拒絕、獎勵、懲罰、寬容和限制等維度評定父母對自己的管教態度。結果顯示學生的「自我概念」（田納西量表總分）與學生對父母親教管自己的知覺呈顯著正相關，表示學生愈感覺父母用愛護、獎勵、及寬容態度來管教他們，他們在田納西量表的總分也愈高。

吳金香（1979）曾探討了 613 名國中學生的「自我概念」與他們對父母親教養態度的知覺的關係。結果發現這些中學生無論男女在田納西量表的總分及部份分數上，皆與父母「關懷」的態度有顯著正相關。而父親的「權威」態度與男生的自我概念總分及部份分數有負相關，與女生的無關。母親的「權威」態度與男女生的自我總分及大部份的部份分數呈負相關。

陳李綢（1983）在她的「自我認定」發展狀況的研究中，曾試圖看看大學生的「自我認定」狀況與他們認為父母對他們的教養態度的關係。她發現這些學生的「自我認定」狀況與父母是否用讚賞、獎勵、愛護及溫暖有關。對女生而言，父母允許獨立自主，與他們是否屬迷失方向者有負相關。

張春興（1981）探測了 150 名高三的學生，其中一半是各班級中成績最好的五名，另一半為各班級中成績最不好的五名。看看這兩組學生在對自己的學業及行為的期望與他們覺得父母對他們的期望之間的距離上是否有差別。結果發現那些成績優異者在這兩種期望之間的距離，特別在有關讀書行為及滿足父母願望方面，確實較成績低的學生小，而且他們對自己期望的評定在整個測驗上都比低成績的人來得高。

　　楊敏玲（1985）也發現學生自己對事業、家庭、教育水平及未來事業角色的期望與他們自覺教師及父母對他們的期望有穩定的相關。

　　在香港作的三個類似的研究，曾順便探討了一些環境因素所可能帶來的影響。它們大致上也得到相似的結果。Cheung（1986）在探討香港公、私中學學生的「自我概念」的差異時，發現兩者並沒有差異。但是，無論是公立學校學生或是私立學校學生，他們的「自我概念」與他們認為教師及父母對他們的評定有顯著正相關。Li（1985）發現香港初三至高二的學生的「自我概念」，教師及同學對自己的評價有顯著相關，但與智力及與學生成績則無關。這個研究也是唯一一個不是由受測者來填寫教師及同學對自己的評價的研究。這個結果顯示別人對自己的評價對這些學生「自我概念」的形成是重要的。

　　Ma（1986）在香港研究了 360 個初二學生的「自我概念」，其中有一半是從程度較高而整齊的班上來的，另一半是從程度不整齊的班上來的。結果發現從不整齊的班上來的學生的「自我概念」顯著地高於從整齊班上來的學生，而且從前面那一組來的學生也自覺老師對他們的評價較高之外，「自我概念」與自覺的「教師評價」之間的相關也比從後一組來的學生高。為什麼會有這樣的結果，很難解釋。高程度而又整齊的班可能競爭激烈，影響對自我評價，或是低程度不整齊的班有「自我防衛」的現象。不過，顯然地，在不整齊班上教師評價的差異可能較大，以致影響到學生對自己的評價，因而使兩者的相關比較大。這一點可以支持 Li（1985）的研究結果，共同指出學生「自我概念」與客觀或

自覺教師的評價很有關係。但是，究竟它的重要性有多大，則不得而知。只有在研究中加入其他影響「自我概念」的因素，才能看出它們相對來說，對「自我概念」的影響。

　　從這一組的研究，所得到的結論比較一致。學生自覺父母親對自己的關懷、獎勵、寬容等的正面態度，及父母、老師對自己的期望與自己對自己的期望的一致性，與學生的「自我概念」有穩定的正相關。但是，這些研究都有一個共同的，方法上的缺點，那就是，由於對父母親態度及期望的知覺變量大多是由學生所填寫，而且是與他們對「自我概念」的評價一起填寫，這些知覺評定不免受到他們對「自我概念」評定的影響。很可能非但不能反映父母的真實態度與期望，而且也不一定能反映學生對父母教養態度的真正知覺。固然，有人可能爭辯一個學生的「自我概念」確實與父母真正對他的教養態度無關，而與他「覺得」父母的教養態度有關，因此認為在理論上應該研究學生自覺父母對他的態度與他的「自我概念」的關係。然而，將對這種知覺的測量與「自我概念」的測量放在同一個問卷中，所得到兩者之間的正向高相關，也可能是一種方法上的假象（artifact）。受測者在這類填答問卷時，很可能將「自我概念」評定的好壞，歸因於同時出現的「對父母管教自己的態度」的知覺評定之上。因而產生了本不存在的正相關。因此，我們還是很難排除研究結果不會是這個方法上所造成假象的結果。

　　在回顧這一部份研究時，所帶來更大的困擾是在概念上，它們都陷入了「雞生蛋，蛋生雞」的困境，無法知道是由於一個人的「自我概念」良好，所以父母對他們態度好些，期望高些。還是父母對他們的態度及期望，決定了他們

的「自我概念」的好壞。在這個領域的研究者似乎均一廂情
願的將父母的態度視為因，而「自我概念」的好壞視為果。
這可以說是在概念上的盲點，因為學生自覺的「父母教養態
度」與父母親真正教養態度可能很不一樣。兩者與「自我概
念」的關係可能是三方向相互影響的。而學生自覺的「父母
教養態度」與「自我概念」的穩定正相關，可能只顯示了這
種互動後的結果，而不能說其一是另一的原因。因而完全不
能幫助我們了解父母教養態度與「自我概念」形成的互動過
程及途徑。從其中也無法領悟真正影響良好「自我概念」形
成的因素。

4. 自我概念與學生學業成績的關係

有關自我概念與學生學業成績的關係，研究的人比較
多。其中，有一些探討了「自我概念」與智力的關係；有些
則探測了學業成就與「自我概念」的關係；還有些探測了
「資賦優異」特別班與「普通」班學生在「自我概念」的差
異。

楊國樞（1974）發現「自我接受（甲）」與智力無關。
劉錦志、尤淑純、陳明終（1981）也發現學生的智力與「自
我態度」（郭為藩，1972）無相關，學科成績與「自我態
度」則有輕微的正相關。高德鳳、蘇瑞瑞、陳彰儀（1975）
曾以 155 位國中學生（14 歲左右）為對象做過一個研究，採
用楊國樞（1973）的「自我接受」程度來探測它與智力的關
係。結果也是發現兩者完全無關。Li（1985）用 124 個香港
初三到高二的學生作受測者，也發現「自我概念」與智力及
學業成績無關。

　　盧欽銘（1980b）用田納西量表及一個優良品質自評量表來探測它們與學業成績的相關。結果發現田納西量表中「自我概念」的總分與學生成績的正關係，在有的學校顯著，有的學校不顯著。可惜盧氏並沒有就各部份分數做更精細的分析。至於學生優良品質的自評分數，則在各學校皆與女生的學業成績相關很高，而男生的結果則在各學校得到不一致的結果。

　　郭生玉（1973）曾採用郭為藩（1972）所編的「自我態度問卷」及自擬的「自我態度形容詞表」，來探測臺灣國中二、三年級學業成就高及低的學生在「自我概念」上的異同。結果發現前者較後者對自己有好的評價。前者多用正面的形容詞來形容自己，而後者則多用負面的形容詞來描述自己。

　　林邦傑（1980）在製訂田納西量表指導手冊中，也報告一項效度考驗。他要求國中老師將他們認為班上自我概念最好的三個學生及最不好的三個挑出來。他發現這兩組學生在田納西量表上的分數，在有些部份分數上有顯著差異，在另一些上則無。男生在「生理自我」、「社會自我」上無差異，其他有差異。而女生則在生理、道德、社會自我及「自我滿意」上均無差異，其他有差異。男生在道德、家庭自我及「自我認定」上差異最大。女生則以「家庭自我」一項差異最大，「自我認定」次之。為什麼被老師選為「自我概念」好的學生，會在「家庭自我」及「道德自我」上有最大的差異呢？我想這就顯示老師在挑選「自我概念」好的學生時所用的標準就是這些社會贊許性較高的「自我」。

　　有一些研究是探測在資賦優異的班組與在普通班組的國
小、國中學生，在「自我概念」上有沒有不同。黃瑞煥
（1973）自擬了一個形容詞鑑定方法來探測學生對自己特性
及能力認識的量表，來檢視國中資賦優異學生在評定自己的
心理特性及能力時與普通學生（兩組學生曾就年齡及父母社
會地位等變數作過相應配合）有沒有什麼不同。結果發現前
者確實較後者在對自己能力及特性做主觀評價時要高。自評
的「理想我」分數較普通學生來得高。他們「自我接受」的
水平高於普通學生。

　　盧欽銘（1982）曾研究了國小四年級、六年級及國二的
「資優」及「普通」組學生 420 人在田納西自我概念分數上
的差異。結果發現「資優」組分數低於普通組。「資優」男
生低於「資優」女生。「資優」組除了倫理自我及心理自我
外，其他自我皆沒有隨年齡不同而改變。倫理自我有逐年遞
升趨勢，心理自我有下降的趨勢。在前小節中所述，Ma
（1986）在香港所作的研究也得到相似的結果。

　　Cheung（1986）在香港調查了 92 個私立學校及 72 個公
立學校學生在「自我概念」上的差異。香港公立學校一般而
言學生程度較高，在社會上聲譽較好。在這類學校唸書的學
生應該會有較好的「自我概念」。但是結果顯示二組學生並
沒有差異。倒是公立學校的學生的「自我概念」與學業成績
呈正相關，而私立學校學生的則無相關。這個結果顯示，只
有在學校的氣氛注重競爭的情況下，學生的學業成績，才是
良好「自我概念」形成的關鍵因素。

　　另一研究者張德勝（Cheung, 1986）研究了 1466 個香港

中學生（年齡 10-20 歲），發現這些學生的學業成績與「自我尊敬」（self-esteem）的相關有性別的差異。男生兩者存有顯著正相關，而女生兩者無顯著相關。該文作者解釋中國社會比較以學業成績來評價一個男學生，所以男生的學業成績會與「自我概念」呈正相關。

在對這一標題下的研究所作的回顧也得到相關一致的結果，亦即「自我概念」與智力無關，與學業成就的正相關並不穩定。而為天賦特優兒童而設的特別班，並沒有一定使學生的「自我概念」變得更好。可惜在這些研究天賦特優兒童的研究裏，都沒有求取學生成績與「自我概念」的相關，如果上述的兩位香港張氏的研究結果給我們一點啟示的話，那就是在「資優班」學生成績可能比較更受注重些，因而可能學生成績與「自我概念」的相關要比「普通班」高，在將來研究中也可以進一步探討這個問題。

學業成就與「自我概念」的正相關即使是穩定的，也難逃在結果解釋上的困擾。那就是前小節所述的「蛋與雞」的問題。學業成就即可能是「自我概念」良好的因或果，也可能既是因又是果。同時，與其他影響「自我概念」的因素相比較，它到底佔多大的比重，也是一個有趣的問題。這裡回顧的所有文章千篇一律的發現兩者有正相關，卻沒有研究試圖去進一步探討這種關係的特質。

這裡所回顧的研究的另一個特點是學生成績與「自我概念」之間關係的探討相當的簡單化。研究者通常採取兩者直線性關係的假設。認為學業成績好，「自我概念」就強。本小節的回顧發現二者的直線性關係並不穩定。可能兩者之間

尚有其他中介變數的影響。在這方面倒是香港的兩個研究提供了一點線索。他們的研究顯示只有在學業成績被看重的情況下，它才與「自我概念」有正相關。這說明在理論上認為學業成績一定導致自我概念的全面上升，本身是相當站不住腳的。至於那些用田納西量表來測量「自我概念」的研究，固然田納西量表可以提供我們有關「自我概念」的各個不同維度，但研究者卻沒有利用這個機會真正探討一下到底學業成績對自我概念中的那一部份影響較大。根據回顧本小節的結果看來，學業成績與田納西量表中部分量表的相關是相當混亂不定，看不出什麼頭緒來的。這個結果或是說明學業成績並不能對田納西量表所測的「自我概念」有穩定的相關，或是說明田納西量表並沒有包括學業成績所會影響到的「自我」部份。這些都是有待進一步探討的問題。

5. 「自我概念」與其他行為的關係

在本小節的回顧中，我將所有與「自我概念」有關的其他研究，都放在這裡。在這裡回顧的研究非常雜亂。但是，這個現象本身也說明「自我概念」這個研究領域被應用的廣泛性及非系統性。

（1）人際關係

張長芳（1982）曾研究了大專學生「自我概念」與其人際關係的關係。受測者的人際關係的好壞依他們被同班同學選為伙伴的情況而定的。這種伙伴選擇是依三個情境來進行的：學業情境，休閒情境，及工作情境。他發現學生在田納

西量表的分數與學業情境的人際關係無相關。男女生在社會自我，心理自我及自我批評較好的人，在休閒情境及工作情境的人際關係都較好。女生在這兩種情境下的人際關係則還與「自我認定」、「自我行動」及「自我滿意」有關。這顯示女生的人際關係與「自我概念」的關係比較具有全面性。可惜有關「自我概念」與人際關係的研究，只此一宗，不能有什麼定論。

（2）人格特徵

在楊國樞（1974）的一項研究中，國小、中學生的自我接受程度與林碧峰等所編譯「中國兒童顯性焦慮表」（林碧峰、楊國樞、繆瑜、楊有維，1973）的各項部份分數之間都呈現顯著負相關，自我接受就愈低。至於何者為因，何者為果，還是兩者有一個共同的原因，則不得而知。

黃瑞煥（1973）的研究發現不管是學業成績的好壞，國中學生對自己特性及能力的評定皆是與其自評的情緒穩定因素，及自恃（顯示個人自主能力，不依賴別人）分數的相關很高而且穩定。成績較優的兒童的自評「特性」分數與「神經症狀量表」的分數（表示食慾不振，身體瘦弱，長期疲倦）呈負相關，而普通學生則是自評的「能力」分數與「神經症狀量表」分數呈顯著負相關。至於這兩組學生的「理想自我」的評定則與情緒穩定等人格因素全無相關。

楊國樞及李小華（Yang & Yang，1974）曾用楊氏的自我接受量表（楊國樞，1974）測驗 146 名高中男生，看看他

們的「自我概念」與一些人格特徵的關係是怎麼樣的。發現
這些學生的自我接受程度與「神經質」（neuroticism）及
「壓抑／敏感」自我防衛方法（「epression／sensitization）
之間有相關高的負相關。顯示自我接受愈高愈不具神經質及
愈不用壓抑來自我防衛。而自我諧合度與此二變量呈高的正
相關。這兩種「自我概念」與「內外向」這個人格因素則無
相關。西方的研究也得到類似的結果（例如 Byrne，
1964）。

　　林邦傑（1979）要求 440 名參加教育人員進修班的學員
就一些形容詞評定他們最不喜歡的同伴。發現學員們自身的
「自我概念」（用田納西量表測量）與他們評定別人的分數
呈負相關。特別他們對別人在情緒形容詞上的評定。其中以
「心理自我」與對他人的評定相關的面最廣（亦即與許多方
面的形容詞評定皆有負相關）。「家庭自我」及「自我認
定」次之。

　　翁淑緣（1985）曾利用國中及高中學生 685 人研究了
「自我尊敬」與焦慮、成就動機及內外控的關係。她發現
「自我尊敬」分數（由 O'malley & Bachman 所編的量表測
得）與這三個變異量呈直線相關，「自我尊敬」分數越高，
焦慮愈低，內控越強，成就動機也愈高。男女沒有差別，雖
然女生「自我尊敬」分數較男生低。她也發現「自我尊敬」
與焦慮之間的淨相關最大。

　　吳麗娟（1987）用「個人取向量表」（Personal
Orientation Inventory）中的「自我注重」（self-regard）和
「自我接受」（self-acceptance）兩個分量表，施測於接受了

八週左右「理情教育治療」（「ational emotive therapy）的大學生，看看他們是否在治療後有較多地應用理性思考，焦慮減低，並且對自己的接受程度升高。結果發現並沒有任何改變。這與她（吳麗娟，1986）根據用自尊量表來探測國中學生在參加了為期六週的「理情教育治療」課程後，是否在自尊上有所改變的研究，所得到的結果很相似。

（3）精神病症

黃曼聰、陳美津（1984）曾就田納西量表研究了精神分裂病人（200 名）與正常人（189 人）的不同。他們發現除了在倫理自我、社會自我及心理自我三項上兩組沒有差異外，其他各項內容自我及三項結構自我上，均顯示前者較後者為低。

（4）犯罪問題

蘇薌雨及楊國樞（Su & Yang, 1964）用「Q 排組法」比較少年罪犯（36 名）與正常兒童（36 名）在「真實自我」、「理想自我」、及「家庭期望自我」之間的諧合度的差異。結果發現少年罪犯在這三項自我之間的諧合度上都比正常少年來得低。黃澄月（1965）也得到類似的結果。

黃光國、黃囇莉（1982）用田納西量表研究了 213 名青年及成人現行服刑犯罪者的「自我概念」與正常人（535 名）常模差異。他們發現這兩組人除了在家庭（所有部份分數中得分最高者）、社會、心理自我（所有部份分數中得分

最低者）及自我批評四方面無差異外，在其他各項自我（包
括總分）上，前者皆比後者為低。

（5）生活適應

　　賈馥茗（1968）用語意差別法（semantic differential）來
測量大學生自知程度與大學生活適應的關係。發現大學生對
自己的行為及興趣的自知度皆高。對自己的能力的自知程度
則皆低。有自知之明者，在社會適應上較好。

　　在這一小節所回顧的研究裡，似乎千篇一律的發現，自
我概念良好者，焦慮低，內控強。由於這幾個變數通常是一
起測量，而「自我概念」好，焦慮低，及內控強，在大學生
的樣本中，都屬社會贊許的答案。我們很難否定這中間不會
有「好惡度」系統化偏差的影響（楊中芳、趙志裕，
1987）。在對精神病患者及少年犯罪的研究結果，我們也看
到可能有自我防衛的現象。亦即他們對某些自我的評價有比
較一般正常人還要正面的傾向，可能是借以掩飾自覺的不
足。

　　有關「自我概念」與其他行為的研究自然還是患有嚴重
的「蛋、雞」問題的困擾。特別是在比較正常人與犯罪者及
精神病人的「自我概念」方面，由於對「自我概念」的測量
都是在犯罪者犯罪之後，或已被診斷為精神病之後才作的。
所以犯罪入獄及入精神病院這些行為本身對受測者填答「自
我概念」問卷的影響，是一個不容忽視的問題。顯然，這些
人在「自我概念」量表上的評定，不能排除沒有「自我防

衛」的可能性，以致使結果的解釋變得非常困難。

最後，我認為有關「自我概念」與行為關係的研究，目前實處在概念上「多餘一證」（redundency）的階段。因為在西方量表背後對「自我概念」良好的定義中，本身已經包括了情緒的穩定，及對自我的握制等。所以，這裡所求證出來「自我概念」與焦慮及內容的關係，事實上是無需證明的。如果沒有求出這個結果才是讓人驚訝的。因此這些與「自我概念」有關的研究，事實上並沒有讓我們了解到它與個人生活中的其他行為之間的關係究竟是怎麼樣的。

總結以上將「自我」當成為是「對象」的研究成果，我認為在這個領域中的許多非常重要的問題都未能涉及，以致使我們對中國人的「自我」的了解非常少。運用西方的概念及研究工具來探討中國人的「自己」，完全不能幫助我們了解中國人「自我」的內容及構成的特性。探討中國人「自己」發展與形成的研究千篇一律的製造相同的資料，卻不能讓我們了解到底父母的教養態度、老師的評價，或者學業成績，那個對中國孩子「自己」的形成最重要？在那一種情況下，那一種因素比較更重要？

有關「自我概念」與其他社會行為的關係的研究，目前也是停留在非常粗淺的「兩變數求直線相關」，或是「用『自我概念』來分辨正常人與異常人」的階段，一點理論上的價值也沒有。

要令「自我概念」這個名詞能夠幫助對中國化的社會行

為作進一步的了解，在理論上一定要進行突破不可。主要的是不可再把「自我概念」看為是一個單維度，僅有兩極的評價變數，而是探討「自我概念」的實質內容及結構，並以探研它如何影響人們在日常生活中的表現。在本節所回顧的研究中，即使是用了像田納西量表那麼多向量多維度的測量工具，也沒有好好利用它的特點，而對各種不同「自我概念」與不同社會行為的關係作一番較深入的了解，是一件很可惜的事。

第三節 「自我」作為一個「行動主宰者」

在西方的自我研究中，除了研究一個人對「自我」是什麼的知覺及評價之外，還有許多研究是把重心放在有關「自我」對自己行為的支配及控制方面。在港、臺有關這方面的研究並不多，我將它們大致分為四方面來回顧：

1. 自我基模：個人過去對「自我」的認識及組織形成了一些對自己了解的基本模式（Prototypes）。而這些模式影響了後來有關「自我」信息的處理。

2. 自我注意：個人在行事時，將注意力集中在「自我」

的位置。注意力集中的位置不同，影響了「自我」表現[5]，的特性的不同：要不要表現，表現多少，及如何表現。有關這方面的概念包括自我意識、自我檢校，及自我表現。

　　3. 自我投入：個人在行事時，「自我」參與的程度。它影響了一個「自我」意念付諸實行及加諸外界的程度。這方面有關的概念包括自我揭露、自控知覺、自我肯定、及自我強度。

　　4. 自我防衛：個人保護「自我」行動，以便不使別人及自己察覺自己的問題，因而減少焦慮。最常見的自我防衛是在「自我」表現時給予社會贊許的答案，使自己及別人均無法探究真正的「自我」是什麼。

一、自我基模

　　有關對「自己」已有的認識所可能對個人以後行為所造成的影響的研究並不多。而且，在這些研究中，自我認識的

---

5 「自我」表現是泛指一般人在行事時的表現自己的方式，這與下面要談的「自我表現」不同 (前者英文 self presentation，而後者為 self-presentation)，後者為--專有名詞，特指西方自我研究中的一個個別表現「自己」的現象。Baumeiater (1982)曾提出「自我表現」理論，將此名稱特定為人有在社會場合，要去影響別人對自己所產生的印象，藉以表現自己最好的一種動機。

基模這一變量也是在實驗室中臨時操作形成的，而非取自受
測者原本基模的不同。

　　楊國樞（Yang,1972）試圖探測新進有關「自我」的信
息與原本「自我」的信息的一致性，是否會影響對後進信息
的記憶力。楊氏讓 132 個高中男生以一些正向及負向的形容
人的特性的形容詞，來評鑑自己及自己的同學。然後將兩個
同學（一個是受測者的好朋友，另一個是普通朋友）對他的
評鑑反饋給受測者。但是這些反饋事實上並非是真實的反
饋，而是實驗者根據實驗設計所給的假的反饋。這些反饋
中，在有些形容詞上得到與自己給自己的評鑑相同的反饋。
在另一些形容詞上則得到不相吻合的評鑑反饋。楊氏在給過
反饋之後，再要求受測者憑記憶寫下他的同學對他的評鑑。
結果發現，不管給與評價的人是在自己班上的好朋友抑或是
班上的普通朋友，受測者對別人給予自己的與自己對自己的
評價不相符合的形容詞顯然比較關心，對這種評價的記憶也
比較好。他們對同學所給的負向的特質形容詞的記憶固然比
對正向的記憶來得差。但是他們對他人評鑑與自己評鑑不相
符的負向形容詞的記憶是比相符的要好，而且與正向形容詞
所得的結果沒有差別。

　　張春興、簡茂發（1969）曾做過一個實驗研究，探測大
學生在得到有關自己的能力及人格狀況的反饋情況下，他們
的學業與另一控制組（完全不知自己的心理狀況者）的差
異。結果發現這種對自己認識的反饋與他們自身的能力呈交
互作用。實驗組中能力強者，在知道自己的能力資料後，學
業成績比控制組的能力強者高，能力中等者，資料反饋令他
們成績變壞，而能力低者，資料反饋對他們沒有影響。人格

資料的反饋對學業成績無影響。

　　這兩個研究都顯示受試者對「自己」的了解會影響到他們以後的行為。可惜這方面的研究太少，而且以實驗為主，將來應該用「田野」的研究法，作縱切面的研究，其效度可以更高些。

二、自我注意

　　西方有關「自我注意」的研究，多把重心放在研究一個人把對自己的注意集中在什麼焦點上。有關這方面的概念有三：「自我意識」是指自己在行事時將注意力集中在「自我」身上的現象，有時這種「自我意識」可能集中在自己內在的特性及感受部份，有時也可能是集中在他人眼前的「自我」。「自我檢校」是指自己經常注意外界情境對「自我」的要求，並省視自己的「自我」表現，以便使自己能配合外界情境對自己的要求。「自我表現」是自己總以表現自己最良好的一面，借以贏取別人的好印象作為準則。這三個概念，事實上很相似，但在港、臺作這方面研究的人很少。

　　1.「自我意識」

　　在西方的理論中，經常將「自我意識」分為相對的兩部份。一稱為「公我意識」（Public self-consciousness），另一稱為「私我意識」（Private self-consciousness）。「公我意識」是指個人將注意力集中在社會場合中別人怎樣看自己這個焦點上。而「私我意識」是指個人將注意力集中在自己的

能力、性格、及感受上。西方的理論（如 Fenigstein,
Scheiner, & Buss, 1975）認為社會適應比較好的人是那些能
夠將注意力放在個人本身的能力，特性，及感受上，以致將
自己的意識訴諸行動的人。對中國人而言，顯然地，應該有
較多的人將「自我意識」放在「公我」的焦點，而這種人在
中國社會的適應程度可能會更好一些。

在港、臺目前只有一篇論文就這個概念來探討這種西方
理論中所作的分野是否適用於中國人。楊中芳及趙志裕
（1988b）曾用 Fenigstein，Scheiner，and Buss（1975）的
量表施測於一批香港的大學生及中學生。並求取它與「自我
尊敬」與「自我批評」等概念的相關。結果發現對中學生而
言，用因素分析無法求得「公我」及「私我」兩個因素。而
在大學生的樣本中，「公我」及「私我」的兩個概念比較清
楚。這個結果實在不能排除以下的解釋：因為受試者為選修
心理學的大學生，因此讀了較多的西方社會心理學的理論，
以致使他們對西方理論所作的這個分野也比較了解，因而才
有清楚的兩個因素出現。在將來探討這個問題的研究中，必
須用非學生的樣本來比較才能排除這個解釋的可能性。

此外，這些學生在這項因素上的得分與「自我尊敬」與
「自我批評」的相關呈以下的現象：注意力愈是放在「私
我」上的人，「自我批評」程度較低，「自我褒評」與此兩
種「自我意識」相關並不大。因而讓人懷疑對中國人而言這
兩種「自我意識」的分野是否存在。

2.「自我檢校」

　　西方有關檢校的理論（例如，Snyder, 1974）認為人類有依據社會情境而調整自我表現的行為。有的人的這種自我檢校傾向較強，有的人較弱。較強者不能將自己的意念訴諸於行動，因此社會適應就會比較差。這些理論同時認為一個如果在各種情況中，皆能慣常地表現一個一致的自我，才是心理比較健康的人。 Lennox & Wolfe（1984）認為自我檢校應該包括（1）「自我表現」（self-presentation）；（2）對他人情緒反應的敏感程度；（3）關心自己行為在社會情境的適切性；及（4）注重與他人比較等四個維度。顯然，對中國人而言，可能「自我檢校」的程度會比西方人高。但是在中國社會中，「自我檢校」高的人，卻不一定是適應不好，或性格有問題的人。

　　港、臺在這方面的研究就只發現了一個。林以正（1985）採用了 Snyder（1974）Lennox and Wolfe（1984）等的理論及量表，來測量了 270 個大學生的「自我檢校」程度。他先比較了中美學生樣本在這個量表上的差異，發現中國人的「自我檢校」程度確實比較高，但是對別人情緒的觀察特別弱。這點可能顯示中國人一般不在表情上反映自己對別人的看法，以致一般人也就不用別人的表情來檢校自己的行為。林氏再將資料作因素分析之後，發現有三個因素可以解釋大約 31.6%的變量。這三個因素可以分別標題為：「察言觀色，以求自我表現」（簡稱「察言觀色」），「委曲自己，以圖迎合他人」（簡稱「委曲求全」），「務循合宜，

以得不過不失」（簡稱「不過不失」）[6]。

　　林氏在第二個研究中，根據這一個因素分析的結果，再探測了這些因素與西方馬、康氏社會贊許量表（Marlowe-Crowne Social Desirability Scale）；馬基維利心向量表（Machiavel-lienism Scale）；內外控量表（Internal, Powerful-others and Chance Scale）；及楊國樞、瞿海源（1974）所編的個人現代性量表之間的關係。結果發現在400個大學生中，「不過不失」維度的得分與馬基量表分數呈現顯著負相關（-.13）；與內控（internal）呈顯著正相關（.26）。「察言觀色」得分與內控呈顯著正相關（.33），與他控（Powerful-other）及機控（chance）皆呈負相關（各為-.16）。「委曲求全」得分與馬基量表，他控（Powerful-others）及機控（chance）皆呈顯著正相關（分別為.37、.43及.31）；而與現代化量表得分呈顯著負相關（-.13）。

　　在林氏的研究中，另一個相當有趣的發現是「不過不失」及「察言觀色」得分與馬、康氏社會贊許量表得分皆呈顯著正相關（分別為.11及.27，前者顯著性只在.05水平）。而「委曲求全」分數則與此量表得分呈顯著負相關（-.28）。這個結果顯示在前兩個變量上得分高的人，有以不承認自己有缺點的傾向，而在後一變量得分高者多願意承認自己有缺點。很可能「委曲求全」得分高的人，有一些「自卑」感比較重的人，所以才會儘量委曲自己，以迎合別人，

6　這標題是本文作者自行整理擬定的。

來達到自己的目的。

　　這個研究雖然本身相當粗糙，但是我認為它是唯一的一個有關「自我」的研究，將中國人「自己」表現的特色鈎劃出來。在這方面的進一步探討，可以給研究中國人的「自己」表現帶來豐碩的成果。

三、「自我表現」

　　西方社會心理學的理論通常在討論「自己」表現時，提到「自我表現」的概念。它是泛指那些用來影響別人對自己的印象的行為。一個人在作「自我表現」行為時，注意力必須集中在行事的情境，才能決定什麼行為可以令自己給予別人好的印象。

　　在港、臺研究中，作者只找到兩個是直接與「自我表現」有關係的。Chan & Chan（1983）在香港用 80 名港大學生作了一個 2x2 的實驗研究，探討兩個面子情境變量與「自我」表現的關係。她先讓受測者參與一項自我投入很深的會談。然後讓受測者填答一份問卷，評鑑自己在這個會談中的表現。2x2 的兩個主變量為：受測者被告知他們的自我評鑑在未來會被公諸與人，或會被保密存放；及受測者被告知研究者對他的會談的評鑑會在未來反饋給他們，或不會反饋給他們。Chan 與 Chan 除了探測受測者的自我評鑑之外，還記錄了他們填答問卷所需的時間。研究結果發現四個實驗組的自評分數及填答量表時間皆無顯著不同。這個結果顯示中國受測者在實驗操作不同面子情境下，「自我表現」的行為

相似。這可能是因為參與前階段的自我投入的會談本身已經刺激了受測者有高的「自我評價」，以致後來的實驗操作對他們來言，已經不能再引起不同評價的「自我表現」了。

　　楊中芳與趙志裕（1988b）曾在兩個研究中，把被試分為三組：「匿名組」，「記名組」及「記名追蹤組」。第三組的受測者被要求把自己的名字及地址寫下來，以便將來做追蹤面談。他們被要求填答一個包含有「自我尊敬」、「自我意識」、「自我意識」、及「自我批評」等的量表，在其中一個研究中，用了大學生作樣本，結果發現除了在「自我批評」的問答上，「記名組」與「匿名組」及「記名追蹤組」有恰達顯著的不同之外，其他均無差異。在另外一個研究中，用了高中學生。所得到的結果是三組沒有差異。

　　在上面報告的這兩個研究中，「自我表現」皆以在量表上作自我評價為指標。凡是有意「自我表現」的人，會在答卷時給我的評價較高。顯然，用這個指標所得的結果都指出環境的因素並不影響「自我表現」。這個現象很可能是顯示中國人的「自我表現」本身已經是太注重社會贊許性了（或是「自我檢校」太高了），以致，實驗情境的不同，並不能再引起任何「自我表現」的差異了。這個假設可以在未來的研究中，進行更深入的探測。

　　另一個可能的假設是，中國人在上述實驗情境中，並不以變動自我評價來反映「自我表現」的不同，因而，無法在這些研究中得到顯著的不同反應。因此，未來的研究應該在於尋求除了自我評價之外，是否還有其他「自己」表現的渠道。並探討在實驗情境之外，究竟是否有「自我表現」的現

象，及在什麼情境可能以什麼方法來作「自我表現」的行為。

四、自我投入

在這一小節中，作者將回顧四方面的研究：自我揭露（self-disclosure）；自控知覺（Internal locus of control）；自我肯定（self-assertiveness）；及自我強度（ego-strength）。它們對行為表現的影響是與表現「自我」的強調有關的，亦即在行事時是否照自己的意志去做的程度。

1. 「自我揭露」

「自我揭露」是指一個人行事時，願意把有關自己的信息告訴別人的程度。許多人用「自我揭露」作為一種手段，來使別人覺得自己是一個坦白，投入而且值得信任的人。這樣在與別人交往時，可以換取別人的真誠相待。西方有關自我揭露的理論（Jourard, 1964）認為當一個人能夠就自己的性格、情感、喜愛、對事物的看法及對自己困擾及問題向別人傾訴時，他比較是一個成熟、有創造人格的人，他的社會適應也因此會比較好。而一個人自我揭露的程度又與他自幼社會化的過程有關。父母親教養子女的態度成為一個主要的變數。

港、臺的研究目前在這個研究題目上還在很粗淺的階段，只是在探討一些影響自我揭露的因素，尚未進一步研究「自我揭露」的策略如何影響人的社會行為。楊牧貞、黃光

國（1980）研究了 428 名國中學生，看看他們對不同親暱程度的對象願意傾訴及討論那些有關他們自己的題目。研究的傾訴對象包括最喜歡的朋友、父母親及普通朋友。話題則包括一般話題、性、及家庭方面的話題。一般話題包括個人興趣經驗及希望等親密度較低的話題。結果研究發現，在這類話題上喜歡傾訴的對象依次為母親、親密朋友、父親及普通朋友。對家庭話題也是如此。至於對性的話題則母親和最喜歡的朋友在傾訴位置次序顛倒了過來。

在性別方面，他們發現女生比男生更容易作自我揭露。特別在性的話題上男女生差別較大，女生只喜與母親談這個話題，男生則比較能和親密朋友或一般朋友談。

楊、黃兩氏也探測了學生自覺父母對他們教養的態度與「自我揭露」的關係。結果發現父母管教態度與國中生對父母的自我揭露有顯著的關聯。知覺父母的態度愈專制，則他們愈不願對父母在一般話題上做自我揭露。在親密的話題上女生認為母親不關愛及拒絕他們時，他們不願對母親揭露自己。

Mok（1977）在香港作了一個類似的研究得到相同的結果。Cheng（1986）在香港除了研究了「自我揭露」與話題親密程度及傾訴對象親暱程度兩者的關係之外，還探討了 115 名香港大學生對傾訴對象的「集體傾向」程度（Hui，1988）及另外兩項可能影響「自我揭露」的因素。一個因素是所揭露的話題是否會引起與對方的爭執，另一個因素是所揭露的話題是否會引起對方對自己有一個壞印象，以致看不起自己。結果發現如果受測者與傾訴者對象有較高的「集體

主義傾向」性，則他們比較容易向這些對象揭露自己。然而，對以父母為傾訴對象而言，不管是否對父母具有「集體傾向」性、話題是否會引起爭執與他們對父母揭露的程度呈負相關，而話題是否會引致對方造成對自己的壞印象則與對父母揭露的程度無關。如果傾訴對象為親暱的朋友，而受測者確實對這些朋友有「集體傾向」性，則所得到的結果與以父母為對象相似。對與朋友沒有什麼「集體傾向」性的受測者而言，「自我揭露」的程度與爭執可能性，及造成壞印象可能性之間呈正相關。這一結果似乎相當出乎人意料之外，Cheng 本人也亦無法給與一個合理的解釋。可能與普通朋友交往時，一般人多不揭露自己。要揭露時，多是在具有爭執性的話題上。那時是否自我揭露會令對方留下壞印象已非重要考慮。

　　這裡回顧的幾個研究，都還停留在相當粗淺的階段，只是探討中國人「自我揭露」的內容及特性上。尚未進一步研究「自我揭露」對社會行為及人際關係的影響。把「自我揭露」當成一種策略來研究更是屬「未開墾之地」。

　　2.「自控知覺」

　　自從 Rotter（1966）提出「控制來源」（locus of control）的概念以來，西方的社會心理學研究似乎為這一個概念所征服。成百上千的研究論文在心理學的各個領域中出現。Levenson（1974）進一步將「控制來源」分為三個焦點。亦即「自控」，「他控」及「機控」。目前大多數在這方面的研究者均採納他的理論。在本論文中之所以要討論這方面的研究成果，是因為西方理論認為如果一個人將「控制

來源」看成是在自己的手中（亦即有較高的自控知覺），那麼他就比較會自動地去了解自己，將注意力放在自己身上，並努力將自己的意志付諸行動。在遇到問題時，也會比較自動的去解決自己的問題。

在前面回顧有關「自我概念」及「自我注意」的研究時，我們已經屢次提到「自控知覺」這個變數。可見這個概念在港、臺的研究中，也是一個相當熱門的題目。

首先讓我們在這裡先陳述一下「自控知覺」與「自我概念」及「自我注意」的關係。無可否認地，這三者之間的關係是交互作用的。根據 Rotter（1966）的理論，「自控知覺」是一種由學習中而得到的知覺形式。「自我概念」好的及注意力集中在「自我」身上較多的人，在發揮自我的能力及意願方面自然就會比較好，因而就會認為「控制來源」是在自己手中。反之，「自控知覺」強者顯然是會產生良好的「自我概念」及較傾向於將注意力集中在「自我」的身上。可惜目前港、臺的有關「自控知覺」的研究，還並沒有到探討這些因素間關係的地步。

Hsieh, Shybut, & Lotsof（1969）曾用香港中學生，美國土生的中國學生及美國學生做受測者，探測他們在 Rotter（1966）的「內、外控量表」得分的差異。結果發現美國學生的「自控知覺」最高，美國土生的中國學生次之，香港中學生的最低。這個研究顯示浸淫中國文化愈多，學生的「自控知覺」愈弱。可惜這個研究並沒有將各組學生在此量表上項目的個別分數寫出來。他們也沒有做因素分析，所以不能知道中國學生是否真的在知覺控制來源時確實分為內外控兩

因素。

Lao, Chuang 與 Yang（1977）及 Lao（1978）曾用 Levenson（1974）的三個焦點量表比較了臺灣的大學生與美國及日本大學生的得分，發現臺灣大學男生的「自控知覺」與美國男女大學生相同，女生則較男生低。而男女生的得分均遠高過日本學生。「他控知覺」方面，中國女生比男生高，而美國男、女生沒有差別同比較中國樣本低。而日本男、女學生的分數都比中國男女樣本高。至於「機控知覺」方面，中國女生的得分比男生低，與美國男生樣本及日本女生無差別。日本男樣本則與中國男樣本無差異。這個結果顯然支持我在前篇論文所提，中國人的「自控」知覺並不弱，但「外控」知覺也強。女生自覺受他人控制較多，以致覺得內控不及男生（楊中芳，1990）。

Lao（1978）同時曾就中、美樣本分別作因素分析。結果根據我對她所報告的結果自行作分析，發現中國學生的「自控知覺」毫無疑問的是自成一個因素。但是「他控」與「機控」兩個因素並不如西方樣本那麼明顯。在香港，H0（1985）測量了屬於中、下層社經地位的一般香港人兩百餘名。發現在做因素分析時，「他控」與「機控」的兩個因素並不能像西方的結果那樣分得很清楚。很可能對中國人而言，對「他控」及「機控」並不作分野，因此兩者可以合併成為一個「外控」的因素。

洪有義（1974）比較了臺灣的研究生與在美國的留學生的「內外控量表」得分。他發現留學生的「外控知覺」較強，兩性別之間沒有差異。再比較中美學生的「內控知

覺」，發現二者無顯著差異。如再細將「內外控量表」題目分為幾個維度來看（命運、政治、尊重、學業、及統御），則發現臺灣研究生與留學生在「運氣、命運」維度上有差異，後者認為自己更趨向於被命運、運氣控制。在學業方面研究生的女生的「自控知覺」最強，研究生及留學生的男生組兩者沒有差別同居次位，留學女生「自控知覺」最低。可能，留學生在外的處境令他們不能發揮所長，以致有較強的外控知覺。可惜這個研究並沒有以留學生在外國居留的長短作為一個中介變數來更深一步的探討兩者的關係。

吳武典（Wu, 1975）曾用 319 個小學四年級到六年級的學生作受測者，測量了他們在「學業成就歸因量表」（Intellectual Academic Responsibility）的得分與學業成績的關係。他發現女生比男生的「自控知覺」強，覺得自己的學業成績失敗與自己的努力與否有關。但是這種「自控知覺」與學業成績的關係則是男生高於女生。吳氏解釋這可能是因為中國文化比較重視男生的學業成就，因此它與「自控知覺」的關係他比較大

蔡碧璉（1982）用「諾-史氏內外控量表」（Nowick-Sitrickland Locus of Control Scale）來測量了 524 個臺灣中學生，並求取得分與學業成績及人際關係的關係。她發現「自控知覺」與學業成績呈正相關，與人際關係無關。簡茂發、楊銀興（1988）用與蔡碧璉所用相同的工具來測量了 208 個國小六年級學生。他們發現內外控得分在性別及家庭社經背景等上都沒有顯著差異。與智力的正相關顯著但並不太高，與道德發展階段則無關係。

　　Kwong（1982）用 81 名香港由中、下社經家庭出身的初一的學生作受測者，探討自控知覺與學業成就之間的關係。他發現高自控知覺的學生與低組在學業成就方面無顯著差異。Leung（1982）在香港用 81 名高一學生研究了自控知覺與創造思考能力之間的關係。結果發現兩者相關不顯著。

　　曾一泓（1977）曾研究了國中學生的「自控知覺」、智力、其父母親的「自控知覺」及學生自覺父母管教方式的關係。發現學生的「自控知覺」與智力及其父母的「自控知覺」呈正相關。而學生與其父母「自控知覺」的差異與學生自覺父母教養方式無關。但自覺父母教養方式與學生的「自控知覺」有正相關。「自控」較強的學生覺得父母比較採取不拒絕，無矛盾的態度的方式，而父母多作獨立性訓練。外控學生認為父母常持消極管教態度。及缺乏獨立訓練。

　　有關「自控知覺」研究主要是集中在：田簡單描述中國的「自控知覺」上，如與西方人比較如何，及性別差異如何等；（2）自控知覺與其他變量之間的簡單線性關係，如自控知覺強人際關係好等。對於有「自控知覺」的人，他們在「自我」的表現上是否與沒有「自控知覺」的人有質量上的不同，則未加探研。這裡可回顧的研究結果既不能支持是家庭教養及社經情況的結果，也不能支持它是學業成績的原因。我認為主要原因還是在於這裡所回顧的研究對「自控知覺」的看法太過簡單化，也太過依賴西方的理論。以致在硬套上內、外控的小鞋下，扭曲的來看中國人的自己控制，自然難有穩定一致的結果。在這方面的研究也是非儘快進行本土化不可（楊中芳，1990）。

3. 自我肯定

一個人的「自我肯定」性是指個人能自然地表達其內在真實的看法、思想和情感，並能維護自己應有的權益的行為。這種「自我肯定」可說是個人在行事時，自身將「自我」投入其中的程度，亦即將「自我」意念表達的程度。在港、臺的研究中，以探討「自我肯定」形成的原因為主。父母社經地位、管教態度，及學生自身參與社會活動的經驗等是主要研究題目。有關「自我肯定」如何可以幫助支配、控制環境的研究，則付之闕如。

蔡順良（1984）曾用一個叫「個人生活態度量表」的工具來測量 661 個大學生的自我肯定性，並探討它與性別、家庭背景因素、教育背景因素、社會焦慮、非理主信息及自我接受程度等因素的關係。結果發現男生比女生的自我肯定性高，高年級及所選的科系（與輔導性科學有關）也在自我肯定性上有較高的分數。自我肯定性與社會焦慮及非理性信息呈負相關，與自我接受呈相關。而前兩項負相關的因素能解釋自我肯定的較多的變異量。

蔡順良（1985）更進一步研究國中學生自我肯定性，與家庭經濟地位、父母管教態度、及學校環境的關係。他發現家庭經濟地位愈高，父母管教態度愈屬關愛、自由、及獎勵，則學生自我肯定性也較強。他同時發現自我肯定性愈強者，其自信心（.52）及人際關係（.32）愈好，具有非理性信念愈少及社會焦慮性愈低（-.42）。蔡氏用徑路分析來探測各變數間的因果關係，結果發現自我肯定性與自尊與自我感情表達的相關分別高達.87 及.82。

　　蔡順良（1986）曾研究個人的自我肯定性在不同情況下，是否有不同程度的表現。他發現至少就性別而言，女生雖然在分數上與男生沒有差別。但在表達一般積極性情感及提出請求兩方向比男生具有肯定性。而男生在處理人際衝突的消極性情感及提出拒絕等方面比較有自我肯定性。另外，女生在對處理負面人際關係，對社會興趣（指是否以合理容忍的態度待人和關心他人，及有利他的色彩）方面，往往自我肯定性比較高。

　　在有關「自我肯定」方面的研究，可謂的「一言堂」，全由蔡順良包辦，他的研究結果相當程度上肯定了西方的理論。然而，作為一個中國人，我總覺得有些地方令人不安。自我肯定強的人，在強調「自謙」、「容忍」、「退讓」的社會裏，並不一定會是受歡迎的典型，他們竟能夠不感覺社會壓力而致沒有焦慮，令我感覺這一方面的研究確實需要進一步本土化，並仔細探研一下，這些西方測量工具到底在測中國人的什麼東西？

　　4. 自我強度

　　自我強度（ego strength）是指內在承受應付壓力的強度。這個概念可細分為（1）對生活壓力刺激的忍受力：（2）解決問題的能力。葉明華、柯永河，黃光國（1981）發現只有刺激忍受力弱的人比較覺得生活壓力的重擔。他們採取柯永河（1981）的理論，用良好生活習慣來界定心理健康。發現忍受力弱者也比較具有不具的生活習慣。彭秀玲、柯永河（1987）將「自我強度」這個概念更細分為三個部份。除了上述兩部份之外，加上情緒習慣的因素（亦即是否

能將自己的情緒表達出來）。然後探測「自我強度」是否是
生活壓力與心理健康之間關係的中介變數；所得到的結果並
不能完全肯定的「干與功能」，但有這種傾向。如果在未來
的研究中能將上述的「自控知覺」與「自我肯定」兩概念與
「自我強度」放在一起考慮，一定更能對生活壓力的適應有
一個更清楚及深入的了解。

有關「自我投入」研究的回顧顯示，目前港臺在這方面
的研究層次還是屬於「初級階段」。不是尚在作靜態的描
述，就是在建立簡單的直線性相關。對這些「自我投入」概
念可能在中國人「自己」表現時，所產生的「干與功能」，
應該再加強研究才是，同時也不應該只將研究範圍限制在臨
床心理學方面的「應對」行為（coping behavior）方面。

另一點是，中國文化價值體系的強調「自立」，也使有
關「自我投入」的變量滲入極強烈的社會贊許的成份。然
而，中國社會的行為規範又強調不表現「自己」。因此，我
認為在這一個領域的研究要特別注意社會贊許的影響。量表
的答案可能與實際行為有很大的差別。研究者一定要想辦法
脫離量表的枷鎖，才能在這個領域作出成果。不然，求來求
去，千篇一律的只是求得兩個變量在社會贊許因素上的共同
相關而已。這一點在下小節中，會詳細探討。

5. 自我防衛

自我防衛是指一個人不自覺地利用一些防衛手段來保護
自己，不使自己感覺到自己有不好的一面。在社會心理學的

理論中，談到許多種自我防衛手段。在這裡，作者只想就其中一種與「自我」表現有關的自我防衛手段來加以討論。

　　在「自我」的研究中，絕大多數是用自評式的「評定量表」（rating scale）來作為測量工具。由於它是由受測者自己評定他自己的看法，感受及問題。他們經常在作答時，不反映自己心中所真正具有的看法及感覺，而給予「社會贊許」（socially desirable）的評定，以便表現自己好的一面，給人一個好的印象，藉以保護自己。這種行為可以說是一種特殊的「自我表現行為」。西方解釋這種行為背後的原因有二：（1）「社會贊許」（要想得到別人贊許）的需求很高；（2）一種自我防衛以保護自己。不管其背後的目的為何。受測者的行為本身是一種不說實話的行為，亦即沒有反映真正「自我」的行為。西方量表中，大多都包括一些測驗題專門用來探測受測者是否有給「社會贊許」答案的傾向。這些題目通常被稱為是測謊題。

　　最初設計這些題目的人並沒有將受測者的給予「社會贊許」答案看成是一種自我防衛，而是將之看成是一種高「社會贊許」需求的結果。這些測謊題多半是一些自陳式的句子，句子中描述自己做了一些一般人經常難免會犯的小缺點。原本設計題目的假設是：如果一個人的「社會贊許」需求不高，他就會承認他有這些小缺點。而「社會贊許」需求較強者。他們就不會承認有這些小缺點，以免得不到別人的讚許。

　　但是，這些同樣的題目，當被用在一些「自我概念」量表中時，又常被用來測量幾個與自我表現有關的概念。其中

之一是「自我批評」的概念，亦即在這些題目上承認自己有小缺點者，是一些比較實事求是，肯作「自我批評」的人。而在這些題目上，完全不肯承認自己有缺點者，則可以視之為一種「自我防衛」。以不承認自己有缺點來保護自己，減少焦慮。

　　究竟「自我」量表中的測謊題是一種「自我防衛」的表現，抑或是一種「社會贊許」需求高的表現，甚或是一種「自我批評」的表現，就成為一個非常有趣的實徵研究的題目。在此小節中，作者將回顧田納西量表中測謊題（共十題，由 MMPI 的測謊量表中抽取出來的）試圖來釐清這個問題的研究。

　　一般用田氏量表測謊題所得到的分數，稱為「自我批評」分數，此得分愈高，表示說謊愈少，「社會贊許」的行為愈少。通常這個「自我批評」分數與量表中其他自我分量表的分數及總分呈負相關。

　　例如，林邦傑（1980）在修訂田納西量表時，發現國中學生男生比女生「自我批評」高。成績優良組比低劣組「自我批評」得分低，而老師評選的自我概念好的組比壞的組「自我批評」也有較低的傾向（女生組的結果並不顯著）。全體樣本「自我批評」與其他八項自我部份分數的相關在-.265 到-.410 之間。這些相關顯然比 Fitts（1965）原來修訂美國樣本時，所求得的相關高很多。這個結果可以解釋為：女生或成績優異或老師評定「自我概念」好的學生「社會贊許」需求較高。但也可能解釋為：上述這些類的學生確實是「自我概念」較良好，以致自我批評少些。林氏認為後面這

個解釋可能性很高，因而懷疑西方的測謊題可能並不能真正測量中國人說謊，反而真正在測量「自我概念」的評價。「自我批評」愈少的人，「自我概念」愈好。至少，林氏的這個研究結果，用「自我防衛」來解釋，似乎不太恰當。

　　何英奇（1981）在他的性別角色與「自我概念」關係的研究中，也用了田納西量表，他發現大學生「自我批評」與他們的性別角色分類無關，但男女生性別之間部有差異，男生比女生「自我批評」高。林邦傑（1981）曾用自己修訂的對性別角色的分類工具來研究「性別角色」與性別兩個變數與國中學生「自我批評」得分之間的關係。他發現有性別角色的主效應，無性別主效應及性別與性別角色的交互效應。而在性別角色上，主要差異是在「未分化」組與其他三組之間（「兩性化」組、「男性化」組及「女性化」組）。前者「自我批評」較高。但是由於後三者之間無差異，而且與性別也無交互作用。顯示「男性化」的女生、「女性化」的男生、「女生化」的女生及「男性化」的男生之間也沒有差別。除非我們認為中國文化價值體系中，對性別角色的扮演並不如西方那麼重視，以致對「男性化」的女生及「女性化」的男生都不歧視，不然，這兩組的「自我概念」顯然應該較「男性化」的男生，及「女性化」的女生的兩組要來得弱些。故此，「自我批評」得分高些。基於這裡由，前面兩組的「自我批評」得分，可以解釋為一種「自我防衛」得分高些，以致與後兩組的得分相同。至於為何「末分化」組的「自我批評」得分高過兩個性別角色組，而與性別無交互作用，則需待進一步作研究來解答。

　　黃曼聰、陳美津（1984）曾用田納西量表測量正常人及

住院的精神分裂症病人。發現精神分裂症病人的「自我批評」低於正常人。然而在大陸及港、臺修訂 MMPI 的全國正常人樣本中，都發現「測謊分」（亦即「自伐批評」分的反面）與「精神分裂」分量表有相當高的負相關（例如，宋維珍，1985；Cheung，1981； Leo, Ko & Chen, 1966）。也就是說「自我批評」愈高者，愈有精神分裂症傾向的可能性。這裡如果將「自我批評」高看為是一種低「社會贊許」需求的現似乎不太能解釋這些由正常人樣本得到的研究結果。如將之懈釋為是一種真正「自我概念」弱的表現，則比較合埋。而在精神病人身上發現較弱的「自我批評」則可能是一種「自我防衛」的表現。

林邦傑（1984）在另一個研究中，探討正常青少年及少年罪犯對「社會贊許」需求的差異。發現少年犯罪者比普通高中生在田納西「自我批評」量表上的得分低，而且「外控知覺」較強。顯顯示「自我批評」可能是用以掩飾缺點的「自我防衛」工具。但是黃光國、黃囇莉（1982）的研究則發現正常組與成人犯罪組的「自我批評」並不呈顯著差異。

當林氏以大學生為樣本求取「贊許需求」傾向與人格因素的相關時，則發現「自我批評」得分愈低者，其衝動性、攻擊性和防衛性也愈低；而在成就性、親和性、持久性、認知結構、互助性、知性探索及表現性等正向因素上得分較高。這個結果顯示大專學生的樣本中，「自我批評」量表亦可能確實在探測社會贊許需求，也可能反映一個人的「自我概念」的好壞。

林以正（1985）用馬-康氏「社會贊許量表」（與 MMPI

測謊題設計原理相同）來求取「社會贊許」傾向與「自我檢校」典型之間的關係。發現在「自我檢校」中偏向於用委屈自己，以在社交場合取悅別人的人，「社會贊許」的傾向低（亦即「自我批評」較高）。這裡如果用「社會贊許」需求來解釋這個結果，似乎是難解釋得通。把它解釋為真正的「自我概念」不良好，以致以取悅別人來博取好感，似乎比較合理。林氏發現其他二個「自我檢校」類型皆與馬-康氏量表呈顯著正相關，顯示能夠用不失去自己來應付社交場合的兩個「自我檢校」典型，「社會贊許」量表分數也較高。這可能代表這些人的「自我概念」較好，或是這兩種典型的人確實有較高的「社會贊許」傾向。

從對這些研究的回顧，我們用以看出一般的「測謊題」或「自我批評」題究竟在測什麼東西，可能隨樣本的不同而有所不同。對正常樣本（無需作特別的自我防衛者）「自我批評」量表似乎並不是在測「社會贊許」需求，而是在測「自我概念」的強弱。對本身已經是屬於某一個社會上不贊許的集體時（如罪犯或不良少年），他們在「自我批評」量表的表現，則有自我防衛的傾向。

第四節　對「自我」研究的反省

楊國樞（1974）曾在回顧了當時僅有的幾個有關自我的論文之後，做了以下結論：

　　過去臺灣所從事的自我概念問題之研究，具有

> 幾個特點：（1）此等研究皆係自教育、輔導
> 及心理衛生等實用的觀點所從事者；（2）此
> 等研究並不重視行為發展的觀點；（3）此等
> 研究並未有系統地探討自我概念的相關因素。
> （第419頁）。

　　楊氏十五年前所做的總結，在十五年後的今天可以說仍
然適用。顯然，十五年來有關「自我」的研究是停留在原地
踏步，無論從方法、理論，或是實用的層次上來看，都沒有
很大的進展。

一、研究方法的問題

　　在回顧了港、臺有關「自我」的研究之後，很容易就發
現這些研究最大的共同點在於：1. 研究方法的單一性；2.
研究對象的偏差性；3. 測量工具的外國化；4. 資料分析的
粗糙化。

1. 研究方法的單一性

　　幾乎沒有一個例外的，所有的研究都是採取問卷調查
法。而且，也是毫無例外的，所有的研究的自變數與依變數
都是包括在同一個問卷之中，由同一個受測者在同一時間填
答。有時，一個問卷內，包括數個相當冗長的智力測驗、自
評人格量表、及形容詞鑑定表。學生有時必須花數小時才能
填答完畢。

Hui 與 Triandis（1985）曾指出受測者的反應定勢（respones set）傾向與問卷的長度有關。在冗長問卷的後半段，反應定勢的現象呈現得比較嚴重。楊中芳、趙志裕（1987）也提出對泛用及濫用自評式「評定量表」的許多弊病。其中最嚴重的一項就是受測者在面對冗長的問卷時，往往會產生認知偷懶的現象，並不認真去填答問題，而用題目本身的好惡度答案來搪塞。如果一個研究的自、依變數皆包括在同一個問卷之中，那麼所求出來自、依變量的低相關，就很難說有多少是兩者真正的相關，有多少是兩者共同與「好惡度」的相關。

自評式「評定量表」最大的缺點是受測者深受「社會贊許」需求的影響，而有按社會贊許的方向來填答問題的傾向。這使得凡是與社會贊許方向相同，所取得兩個變量的正相關都不能排除這個系統化偏差的解釋。使原有變量之間的關係變得混淆不清。例如，我們在上小節中回顧「自我批評」與人格因素的關係（林邦傑，1984）就是一個很好的例子。

在未來「自我」的研究中，我們一定要試圖用別種研究方法，來驗證我們用問卷法所得到的結果。不然，這些結果的可用性是很值得懷疑的。

2. 研究對象的偏差性

除了一兩個研究是例外之外，其他所有回顧的「自我」研究是以學生為樣本，而且以國中學生的樣本為最多。這固

然是與在這方面的研究工作者多出自教育心理學有關，他們一方面由於他們的專業原因對學生比較有興趣，一方面也是因為求取樣本比較容易。但是，這種樣本的單調化，令我們完全無法將這些結果推衍到其他非學生樣本之上，更不用說推到一般中國人身上了。

例如，在田納西量表中有心理、生理、道德、家庭、及社會自我之分。一般國中學生生理上才發育完成，心理上未見成熟，沒有什麼除了家庭以外的社交經驗，道德規範也未必內化。有關他們的「自我」，及這個「自我」與其他變量的相關，勢必不能推衍到成人樣本身上。所以對中國人的「自我」到底是什麼樣子，作了十五年研究，可謂是一片空白。

更嚴重的一個問題是大學樣本的廣泛運用。大學生可以說在整個文化中，是一個相當奇特的樣本。他們因身經無數考試的經驗，並諳知西方心理學的一些理論，它代表一群相當特殊的人。因此由他們身上求得的結果，至少在「自我」的領域中，並不適合推衍到其他教育程度較低的成人樣本。

大學生多是經過各種考試千錘百煉的勝利者。其中特別是女生，她們必須有勇氣、能力、突出社會對「女子無才便是德」規範及期望的壓力才能脫穎而出。所以她們通常是比同年男生或一般女人的自信心更強，「自我概念」更好，性別角色比較屬於「兩性化」的人。如果用大學生的樣本，發現兩性在「自我概念」上沒有差異，我們能因此下結論，說中國人的「自我概念」在兩性上沒有差異嗎？

　　「自我」是一個與受測者過去經驗的影響相當深刻的概念。大學生在學校多半讀西方傳入的書籍，也修讀過一些心理學課程。他們在對自我的分析及表達能力方面，顯然比一般大眾好，因此他們代表研究中國人「自我」的一個偏差的樣本。因此，要真正研究一般中國人的「自我」，必須離開研究「學生」這個安樂窩。不然，我們很容易就會發現我們的研究結果，總是得到和美國人沒有分別的中國人的自我（ Bond & Cheung, 1983 ），或是千篇一律的驗證西方理論。

3. 測量工具的外國化

　　有關「自我」的概念及測量工具全部是由西方引進的，這些工具是西方研究者以西方自我的理論為基礎，而編製出來的，而這些理論都是以西方文化的價值體系為依據。固然，中國學者在應用時曾略加修改，但是多不出其概念及理論範圍。他們在應用這些工具時，也很少依據自己文化的特性先來探討一下這些理論及工具背後所內含的假設是否在本土文化裡也是測量同樣的概念。這些問題不事前想清楚往往會令我們對所得到的結果，陷入難以解釋的困境。

　　例如，我們在前面討論測謊題時，已經提到究竟那些由西方文化所發展出來的測謊題在測驗中國人的什麼心理特徵：是「自我批評」？是「自我防衛」？抑或是「社會贊許」傾向？這是一個令人困惑的問題（林一真、杜淑芬，1984；1987；楊中芳、趙志裕，1988b）。如果輕率把它用來當作測探「社會贊許」需求的工具，就可能會造成結果解釋的錯誤。有關測量工具外國化的一些問題將在下一小節談

到概念的缺點時，再行討論。

4. 資料分析的粗糙化

在本論文所回顧的研究，對資料的分析也是千篇一律地
的趨向簡單化。研究通常沒有成立什麼具體假設。分析大多
用相關分析，或其他多項量統計分析。大多等分析後對統計
上顯著或不顯著的結果再做「研究後」（Post hoc）的解
釋，而很少是根據研究前的假設，針對具體問題做探討。例
如，「田納西自我概念量表」的優點在於它將「自我」分成
許多的層面來看。但是，在所有用田納西量表所作的研究
中，沒有一個研究者在研究的導論中，討論自我與另一個變
量（如學業成績或人際關係）的關係時，具體的討論田納西
量表中的那一個內容或結構自我（如「社會自我」或「自我
滿意」）可能與學業成就或人際關係中的那一特殊方面有什
麼樣的具體關係。所有研究假設都停留在求取兩個變數之間
非常籠統及簡單的線性關係。這樣一來，這些研究完全沒有
利用到田納西量表的優點來讓我們更深一步的了解自我與學
業成績的關係。那麼，用 90 題的田納西量表與用 10 題的其
他測量「自我評價」的量表又有什麼差別？

又例如，在研究自我概念及父母親管教態度知覺時，幾
乎一個研究重複一個研究地得到相同的籠統結果，而從沒有
一個研究者想變變花樣看看除了關愛、懲罰、威嚴、獨斷、
獎勵等籠統的、抽象的概念外，還有沒有其他與父母教養有
關的概念可以幫助我們更深刻地了解學生「自我概念」中那
一個特殊部份的成長。在未來的研究中，如果不在概念上作
本土化、具體化及理論化的探討，有關「自我」的研究勢必

難以對了解中國人的社會行為有所貢獻。

二、概念及理論問題

　　研究方法的問題往往起源於研究概念的問題。而研究概念的問題又往往起源於理論的貧乏。在回顧了港、臺有關「自我」的研究之後，本小節將探討這些研究在概念上的問題。這問題大致上以下列幾點概括之：1. 研究概念的籠統抽象化；2. 研究構想的簡單表面化；3. 研究內容缺乏本土精神；4. 研究假設缺乏理論基礎。

1. 研究概念籠統抽象化

　　港、臺「自我」的研究者通常習慣性的將西方的研究概念及工具搬過來應用。正如在本文開始時所述，在西方個人主義價值體系下，發展出來的有關「自我」的概念特別多，因為他們的體系是注重個人及其自身能力的發揮的。然而，這些同樣的名詞在搬到中國人身上來應用時，常常連適當的翻譯名詞都找不到。因此，在勉強的情況下硬翻的名詞，有時根本在中國人的行為中找不到相對應的現象。例如 Self-esteem 是指自己對自己給予良好的評價，這在中文中就找不到相對應的翻譯（通常常見的翻譯是「自尊」，顯然不是最恰當的）。這些名詞及所描述的現象因而變成研究者的「專有名詞」，不免流於籠統與抽象。甚至不同的研究者對同一個西方研究概念都有不同的理解及名稱，造成很大的混淆。

　　在中國文化價值體系中，個人的地位是在於他能把「個己」轉化為包容「社會」的「自己」。因此，在社會教化過

程中，以「個己」為界限的「自我」在概念上的分野不像西
方那麼細緻（我認為即使在西方理論界，似乎也不需發明這
麼多名詞，巧立名目，這無非也是學術界「出版或出局」的
升等政策的結果）。因此，「自我意識」、「自我檢校」、
「自我表現」可以說是只是在談論個人行事時「自我」表現
的方式罷了。「自我肯定」及「自我強度」可以說只是代表
個人行事時加諸「自我」於事、於人的程度罷了。「自我概
念」、「自我接受」、「自我價值」等也無非都是指對自我
的一種正或負的態度而已。在目前港、臺的研究中，多沿用
各種西方名詞各自作各自的研究，很少看看這些名詞之間的
重疊性，並先回顧綜合這些研究結果，再作自己的研究。因
而造成整個研究領域零散不堪，重複而膚淺。

2. 研究構想簡單表面化

由於研究概念並非源於觀察本土樣本實際的行為及特
徵，也由於西方研究工具的易得，研究概念往往被架空，在
一個籠統抽象的層次，致使研究的構造趨於簡單化及表面
化。往往是簡單的研究兩種變量的線性關係，甚少有加入一
些中介變量，以便較深入的，實事求是的探討「自我」與其
他社會行為的關係。最顯著的例子莫過於有關父母親教養態
度「自我概念」的研究。籠統的將父母親教養態度用寬容獎
勵/權威懲罰來加以兩極化，並千篇一律用子女對父母教養態
度的知覺作為衡量父母態度的唯一指標都是相當簡單化及表
面化的研究構想。連最起碼的中介變數，例如，子女的性格
對父母教養態度與「自我概念」形成的影響都無人問津。

更嚴重的問題是這樣如此簡單表面化的研究結果，往往

在研究論文的最後，被很草率地應用在實用的層次，毫不猶豫地被用來作為教導老師或父母要如何對待小孩子的依據，以便讓他們有一個良好的「自我概念」。這種大膽的研究應用實在讓人咋舌，令人不禁感覺研究是用來「支持」研究者所說的話，而非用來「驗證」自己要說的話。

3. 研究內容缺乏本土精神

在討論以上的兩項問題時，都曾指出目前「自我」研究最大的問題所在，就是它的太過依賴西方的概念與理論。無可否認的，西方心理學界研究「自我」的歷史較久，成果較多，所以以他們的概念及理論為出發點，並無可厚非。但是如果只停留在「模仿」的階段，而不進行反思，進行突破，就沒有辦法進一步了解中國人的「自我」。楊中芳、趙志裕（1987）曾用「自我」研究為例，指出中國社會心理學的過份依賴西方概念與理論的流弊。在彼文中，作者們特別指出在中國文化價值系統下生活的人的「自我」是必須與環境妥協的，而不是以「自我」加諸於外界為美德的。楊中芳（1990）最近作了一個非正式的統計，發現中國詞彙中與「自我」有關的名詞裏，大部份的詞是要求要自省、自制，不要自滿及輕舉妄動，不要過份「自我」表現。這個例子說明西方理論中內含的價值觀是認為「自我概念」好的人就是要認為自己什麼都好，就是有「自控知覺」，就是要「自我肯定」、「自我接受」、及「自我評價」高、「自我意識」強、「自我揭露」多、及「自我檢校」低地，將自己的意念加諸於外界人、物之上。然而，在中國社會中，這些特性被認為是反面的價值觀。如果只知應用西方的理論基礎，勢必令我們的研究走向死角。

　　就以有關適應及應變的研究為例，對一個一生都在妥協的夾縫中生存的人，西方理論之中的「自控知覺」、「自我強度」對他來說有什麼用？不斷的教導他要有「自控知覺」及「自我強度」是否代表最有效益的糾正方法。在這方面，研究「他控知覺」的人如何被動地把握自己及應對環境，似乎是更有意義的研究題目。

　　以上僅舉一例說明「自我」研究內容本土化的必要性。事實上，這樣的例子比比皆是。

　　4. 研究假設缺乏理論性

　　其實，如果港、臺「自我」的研究能衝出西方概念及理論的枷鎖，它可以在理論的層次上，對泛人類的「自我」研究作出特殊貢獻。因為全人類生活在屬於西方那種個人主義價值體系下的人並不多。許多西方人忽視的研究概念，即正是值得我們提出自己的理論，作更深一步研究的。

第五節　結語

　　本篇論文回顧了港、臺有關「自我」的研究之後，發現由於在概念上，方法上及理論上太多依賴西方的東西，以致所得的研究成果對了解中國人的「自己」及其對社會行為的影響，可謂是「一籌莫展」。但是，我認為，由於「自己」實在是中、西文化差異最根本的淵源，如果我們能突破過份依賴西方理論的枷鎖，在這方面的研究成果終將在理論上作

出重大貢獻。希望對此研究領域有興趣的同仁能共同一致努力，創下豐碩的成績。[§]

———————————————

§ 本文曾發表於楊中芳、高尚仁（主編）(1991)：《中國人‧中國心：人格與社會篇》。臺北：遠流。

第二章
試論中國人的「自己」：
理論與研究方向

楊中芳

第一節　前言

　　在一篇討論中國的政治文化的論文中，Metzger（1981）曾提出了一個非常有趣的問題，正好說明了我為什麼要寫這篇論文的原因。Metzger 說在研究中國的政治文化的理論中，大致包括兩派人馬，共得出三類的結論：（1）強調權威與附屬關係在中國文化的重要性，強調「依賴性」是主要心理因素；（2）強調中國人的被動性，總是逆來順受的，不主動爭取的心理特徵；（3）強調中國文化的進取

性、自立性、及自主性。前兩類結論的研究者多為社會科學家，用現代西方心理學的概念及研究方法支持他們對中國人的觀察。第三類結論的研究者多為人文學家及漢學家，多從古典著作中獲取理論支持。

前兩類的結論顯然與後者是完全相反的。Metzger 指出由於學科之間的不相溝通，使研究者很少去探研為什麼會有這種相互矛盾的研究結果出現？難道他們所探研的不是同樣一個東西嗎？顯然，這個問題答案是應該否定的。第（3）類結論的研究者所探討的對象顯然應該是第（1）（2）類結論的研究者所探討對象的「根」。但是，為什麼這兩批人所得到的結論卻是完全相反呢？

近來，在社會心理學的領域中，也有同樣的現象出現，許多跨文化社會心理學家都用「集體主義」/「個人主義」（collectiv-ism/individualism）一維度來劃分世界上的各文化，而中國人在這個維度上，總是被認為是「集體主義」的代表。然而中國文化的深刻觀察家都指出中國人一點「集體主義」的意味也沒有，是典型的「自我中心」主義者（費孝通，1947）。那麼究竟孰是孰非？為什麼會有這個現象？

根據我自己若干年的體驗及思索，我認為主要的原因是過去許多社會科學研究太過依賴西方的概念及研究工具來作實徵研究，結果看見的都是平均數，標準差。而沒有看見中國人與西方人在「質」上的差異。以致在他們的研究中完全沒有本土的意味。而一些人文學者及漢學家在討論問題時層次又多停留在理念及抽象的境界，與實際行為的距離似乎又大了一些。因此兩派學者好像是在探研兩個完全不同的東西

一樣。

　　我非常同意 Metzger 的看法，認為這兩派人馬所研究的
成果必定有其相關之處，這裏舉出的矛盾現象也必定在深一
步探研後可以化解的。而這種化解可以幫助我們對中國人的
社會行為有更進一步的了解。

　　本論文的撰寫目的就是試圖將本土文化的特色帶入中國
社會心理學中有關「自己」的研究領域裏。

　　在中國的心理學研究中，對「自己」的研究並不多。而
且這些研究的理論基礎多是沿自西方心理學，所用的測量工
具也是編譯自西方。這些研究的結果是否能夠真正的測探中
國人的「自己」。也是直到最近才引起大家注意的問題（楊
中芳、趙志裕，1987）。本論文的目的是試圖從本土的角
度，來探討中國人的「自己」可能有那一些特性，並根據這
些特性成立一些有關中國人「自己」的假設。希望這些假設
可以提供未來作「自己」實徵研究的人作參考，以便共同為
中國心理學的本土化而努力。

　　本文首先嘗試從傳統哲學理念及社會教化兩方面來探討
中國文化價值體系對「自己」及其與「社會」之間關係構想
的特色。然後再看看這些特色可能對中國人的「自己」有什
麼影響。這個探討主要在三個層次上進行：（1）中國人的
「自己」所包含的內容及組織；（2）中國人對「自己」的
認識及評價；（3）中國人的「自己」與其社會行為之間的
關係。然後，根據這些討論，在本文最後，我建議一些有關

研究中國人「自己」所應走的方向及注意的課題。

概念的澄清

在本文的討論中，我在理論上將分辨兩種「自己」的型態。為了避免混淆起見，先在這裏將一些名稱的定義界定一下。

本來「自己」二字在字典內的定義是「對人稱自身的話」[1]這個定義中的「自身」是個相對於別人而言的一個概念。對一個將自己與別人的界限定在以個人的身體實體為界限的人，它的意義是狹窄的。自身是指個人的個體。

但是，一個人並不一定要將自己與別人的界限劃在個人的身體實體的邊緣。一個人可以將自己擴大到包括某一些特別的「別人」。最顯明的例子是許多人將自己的妻子及孩子看做和自己一樣，是自己的延伸。他們的事就是自己的事，他們的榮辱就是自己的榮辱。他可以代他們發言、承諾，甚至於思想。這樣的一個人的「自己」中的「自身」的含義很可能並不是以個人身體實體為界限，而包括許多其他的人在內。

在本文的討論中，我的許多論點的出發點皆繫於一個人

1　國語新辭典(1990)，大中國圖書公司(臺灣)。

對「自身」這個詞的定義之上。因此，有必要用兩個名詞來
代表這兩種不同型態的「自己」。我將用「個己」來代表對
以自身實體為界限的那個狹窄「自身」的稱呼，而以「自
己」來泛指對廣義的「自身」的稱呼。這個廣義的「自身」
即包括那些以個體實體為界限的，也包括那些包容特定的其
他人的那一種。

第二節　中國傳統哲學思維對「自己」的構想

　　在這一小節中，我試圖將中國文化價值體系對「自己」
及它與「社會」之間的關係的構想勾劃出來。這些構想代表
了中國文化在理想的理念層次上，對「自己」的設計是什
麼。

　　在未開始討論這個問題之前，我本應先界定什麼是中國
文化價值體系。在我以下的討論中，我也會經常將之與西方
文化價值體系作對比，藉以更清楚的表明中國人對「自己」
構想的特色。但是，正是由於過去大部份學者均以「集體主
義」/「個人主義」來將中國文化價值體系與西方（泛指西
歐、北美等心理學發展較早的國家）文化價值體系對立起
來，而「集體主義」與「個人主義」的最大分野即關繫在
「自己」與「社會」的關係之上，所以，我準備在這兒先不
對中國文化價值體系加以界定。等待我在這一小節討論過中
國傳統對「自己」與「社會」的看法之後，再來進行釐清這
個概念。

　　不過，在討論西方文化價值體系時，我則還是按慣例，以比較狹義的「個人主義」作界定。即是指一種以個「個己」為中心，以個人「個己」的自由、自主、獨立，及成就為奮鬥目標的價值體系（Sampson，1988）。當然，有關「個人主義」究竟是什麼，及它應該是什麼的爭論，在西方理論界也歷久不衰（例如，Hogan，1975；Smith，1978；Waterman，1981）。在這裏，因為我的主要目的只是想藉之做為對比來闡明中國人對「自己」的價值體系，所以採用了這種比較狹窄的定義。

一、「自己」與「社會」的關係

　　每一個「社會」都是由「個人」所組成。而每一個「個人」都屬於一個「社會」。但是，不同的文化對「個人」與「社會」關係的構想卻各不相同。因此，對「社會」中「個人」的要求也不一樣。在這裏，我先就這個問題來看看中西文化的差異，藉以了解中國人對「個人」與「社會」關係的構想。

　　「社會」協助並保護每個「個人」。它使「個人」能得到他如果不生活在「社會」中，自己單獨生存時，所得不到的。但是，「社會」也對內中的「個人」作某一些程度的限度，以便使整個「社會」可以運作自如，擔負起它的作用。同時「社會」及「個人」都是在發展之中的，顯然兩者是在互賴的關係下得以發展。各個文化對「社會」與「個人」關係的構想的不同，主要在於兩方面：（1）「社會」中的「個人」是以什麼結構組成；（2）「個人」在「社會」中

所被限制的程度。而所以會有這些構想的不同，主要繫於各個文化對什麼樣的「個人」與「社會」關係才能使整個社會運作自如，並使兩者同時得以發展，持不同的想法。表一列出本文作者認為中、西文化對「個人」與「社會」關係構想之差異。

【表一】　中西文化對「個人」與「社會」關係構想的不同

西方「個人定向」社會結構	中國「社會定向」社會結構
1.以一個個獨立自主的個體為單位	1.以「人倫」為經、「關係」為緯組成上、下次序緊密的社會
2.著重個人的自由、權利、及成就	2.著重個人對社會的責任與義務
3.著重個人獨立、自主的培養	3.著重「大我」概念的培養「大我」幸福是「小我」幸福的先決條件
4.「小我」幸福是社會幸福的基礎	4.服從規範，「犧牲小我」、「完成大我」是被鼓勵及許以重賞的

5.追求個人利益是被鼓勵及　　5.社會的運作靠個人自律及
　許以重賞的　　　　　　　　　輿論來維繫

6.社會的運作靠法律來維繫　　6.社會公正：對遵守規範者
　　　　　　　　　　　　　　　的獎賞，對違反者的懲罰

7.社會公正：使絕大多數的
　人得到最大利益

　　在西方具有「個人主義」傾向的價值體系中，對「個人」與「社會」關係的構想是：「社會」是由一個個平等、自由、獨立的個體所組合。「社會」固然不僅只是這些個人的總和，但「社會」的幸福卻是建築在內裏這些「個人」，以自主獨立的精神去奮鬥自己個別的幸福之上的。「社會」的存在是在於它協助了各個「個人」去完成他的追求。社會規範或法律只是在這個個人追求自己最大幸福的過程之中，保證了「社會中的大多數人能得到最大利益」。這種保證避免了在這種個別追求中所可能產生的衝突，並且使整個社會得到最大的利益。如果任何社會規範或法律被認為不再能起前面所述的作用的時候，就應該被取消或忽視。此時，「個人」可以以他自己認為最能確保「社會」作用的方法來作為他行為的依據。

　　在中國傳統哲學的理念中，「個人」與「社會」關係卻不是這樣的。「社會」固然也是「個人」的組合，但是內裏各個「個人」卻不是完全獨立的。「社會」本身藉人倫關係

把「個人」組合成一個緊密、有層次的結構。每一個「個人」都有一個無形的關係網，使他與「社會」中部份其他人有不同緊密程度的關連。「個人」的行為是必須依在這個關係網絡中，自己對他人所背負的責任及義務來行事。因為，在中國這種「社會」與「個人」關係的架構中，如果「社會」中每一個「個人」都能履行他的社會責任及義務，整個「社會」即可運作自如，向前發展。在這個構想之中，「社會」中的「個人」必須有一個劃一的信念，那就是：「社會」幸福是「個人」幸福的先決條件。整個「社會」的進步可以帶動內中「個人」向前進步。社會規範及法律是用以限制及懲罰那些不能堅持這個信念，以致不能履行他對社會的責任及義務的人。如何確保每一個「個人」都能堅持這個信念，在於道德教育及內化，在於對「個人」的「自己」進行超越及轉化。最終使「個人」與「社會」在前進的方向上，變為一致。

根據以上對中國傳統哲學理想的理念中，「個人」與「社會」關係構想的簡述，我們不難看出，社會的秩序與和諧一定要靠由其中的個人開始（King，1981）。如果社會中的每一個份子都能修養「自己」到「至善」的「仁」的境界，整個社會就會是一個安寧與和諧的大同世界（蔡美麗，1987）。在這個理想構思中，社會的秩序與和諧是建築在每個人將「自己」由「個己」不斷地轉化為包容整個「社會」的「自己」（Tu，1985）。這個構想與西方理論中的強調社會秩序與和諧是靠每個人的「個己」去控制及駕御是截然不同的（Sampson，1985）。

中國人的「自己」與「社會」的關係可以說是「包含」與「合一」的關係，而非「個人」與「總合」的關係，要靠個人「內轉」的功夫，使「自己」超越「個己」，而與「社會」融為一體，那時，個人的「個己」可謂已不復存在，或已被「非集中化」（decentralized）（Sampson，1985）。

二、「自己」的地位

有關「自己」的研究，在西方心理學中，佔一席舉足輕重的地位。「自己」無論在發展心理學、人格心理學、社會心理學、教育心理學，或臨床心理學中都是一個必須討論鑽研的題目。我想這主要是因為西方文化價值體系認為「自己」，本身，是一切行動的主宰，動力中心（Greetz，1973）。一個人的行為只不過是反映他自己內在的知覺、情感、個性及意願。因此一個人必須對「自己」充份瞭解，知道自己本身的知覺、情感、個性及意願，才能決定自己要幹什麼。而西方心理學認為必須要研究這些有關「個己」的信息，才能掌握人的行為的規律。

在中國的文化價值體系中，「自己」的地位又是怎麼樣呢？一些將中國文化價值體系看為是屬「集體主義」的理論家（如，Triandis et al., 1988），都推斷「自己」在這個體系中的重要性應該是很低的。它可以說是集體目的及利益下的犧牲品。但是，如果我們從中國主流哲學思維中抽取出它們對「自己」的構想時，不難發現這個體系中「自己」是核心，是極端受到重視的（Mei，1967）。不同的是，中國文化是注重個人的內傾性，而非像西方文化一樣注重個人的外

傾性（余英時，1983）。

　　孔孟哲學思想甚至將整個社會的安寧、和諧及秩序維繫在個人「修己身」（self-cultivation）之上（Tu，1985）。因此，可以說對「自己」非常重視，並委以重任的（Tang，1967）。然而，中國傳統哲學思維中，所給予「自己」的責任卻並不是像在西方體系中那樣，外向去表達、表現及實現「個己」，而是要以「克己復禮」的實踐精神來向內實現「仁」的「自己」。「自己」實現是一個內在自我發展的過程；而修養「自己」則是一個有秩序的漸進過程（Abbott，1970）。

三、「自己」的最高理想

　　在傳統哲學理念中，有關天人關係的構想界定了中國人的「理想自己」。楊慧傑（1981）曾追溯討論了中國哲學思想中，對天人關係的各種看法。他的結論是「天人合一」，「天人合德」是主流。在這個思想體系中，人的本性是天生的，也是善的。人只要不斷地由學習及實踐中「盡性」（體現人性的高度敏感度；或盡道德之性；作自己認為是對的事）就可以得「道」，而「道」的內化即是「德」。

　　因此，當一個人對「自己」的修養達到最高境界時，是天人合一，合德的。「道德自己」成為「自己」發展的重心，而達到「仁」或「聖賢」的境界成為「道德自己」的最高理想。而「盡性」、「得道」、「成德」主要是內在意志

的轉化與純化（勞思光，1987）。

　　從這一點看出，對「自己」的發展及其發展的最高境界，中、西方價值體系的構想是不一樣的。西方注重對「個己」是什麼的發現及如何實現「個己」的控制及駕御，而中國體系注重對「自己」的轉化改造以期實現道德上「至善」的理想。因此中國傳統哲學對「自己」的「理想境界」的構想可謂是頗具野心的，對「人」的塑造性也是頗樂觀的。以致有學者認為這種理想事實上是夢想（例如，劉述先，1987）。

四、「自己」的發展

　　在追求這個「自己」的最高理想的過程中，「自己」要如何去做呢？傳統主流哲學理念要求「自己」通過實踐來「轉化」及「純化」個人的認知及意志。杜維明（1987）稱這個過程為「體知」的過程。一個人在這個修養過程的一開始，「自己」猶如「個己」。通過虛心學習及徹底實踐對社會而言是「合理合宜」的禮制的「修己」功夫，先建立行為。然後，經過克制及內省等的「克己」功夫逐漸發現這些行為的內在價值，因而產生想要實踐這些行為的意志。

　　這種從行到知，再由知生意的「自己」發展過程，恰與西方理論的偏重由知到意，由意生行，是大異其趣的。中國「自己」的發展就是修養功夫的功力，也就是「自己」內化社會規範的程度，同時也是「自己」與「個己」融合為一的程度。

　　這個修養發展的過程是漫長的，艱辛的，也是永無止盡的（Tu，1985）。因此傳統中國哲學理念中對「自己」的構想是相當具有流動性（dynamic）的。它是一個過程，是一個不斷的向上發展的過程。這一點 Sampson（1985）也認為是與西方人對「自己」比較注重穩定性（stability）及均衡性（equilibrium）的構想是相當不同的。

五、「自己」的責任

　　既然，如杜維明（Tu，1987）所說，「自己」修養過程是漫長、艱辛，及永無止境的。那麼，個人是否可以選擇不去修養呢？在這一點上，儒家理念是毫不留情的。「人人皆可成聖賢」的理念構想將「聖賢」放在每一個人的天性之中，是與生俱來的。這一理念構想使一個人之是否成為聖賢，完全取決於「自己」的努力及恆心。一個人的「自己」要向上發展到什麼程度也完全由「自己」來決定。因此，「自己」在道德修養上的成敗，是要「自己」負責任的（呂武吉，1987）。

　　在這個理念構想中，「自己」固然是在「修己」及「克己」中逐漸內化社會禮義的規範及價值觀。但是它的發展也絕不就是絕對的服從，而是被容許去自行作判斷，自行選擇什麼是對的，什麼是好的，才去做。因而具有相當程度的自主性（Metzger，1977）及自由度（de Bary，1970）。因此金耀基（King，1981）稱中國傳統理念中這種對「人」的構想為「以自己為中心的自發主義」（Self-centered voluntarism）。因此，「自己」在這個理念設計中並不是被

動的，而是主動的去爭取的。

　　由以上就中國傳統哲學理念層次來探討中國人的「自己」時，發現有以下幾個特色：

　　1. 中國人的「自己」是非常受重視的，它不但是個人行為的原動力，也是理想社會達成的工具。中國人的「自己」也極注重自主性。但是這個自主性要表現在「克己復禮」的道德實踐上。

　　2. 中國價值體系中的「自己」，不像在西方價值體系中的「自己」那樣，是以表達、表現，及實現「個己」為主，而是以實踐、克制，及超越轉化的途徑，來使「自己」與「社會」結合。主流哲學思想，以強調個人的「至善」的道德修養為維繫社會和諧的基礎。如果說西方是「自戀」的文化（Lasch，1978）；那麼中國可謂是「自制」的文化（Lifton，1967）。

　　3. 中國哲學理念對「自己」發展的構想是與個人「道德」的修養分不開的。對「自己」的討論多以如何達到「道德自己」為主（楊中芳，1990）。因此，對於人應該走發展成為什麼樣的人有一個比較確定的看法。如此，對中國人的「自己」而言，學習「要怎麼做？」要比學習「要做什麼？」更重要得多（Pye，1981）。「自己」被看成是一個不斷向前進步，走向道德至善的過程。

　　4. 在「自己」的修養過程中，「自己」的界限逐漸的由

「個己」超越轉化成包括許多其他人的非個體性的「自己」。視個人道德修養的高低，「自己」的界限也因而有所不同。

　　由本小節的討論，可以看出要界定中國文化的價值體系，用「集體主義」一詞，似乎有欠恰當。在這裏，不容我花篇幅來深入討論這個問題。不過只是想指出，西方的理論經常用「集體主義」（Hofstede，1980；Triandis et al.，1986；Hui，1988）來區分東西方文化，主要是因為過去許多理論家都將「個己」及「群」或「社會」看成是兩個獨立的社會心理概念，並把「群」或「社會」視為一些「個己」的聚合。因此，在界定「個人主義」及「集體主義」時，將注意力集中在「個己」與「群」或「個己」與「社會」的關係上；把中國人外表所表現的不注重「個己」的行為看成為是一種有集體精神及願意與其他「個己」分享的表現（例如，Hui，1988）。或是看成是一種犧牲「個己」，以求成全「群」（如家庭）的行為（例如，Yang，1959）。這些理論都不能有效的解釋為什麼中國人既屬「集體主義」，卻又經常表現得特別像「一盤散沙」，沒有凝聚力。費孝通（1947）及金耀基（King，1981）等曾企圖解釋這種現象。認為它是因為中國傳統理念對除了「家」以外的「群」缺乏概念及規範的界定。我認為這種解釋略嫌勉強。

　　現今，如果我們將中國人「自己」的轉化概念放在裏面。使「自己」的界限可以包容他人及他所屬的團體。這樣一來，個己與「群」及「社會」的關係變成是幾個套在一起的同心圓的關係。個己在中心，「社會」為最大的同心圓。像這樣的一個概念架構，過去也有人提出（例如，Hsu，

1971；費孝通，1947），只是從未被用來反駁西方「集體主義」理論家對中國人的「自己」的勾劃。利用這樣一個概念架構，過去的一些難以解釋的地方似乎可以解釋了。因為擴大「自己」，並不是「分享」及「犧牲」。不以「個己」為中心的行為仍然是一種以「自己」為中心的行為。只是「自己」的界限擴大到超越「個己」而已。一般中國人的散沙行為也可以解釋為修身的功夫不夠，以致仍以「個己」為「自己」的界限。正如，費孝通（1947）曾相當其有清晰分析能力地指出，中國人的行為特色並非「個人主義」，而是「自我主義」。前者是相對團體而言的一個概念，是指給予團體組成份子有較多的自由、獨立、及自主性的一種價值觀。「自我主義」則不是一個相對團體的概念，是指一種一切價值是以「己」作為中心的價值觀。它是不需要與一個群體相對而言的。因此，我認為要對中國人的行為作深入的瞭解，應該放棄對「個人主義」與「集體主義」這個表層特性的探討，而以中國人的「自己」的特性為分析重心。

　　在這一點上，近年來，西方心理學理論界也有涉及。例如，Sampson（1988）就曾提出西方的追求「個己」的個人主義只是個人主義中的一種而已。他沿用 Heelas 及 Lock（1981）的構念以兩個維度來分辨兩種不同的個人主義，其中一個維度是「自己」與「非自己」的界限，另一為對「控制來源」的知覺。他認為西方的個人主義是屬於一種叫「自足式」（Self-contained）的個人主義。這種個人主義的特色在於它的「自己」是「個己」的概念，以個人身體實體作為自己與別人的分界線。同時，具有這種特色的個人主義認為一切的控制皆起源於「個己」。因此。在這個體系下的個人認為個人「個己」與他人的界限越清楚越好。一個人只有在

這種清楚劃分下；才能保持「個己」的自由、自主、及獨立。所以，這種「自足式」的個人主義是具有排斥（他人）性的。它是以表達、表現，及實現「個己」為最高理想。

Sampson 認為世界上許多其他的國家及文化是屬於另一種所謂「包容式」（ensembled）的個人主義。在這個體系之下，個人與他人的界限並不一定很清楚，而且「自己」也不一定以個人身體實體為界限。這一類的個人，也並不認為一切的控制來源必定是在「自己」。因此遇事採取包容、妥協、及合作的精神。

我雖然覺得 Sampson 的構念有其不足之處，但是我認為他在分析文化價值體系方面用「自己」的觀念為基礎是非常新穎而有力的。打破了過去西方社會心理學過份依賴「個人主義」及「集體主義」的構念來討論文化差別的僵局。有關 Sampson 氏理論的不足之處，我會在本文下小節中再提出來討論。

第三節　社會教化

如果我們把社會教化看成是一個培養年輕的一代去適應他們所處的社會的過程，那麼中國的社會化過程必定將前面所述的文化價值理念傳遞給下一代，使每一個「個人」都變成一個深信「社會幸福是個人幸福的泉源」，而心甘情願地去盡社會所賦予的義務及責任的「自己」。這與西方文化的社會教化顯然應該有所不同，因為在後者的價值體系中，

「個人」是要被培養去做一個自主、獨立，肯為自己的幸福而奮鬥的「個己」。

在探討究竟中國社會教化的內容及方法是什麼這個問題時，我採用了一個比較新的途徑及方法。我之這樣做，是採取了 Mead（1929）的看法，他認為「自己」是人天性中的兩個部份的交互作用：人類基本的衝動力量（impulses）及控制我們思維的語言力量。在下面報告的研究中，我將凡是在字典及詞典中可以找到與「自」或「己」字有關的字、詞挑出來，加以歸類，再就語意加以整理，來粗淺的探討一下，中國人經由語言，對「自己」有什麼樣的要求。這樣的研究是值得將來更詳細、更精密的來作一次的。可惜，我還沒有時間去作。現在，在這裏，我只有用這項初步調查來幫助我們探討有關教化的內容問題。

一、社會教化的內容

何友暉（Ho，1981）在回顧及討論了中國父母對子女的社會教化的實徵研究之後，曾指出中國社會教化的中心觀念就是：對衝動的約束。也就是說，它是一種「減低對『個己』的集中」（self-decentralization）的訓練。這一個總結可以說捕捉了前一小節所述中國人傳統哲學理念對「自己」的構想的精華。下面我試將有關反映對「自己」的價值觀的字句整理列出如下：

1. 以自制為主

　　自制在中國的概念似乎是一個相當複雜的概念。它是指一種時常檢討自己、使自己在任何場合所做的事皆是合理合宜的。我認為它至少包括四個概念：「自省」、「自愛」、「自覺」、及「自分」。前者與「克己」有關；而後三者與「修己」比較有關。在中國語言中涉及自制的詞句很多：

　　a.「自省」：是指自身向內對「自己」作評價，批評及檢討。通用的字尚有「自反」、「自訟」、「自躬」、「自問」。

　　b.「自愛」：是指愛惜自己的身體及名譽，不要自己作賤自己。相通的概念有「自尊」、「自敬」、「自好」、「自重」、「自惜羽毛」。

　　c.「自覺」：是指自己主動去為自己認為應該做的事情。不要等到別人來命令或提醒。這就是中國人在「自制」中的自主的一面，「自律」可謂是同義字。「慎獨」及「獨己」皆是要求「自己」的修養要完全具有自覺性而非只是作給人看的。

　　d.「自分」：是指自己估計自己的實力才去從事，不可放肆。與「自分」相通的正面詞句尚有「自量」、「自知之明」，「量力而為」等。相反的詞句有：「自專」、「自恣」、「自討沒趣」、「自作聰明」、「自討苦吃」等，暗示在衝動的情況下，擅自胡作，往往得不到好下場。就連只是表現「個己」的「自我表現」一詞本身也帶有貶意，有突出「自己」之嫌。

2. 憎惡自滿

中國語言中充滿了對自我滿足及自我贊許的偏見：憎惡自我膨脹之烈可以用描述它的負面形容詞之多來說明之：「自誇」、「自滿」、「自盈」、「自傲」、「自大」、「自高」、「自恃」、「自命」、「自用」、「自詡」、「自許」、「自居」、「自矜」、「自多」、「自封」。「自鳴」、「自得」、「自負」。「自吹」、「自擂」、「自衒」、「自伐」、「自我陶醉」、「自我感覺良好」等等，唯一我能找到的比較不帶負面意義的詞是「自豪」。

這個現象可能與先哲理念中注重「學無止盡」，「止於至善」有很大的關係。不希望個人因自滿而不再學習，不再進步。因為「至善」的道德修養是必須到「死而後已」的。

3. 崇尚自奮自發自強

中國人的自奮自發自強的概念也是一個相當複雜的概念，我認為它至少包括五個附屬概念：（1）一切以「自己」開始先做起，主動地去做；（2）由「自己」自主做決定；（3）自力地去做，不靠別人；（4）不懈地去努力；（5）向上改進自己。常用來描述這一群概念的字彙包括：「自主」、「自理」、「自奮」、「自彊」、「自新」、「自拔」、「自救」、「自告奮勇」、「自強不息」、「自力更生」、「自給自足」、「自動自發」、「自食其力」等。在這個價值觀的籠罩下，個人必須是一個主動的行動者，不氣餒地為自己去奮鬥。個人的成敗及得失因而是自己

努力或不努力的結果。「自屏」、「自餒」、「自作」、「自絕」、「自取」、「自苦」、「自縛」、「自誤」、「自作孽」、「自暴自棄」、「自作自受」、「自食其果」都是用以說明「自己」是失敗的原因的負面詞句。

4. 強調道德修養的成就

與西方強調個人「個己」實現的成就動機不同的是：中國人強調將「個己」逐漸擴大成為包括「社會」的「自己」的道德修養過程。在這個過程中，主要的工作是一個「去私」，將「小我」變為「大我」的內化過程。

中文詞句中有「大我」及「小我」之分。「小我」類似本文所用的「個己」，「大我」則是指以「小我」所屬的團體（可以是家庭、工廠、社會、國家）為自身界限的「自己」。俗語中常用的「犧牲小我，完成大我」是一個人在「修身」的過程中，初步的超越轉化步驟。此時。個人的「小我」意識與「大我」意識尚屬於兩個分開的個體。因此，必須要求前者為後者犧牲。其實，到修身功夫的後期，小我已擴散至與大我合一，因而變為忘記「個己」，或不覺「個己」的存在的程度。那時，就無所謂什麼犧牲不犧牲了。

「大我」中自身界限可能隨修身階段的不同，而逐漸由包括家庭成員而擴大到包括朋友，然後可能是同行同事，陌生人，直至整個國家，甚至全人類。「大我」的界限也可能在同一個發展階段內，在不同的情況下，其所包括的其他人

也會有所不同。

除了用犧牲的方法來「去私」以修養擴大「自己」成為「大我」之外，「去私」的功夫也包括儒家「修身」理論內所重視的「恕」的功夫。「推己及人」、「己飢己溺」、「己所不欲勿施於人」、「己欲立而立人，己欲達而達人」、「老吾老以及人之老，幼吾幼以及人之幼」等皆是中國人家喻戶曉的至理名言，要求「自己」向外擴散。所以「恕」的功夫也可以說是一種個人「己化」的程度，把更大的社會單位當成「自己」的一部份的程度。這與西方心理學中常討論的角色替換（role-taking）似乎不完全一樣（楊中芳，1990）。

有趣的是不管是「小我」還是「大我」都有一個「我」寫在內。而所有與「恕」有關的成語，也都是一種以「自己」為中心向外推的過程。因此，可以肯定中國人的「集體主義」不屬於那種因與團體認同，而願意與其他團體成員分享的意義，而是一種犧牲「個己」，或將「個己」擴散到包括其他團體成員的「己化」過程。

二、社會教化的方法

有關中國人社會教化方法的研究非常多。在這裏，我並不想也不能夠作全面的回顧。更何況何友暉已經寫過了幾篇相當詳盡的回顧性論文（Ho，1981；1986；1989）。現在我僅試圖挑出其中的一些特色來加以說明。我認為這些特色可能影響了中國人的「自己」。

1. 以服從及限制為綱的教化方法

固然許多學者（例如，徐復觀，1974）都指出先秦孔孟理念架構中，人際關係並不強調「單向」的服從而以雙方各盡自己所應盡的義務為行為原則。但是西漢以降的儒家思想都是以單向行「孝」為主，並強調子女對「父母」的單向的絕對服從。這一點顯然變成中國人教化子女的最基本的原則。

何友暉（Ho，1984）曾指出，一般學者的研究皆發現中國父母對子女的教化，大致上分為兩個階段。大約以 6 歲前後為分段點；前階段，子女被視為「無邪」、「無助」，因此被照顧得無微不至，特別是對身體方面的照顧。照顧的方法以限制為多，不允許孩子自由亂跑，不可以打人，以服從為貴，要求孩子學乖及聽話。只要孩子基本上聽話不亂跑，不打人，其他方面則採取比較放縱的態度。

2. 實踐為先的教化程序

當孩童過了大約 6 歲之後，父母通常認為是應該開始管教的時候了。在此後階段的訓練裏，除了必須繼續服從父母或老師的話之外，學習做「大人」是主要的教化內容。學習的方法以實踐為主。「典範」的學習是主要的工具之一。孩子被要求依樣畫葫蘆，先做再想。從這個實踐過程中，再憑體驗去理解，去建立判斷標準，分辨喜好，而致達到內化社會行為規範的結果。這種由實踐開始的教化過程自然與西方先教孩子去理解、判斷、選擇、再去實踐的過程很不相同。

它們各反映了在前一小節中所述，兩種文化價值觀對「自己」發展的不同構想。

中國文化這種「體知」（杜維明，1987）的教化程序，以效果速度來說，應該是比較西方的程序來得好及快。但兩者對個人心理行為所造成的影響則是一個相當有趣的問題。必須在下一節中討論。

3. 「恥」感的培養——社會比較的評價方式

在鼓勵孩子們去實踐合於禮的社會規範之餘，父母親還強調用「恥」的概念來使孩子保持這種實踐「禮」的習慣。金耀基（1988）曾指出中國人的「恥」是具有他律的及自律的雙重意義的。當一個孩子不能達到大人所期望他做的事時，他除了感覺因此丟了自己、父母及整個家在別人面前的面子而感到他律的羞恥之外，也會因未到達「自己」內化了道德標準而產生一種由失敗而引起的自律的羞恥感。

其實，如果用我在本文前段所建架的「自己」的架構，當一個人的「自己」已經超越了「個己」的範圍，那麼包括在他「自己」之內的「他人」對此人的期望，也變為他自己對自己的期望。不能達到那些「他人」的期望，就是不能達到自己的期望。這時「恥」感到底是自律或他律這個問題本身已經沒有意義。

不管「恥」感的產生本身是「自律」的，或是「他律」的，中國人的教化過程中，是讓孩子長久處在「恥」感的壓

力之下，不斷地努力去改善自己。因為中國傳統理念要求每一個人「止於至善」，並且給孩子樹立許多似聖如賢的超常人「楷模」作為期望標準。與這些楷模比較，讓孩子們有自己「永遠達不到標準」的「不合格」的「恥感」。也使父母親對子女的要求是永遠不會滿足的。「可以做得更好」成為父母的口頭禪。

　　藉以製造「恥感」的途徑也往往是「他人」取向的。除了設立可望而不可及的楷模之外，父母親常以就近鄰居朋友的孩子作為較低的期望標準。「比某某人還要好」才是好的行為。「不如某某人」是丟臉、可恥的行為。在比「某某人」更好之後，此「某某人」又變為一個比他更好的「某某人」。如此，此「某某人」不斷的升級。孩子就必須在不斷的比較中，努力不懈地往上爬。子女們雖然已經作得很好了，但是只要有人比他們更好，那麼他們就算不「夠」好，還必須再努力。不然，「罪惡」及「羞恥」兼並的「恥感」就會應運而生。唯有不斷努力，做到「比人家更好」，才能消除這種「恥感」。

4. 「法、情兼重」的教化手段

　　研究中國社會教化方法的學者都不能一致同意究竟中國父母用什麼手段來使子女「就範」。有些認為父親的「法」的一面，以嚴厲、權威，及懲罰為主的主要手段（Solomon，1971）；也有些認為母親用「情」的一面，以「拒愛」的恐嚇為主，是主要的手段（Wilson，1970）。這兩種手段固然不同，其原理卻相似。均是以負面地去懲罰不合格的行為來達到「就範」的目的。這種方式可能使子女對

「自己」的缺點相當敏感，而以「不犯錯」為行為的基本原則。特別是因為「好」的行為往往得不到比「還可以更好」這句話之外，更積極的鼓勵，這種萬事只求不犯錯、不被人指責的心態，很自然地成為中國人行事背後的基本動機。

另外，在中國的社會教化過程中，父母經過扮演互補的「黑」、「白」臉的角色。以「軟、硬兼施」的方法來訓練孩童。這與西方的著重父母統一教育的方式略有不同。過去的傳統是父親扮演「壞人」的角色，具有權威，要求服從，以懲罰為手段，而母親則扮演「好人」的角色，具有彈性，動子女以情，並擔任緩和父親與子女之間所可能產生的緊張氣氛的任務。在現代的家庭中，父母的「黑」、「白」角色可能對調，但是這個基本組合型態則不變。這種「外剛內柔」式的二元教化手段，對子女內化社會規範的影響，想必與西方的不同。

5. 多元化的教化代理（agent）

中國孩子的教化代理，除了父母，及老師之外，常包括許多其他人。也可以說，「任何比一個孩子年長的人」都可以是他的教化代理。家庭成員如父祖母輩、叔伯輩至兄長輩自然都理所當然的成為教化代理。如此一來，教化方法及態度出現不一致的現象的可能性增高。孩子經常在至上的權威之後，又見更高的權威。在絕對的服從之後，又見妥協的餘地。

由以上對中國社會教化的內容及方法特性的分析，我們

不難看出它無論在內容還是在方法方面，都與前小節所述中國傳統的哲學理念的構想相當吻合。

　　中國社會教化的強調「自制」及「去私」是為了要幫助一個人「克己復禮」，超越「個己」，以達到使「自己」與「社會」融為一體的最高境界。對「自滿」的遏制可以使一個人經常保持謙虛向上的態度，以養成「學無止境」，「止於至善」的習慣。最後，「自立」、「自強」的概念，鼓勵每一個人從「自己」開始，依靠「自己」，朝修養「道德自己」的方向不懈地邁進。

　　在社會教化的方法方面，重服從、重「典範」模仿、及重實踐為先的特點，都與主流哲學理念中教導人如何學習向善的方法相吻合。至於教化代理多元化的特色，也可以說是中國倫理「長幼有序」的概念的延伸。

　　然而，在教化的過程中，也有一些原本文化理念中所強調的東西像是失去了。絕對服從的強調使個人的自主的精神無法發揮，以致使中國人的「自省」過程只是停留在檢討「自己」有沒有「犯錯」（違反社會規範）的層次，而缺乏對社會規範應有的判斷性的批評。

　　從上小節及本小節的討論中。我們對中國人的「自己」有了一個比較清楚的輪廓。我認為 Sampson（1988）所提出來的，「包容式」的「個人主義」的概念頗能捕捉中國人在理念層次的「自己」。但是，要能捕捉其全貌，除了 Heelas 及 Lock（1981）所提出來的那兩個用以分辨東、西方「自

己」的維度（「自己界限」及「控制來源」）之外，似乎還應加上一個「自立」（self reliance）的維度。自立是指有要為自己靠自己而去奮鬥的動機。

　　過去，西方研究「自控」的理論學家一致認為控制的知覺與控制的動機是一回事。一個人的所以會有「控制」的動機是因為他知覺到「控制來源」是在他自己的手中。根據這樣的想法往下推：一個人如果知覺到「控制來源」並不在他的手中時，他就沒有動機去控制。因此，就沒有想要靠自己去行事的動機。在 Heelas 及 Lock 兩氏的理論架構中只包括了對「控制來源」的知覺一項，就是因為他們認為「控制來源」可以涵蓋動機的問題。

　　然而，在前面對中國人的價值體系的分析中，我們可以清楚的看出，在實踐「克己復禮」的過程中，一個人通常並不是按「個己」的情感、願望去做事，而是依當時的情境，按情境所指定的合理合宜行為（禮）來作事。因此，他可能知覺「控制來源」是屬「外在的」。亦即他認為是外在的禮，來決定他應該作什麼行為。然而，這個體系的強調人的自立，自主性去「克己復禮」，似乎肯定了「自控」的動機。這一點說明知覺「控制來源」在外，並不一定表示「自己」就沒有動機去控制。這一點也顯示過去西方理論將「控制來源」及「控制動機」混為一談，可能是過份簡單化了。

　　基於以上的分析，我認為要完全捕捉中國文化價值體系對「自己」的理念構想，我們必須在 Heelas 及 Lock 兩氏所提的兩個維度之上，再加上「自立」（self reliance）一維

度，以捕捉中國文化的強調自奮自發、靠自己的價值觀。這個靠自己除了是對外控制自己所處的環境之外，也是指對內靠自己從事道德修養來達到「自己」與「社會」融合為一。使得「社會」的責任就是「自己」的責任，社會的成就感就是「自己」的成就感。

當我們在對了解「自己」的架構中加上了這一個維度之後，過去在解釋中國人的社會行為時，所發現的一些矛盾現象即可迎刃而解了。例如過去在用西方「控制來源」（locus of control）量表來測量中國人時，總發覺中國人的外控性較強（例如，Lao，1977）。然而，在研究「應對行為」（coping behavior）時，又發現中國人的要求靠自己來解決問題的動機又很強（例如，黃光國，1977）。我自己過去對這兩個看似矛盾的研究結果相當迷惑。現在如果我們用以上三個維度的架構來解釋，其矛盾性就消失了。同時，這個架構，也解除了我多年來的另一個困惑：一個人如何能兼作道德的修身及「齊家治國平天下」雙重沉重的任務而不感其矛盾性。如果我們利用以上的理論架構，看到「自己」可以不斷的擴散。那麼，最終修身可以說與「平天下」是一回事。而「自立」的維度自然包括了對「平天下」的積極態度。當然，這裏我並不是說這種「外推」的積極態度一定導致成功。事實上，許多學者正發現「外推」不如「內轉」來得容易（余英時，1988；Metzger，1977）。

第四節　中國人「自己」的特色

在討論過了中國文化價值體系對「人」的構想及對「自己」的要求之後，在本小節裏，我將根據這個體系的特點，嘗試推論它對中國人的「自己」所可能產生的影響。我準備從三個角度來研究這個問題：（1）「自己」的結構：界限、內容及組織；（2）對「自己」的認識及評價；（3）「自己」與社會行為的關係。這些探討純屬假設，均有待實徵研究的檢驗。

一、對「自己」的認識

有關一個人經驗怎麼樣的過程來認識「自己」一事，雷霆（1990）有詳細的論述，我在此不就其過程多作贅述。我僅就中國人所可能藉以用來認識自己的信息來源，來討論一下中國人對自己的認識的內容可能有那些特點。

西方理論學者認為可以經過以下四個經驗來源：（1）由自己的感官直接經驗個體本身的一些屬性。例如從鏡中看到自己是美是醜，是胖是瘦，由自己所擁有的財產看到自己富有的程度等；（2）由與別人的比較中得到。來源（1）的資料往往必須經過拿別人的相同的資料來比較才會有意義，也才能建立對自己較客觀的評價；（3）由與別人的交往體驗出。在與別人交往時，別人對自己所顯現的態度及行為等，好像是面鏡子，讓自己可以對自己究竟是個什麼樣，有一個「從外邊遠處看」的了解；（4）由自己從自發的情緒反應及行動中，自行總結推論自己到底是個什麼樣的人。

　　當然，中國人可能由於文化背景的不同，而有一些自己特殊的信息來源來幫助認識自己。但是由於目前尚沒有研究探研這一問題，本文暫時以西方的總結作為討論的依據。

　　經由來源（1）所得到的信息多半與「個己」有關。在中國這個注重與人比較的社會中，個人的屬性似乎只有通過比較才有意義。來源（2）的與人比較又可能與西方人的比較方式不太一樣。雷霆在上述的論文中曾指出西方人的比較對象，往往是一個經過抽象化，一般化的「人」。而中國人的比較似乎比較趨向具體化。若不是一個完美、理想的楷模，就是「張伯伯的兒子」。

　　至於來源（3）及（4）對中國人了解「自己」似乎是比較困難的。前一來源之不能有效發揮是因為如果大家都以社會行為規範為行為準則。別人對「自己」的行為因而也必須受規範（不輕易批評別人）的影響，而未必反映他們對別人的真正看法。因此，「自己」也就很難將別人對自己的態度及行為作為一面鏡子地來看「自己」到底是什麼樣的。必須發展另一套方法及編碼（code）來從別人的外表行為中去探索它們的真正意義。至於來源（4），則可能受「三思而後行」，不得自滿等規範的限制而少有所謂「即興」的行為。如此，就很難由「自己」的行為來歸因「自己」的情感、喜好及個性等。可能又需要另一套編碼。

　　依照這個分析，中國人對「自己」的了解與認識就會相當依賴途徑（2）。這個說法，好像暗示借重途徑（2）是不能有效利用其他途徑的結果而非原因。其實如果我們追溯這種以社會比較為認識「自己」的途徑的來源，會發現它實在

是歷史悠久，因而可能是因而非是果。「見賢思齊，見不賢
而內自省也」是先哲的理念。其他如由中國語言的「自
比」、「自況」、「自慚形穢」等都強調與他人比較的一
面。前小節中所提中國社會教化的特點之一也是著重與人的
比較。

二、「自己」的結構

　　首先，讓我們就中國人的「自己」的靜態結構來看一下
它的特色。在這一方面，可以有以下幾個特點：

1. 界限的伸縮性

　　對這一點，我在前面兩小節中，已經探討過了，所以在
此僅略作總結。中國人的「自己」的發展可謂是一個「道德
自己」的發展過程。在這個發展過程之中，個人由「個己」
進行超越轉化，

　　到「自己」與「社會」融為一體，按個人「自己」發展
的速度，超越的範圍有所不同，因此「自己」界限的大小也
就因而有不同。社會中各個人也因此而有不同的「自己」界
限範圍。

　　中國人的這種「自己」界限的伸縮性與西方「自己」理
論學家所分辨的「社會自己」又不甚相同。西方理論的「社
會自己」是指「個己」在自己所屬的團體內以此團體的目標
及利益作為「個己」行為準則的「自己」。一個人因此可以

因為當時情境使某一團體的目標及利益對「個己」來說特別顯著，而成為當時的「社會自己」。在不同的情境可能牽涉不同的社會團體。因而「社會自己」也就有所不同。這是所謂自己研究中的「社會認同」理論（Social Identity Theory）（Hogg & Abrams，1988）

　　然而，中國人「自己」的界限的包容別人，似乎與上述這種社會認同並不相同。它是指一種把別人融合在「自己」中，成為一個「不分彼此」的整體。「自己」的社會性是在自己本身。而非指「自己」與其所屬社會團體之間的相互作用關係。de Bary（1970）也曾指出中國人這種「個人主義」是與西方的不同的。他指出有人稱這種不與「社會」對抗的個人主義為「私人主義」（personalism）。Sampson（1988）也曾指出，這種將他人放在「自己」之中的「自己」，是與和別人一起同屬一個團體而有共同的目標是完全不同的。研究中國人的「自己」的結構似乎應該更進一步進行探討這種「己化」的過程。

2. 內容的社會規範性

　　如果我們將「自己」的內容定為包括願望、目標、個性及社會規範的信念（Wong，1988），我們不難發現中國人的「自己」內容包括許多規範化信念，與一個人的社會角色緊密相連。由於中國人從小被要求先按著社會規範指定是「好」的去實踐，再由實踐中去體驗它好在那裏。行為的出發點常是本著「在什麼場合，我是什麼身份，扮演什麼角色，那麼我應該作什麼」的原則。這種思維方式對「自己」究竟包括些什麼可能會有影響。西方價值體系下的「自己」

因為是以「個己」為出發點，以「個己」認為是好的才去作。所以他們的「自己」必須對自身「個己」的感受、性情、喜好等非常敏感。因此就「自己」的內容而言，它可能包括比較多有關「個己」心理特質的資料。而且這些資料可能偏向於一些對自己非常樂觀的資料。

而中國人以禮為行為準則的方式，很容易使「自己」的內容趨於社會規範化，包括一些自己應該是什麼身份及應該做什麼才不失身份等等的角色及角色期望的內容。這一點在王賡武（Wang，1975）研究中國人的傳記時也發現。與西方人的傳記成強烈對比地，中國人的傳記經常只是描述一個人的功德事蹟，對他個人的一些特性可能對其事蹟的影響多半隻字不提，即使在記載那些應該富有極端個人色彩的反叛性人物時也不例外。

同時，中國人「自己」的內容也可能比較傾向於負面性。主要的原因是：（1）中國價值體系中強調「自省」、「自問」的過程，以儘量克服自己的缺點及不足來修養「自己」，來順應社會。因此對「自己」的缺點特別敏感。而在西方文化中，一個人的自省多以洞察自己的迷惑及矛盾及以個人與社會的衝突為主（Tuan，1982）。因而西方人對社會也經常有比較批評性的省察，而對自己有較正面的評價；（2）中國社會教化特點中的注意「典範」學習，使「自己」相對「典範」，很容易看到自己的不足。父母親的教化態度也是以指出缺點，要求改進為主；（3）中國哲學理念要求「止於至善」，憎惡自滿，及父母親的要求「還要再好」，也使「自己」好像永遠處在下風的位子。

3.「自己」的組織

中國人「自己」的組織可能在以下兩方面受文化的影響：

（1）零散性

當一個人行事的注意力放在外界情境對他的要求時，「自己」是在反應，而非在表達。當一個人在反應時，主要關鍵是在外面的情境。而當一個人是在表達自己時，主要關鍵是在自己內部的活動與刺激。在此兩種情境之下，「自己」都可以發揮主動性。但是，前者需要「自己」對外界做敏感的觀察來應對，而對自己的內部知覺則反應較慢。後者則正相反，需要「自己」去敏感地體會自己，去對「自己」做分析、組織及總結。基於這個理由，我認為中國人的「自己」的組織可能比較散漫及缺乏組織及整體性，而西方人的「自己」可能比較具分析性及有層次，有組織，有整體性。

（2）兩面性

前面說過在中國文化價值體系中，對「自己」存有近乎夢想的期望。對「自己」的要求又非常嚴格，要求人人都以「聖賢」為發展「自己」的終極目標，要求人人在任何社會情境遵禮而行，克制「自己」，超越「個己」。這個過程非但是非常的漫長及艱苦，然而又是責無旁貸，非作不可的。我認為在此雙重壓力逼迫之中，中國人「自己」在發展過程中，容易流於形式。一方面由於成聖成賢之「可望而不可

及」，使許多人乾脆根本不試圖去努力修養「道德自己」。因而「個己」也多不進行超越轉化去包容他人及社會。另一方面，由於社會對「個己」的要求非常嚴格，使得個人不得不在表面上維持一個給別人看的「公己」，亦即「面子」。這個「公我」總是儘量依從克己復禮的原則，依情境而表現一個合禮合宜的「自己」。但是這種行為並未被內化成為自己道德價值的一部份。因此個人內在的「私己」可以是一個完全未經雕琢的「個己」。一俟有機會表現出來，往往是一種內在的、原始的衝動。它可以是非常自私自利的。先哲理念中的特別憎惡「鄉愿」，可能也就是由於他們知道在理念的付諸實行時，特別容易流入這種表面形式，使「自己」具有高度的兩面性。

Barnland（1975）及 Doi（1986）都曾指出在日本文化中這種保持一個在外面給別人看的「公己」（Public setf），及一個屬於自己的「私己」（Privat eself）是一個相當普遍的現象。這裏並不是說西方人的「自己」沒有這種分野。事實上，西方人最近對這個問題也相當重視（Baumeister，1986；Synder，1987），這裏只是指出東方人的「公己」及「私己」的分野在性質上可能與西方人不同。

我認為這種不同可能出現在四方面：（1）「公己」與「私己」的距離較遠；（2）「公己」與「私己」相互不甚溝通；（3）「公己」與「私己」的不一致性，並不一定引致強烈的不妥，以致不會去求取一致性的妥協；（4）「私己」自有其一套表現方式及技巧。

中國人的注重「面子」及「面子功夫」顯然是「公己」

的表現，同時也說明「形式主義」的普遍流行。而「私己」的表現也別具功夫，人人皆知，只是不足為外人道也。中國人在與他人交往時之「不信任」外表行為及語言，也說明中國人自有一套洞察別人「私己」的方法，只是至今尚無人研究這個問題而已。

三、對「自己」的評價

　　前面在討論「自我」認識時，已經指出與人比較的重要性，也提到了與什麼人比較的問題。在這裏我將就比較什麼及評價什麼提出一些我自己的看法。

　　在討論對「自己」的評價時，我認為也必須從「自己」是否符合中國文化價值體系中，對「個人」的要求，來看這個問題。因此，中國人對「自己」的評價是偏重於對道德修養成就的評價。亦即個人擴散「自己」到整個社會的程度。可能也正因為如此，中國人對成就的概念總是很注意其「社會」的一面。

　　一般評價「自己」的標準可能有兩大類型。一種是以評定「自己」的優點為主，自己覺得「自己」的優點越多，就會對自己的評價越高。另一種評價方式是以「自己」的缺點為主，自己覺得「自己」的缺點越少，就會對自己的評價越高（Ogilvie，1987）。

　　我認為中國人對「自己」的評價可能比較屬於這第二種的評價方法。主要是因為如前面所申述，中國人的教化以懲

罰負面行為為主，故「自己」的內容可能以負面的特徵為顯性。因而，也就以克服這些負面特徵為評價標準。除此之外，與過高的標準（楷模）比較，也使中國人比較容易看見自己的缺點，另外，由於對「自己」的評價是以符合不符合社會所訂下的規範為主。一個被評定為「好」的「自己」可能是比較能順應社會規範的人。這一點自然也與西方評價「好」的標準大相逕庭。一般對「自己」的評價比較偏低。過份誇張「自己」的價值，是不為社會所容許的。

　　至於中國人對自己的評價究竟高不高這一點，我認為至少有兩個因素使中國人一般對「自己」的評價比較偏低。第一，過份誇張「自己」的價值，是不為社會所容許的。第二個因素是前面所提，社會比較的標準是永遠「可望而不可及」的。所以老覺得自己是不足的，自然對自己的評價不會太好。第三，中國文化的強調「自省」，亦即不斷地檢討自己，以求「自己」的向上進步，是與西方的肯定自己，以求「自己」的向上進步是不同的。這個「自省」的過程也可能促使我們對自己的評價不會太高。

四、「自己」的發展與社會行為的關係

　　從某一個角度來看，每一個社會行為都可看成為是一種「自己」表現的行為。中國人的「自己」表現可以說是最具「社會性」的。因為中國人的「自己」中，視其發展的程度，有可能包括了其他人或整個社會。因此，一個人道德修養的程度顯然決定了他在社會情境的表現。中國人的「自己」之強調順應社會規範也是主因。一個人如何在順應社會

規範的情況下表現「自己」，是相當有趣而重要的問題。它具有泛文化理論上的意義。

西方有關「自己」表現的理論（如，Baumeister，1982）皆以「個己」為出發點，以主動控制外界環境為「自己」表現的唯一的模式。中國人的「自己」表現則以社會規範為前提。以「自己」進行超越及順應外界環境來表現自己。因此對中國人「自己」表現的研究與了解，可以在理論上，彌補西方理論上的不足。

那麼，中國人的「自己」表現行為有那些特點？我認為可能有以下幾點：

1. 重「正名」

中國文化價值體系的重視在適當的「場合」，作適當的「行為」，使「行為」必須以「場合」為前提。沒有在正當「場合」，任何「行為」變為不恰當，不合「禮」，也不合「理」。因此「正名」變成中國人作任何行為前，必須經過的心理過程。

因此，中國人在接待一個陌生人時，必須很清楚的打聽出此人的身份地位。而被接待的人在與不相識的人見面時，要給名片，以方便對方以自己的身份地位來招待自己。一個野心勃勃的叛徒在「起義」時，也都要「名正言順」的大義凜然一番才開始他的屠殺及掠奪。爭得天下的皇帝也必須靠一些後興的「先兆」來「正名」他的行為是得天地的允許

的。

　　任何表現在外，我們可以視之為「公己」的行為，都必須找一個「合禮合宜」的理由，才算合理。這種過程有時也被顛倒來用，也就是說，本來應該是先有其「名」，才去做與「名」符合的事，有時卻變成去為尚不得「名」的事，再硬去找一個混得過去的「名」。

　　2. 求同性

　　中國人在「自己」表現時，有想要和別人一樣的心態。在芸芸眾生中，有一種安全感。其主要原因可能是在中國「個人」與「社會」關係的架構中，強調「社會」中的「個眾」都有一樣的信念及行為。另一個可能原因是怕「犯錯」。這種怕犯錯的心理的來源可能有許多：（1）中國文化價值體系的要求「自己」作內省，自我批評；（2）以懲罰為主的教化方法；（3）注重面子，要求「自己」在適當的場合作適當的行為。在各種場合中，保證不犯錯的最佳表現方法，莫過於儘量不要與別人不一樣。久之，這種求同心態就變成主宰中國人「自己」表現的最主要的原則。

　　3. 怕壯性

　　另一個與求同心理相似的是一種怕壯的心理，俗語說「人怕出名，豬怕壯」。怕壯心理是指一種對「自己」被突出（特別指優秀的一面）、被人注意、被人另眼相待的恐懼感。因此在表現「自己」時，經常以不突出「自己」為原

則。如果能不表現就不去表現「自己」。如果在一定要表現「自己」時，也儘量避免表現「自己」優秀的面，以免使自己冒尖。

這種不敢冒尖的「自己」表現主要是因為中國文化價值體系的：（1）過份重視自謙，憎惡自滿；（2）前面所述怕犯錯的心理，受人注意就容易被人挑錯；及（3）過份重視社會比較作為評價「自己」及他人的標準。這後一項原因，使中國人對別人的成就看成是對「自己」的威脅（使自己因「不如人」而產生焦慮）。以致對有成就的人產生敵意，影響人際關係。因此中國人很怕「出名」，因為出名後，總被人當成攻擊的靶子。

4. 間接性

這種不敢冒尖的行為，與不表現「自己」的優點又不一樣。中國人也會表現「自己」優越的一面的。只是所採取的方法確是非常不同的。我認為一些間接的方法，如「襯托法」（「別人都不行」）或「借助第三者」的稱揚（「老張是我們部裏最能幹的人」）等，都是中國人常用的表現自己的優越性的方法。

5. 「私己」的表現

前面說過中國人「自己」的兩面性可能比較高。「公己」與「私己」的距離可能比較遠，視「自己」轉化發展的進步而定。在未達到發展的最後階段，亦即「公己」與「私

己」合而為一時，「私己」也並不是完全隱藏在「公己」的後面。它也有要表現於外的衝力。有礙於文化價值體系對「自私」、「自利」行為的憎惡，「私己」的表現往往必須經過一番曲折的處理及不露痕跡的安排。許多「私己」表現的技巧也就應運而生。逐漸形成通俗的中國文化的一部份。這一套「私己」的表現規則與「公己」在桌面上所表現的一套理想的文化規則是很不一樣的。但是兩者是相互溝通的。例如，許多人喜歡以「公己」為面具，來遮蓋「私己」的表現，借「公己」來為「私己」正名。這與在西方社會容許個人「自私自利」，但以「不妨害別人的利益」為前提的文化價值體系中生存的人的「自己」，表現可能是大相逕庭的。有關「公己」與「私己」的交互作用，曾詳述於楊中芳（1990）另一文中，在此限於篇幅，不能詳述。

第五節　中國人「自己」研究應該努力的重點及方向

以上我所提出來的這些有關中國人「自己」的假設，急待未來實徵研究的驗證。我認為要使有關「自己」的研究真正對瞭解中國人有用，並在西方的理論基礎上作出突破，研究的方向不可以只是盲目地跟隨西方的理論及研究方法。我們應該依據自己本土的素材，提出解釋中國人自己行為的假設。並發展自己的研究工具，來有系統地驗證這些假設，從而建立自己的理論（楊中芳，1991a）。

其實，根據本文前幾小節的討論，不難看出中、西方對「自己」構想的差異，很根本地反映了中、西方文化價值體

系的差異。從這個地方開始實行本土化應當是再恰當不過
了。

　　我認為未來「自己」的研究應該在以下幾方面進行發
展，才能夠建立這個研究領域的基礎。

一、「自己」的結構

　　這個研究題目當然是研究「自己」中，最根本的問題。
根據本文前幾小節的分析，我已經提出一些假設來說明中國
人的「自己」在界限、內容，及組織方面都可能與西方人的
「自己」不同。因此，未來有關「自己」的研究一定要從這
個最根本的問題著手。

　　我認為特別是有關界限的問題，它和中國人「自己」的
超越轉化有密切關係。而「自己」超越轉化的程度影響了每
一個人思考問題的出發點，因而這個界限的大小直接的影響
了他的社會行為。正如費孝通（1947）指出中國人對「自
己」人及「外」人的行為大不相同。所以這個界限問題必須
儘快的好好研究。

　　同時，「自己」的內容與組織也很關鍵的決定了測量
「自己」的工具。如果中國人的「自己」確實與西方人的在
內容及組織方面有很大的不同，那麼，西方的測量工具就不
能適用於來測量中國人的「自己」，必須自行發展適合自己
的工具。而這兩項探索工作是可以同時進行的。它們有互補
的作用。我們不但可以根據對內容探索得到的假設，來製造

測量自己的工具。在編製工具的過程中，我們也可以從試測中看出內容的缺點，而加以更正。

二、發展適合研究中國人「自己」的方法

中國人「自己」的一些特性，使測量中國人的「自己」成為一項非常困難的工作（楊中芳、趙志裕，1987）：

1.「自己」的行為以社會規範為準則，因此在做實驗及回答問卷時被試都喜歡給予「社會贊許」的答案。因而不易測得更深層的「自己」。

2.「自己」的求同性及怕壯性，令作「自己」的研究非常困難，因為「自己」這兩個字本身帶有與「別人」不同的意味。求同怕壯使中國人「自己」的個別差異減少。

3. 對「自己」的表達可能由於缺乏機會及磨鍊而不會、也不易表達，所給予的答案可能也不穩定。因而影響了測量的信、效度。

除了測量本身所產生的困難之外，對中國人可能還要具有以下的特點：

1. 對「自己」的認識缺乏分析性，對自己的評價也比較注重負面性。因此西方太重分析性及正面性的量表測量工具

未必適用。

　　2. 注重內省的「自己」，可能對自己的缺點比較敏感，對「自己」的評價也以對缺點的克服為標準。

　　基於上述這幾方面的特性，我曾在另一篇論文中申述，對中國人「自己」的研究必須脫離用量表為唯一測量工具的困境（楊中芳、趙志裕，1987）。不過，目前還在摸索尋求其他更適當的工具的階段。深切訪談、縱向追蹤，羅夏克投射方法、生理心理測量法等都屬試探之列。

三、「自制」的研究

　　Lifton（1967）曾指出中國文化是「自制」的文化。我想此一說很能將本文前三小節的重點抓住。在這方面的西方研究可謂是付之闕如。主要是因為西方文化價值體系不重視「自制」，而重視「自控」。前者是自己節制「自己」以適應外界環境，後者是自己發揮「個己」以控制外界環境。所以研究中國人的「自制」非但對研究中國人的「自己」很重要，它也可以彌補西方理論在這方面的不足。

　　在本文第三小節中，我曾提過「自制」是一個複雜的概念，它可能包括「自省」、「自愛」、「自覺」，及「自分」等四個概念。這些概念包括些什麼內容，如何影響中國人「自己」的表現，應該是研究中國人的社會行為的一些根本問題。可惜至今完全無人問津。我認為對這個問題的研

究，可以從儒家理論的「中庸」之道開始，看看中國傳統的一套「中立不倚」對中國人的行為表現有什麼影響。

四、「自控」的研究

　　前面提過，中國人固然不一定像西方人那樣認為「控制來源」是在「自己」的手中，但中國文化卻是強調要「自己」自動自發地去為自己的生活及自己的修養而奮鬥。因此，中國人的自控性也是相當強的。但是，中國人的「自控」所表現的方式卻未必與西方人相似。Weisz，Bathbaum 與 Blackburn（1984）曾指出東方文化所表現的「自控」往往不是去發揮「自己」，將自己的知覺、感情、個性、及意願加諸外界環境，而是由「自己」去順應環境，順應社會來取得控制。他們稱這種控制為「次要控制」（secondary control）（相對西方人所慣常用的那種「首要控制」而言）。

　　日本學者 Kajima（1984）及 Asuma（1984）指出事實上利用順應社會規範以求控制的這種自控本身也是有千變萬化的花樣。因此，不可以像西方學者那樣將它們籠統的歸為一類。這一點，我非常同意。在研究中國人的「自控」時，也應將注意力放在研究中國人「自控」的多樣性上，而不應將注意力集中在「首要」及「次要」的分別上。

　　前面指出，中國人的自控包括了「自主」、「自動」、「自奮」、「自發」、「自立」及「自力」等幾種不同意義。這其中每一個概念固然都有相對應的西方概念，但它們

所包含的意義及所顯示的行為可能完全不同。就以中國人的「自立」來說，看似與西方所談的「成就動機」相似，卻又有所不同。本書中，余安邦、楊國樞的論文，對這個問題有詳盡的探討（第二○一頁至第二九○頁）。

五、「自己」的表現方式

在中國文化的價值體系中，「自制」似乎是養成社會責任感及達到成就的手段。那麼，在這種「自制」的先決條件下，一個人如何表現他「自己」呢？前面提過了中國人的「自己」表現方式可能受到「求同」、「怕壯」心理的影響，而以不突出自己為表現準則，甚至可能有避免表現自己的現象。

西方理論界有「自求表現」（self-presentation）的理論，相當強調人有表現自己最好的一面的動機（Baumeister，1982）。這些理論都不曾提到人有「不求表現自己」的動機及行為。理論上，這種不表現也可能是表現自己最好的一面的一種方式。但是浸淫在西方價值體系中的理論家都忽略了這一點。

在中國「自制」的文化裏，「不求表現自己」可能是表現「自己」的常規，而表現自己卻要特別的性格及相當的技巧。這些性格是什麼？這些技巧又是什麼？前者牽涉到什麼是「差異行為」（deviant behavior）及其與性格的關係問題，後者則牽涉到「中庸之道」的具體實踐問題。兩個問題都是具有深刻意義的研究課題。另外，既然「禮」制約了中

國人的社會行為，那麼，在什麼場合，可以容許一個人做「自求表現」？做那一類的「自求表現」？都是另一些相當值得探討的課題。這些研究的成果將來更可以彌補西方「自己表現」理論之不足。

最後，有關「自己」表現的兩面性問題也是一個必須儘快加以探研的課題。前面提過，中國強調自制的價值體系容易造成「自己」的兩面性較大。西方的「自己」理論多半認為「公己」及「私己」的保持一致是一種動機，同時也是心理健康的表示。在中國社會中，「公己」及「私己」過份貼近反而會被指摘為魯莽、無禮。究竟此二「己」要維持多遠的距離？它們之間的交互關係對中國人而言究竟為何？一個人二己之間距離的遠近與其社會行為之間的關係如何？都是一些相當有趣，又重要的問題，有待進一步的研究。

第六節　結語

本文嘗試由中、西文化價值體系的不同，來探討中國人的「自己」特色。作者申述中國的價值體系的特徵是「自製」而西方的價值體系是「自戀」。因而推論中國人的「自己」在結構、認識、評價、及表現方式方面都與西方人有很多根本上的不同。而西方有關「自己」的理論多半無法涵蓋中國人的特色。因此，作者主張中國學者應「自食其力」發展本土研究，以充份瞭解中國人的「自己」。這個努力的成果，在許多方面還可幫助修正現有西方有關「自己」理論的不足，而有彌補的作用。本文最後也指出未來「自己」研究

所應重視研究的課題。[§]

_____

§ 本文曾發表於楊中芳、高尚仁（主編）(1991)：《中國人‧中國心：人格與社會篇》。臺北：遠流。

第三章
華人自我的理論分析與實徵研究：
社會取向與個人取向的觀點

楊國樞[*]

第一節　前言

在當代華人社會中，心理學者甚少從事自我現象的實徵研究。楊中芳（1991a）曾就臺灣、香港及大陸心理學者之

---

[*] 中原大學心理科學研究中心暨心理學系講座教授、中央研究院院士、臺灣大學心理學系名譽教授。

有關自我的研究，做過詳盡的回顧與檢討。她的結論是華人社會的自我研究幾乎都是不合理地依賴與套用西方（特別是美國）心理學的概念、理論、方法及工具（如測驗、量表），對華人自我研究應加強本土化（indigenization）的必要性並無體認。楊中芳（1991b）在同年發表的另一篇論文中，首次從本土化的觀點提出有關華人自我的系統性概念分析，並指出未來從事華人自我之本土化研究的重要方向。經過詳細的分析後，她認為在儒家文化影響下的華人自我至少有以下特點：(1)華人自我發展的主要歷程是經由道德標準與社會規範的內化而逐漸形成一種道德我；(2)在任何社會情境中，華人自我皆應依禮而行，以維護社會生活的秩序；(3)為了成為一個有德行且社會行為良好的人，華人自我必須經歷一種終生的複雜自我修養歷程，努力不懈地去克制、改進、甚至超越自我；(4)為了自我改進，華人自我對個人的錯誤、罪過、及不良特性甚為敏感，且十分倚重自我反省與自我批評等機制來避免社會批評、責任及懲罰；(5)華人自我的界限很有伸縮性，易於在心理上包含一人或數人，或一個或數個團體，形成一個較大的自我；及(6)華人的私密我與公開我在內容上差異甚大，他們亦慣於忍受兩者之間的各種矛盾及衝突。此處應該指出：楊氏將自我稱為「自己」，並進而將「自己」分為兩種，即「個己」與「自己」。前者指「以自身實體為限的那個狹窄自身」（楊中芳，1991b，頁 97），後者則指廣義的「自身」，「包括那些以個體實體為界限的，也包括那些包容特定的其他人的那一種」（楊中芳，1991b，頁 97）。本文所說的自我，係指楊氏所說的廣義的「自己」。楊中芳於一九九一年同時發表了兩篇有關華人自

我研究之批評性與概念性的重要論文，此後九年並未出現有系統之華人自我的理論性與實徵性分析。到了一九九九年，臺灣從事本土化心理學研究之各大學同仁，組成了一個三十多人的研究團隊，經過詳細的規畫與討論，撰成四年期的「華人本土心理學研究追求卓越計畫」，由臺灣大學心理學系黃光國教授為總計畫主持人，向教育部申請研究經費。經過兩個階段的審查，終獲該部核准。此項四年研究計畫共有五個主要分項計畫，有關華人自我的研究是屬於第三分項計畫，計畫的題目是「自我歷程、自我概念、及自我評價」，由本文作者擔任主持人。各分項計畫之研究工作皆自二〇〇〇年開始，二〇〇三年結束（事實上是二〇〇四年三月結束）。在此四年中，第三分項計畫共完成二十個子計畫的實徵研究（見表 1），平均每年完成五個。先後參加第三分項計畫各年度各子計畫之研究工作者，共有十位學者[1]。

---

1 在第三分項計畫下，先後參與主持各子計畫的學者有以下十位：楊國樞（輔仁大學心理學系、佛光人文社會學院心理學研究所）（分項計畫主持人）、楊中芳（香港大學心理學系、廣州中山大學心理學系）、李美枝（政治大學心理學系）、黃曬莉（淡江大學通識教育學程中心）、陸洛（輔仁大學心理學系）、孫蒨如（中原大學心理學系）、許燕（北京師範大學心理學院）、林以正（臺灣大學心理學系）、翁嘉英（中正大學心理學系）、及程千芳（空軍官校飛行安全教育訓練中心）。身為第三分項計畫的主持人，個人願藉此機會向九位研究夥伴

【表1】 「華人本土心理學研究追求卓越計畫」第三分項
計畫「自我歷程、自我概念、及自我評價」所完
成之二十個子計畫的名稱與主持人

第一年（二〇〇〇年）

1.自我建構、文化價值及幸福感——中國人和英國人的跨文
化比較（陸洛）

2.中國人在研究情境中的自我呈現（林以正、楊中芳）

3.自我肯定歷程在相依我概念下的運作過程（孫蒨如）

4.國人社會角色與社會行為之結構性探討（程千芳）

第二年（二〇〇一年）

5.「公我」與「私我」的拿捏對中國人自我呈現行為的影響
（林以正、楊中芳）

6.人我關係與自我運作（陸洛）

7.自我界定與自我評價維持模式（孫蒨如）

8.社會取向與個我取向的自尊：概念分析與量表建立（翁嘉
英、楊國樞）

9.自我概念差距與情緒：Higgins 理論的本土化驗證（楊國
樞、程千芳）

第三年（二〇〇二年）

10.個人取向與社會取向的自我提升與自我改進（楊國樞）

11.自我評價、自我提升、及自我保護：個人取向與社會取向
的觀點（孫蒨如）

敬表謝忱。若非他（她）們全心投入，這套以研究華人自我為
職志的四年計畫必無今日的成果。

12.個人取向幸福觀與社會取向幸福觀：理念與測量（陸洛）

13.家庭內外人己關係的心理差序格局：自我關涉記憶效應的驗證（楊國樞、林以正）

14.人己與群己關係中的利他行為（李美枝）

第四年（二〇〇三年）

15.社會取向自我實現者與個人取向自我實現者的心理特徵：概念分析與實徵衡鑑（楊國樞、陸洛）

16.被接受需求：比自我提升或他人提升更基本的動機（孫蒨如）

17.社會取向自尊與個人取向自尊：華人多元自尊量表之構念效度的檢證（翁嘉英、楊國樞、許燕）

18.「忍」作為一種自我控制的能力：華人本土心理學的研究取徑（黃囇莉）

19.現代華人之個人與社會文化的差距對其生活適應之衝擊（陸洛）

20.從睡眠安排探討依附分離個體化歷程與相依我的特質（李美枝）

註：表中的 20 個子計畫可分為兩類：(1)與華人自我最為有關者為第 2、3、5、6、7、8、9、10、11、12、13、15、及 17 等十三個子計畫；(2)與華人自我關涉較小者則為第 1、4、14、16、18、19、及 20 等七個子計畫。在第(1)類的十三個子研究中，有八者（2、3、5、6、7、10、11、及 13）屬於自我歷程的探討，二者（9、15）屬於自我概念的探討，三者（8、12、17）屬於自我評價的探討。其中，以探討自我歷程者為數最多。

誠如楊中芳（1991a；，1991b）所說，以往華人社會（臺灣、香港及大陸）之心理學者甚少從事的自我研究，且

所採用的研究方式幾乎皆是套用西方（尤其是美國）心理學的理論、概念、方法及工具。第三分項計畫的主要研究目的，則是以本土化的研究策略（indigenized research strategy）探討主要華人社會（臺灣與大陸）之民眾的自我運作歷程、自我概念與知識、及自我評價情形，以建立有關華人之自我歷程、自我概念、及自我評價的本土化理論、概念、方法及工具，作為今後進一步從事華人自我研究的基礎。有了這樣的基礎，華人心理學者探討華人自我的種種課題，就不必再盲目套用西方自我心理學的理論、概念、方法及工具。就此而論，此分項計畫四年來所完成的二十個子計畫的實徵研究，可以說是具體實踐了九年前楊中芳（1991a；1991b）所首先提出的嚴正呼籲：華人心理學者必須及早以本土化的理念、方法及工具，從事華人自我心理學的實徵研究。「華人本土心理學研究追求卓越計畫」特別強調總計畫內各分項之間的統合，及分項計畫內各子計畫之間的統合。為有效做到分項計畫內外之研究工作的統合，總計畫最早採取的統合概念是集體主義（collectivism）與個體主義（individualism）的對比，也就是社會取向（social orientation）與個人取向（individual orientation）的對比，主要是為了凸顯東方人（以中國人、日本人、及韓國人為主）與西方人（特別是美國人）在心理與行為上的跨文化差異。這種東西文化及心理上的對比意識有助於研究者對華人之不同於西方人的心理與行為的注意與思索，使他（她）們能在研究中不易也不願套用西方心理學的理論、概念、方法及工具。

　　不過，集體主義與個體主義的涵義頗為廣闊，在宏觀層次上，它們可以指謂兩種文化特徵群（cultural syndrome），

即文化集體主義（cultural collectivism）與文化個體主義
（cultural individualism）（Triandis，1993；1995）；在微觀
層次上，它們也可以指謂兩種心理特徵群（psychological
syndrome），即心理集體主義（psychological collectivism）
與心理個體主義（psychological individualism）（Yang，
2003）。尤有進者，在宏觀層次上，文化集體主義所代表的
是世界各集體主義社會的共同文化特徵，文化個體主義所代
表的是世界各個體主義社會的共同文化特徵；在微觀層次
上，心理集體主義所代表的是世界各文化集體主義社會之人
民的共同心理特徵，心理個體主義所代表的是世界各文化個
體主義社會之人民的共同心理特徵。就微觀層次來說，心理
集體主義的內涵不如楊國樞（1993）與 Yang（1995）所界
定之社會取向的心理內涵來得特殊而具體，因為社會取向所
說的社會心理運作特徵係特為華人心理集體主義所建構的理
論架構。換言之，華人社會取向是華人的特殊心理集體主
義，華人個人取向是華人的特殊心理個體主義。因此，與一
般性心理集體主義相較，社會取向的概念系統應更適合華人
自我心理學研究的設計與統合。基於以上理由，第三分項計
畫

　　一開始就採用楊氏的社會取向與個人取向的架構，作為
設計與統合大部分子計畫之研究的主要概念系統。更進一步
說，本分項計畫一開始就是以社會取向自我（包含關係取向
自我、家族取向自我、及他人取向自我）與個人取向自我的
初步概念架構作為設計與統合的基礎。

　　簡而言之，四年來此一分項計畫主要有兩方面的成果，
一是華人自我的理論建構，二是華人自我的實徵研究，並以

後者檢驗前者。下文第二、三兩節將分就這兩方向的成果加以說明與討論。

第二節　華人自我四元論的建構

一、華人的社會取向與個人取向

　　楊國樞（Yang，2004）的華人自我四元論是以其（楊國樞，1981，1982，1993；Yang，1986，1995）社會取向論為主要基礎所建構的。楊氏的後一理論強調社會取向與個人取向是人類與環境（包括自然環境與社會環境）互動的最基本、最重要的兩種模式。機體論者 Angyal（1941）在六十多年前即已指出：在人與環境的動力關係中，有兩種基本適應趨勢，即自主性趨勢（autonomous trend）與融合性趨勢（homonomous trend）。楊國樞（1993）曾根據 Angyal 的理論分別描述這兩種趨勢如下：

> 自主性主要是人的一種擴展性傾向——人藉此同化（assimilating）與宰制（mastering）環境而得以擴展。在此傾向下，人努力征服與支配環境以滿足其慾望與興趣，最突出的表現是對優越（superiority）、獲得（acquisition）、探索（exploration）、及成就（achievement）的追求。融合性則是一種相反的適應趨勢。在此傾向下，人努力使自己配合或順從其環境，並分享及參與超越自我之較大事物或群體。此一

　　傾向使人與社會團體、自然或超自然建立和諧
的關係，從而失去了人的個性。融合性的傾向
主要是表現在對關愛、人際關係、美感經驗、
團體情操的追求。（頁 89-90）

　　楊國樞（1993）進而將社會取向界定為一種高融合性趨
勢與低自主性趨勢的組合，將個人取向（或個體取向）界定
為一種高自主性與低融合性趨勢的組合。他認為華人（特別
是傳統社會的華人）與其生活環境的互動方式主要是社會取
向，西方人（特別是美國人）與其生活環境的互動方式主要
是個人取向。Yang（2003）並曾指出：社會取向是華人的心
理集體主義，個人取向是西方人（特別是美國人）的心理個
體主義。他在該文中詳細比較了心理集體主義與心理個體主
義的各項特徵與差異，也就等於部分地比較了社會取向與個
人取向的各項特徵與差異。

　　在一九九三年的論文中，楊氏提出華人的社會取向包括
四種次級取向，即關係取向（relationship orientation）、權
威取向（authoritarian orientation）、家族（主義）取向
（familistic orientation）、及他人取向（other orientation）。
這四種次級取向代表了華人在四大社會生活場域中與對方的
互動方式。關係取向是個人在平行式（horizontal）人際場域
中與對方的互動方式，互動關係中的雙方具有大致相近的權
力。權威取向是個人在垂直式（vertical）人際場域中與對方
的互動方式，互動關係中的雙方具有相當懸殊的權力。家族
取向是個人在家族（或家庭）內外與自己家族及家人的互動
方式，互動歷程與內涵是以華人家族主義（Chinese
familism）為依據。經由家族化（familization）的歷程，家

族取向的互動方式可以概化（generalization）或移轉到家族以外的團體（如工作單位或企業組織）（楊國樞，1995a），故家族取向所代表的實是一種團體取向（group orientation）。至於他人取向，則是在某些情形下與非特定他人（nonspecific others）的互動方式。非特定他人常是為數眾多，既不知其姓名，也不識其面貌，可以說是一種概化他人（the generalized other）。項羽在烏江自刎前所說的「無顏見江東父老」中的「父老」，有人做了嚴重丟臉的事所說的「無臉見人」中的「人」，有人做了非常不應該的事所說的「我做了這麼糟糕的事，別人會怎麼想」中的「別人」，都是非特定他人的例子。

華人社會取向中的關係取向、權威取向、家族取向、及他人取向，代表了華人在四大社會生活場域中的主要互動方式。這四套互動方式是華人在家庭教化、學校教化、及社會教化過程中，自小從社會生活中親身學習而來。經由分殊化（differentiation）與自動化（automatization）的歷程，這四套互動方式已經成為習慣性的社會適應機制，藉以有效維持個人與關係中的對方、個別權威、家族（或其他團體）、及非特定他人之和諧或融洽的關係。在社會互動時，這四套機制各有其特殊的互動特點與內涵，詳細的說明與討論見楊國樞（1993）與 Yang（1995），簡要內涵則見表 2。在一九九三年的論文中，楊氏並曾討論可能形成或影響社會取向各次

級取向的經濟與社會因素[2]。

【表2】 華人社會取向之各次級取向的主要特點與內涵
（修改自楊國樞，1993年，表3）

社會取向的 次級取向	特點與內涵	
關係取向	關係形式化（角色化）	關係和諧化
	關係互依化（回報化）	關係宿命觀 關係決定論
權威取向	權威敏感 權威崇拜	權威依賴 權威畏懼
家族取向	家族延續 家族和諧 家族團結	家族富足 家族榮譽 泛家族化
他人取向	顧慮他人 順從他人	關注規範 重視名譽

　　前已提及，社會取向是中國傳統社會中民眾的主要社會互動方式。惟近世以來長期受到社會現代化（societal

---

2 關於中國人之社會取向的形成，楊國樞（1993）曾指出傳統中國社會的兩個經濟特徵（精耕農業與家族共產）與兩個社會或文化因素（父系傳承與階序結構），作為華人社會取向的成因。

modernization）的影響，當代華人社會（如臺灣、香港、及大陸）之民眾的個人取向互動特徵與內涵逐漸增加，社會取向互動特徵與內涵則逐漸減少（Yang，1996）。尤有進者，在現代生活中，兩種取向的心理與行為已能在華人的個人心智系統中同時並存、互動及運作（陸洛，2003；陸洛、楊國樞，印刷中；黃光國，1995b；楊國樞，1992）。也就是說，當代華人（尤其是臺灣與香港的居民）已同時具備了社會取向與個人取向兩套適應生活的互動方式。

二、華人自我四元論

1. 主體我與客體我之定義的擴充

美國的自我心理學者（如 Dickstein，1977；Harter，1988；James，1892；Wylie，1974；1979）有一共識：自我（self）可以有意義地區分為頗不相同的兩方面，即主體我（self-as-subject）與客體我（self-as-object）。Harter（1988）將主體我與個體我分別稱為「I 我」（I-self）與「Me 我」（Me-self）。她認為 I 我是信息處理者，Me 我是信息處理的結果或產物（product），即 I 我所覺知之我。換言之，I 我是 Me 我的建構者（constructor）。綜合而言，美國自我心理學者將主體我（即 I 我）視為觀察者、覺知者、訊息處理者、或知覺建構者，將客體我（即 Me 我）視為被觀察者、被覺知者、認知處理的產物、或被知覺建構者。他（她）們所強調的是主體我的知覺、認知及評價功能，客體我則只是主體我發揮這少數功能的對象或目標。

　　Yang（2004）認為美國自我心理學者有關主體我對客體我之功能的看法有失狹窄，應予擴充。為了達到此一目的，他重新界定主體我與客體我。他認為在正常情形下主體我是一個人（person）的主動性心智施行者（active psychic agent），在日常生活中，此一心智主動者能觀察、覺察、感受、知覺、認知、檢視、反省、思考、判斷、評價、欲求、計劃、組織、控制、操縱、調節、及改正個人內在與外在的人事物及其歷程。客體我則是一個人的被動性身心客體或目標（passive physical and psychic object or target），其身體的、生理的、及心理的特徵與活動為主體我所觀察、感覺、知覺、認知、檢視、思考、反省、判斷、評價、計劃、組織、控制、操縱、調節、及改正。主體我因而對此身心客體獲得比較確切的自我知識與自我評價，比較有效的自我提升（self-enhancement）與自我保護，及比較適當的自我控制與自我改善。個人之主體我以自己的身心為目標，發揮各種功能或作用所產生總結果，便是客體我的形成與改變。當然，主體我發揮功能或作用的目標或對象，並不限於客體我的範圍。

　　此處亦應指出：在歷史、社會及文化等方面迥然不同的國家中生活的人民，主體我發揮功能或作用時所採用的原則、方式及內容可能大有差異，從而形成的客體我也會很不相同。西方社會（特別是美國社會）是屬於基督教文化圈的國家，東亞社會（特別是華人社會）是屬於儒家文化圈的國家，兩者在歷史、社會及文化等方面的差異（Hofstede，1980；Triandis，1995；Yang，2003）頗大，兩方人民在主體我與客體我上應有重大的不同。因而，在消極方面，華人心理學者不宜套用美國自我心理學的理論、概念、方法及工

具；在積極方面，華人心理學者應發展有關華人自我的新理論與新概念，並據以從事本土化的新研究。行有餘力，可進而以「跨文化的本土化研究策略」（cross-cultural indigenous (emic) research strategy）（Yang，2000）從事跨文化的自我研究。基於以上認識，Yang（2004）乃嘗試建構一套本土化的華人自我四元論。

2. 一個主體我，數個客體我

華人自我四元論是以楊國樞（1993）與 Yang（1995）之社會取向與個人取向的理論為基礎所建立的。依楊氏的看法，平權之兩人關係、權威之兩人關係、家族之團體情境、及他人之概化情境，是華人日常社會生活中最核心的四大互動場域，構成了華人社會生活的主要部分。這四大生活場域的特徵、內涵及運作原則互不相同，各有其特殊的互動方式，久而久之，乃形成四種對應的取向，即關係取向、權威取向、家族（團體）取向、及他人取向。

從個人自我運作的觀點來看，我們也可將華人的四大社會生活範疇視為主體我發揮各種功能與實施各種作為的主要互動場域。自幼及長，社會化、分殊化及自動化的歷程使每個場域的社會互動模式更有組織性、獨立性、及效率性。成年以後，主體我可以在生活中熟練地從一套互動模式轉換到另一種互動模式。上文表 2 中呈現之社會取向的四種次級取向的特徵與內涵，所代表的即是四種社會場域中的主要的互動模式。在自我發展過程中，個人在四大生活場域中的運作情形與互動成效成為華人主體我觀察、檢視、知覺、思考、反省、判斷、評價、計劃、組織、控制、操縱、調節、及改

正的主要目標或客體，從而形成四種客體我，簡稱關係取向自我、權威取向自我、家族（團體）取向自我、及他人取向自我。但前已提及，長期社會現代化的結果，在當代華人的心智系統中，個人取向與社會取向已經同時並存，也就是個人取向自我（強調個人的自主、獨立及自足）與社會取向自我已能同時並存。換句話說，在華人的自我系統中，個人取向自我可與社會取向自我的四個次級自我並存，合共五個次級客體我。為略加簡化，特暫將關係取向自我與權威取向自我合而為一，仍稱關係取向自我。如此，則可說華人自我包含一個主體我與四個客體我。也就是說，華人自我是一種多元自我（multiple self）（Elster，1986）。

　　不過，華人自我並不是一種鬆散或統合不良的多元自我。在華人的自我系統中，主體我是一有高度主體性、連貫性及一致性之心智與行動的施行者，在發揮其功能與作用時，它通常能將四種次級客體我統合為一整體的客體我。更具體地說，主體我係以下列幾種功能來統合四種次級客體我：(1)作為覺知者（knower），主體我能感受、認知、檢視、思考、反省、及判斷各次級客體我；(2)作為辨識者（discriminator），主體我能辨別不同客體我各與何種不同生活場域或互動情境有關；(3)作為認定者（identifier），主體我能為當前的特定場域或互動情境認定所涉及的正確客體我；(4)作為轉換者（switcher），主體我能從一個生活場域或互動情境之客體我轉換到適合另一個新認定之場域或情境的客體我；(5)作為啟動者（activator），主體我能就當前之場域或情境，為相應之客體我起動或觸發適合的互動模式；(6)作為評價者（evaluator），主體我能就個人在當前之場域或情境下的互動表現，評估其妥當性與符合性（即符合社會

取向之相當次級取向的程度）；及 (7) 作為綜合者
（synthesizer），主體我能將每次評價的結果與相關之次級
客體我之既有評價相加成。

3. 各客體我在十五項心理特性上的差異

　　到此為止，已簡要界定了主體我與客體我的意義，並說
明了華人的四種客體我（即個人取向自我、關係取向自我、
家族（團體）取向自我、及他人取向自我）的內涵。為了進
一步區分四種客體我的不同，Yang（2004）曾分就十五項心
理特性比較四種客體我的差異：(1)支配性適應趨勢，(2)互
動對象，(3)脈絡化，(4)角色涉入，(5)認同目標，(6)（自
我）認定類型，(7)責任感，(8)自我一致性，(9)基本動機，
(10)主要情感，(11)情緒依附目標，(12)自我實現類別，(13)
自我概念類別，及 (14)自尊類別。分就十四方面分析四種客
體我的不同後，特將比較的要點概示於表 3。此處擬另加(15)
幸福感類別，其比較要點亦見表 3。當然，四種客體我絕不
只在這十五項心理特性上有其差異，還可依據理論分析與實
徵研究的需要，酌增其他項目，如道德觀、價值觀、思維方
式等。因限於篇幅，下文不能詳細說明楊氏分就十五方面所
做的分析，只能選擇其中六方面（第 9、10、12、13、14、
及 15）為例，略作敘述。其他九方面的比較說明見 Yang
（2004）。

　　首先要談的是第(9)方面，即四種客體我在基本動機上的
差異。依楊氏的分析，華人主體我就四種客體我所產生的主
要動機並不相同。就個人取向自我而言，主體我所產生者主
要是個人的主動性需求（agency need），如自主需求、獨立

需求、自依需求、自足需求、自我接受需求、個人成就需求、個人效能需求、個人優越需求、個人取向自尊需求、及個人取向自我提升需求。就關係取向而言，主體我所產生的主要是關係性需求（relational need），如依賴需求、互依需求、互相接受需求、互相分享需求、關係性面子需求、關係取向自尊需求、及關係取向自我提升需求。就家族（團體）取向自我而言，主體我所產生的主要是歸屬性需求（belongingness need），如自我延伸（self-extension）需求、大我需求、團體接受需求、團體保護需求、團體效能需求、團體成就需求、團體榮耀需求、團體面子需求、家族（團體）取向自尊需求、及家族（團體）取向自我提升需求。最後，就他人取向自我而言，主體我所產生的主要是與面子有關的需求（face- related need），如公眾性面子需求、公眾性名譽需求、來自非特定他人之尊敬需求、他人取向自尊需求、及他人取向自我提升需求。

其次要談的是第(10)方面，即四種客體我在主要情緒上的差異。在日常生活中，就個人取向自我而言，主體我所感受的主要是個人取向的自戀性情緒（narcissistic affect），如自我愛戀、自我尊敬、自我榮耀、享樂性快感（hedonic pleasure）、個人性快樂、個人取向自尊感、及個人取向自我提升感。就關係取向自我而言，主體我所感受的主要是因角色而異的人際情緒（role-specific dyadic affect），如親子之愛、夫妻之愛、手足之愛、師生之情、關係性面子得失感、關係性羞恥感、關係取向自尊感、及關係取向自我提升感。就家族（團體）取向自我而言，主體我所感受的主要是家族（團體）取向情緒（familistic (group)-oriented affect），如家族之愛、團體性榮譽感、團體性歸屬感、團體性一體

感、團體性安全感、團體性面子得失感、團體性羞恥感、家
族（團體）取向自尊感、及家族（團體）取向自我提升感。
就他人取向自我而言，主體我所感受的主要是他人取向情緒
（other-oriented affect），如公眾性面子、名譽、及尊敬之得

【表3】 個人取向與社會取向自我在十五項主要心理特性上的系統性概念比較

心理特性	個人取向自我	社會取向自我		
		關係取向自我	家族（團體）取向自我	他人取向自我
1. 適應的主要趨勢	自主趨勢	融合趨勢（與另一人成為一體）	融合趨勢（與家族或其他團體成為一體）	融合趨勢（與非特定他人成為一體）
2. 互動對象	自己	一個有關係的人	家族或其他團體	非特定他人（概括性他人）
3. 脈絡化	去脈絡化	以二人關係為脈絡	以家族（團體）為脈絡	以非特定他人為脈絡
4. 角色涉入	淡化社會角色涉入	在關係中有高度社會角色涉入人	在家族或其他團體中有高度社會角色涉入	對非特定他人有低度社會角色涉入
5. 認同對象	認同自己（反身性認同）	認同關係中之對方（關係性認同）	認同家族或其他團體（家族性或團體性認同）	認同非特定他人（擴散性的社會認定）
6. 認定（identity）類型	個人性認定	關係性認定	家族（團體）性認定	擴散性社會認定
7. 責任類型	對個人之責任	對與關係中之對方的責任	對家族或團體的責任	對非特定他人之單方面自加的責任
8. 自我一致性	跨情境與跨時間的自我一致性（自我中心的自我一致性）	特殊對偶關係中之自我一致性（因關係而異的自我一致性）	家族或團體中之自我一致性（因團體而異的自我一致性）	對非特定他人之自我一致性（他人取向自我一致性）
9. 主要動機	主動性需求（如自主、獨立、自依、自足、自我接受、個人成就、個人效能、個人優越感、及個人取向自尊與自我提升等需求）	關係性需求（如依賴、相依、互相接受、互相分享、關係性面子、及關係取向自尊自我提升等需求）	歸屬性需求（如自我延伸、大我接受、團體接受、團體成就、團體效能、團體榮耀、團體面子、及家族（團體）取向自尊與自我提升等需求）	擴散性需求（如公眾性、面子與名譽、來自非特定他人之尊敬、及他人取向自尊與自我提升等需求）

【表3】（續）

心理特性	個人取向自我	社會取向自我		
		關係取向自我	家族（團體）取向自我	他人取向自我
10.情緒本質	自戀性情緒（如自我愛戀、自我尊敬、自我炫耀、自我妒羨、享樂性快感、個人性快樂，及個人取向自尊與自我提升等感覺）	關係性取向情緒（如親子之愛、夫妻之愛、手足之愛、師生之情、關係性面子得失感、關係性羞恥感、關係取向自尊與自我提升感，及關係中的羞愧感）	家族（團體）取向情緒（如家族之愛、團體性榮耀感、團體性歸屬感、團體性安全感、團體性面子得失感、團體性羞恥感（團體），家族、團體取向自尊與自我提升感，及團體中的羞愧感）	他人取向情緒（如公眾性面子、名譽，及尊敬之得失感、公眾性羞恥感、他人取向自尊與自我提升感，及公眾性羞愧感）
11.情緒依附對象	依附自己	依附特定關係中之對方	依附家族或團體	依附特定他人或概化他人
12.自我實現類型	個人取向自我實現	關係取向自我實現	家族（團體）取向自我實現	他人取向自我實現
13.自我概念類型	個人取向自我概念	關係取向自我概念	家族（團體）取向自我概念	他人取向自我概念
14.自尊類型	個人取向自尊	關係取向自尊	家族（團體）取向自尊	他人取向自尊
15.幸福感類型	個人取向幸福感	關係取向幸福感	家族（團體）取向幸福感	他人取向幸福感

失感、公眾性羞恥感、他人取向自尊感、及他人取向自我提升。第三要談的是第(12)方面，即四種客體我在自我實現上的差異。Yang（2003）曾強調自我實現（self-actualization）有兩種：個體主義取向（或個人取向）自我實現與集體主義取向（或社會取向）自我實現。依據他的主張，個人取向自我實現是指個人經由個人取向之自我成全（self- becoming）與自我提升的歷程，以及充分表達內在秉賦與特性以使個人運作（personal functioning）最大化的做法，來實現其個人內在的自我（即個人取向自我）。照 Maslow（1970）的說法，這種自我實現是讓自己蛻變成一個真正能展現個人內在特質與外在特徵的人。其背後所意含的是一種唯樂主義（eudaemonism），強調追求個人快樂與幸福是最高的道德目標。此一理論假設個人有一內在真我（daemon）之存在（Caspary，1987；Waterman，1981）。人生的主要目的是發展、表現及實踐此真我的所有潛能。與此不同，社會取向自我實現是指個人經由社會取向之自我反省、自我批評、自我修養、及自我改進的歷程，以及適當實踐社會性與關係性角色、承諾、及責任以使其社會生活完善化的做法，來實現其社會性與關係性自我（即社會取向自我）。個人取向自我實現與社會取向自我實現所實現的自我在種類上是不同的，前者所實現者是超脫社會的與關係的糾葛之真我、純我或核心我（core-self）（Caspary，1987），後者所實現者是深嵌在社會的與關係的義理脈絡中的入世之我。Yang（2003）指出：個人取向自我實現主要見之於美國人與部分歐洲國家的民眾，社會取向自我實現主要見之於東亞地區的民眾（如中國人、日本人、韓國人）。更進一步說，前者主要見之於基督教文化圈以內的人，後者主要見之於儒家文化圈以內的人。

　　尤有進者，社會取向自我實現尚可再分為關係取向自我實現、家族（團體）取向自我實現、及他人取向自我實現。關係取向自我實現是指個人經由關係取向的自我反省、自我批評、自我修養、及自我改進的歷程，以及適當實踐關係性角色、承諾及責任以使其關係生活完善化的做法，來實現其關係取向自我。家族（團體）取向自我實現是指個人經由家族（團體）取向的自我反省、自我批評、自我修養、及自我改進的歷程，以及適當實踐家族（團體）性角色、承諾、及責任以使其家族（團體）生活完善化的做法，來實現其家族（團體）取向自我。最後，他人取向自我實現是指個人經由他人取向的自我反省、自我批評、自我修養、及自我改進的歷程，以及適當實踐他人取向的角色、承諾及責任以使其他人取向生活完善化的做法，來實現其他人取向自我。這三種社會取向的自我實現代表傳統社會中，典型中國人一生中的三條實踐社會我的主要途徑。經由這三大途徑，中國人可以有效地實踐他們的社會性稟賦及潛能，成為高度社會化的社會人（social being）。原初的人性應是兼有社會性與個人性兩類秉賦與潛能。社會取向自我實現所實現的主要是社會性秉賦及潛能，個人取向自我實現所實現的主要是個人性秉賦與潛能。

　　第四要談的是第(13)方面，也就是四種客體我在自我概念上的差異。Baumeister（1997）將自我概念界定為一個人對其本人所做之各種推論（inference）的總和。此一簡短定義可略作如下修改，使其更適合此處的需要：自我概念是指主體我對客體我所獲之知識與所做之推論的總和。定義中所說的總和是指整體自我概念（overall self concept）。就華人而言，整體自我概念包含四種客體我之不同的特殊自我概念

（specific self concept），即個人取向自我概念（individual-oriented self concept）、關係取向自我概念（relationship-oriented self concept）、家族（團體）取向自我概念（familistic (group)-oriented self concept）、及他人取向自我概念（other-oriented self concept）（後三者合稱社會取向自我概念）。個人取向自我概念意謂主體我對個人取向自我所做之知覺與推論的有組織的模式。關係取向自我概念意謂主體我對關係取向自我所做之知覺與推論的有組織的模式。家族（團體）取向自我概念意謂主體我對家族（團體）取向自我所做之知覺與推論的有組織的模式。最後，他人取向自我概念意謂主體我對他人取向自我所做之知覺與推論的有組織的模式。以上這四種自我概念是依客體我所涉及之互動場域或情境的不同而界定。

　　上述的每種自我概念又可再分為實際自我概念（actual-self concept）（Stephenson，1953；Rogers & Dymond，1954）、理想自我概念（ideal-self concept）（Stephenson，1953；Rogers & Dymond，1954）、應然自我概念（ought-self concept）（Higgins，1987）、及可能自我概念（possible-self concept）（Markus & Nurious，1986）等。以上這幾種自我概念是依主體我所知覺與推論之自我的層次的不同而界定。尤有進者，不管是依互動場域的不同所界定的每種自我概念，還是依自我層次的不同所界定的每種自我概念，都可再依自我狀態的不同分為公開自我概念與私密自我概念。前者是指在公開情形下主體我所呈現給他人（一人或多人）的自我概念；後者是指在私密情形下（無他人在場或未向他人透露）的自我概念。到此為止，已分別從自我場域、自我層次、及自我狀態三個方面（aspect）界定了三套

自我概念。將這三套自我概念置於三度空間的架構中，乃可形成一套華人自我概念的三面模式（three-facet model）（見圖 1）。

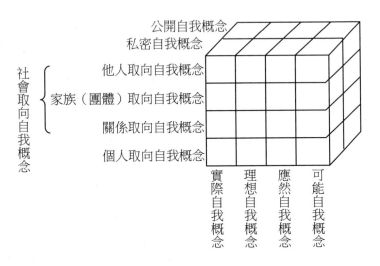

【圖 1】華人自我概念的三面模式

　　在圖 1 中，三度空間的每一方面之數個自我概念的類別都是分離的、個別而不連續的，甚至是互斥的，但不一定是窮盡的。在自我概念的場域方面，楊氏區分了個人取向的、關係取向的、家族（團體）取向的、及他人取向的四種自我概念，並將它們界定為分離、互斥且窮盡的。在自我概念的層次方面，區分了實際自我概念（或真實自我概念）、理想自我概念、應然自我概念、及可能自我概念，它們相互分離與互斥，但卻未能窮盡。在自我概念的狀態方面，區分了公開自我概念與私密自我概念，它們彼此是分離的、互斥的、

及窮盡的。三方面的自我概念共可組合成三十二種複合類型
（以立體長方形代表之），它們也是相互分離的、互斥的，
但卻不一定是窮盡的。圖 1 中有關自我概念的三面模式可做
如是觀，下文圖 2 中有關自尊的三面模式與圖 3 中有關幸福
感的三面模式也可做如是觀。

　　第五要談的是第(14)方面，即四種客體我在自尊上的差
異。依照 Josephs（1992）的看法，自尊意指個人將自己看
得多好或多高。Carlock（1999）則提供了一個更廣的定義，
認為自尊是指個人對自己的感覺如何，及將自己看得多好或
多高。從華人自我四元論的觀點來看，華人既有四種客體
我，就不僅有四種自我概念，也應有四種自尊，即個人取向
自尊、關係取向自尊、家族（團體）取向自尊、及他人取向
自尊（後三者合稱社會取向自尊）。個人取向自尊是指一種
來自個人正面自我評價的感受，此類正面評價的基礎主要有
二：一是個人追求純屬自我設定之目標所獲得的成功與成
就，二是個人擁有之自己所珍視的心理屬性、行為特徵、及
體能長相。關係取向自尊是指一種來自個人正面自我評價的
感受，此類正面評價的主要基礎有二，一是個人追求人際間
之角色關係性的目標所獲得的成功與成就，二是個人擁有之
從人際角色關係的觀點所珍視的心理屬性與行為特徵。家族
（團體）取向自尊是指一種來自個人正面自我評價的感受，
此類正面自我評價的主要基礎有二，一是個人追求家族性或
團體性的目標所獲得的成功與成就，二是個人擁有之家族或
其他團體所珍視的心理屬性與行為特徵。他人取向自尊亦指
一種來自個人正面自我評價的感受，此類正面評價的主要基
礎有二，一是個人從非特定他人處追求面子、名譽、及尊敬
所獲得的成功與成就，二是個人擁有之非特定他人所珍視的

心理屬性與行為特徵。有關上述四種自尊之詳細說明，見翁嘉英、楊國樞、許燕（2004）與 Yang（2004）。

　　主體我所體驗之有關四種客體我的自尊可分為兩類，即特質自尊（trait self-esteem）與狀態自尊（state self-esteem）。前者可以界定為一種個人對自己之實際評價的持久性感受（Bednar & Peterson，1989），是一種穩定的心理或人格特質。後者則指個人在特定情境或時刻之短暫性自我評價的感受（Leary & MacDonald，2003），是一種隨情境或時刻之轉換而改變的暫時性心情或感受。就前述的四項自尊而言，每種都可分就特質自尊與狀態自尊加以測量。此外，四者中的每一項自尊都可分為公開自尊（public self-esteem）與私密自尊（private self-esteem）。前者是指有他人出現或在場的情形下個人所表達之對自己的評價，後者則指無他人出現或在場的情形下個人對自己的評價。以上分析顯示華人自尊亦有三個面向，即自尊的場域別、穩定度、及公私性，據此乃可建構一套華人自尊的三面模式（見圖2）。

　　最後要談的是第(15)方面，即四種客體我在主觀幸福感（簡稱幸福感）（subjective well-being，簡稱 SWB）[3]方面

3　此處所用「幸福感」一詞，直接譯自「subjective or psychological well-being」，涵義是相當西方化。本土化的說法應是「福感」，「福分感」或「有福感」。對西方人而言，幸

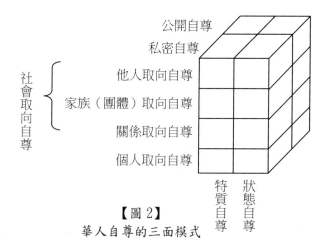

【圖 2】
華人自尊的三面模式

差異。在性質上，SWB 與自尊有相當關涉。E. Diener 與 M. Diener（1995）將 SWB 界定為個人對其生活的評價反應——以生活滿意度（認知評價）或感情（進行中的情緒反應）表達之。Grob（1995）則將 SWB 視為對生活的整體性積極態度、自尊的整體性正面感受、享受生活體驗、及低度憂鬱心情。SWB 的這四種心理成分可能互有相關而不在一個層次，但自尊的整體性正面感受可能最為基本，其他三者不是

福感就是快樂（happiness）；對華人而言，「有福感」則不只是快樂，還有吉祥如意、心安理得、心滿意足、得享天年（高壽）、子孫滿堂、富貴榮華、無憂無慮、無愧無憾、無病無災等感受或狀態。這已不是幸福感的差異，而是幸福觀的差異。華人與西方人（特別是美國人）的幸福觀應是頗不相同的。

自尊的因，就是自尊的果。從 Diener 與 Grob 等學者有關 SWB 的定義看來，在概念上主觀幸福感與自尊不易清楚區辨：(1)兩者皆是個人的正面主觀感受；(2)兩者皆經個人的自我評價歷程而產生；(3)在評價歷程中同時涉及認知與情緒兩種心理活動；(4)兩者皆與生活滿意度有密切關係；(5)負面情緒（如憂鬱、焦慮）皆對兩者有嚴重之負面影響；及(6)至少在西方心理學的相關文獻中，兩者皆著重整體性的感受，即整體幸福感與整體自尊感。不過，若細加分析，兩者仍有一些重要差異。例如，幸福感比較強調個人對自己之生活素質的滿意程度，自尊比較強調個人對自我在生活中之表現的滿意程度。這兩種滿意程度背後的評價機制或歷程可能是相同的，至少是有相當關聯的。

上述相似性的第(6)點，說到西方心理學的相關文獻強調整體幸福感與整體自尊感。就自尊的測量與研究而言，西方（特別是美國）心理學者確是以整體自尊（overall self-esteem）為主。但從華人自我四元論的觀點來看，探討特殊自尊（specific self-esteem）可能更有意義。前已述及，華人有四種主要的特殊自尊，即個人取向自尊、關係取向自尊、家族（團體）取向自尊、及他人取向自尊。我們應該雙管齊下，整體自尊與特殊自尊同時研究。同樣的道理亦可適用於幸福感的研究。比照華人的四種特殊自尊（感），亦可界定四種對應的特殊幸福感，即個人取向幸福感、關係取向幸福感、家族（團體）取向幸福感、及他人取向幸福感（後三者合稱社會取向幸福感）。這四種幸福感分別代表個人對四大生活場域內之生活素質的滿意程度。同時，也可比照自尊的情形，一方面將幸福感分為特質幸福感與狀態幸福感，另方面將之分為公開幸福感與私密幸福感。如此，乃可建構一套華人幸福感的三面模式（見圖 3）。

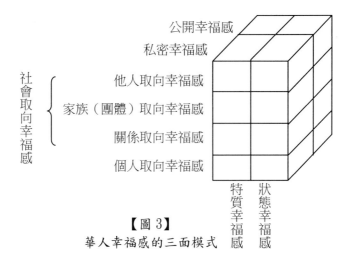

【圖 3】
華人幸福感的三面模式

4. 客體我之間的衝突

　　主體我雖能統合個人取向自我、關係取向自我、家族（團體）取向自我、及他人取向自我等四種客體我，但日常生活中也可能體驗到客體我之間的衝突。在當代華人社會中，最常見的是個人取向自我與社會取向自我的幾種次級自我間的衝突。例如，個人取向自我強調個人的獨立、自主、自依及自足；關係取向自我強調人際和諧、人際互依、及人際角色化；權威取向自我強調權威崇敬、權威畏懼、及權威依賴[4]；家族取向自我強調家族和諧、家族團結、及家族繁

_____

4 在上文的論述中，已將平權的關係取向自我與不平權的權威取向自我合併，合稱「關係取向自我」。在討論個人取向自我與

衍；他人取向自我則強調順從他人行為、遵守社會規範、重視自己名譽、及在乎他人意見。在人際互動的場域中，當代華人之個人獨立與自主的傾向可能與人際和諧與互依的傾向相衝突，表現的是個人取向自我與關係取向自我之間的衝突。在與權威互動的場域中，個人獨立與自主的傾向可能與崇敬及依賴權威的傾向相衝突，表現的是個人取向自我與權威取向自我之間的衝突。在家族互動的場域中，個人獨立與自主的傾向可能與家族和諧、團結、及繁衍的傾向相衝突，表現的是個人取向自我與家族取向自我之間的衝突。在與非特定他人互動的場域中，個人獨立與自主的傾向可能與順從他人行為、遵守社會規範、及在乎他人意見的傾向相衝突，表現的是個人取向自我與他人取向自我之間的衝突。

　　主體我最常經驗的主要是個人取向自我與社會取向自我的幾種次級自我之間的衝突，但也可能體認到社會取向自我的次級自我之內或之間的衝突。在傳統中國社會內，有些人的主體我可能經驗到關係取向自我之內的衝突，最有名的例子是「忠孝不能兩全」。忠是君臣關係的要旨，孝是親子關係的要旨，「忠孝不能兩全」代表的是關係取向自我之內的兩種重要關係的衝突。不過，親子關係是家族團體以內的一種關係，君臣是國家團體以內的一種關係，「忠孝不能兩全」不僅涉及兩種關係，而且涉及兩個團體。也就是說，

社會取向自我的衝突時，個人取向自我與權威取向自我之間的衝突最為常見，故暫將權威取向自我與關係取向自我分開，分別彰顯兩者與個人取向自我之衝突的差異。

「忠孝不能兩全」不僅是一種屬於關係取向自我的衝突，而且是一種屬於家族（團體）取向自我的衝突。另一種重要衝突是「婆媳不和」。這種不和主要是婆媳關係之內的衝突，但卻必然造成母子關係與夫妻關係之間的矛盾。換言之，它是一種涉及家族取向自我的衝突。

以上所說之有關各種客體我之間的衝突，皆屬個人內（intra- individual）的內心衝突。個人取向自我與社會取向自我（及其四種次級自我）的衝突，還可產生於人際之間（inter-individual）。如果兩個人在個人取向自我與社會取向自我的強度上差異太大，就會產生人際衝突。極端的情形是其中一人的個人取向自我很強而社會取向自我極弱，另一人的社會取向自我很強而個人取向自我極弱。在此情形下，雙方不易成為朋友、結為夫妻、或變為事業夥伴。即使成了朋友、夫妻或夥伴，也會時起勃谿。這當然是從人際吸引的相似性假說（similarity hypothesis）的觀點來談，但從互補性假說（complementarity hypothesis）的觀點來看，便不一定是如此了。

5. 個人取向自我與社會取向自我的並存與化合

隨著華人社會之現代化的進展，個人取向自我與社會取向自我不但已同時並存於華人的心理組成中，而且可能已有相互混合與融合的情形。也就是說，華人的上述兩類自我不但可能相互衝突，而且可能相互化合。上一小節已就衝突的問題有所論說，這一小節將就化合的問題簡作闡述。

　　楊國樞（1992）與 Yang（1996，1998）已就華人心理
傳統性（ psychological traditionality ）與心理現代性
（psychological modernity）兩類成分的並存與化合問題，從
事了實徵性與理論性的分析。實徵研究（楊國樞，1992）證
實部分傳統性成分與部分現代性成分在華人的內心中是可以
同時並存的。理論分析（Yang，1996，1998）則討論了兩類
成分並存與化合的可能機制及歷程。華人個人取向自我與社
會取向自我兩類心理內涵的變遷也是受到華人社會之現代化
歷程的影響，因此也應該有並存與化合的問題。Lu 與 Yang
（2004）認為當前華人的自我也是兼有傳統的與現代的兩類
成 分 ，可 以 稱 為「 傳 統 性 與 現 代 性 的 雙 文 化 自 我 」
（traditional-modern bicultural self）[5]。這種雙文化自我的傳
統成分當然是指社會取向自我成分，現代成分當然是指個人
取向自我成分。從這個角度看，就當代華人而言，傳統性與
現代性的雙文化自我也就是一種由社會取向自我成分與個人
取向自我成分並存與化合而成的配合性自我，實即當前大部
分華人的現實自我。在此配合性自我中，個人取向自我所強
調的心理內涵主要是自主取向、獨立取向、競爭取向、及平
權取向，這四者皆是華人心理現代性的要旨（Yang，
1996）；社會取向自我所強調的心理內涵主要是關係取向、
權威取向、家族取向、及他人取向，這四者皆是華人心理傳
統性的要旨（Yang，1996）。由此觀之，傳統性與現代性的

5　此種自我中所說的雙文化，是指華人的傳統文化與新傳入或新
　　形成的現代文化。前者是指傳統的農業社會文化，後者是指現
　　代的工商社會文化。

雙文化自我之理論性與實徵性探討，實可將華人之心理傳統性、現代性兩種心理特徵的並存及化合的研究與社會取向、個人取向兩種自我的並存及化合的研究熔於一爐。

　　在華人社會的現代化過程中，心理傳統性、現代性的並存及化合方式與社會取向自我、個人取向自我的並存及化合方式應是相同的。兩者共同的並存與化合方式主要者可能有四，即並存、混合、融合、及統整。每一種方式都是一種存在的狀態。這四種方式的演進歷程是並存→混合→融合→統整。首先要談的是並存方式。就個人取向與社會取向兩種自我而言，在社會現代化過程中，當一個人的主體我接受或吸收了一項現代的、個人取向的思想、觀念、價值、態度或行為，它就成為個人取向之客體我的一個成分。在初期階段，個人取向自我的這一新成分（I）只是與社會取向自我之各次級自我的成分（S）互不相涉地同時存在於當事人的內心，必要時可各自發揮其功能或影響。共存方式或狀態可能有兩種類型：

　　(1)單純型共存　當事人的主體我能同時覺知 I 與 S，而不致引起焦慮、憂鬱或其他不快情緒。在日常生活中，面對特定的適應情境或待決問題，主體我能同時覺知 I 與 S 的存在，且能考慮與決定 I 或 S 何者較能適應該情境或解決該問題，進而付諸實行。當代華人的日常生活中，有些適應情境或待決問題可能以現代一點的觀念或行為去因應或解決較好，那就採取 I；有些情境或問題可能以傳統一點的觀念或行為去因應或解決為佳，那就採取 S。I 與 S 交互運用，較能有效適應兼具傳統與現代兩類成分的現實環境，以提高生活幸福。I 與 S 以這種方式共存，可以稱為單純型共存。

(2)自衛型共存　當事人的主體我同時覺知 I 與 S 時，就會感到矛盾、焦慮或其他不快情緒。為了保護或防衛自己，主體我就學會

儘量不要在同類生活場域或情境中同時覺知或想到 I 與 S，而是將 I 與 S 隔離在兩類不同的場域或情境，以避免矛盾等不快情緒。楊國樞（1995b）、楊國樞、余安邦、葉明華（1991）、及 Yang（1998）將這種機制稱為心理區隔化（psychological compartmentalization）或認知區隔化（cognitive compartmentalization）。這是一種自衛性區隔化（self-defensive compartmentalization）。當事人的主體我將 I 與 S 隔開後，便在心理上防衛或保護了自己，使自己不再感到不快。I 與 S 的這種共存方式不同於單純型共存方式，可以稱為自衛型共存。

在社會現代化的過程中，I 與 S 可能從互無關涉的共存狀態轉變到混合狀態。華人社會演變至今，日常生活中有越來越多的適應情境與待決問題既不是完全現代的，也不是完全傳統的，而是兩相混合的。為了有效適應現代與傳統混合的生活環境，當事人的主體我必須將個人取向自我的有些 I 成分與社會取向自我的有些 S 成分加以混合，形成足夠數量之 I+S 的自我組合單元，各自成為有效適應不同混合情境或問題的功能性自我組合模式。每個 I+S 組合單元係由一個以上的 I 成分與一個以上的 S 成分所混成。在一個混合性單元中，I 成分與 S 成分仍然分別保有各自的原先內涵與特性。因此，當事人的主體我仍可辨識單元中何者為 I 成分，何者為 S 成分。這就是混合方式的主要特點。

　　混合方式還可進而演化為融合方式。在華人日常生活中，有不少適應情境與待決問題已超越現代與傳統的混合階段，進入了兩者融合的境界。為了有效適應現代與傳統已經融合的部分生活環境，主體我必須將個人取向的有些 I 成分與社會取向的有些 S 成分加以融合。這有兩個途徑，一是將個人取向之一個以上的 I 成分與社會取向自我之一個以上的 S 成分直接加以融合，並不先經混合的方式；二是將混合性自我單位中的 I 與 S 兩類成分進而加以融合。在一個功能性自我融合單元中，I 成分與 S 成分已是「水乳交融」，難以保有各自的原先內涵與特性；當事人的主體我也不易辨識何者為 I 成分，何者為 S 成分。這就是融合方式的特徵。

　　最後要談的是統整方式。當個人的自我系統同時具有並存的、混合的及融合的三類自我組合單元，特別是後兩類單元為數甚多，主體我就會開始將三類單元加以統合與整合，逐漸形成一套內部結構有序的統整性自我系統。在此總體系統中，並存的、混合的及融合的三類自我組合單元互有連繫與組織，彼此貫通與配合。在適應外在環境（特別是社會環境）與內在環境時，當事人的主體我可針對所面臨的適應情境或待決問題，彈性而靈活地運用統整性自我系統中的各種自我組合單元，做出創造性的因應思維與行動。此處應該指出：並存、混合及融合三種方式只涉及整體自我系統中的部分單元，可以說是個人取向自我成分與社會取向自我成分的局部性化合歷程；統整則涉及整體自我系統中的全部單元，可以說是兩類自我成分的全面性化合歷程。

　　在社會現代化的變遷過程中，共存、混合、融合及統整

的四部曲既適用於心理現代性與傳統性的化合歷程，也適用於個人取向自我與社會取向自我的化合歷程。在社會變遷的漫長歲月中，人們自幼到老，個人取向自我與社會取向自我的形成及化合會經歷不同的階段。這方面的瞭解亟需自我發展歷程的系統性研究。成年以後，人們所達到的階段互不相同，因而在心理與行為上大有差異。這就是何以當代華人在心理、行為及生活上的異質性如此之大。

華人自我四元論的小結

　　本節已簡要說明 Yang（2004）的華人自我四元論，並做了相當的增補。此處擬就四元論做一點後設理論的分析（meta-theoretical analysis）。從後設理論的層次來看，楊氏理論的建構同時整合了幾種主要觀點：(1)概念奠基觀點：擴展主體我與客體我的定義與劃分，並澄清兩者的功能與關係。(2)本土文化觀點：以中華文化為基礎，澄清華人之社會取向自我的主要次級自我的種類、內涵、及功能。(3)社會變遷觀點：強調現代化社會變遷的視角，將代表現代工商社會文化的個人取向自我與代表傳統農業社會文化的社會取向的自我，視為當代華人自我之不可或缺的內涵或要素。(4)基本心理觀點：分就當代心理學的十五項基本心理特性或構念（如脈絡化、認同目標、自我一致性、基本動機、主要情緒、自我實現、自我概念、自尊、及幸福感），比較華人之各種客體我的異同。(5)心理動力觀點：強調個人取向自我與社會取向自我的衝突、矛盾及其影響，及(6)心理變遷觀點：重視社會變遷下的個人心理變遷，分析個人取向自我與社會取向自我的蛻變歷程及化合方式。

從上述後設理論層次的分析，楊氏的華人自我四元論不但是本土化的，而且是有其後設理論上的基本考量。就此而論，此一理論用之於華人自我的研究與瞭解是有其文化獨特性的。過去，他國心理學者亦曾提出多元自我的模式，如Greenwald 與 Breckler（1985）、Kashima 與 Hardie（2000）、及 Sedikides 與 Brewer（2001）等學者所發表的自我三元論（而非四元論）。他們所說的三元論包括了個人自我（individual self）、關係自我（relational self）、及集體自我（collective self）。這三種自我的區分主要是根據自我所涉及的人數（一人，兩人或多人），但不太考慮當地文化的特點。Yang（2004）曾詳細比較此等三元論與華人自我四元論的不同，對這個問題有興趣的讀者可參考之。至於Markus 與 Kitayama（1991）所說的獨立我（independent self）及互依我（interdependent self），則與華人自我四元論的異同頗為明顯。具體而言，獨立我只是部分地相當於（而非相等於）華人四元論的個人取向自我，互依我則主要是部分地相當於社會取向自我中的關係取向自我。

下節將以「本土心理學研究追求卓越計畫」第三分項計畫的研究成果，檢驗華人自我四元論的部分假設與內涵。

第三節　實徵研究結果與理論檢驗

第三分項計畫所完成的二十個子計畫的研究，有十三個與華人自我的探討最為有關。本節將以這十三項研究的成果檢驗上文第二節所闡述之華人自我四元論的部分假設。為簡

便起見，將分就華人自我歷程、自我概念、及自我評價三方面的實徵研究加以說明與討論。在十三項研究中，有八項與自我歷程有關，二項與自我概念有關，三項與自我評價有關。

一、華人自我歷程研究的成果與意義

在自我歷程方面，首先要談的是林以正、楊中芳（2000，2001）所從事的兩項研究。在二〇〇〇年的研究中，二氏是探討華人在研究情境中的自我呈現（self-presentation）。更具體地說，他們是從華人之自我呈現的觀點分析社會讚許（social desirability，簡稱 SD）的反應模式，並進而編製一套本土化的 SD 量表。他們先就華人 SD 反應背後所隱含的社會心理歷程與運作，完成有系統的概念分析，作為撰寫本土化 SD 量表題目的依據。他們將本土化 SD 量表的題目加以因素分析，發現負向題與正向題兩個因素。美國心理學者為美國人所編製的 SD 量表（如 Crowne & Marlowe，1960），經因素分析後亦曾得到負向題與正向題兩個因素。Paulus（1984）與 Paulus、 Reid（1991）認為「肯定正向」（即在正向題上答「是」）所代表的是印象整飾（impression management），「否認負向」（在負向題上答「否」）則是代表自我欺瞞（self-deception）。但二氏根據華人 SD 反應背後的社會心理歷程，提出相反的解釋：肯定正向題所代表的可能是自我欺瞞，否認負向題所代表的可能是印象整飾。從華人自我四元論觀之，二氏所說的自我呈現，所呈現的並不是個人取向的自我，而是社會取向的自我。經由印象整飾與自我欺瞞等歷程，華人希望別人稱許的

是其社會取向自我的特徵，而不是其個人取向自我的特徵。

　　林、楊（2001）二氏所從事的第二項研究，主要是探討公我（大我）與私我（小我）的拿捏對華人自我呈現行為的影響。二氏依據中國人之陰陽觀念，建構了一套有關華人自我意識的理論架構。此一架構將自我意識分成六項焦點意識，包括對私我狀況的三種關切，及對公我狀況的三種關切，據以編製了一套本土化的自我意識量表，以供探討「公我」（大我）、「私我」（小我）、「他我」（他人心目中的我）、及「他人」（大我內外之他人）四種自我意識之用，並藉以了解華人自我呈現之動態過程與影響因素。從華人自我四元論的觀點來看，他們所說的公我、他我及他人三種自我意識及其運作，所涉及的主要是社會取向自我，特別是其中的家族（團體）取向自我與他人取向自我；但有關小我的自我意識及其運作，所涉及的則主要是個人取向自我。華人日常生活中所呈現的主要是關係取向自我、家族（團體）取向自我、及他人取向自我，必須各依處境或對象的不同而拿捏分寸，以形成或維護良好的社會形象。

　　林、楊的上述兩項研究，皆以社會互動過程中社會取向自我的呈現為分析重點。對華人而言，在日常生活中，將社會取向自我適當呈現給他人，是至關重要的事。自我呈現是華人極為重視的自我歷程，二氏自高度本土化的觀點，從事深入而有系統的概念分析，實屬不易。他們所提出的概念架構，將成為未來有關華人自我呈現研究的重要基礎。尤有進者，他們在兩個研究中所編製的本土化社會讚許量表與自我意識量表，亦將成為今後探討自我呈現的重要工具。

　　第三項要談的研究為楊國樞、林以正（2002）所完成，探討的是家庭內外人己關係的心理差序格局。人類學家費孝通（1948）根據中國人之五服的觀念所說的有關人際或人倫關係的差序格局是社會規範性的。但從社會心理學的觀點看，在個人認知與感情兩個層次也會同時存在著有關人際關係的心理性差序格局。此研究的目的即在以記憶之自我關涉效應（self-reference effect，簡稱 SRE）定位法，衡鑑「隱性或客觀心理差序格局」，並以直接評定法測量「顯性或主觀心理差序格局」。在 SRE 的測定中，有關自我之訊息加工會導致最優的記憶成績，甚至優於語義加工（朱瀅、張力，2001）。在此研究中，SRE 的高低視個體與他人之關係的深淺而定：與受試者的關係愈親密之對象（如自己、母親、父親），受試者對其性格特徵形容詞的隱性記憶（implicit memory）就會愈好。受試者個別以 12 個目標人物（包括自己、母親、父親）之一為關係對象，在電腦上接受 SRE 之測定，所測得之評定關係對象性格所用的性格形容詞的再認率，即為客觀之隱性親密度的指標之一。

　　Keenan 與 Bailet（1980）以自我關涉記憶效應定位法從事實驗研究，發現英國受試者對評定母親性格所用的形容詞之再認率顯著低於對評定自己性格所用的形容詞之再認率。Coway 與 Dewhurst（1995）以美國受試者從事的類似研究，亦獲得大致相同的結果。但朱瀅與張力（2001）在北京以大陸受試者所完成的類似研究，卻發現頗為不同的實驗結果：受試者對自己性格與母親性格之描述形容詞的再認率皆高，且互無差異。朱、張二氏以 Markus 與 Kitayama（1991）之互依我與獨立我的對應概念解釋所得的結果：中國人的自我概念中包含了母親，但西方人的自我概念中則不包含母親。

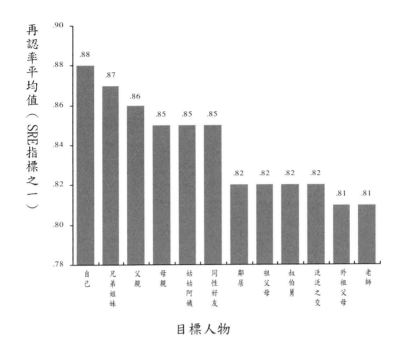

再認率平均值（SRE指標之一）

目標人物

【圖4】　SRE 實驗中各目標人物之性格形容詞再認率平均值
（平均每組受試者約 35 人）

　　楊、林二氏之研究的主要發現為：(1)從圖 4 可知，在十
二個目標人物中，前六者（自己、兄弟姐妹、父親、母親、
姑姑阿姨、及同性好友）的平均再認率相差微小（.85-
.88），相互差異並無統計顯著性。此項結果似與英美兩國研
究的發現不同，與大陸研究的發現似較接近。(2)形容詞再認
率所測者為隱性之客觀親密度，以直接評定法所測者為顯性
之主觀親密度，兩者的相關係數並無統計顯著性，表示兩者

並無關聯。(3)隱性親密度與應然親密程度、瞭解對方程度、關係重要程度、關心對方程度四者皆無統計上顯著之相關，顯性親密程度則與四者多有統計上顯著之正相關。以上四項發現各有其特殊意義，不宜在此多做說明。但這些發現共同指向一個事實：在不同層次彰顯華人關係取向自我的三種差序格局（規範性差序格局、隱性親密差序格局、及顯性親密差序格局），在社會變遷之強而有力的影響下，皆已產生頗大的改變或位移。

　　接著要談的是孫蒨如（2000，2001，2002）所完成的三項研究。她在二○○○年所從事的實驗，主要是探討自我肯定（self- affirmation）在獨立我（independent self）與相依我（interdependent self）（Markus & Kitayama，1991）概念下的運作歷程。Steele（1988）、Tesser 與 Cornell（1991）等人的研究顯示：個人會追求自我系統的平衡，試圖保持一個統整的正向自我形象。當自我受到威脅時，自我肯定的歷程即開始運作，可藉由肯定自我的其他重要面向或採取其他方式來達到自我肯定的目的。孫氏以實驗法進行研究，發現當個人的相依我方面受到衝擊時，肯定同屬相依我方面的重要關係（如與父母的關係），可使其相依我恢復平衡。所得結果也顯示：獨立我方面的自我肯定似乎無助於相依我方面之自我平衡的恢復。就自我肯定而言，相依我與獨立我似乎分屬兩個彼此獨立的系統。

　　從華人自我四元論的觀點來看，孫氏的上述研究發現頗有可加討論之處。首先應該指出：Markus 與 Kitayama 所說的相依我主要是指社會取向自我中的關係取向自我，他們所說的獨立我則指個人取向自我。他們曾指出西方人（特別是

美國人）的自我主要是獨立我，東方人（如日本）的自我主要是相依我。換言之，西方人的自我主要是個人取向自我，東方人的自我主要是關係取向自我。但是，除了關係取向自我之外，東方人還有家族（團體）取向自我與他人取向自我。Steele 與 Tesser 等人所說的「自我肯定」中的自我，當然是指美國人之高度個人取向的獨立我，而不是指高度關係取向的相依我。高度個人取向的獨立我強調的是自我肯定、自我（內部）一致性（self-consistence）、及自我（內部）協合性（self-congruence），這就是何以美國心理學中有關自我一致性與自我協合性的理論如此之多（如 Festinger，1957；Rogers，1959)。Steele 與 Tesser 等人所說的自我肯定，強調的是追求整個獨立我系統之內的平衡，試圖保持一個統整之獨立我的正面形象。將特別適用於著重個人取向自我之美國人的自我肯定概念，套用於著重社會取向自我的華人，並不是一種很本土化的想法與作法。但孫氏的此項研究有一重要發現：相依我與獨立我可能分屬兩個彼此獨立的不同系統。這一發現應可證實華人的自我系統並不是一個內部一致性或協合性很高的整體系統，而是兼含社會取向自我與個人取向自我兩個次級系統，且兩者可能具有相當的獨立性。這表示兩種自我已處於並存而獨立的狀態。此一可能性是很大的，因為個人取向自我是在社會現代化歷程中新近獲得的自我內涵，它不但會獨立於社會取向自我，甚至還會相互矛盾。

孫蒨如（2001）所做的第二項實驗研究是探討華人的自我界定與自我評價維持模式。「自我評價維持模式」（self-evaluation maintenance model，簡稱 SEM 模式）是 Tesser（1988）所提出的一項理論。此一理論認為人皆希望維持正

向自我評價，且個人與他人的關係會對其自我評價造成相當
的衝擊。自我評價維持模式有兩種主要歷程，一為比較歷程
（comparison process），二為映照歷程（reflection
process）。人際互動會啟動比較歷程或映照歷程，這又與關
係親密度（closeness）、成就向度（performance）、及自我
關聯性（self-relevance）有關。SEM 是在個人主義的西方文
化中發展而來，可能特別適合獨立我較強的美國人，但是否
適用於互依我較強的華人，值得加以驗證。就強調關係取向
自我的華人而言，關係向度的影響可能比成就向度為大。實
驗中所操縱的自變項（independent variable）主要是相依我
重要性高低、獨立我重要性高低、及關係親密度（朋友或陌
生人），所採用的主要依變項（dependent variable）是情緒
類別與作業重要性。研究結果大致符合研究假設：相依我向
度的比較對個人情緒的衝擊較大，朋友表現好尤其會引起個
人之羞愧與丟臉等他人導向的情緒（other-focused
emotion）；獨立我向度的衝擊也仍存在，但受影響的主要是
自我導向的情緒（ego-focused emotion）。總之，對華人而
言，相依我向度受到衝擊對情緒的影響較獨立我向度受到衝
擊時為大，且所經驗到的情緒種類也不同。前已提及，獨立
我相當於個人取向自我，相依我相當於社會取向自我中的關
係取向自我。此研究的結果顯示：華人的關係取向自我對情
緒的影響較個人取向自我為大，且情緒種類不同。這一研究
的發現再次證實兩種取向的自我是不同的。

　　孫蒨如（2002）的第三項研究是從個人取向與社會取向
的觀點，探討自我評價、自我提升、及自我保護的問題。她
做了兩項實驗。實驗一以虛假獨特性效應或偏誤（false
uniqueness effect or bias）檢驗華人在個人取向自我與社會取

向自我的自我評價上是否會出現自我提升、自我保護、或自謙的效果。實驗者先選出若干個人取向自我的特徵（正向者活潑開朗、聰明、獨立自主；負向者如懶惰、固執、情緒化）與若干社會取向自我的特徵（正向者如與人和諧相處、熱心助人、善解人意；負向者如害羞怕生、猜忌他人、諷刺他人）編成問卷，要求受試者估計在每項特徵上有多少百分比的人會優於他（她），並評定個人對此估計的信心。所得結果顯示：在正向個人取向特質與正負向社會取向特質上，皆出現明顯高估自己的情形。尤其在社會取向特質上，高估的傾向較為明顯。這些發現表示：(1)確有虛假獨特性效果的存在，從而乃可推論華人具有正向自尊的需求；(2)在正向特質上明顯高估自己的相對定位，顯示確有自我提升的現象，而且社會取向自我的提升較強。

　　實驗二是用「自我設限」（self-handicapping）的行為，探討以情境中的線索分別激發華人的個人取向自我與社會取向自我後，是否會出現自我設限行為，及其行為背後的動機為何。實驗結果顯示：當受試者接收到正向回饋，同時又激發其個人取向自我時，自我設限的傾向最為明顯。當受試者接收到正向回饋，但被告知須與他人互動時（激發社會取向自我），自我設限的情形則明顯降低。換言之，當受試者之個人取向自我受激發時，個體想要維持正向自我評價的傾向最明顯；但當社會取向自我受激發時，維持自我評價似乎已不是第一要務了。

　　從孫氏上述兩個實驗的結果，可知華人在個人取向與社會取向兩類自我的正向特質上皆有高估自己的情形，表示他們確有個人取向自尊與社會取向自尊的需求（且社會取向自

尊的需求較高），並有個人取向自我提升與社會取向自我提升的現象。當個人取向自我受到激發時，個體維持正向自我評價的傾向較明顯；但當社會取向自我受到激發時，個體維持正向自我評價已經不是那麼重要。從以上發現，可以得到兩點重要結語：(1)與美國人一樣，華人也有自尊需求與自我提升；(2)在自尊需求的高低與正向自我評價的維持兩方面，個人取向自我與社會取向自我是不同的。

　　接著要說的是楊國樞、侯玉波（2002）所從事之有關華人的狀態自尊（state self-esteem）的研究。楊、侯二氏採取模擬故事（scenario）法，蒐集臺灣大學生的樣本資料，探討故事中成敗事件後主角之自尊、尊嚴、面子及榮譽等感受的增減及正負情緒的變化，是否會因自我類別、公私條件、及主角性別等因素的不同而有異？此一研究有幾點主要發現：(1)臺灣大學生確有狀態性自尊、尊嚴、面子及榮譽。他們在成功後，的確會產生自尊、尊嚴、面子及榮譽等感受；失敗後，的確會有喪失自尊、尊嚴、面子及榮譽等感受。(2)臺灣大學生的自尊感受與尊嚴、面子及榮譽等社會性頗高之感受的關係密切（成為一個難以分解的共同因素），顯示他們的狀態自尊具有相當的社會取向。(3)成功之後，在公開（其事已廣為人知）條件下所產生的自尊及相關感受較在私密（其事尚不為人所知）條件下所產生者為低。此一發現可能表示：在公開情形下的成功，不只會產生自尊的情緒反應，且會激發自謙的社會取向反應。兩相抵消的結果，所產生的自尊反較私密情形下所產生者為低。(4)失敗之後，在公開條件下所喪失的自尊及相關感受較在私密條件下所喪失者為高。此一發現可能表示：在公開情形下的失敗，不只會產生喪失自尊的情緒反應，且會激發自我批評（甚至自責）的

社會取向反應。兩相加成的結果，所喪失的自尊反較私密情
形下喪失者為高。(5)成功後，男主角所產生之自尊及相關感
受較女主角所產生者為高；失敗後，男主角所喪失之自尊及
相關感受亦較女主角所喪失者為多。(6)成敗情境、公私條
件、及主角性別等因素對自尊、尊嚴、面子、榮譽之產生與
喪失的影響，會因故事所激發之自我類別（個人取向自我、
關係取向自我、家族〔團體〕取向自我、及他人取向自我）
的不同而有異。

　　上述第(2)項研究結果顯示臺灣大學生的「自尊」與尊
嚴、面子及榮譽等社會取向的感受是分不開的。這有兩種可
能，一是臺灣大學生尚未發展出如美國人之個人取向自尊，
只有社會取向的自尊；二是社會現代化歷程曾使他（她）們
發展出微弱之個人取向自尊，但後來才與強勢的社會取向自
尊混合或融合為一。其中以後者的可能性較大。第(3)、(4)
兩項結果則顯示臺灣大學生在成敗情境中與公私條件下之狀
態自尊的產生與喪失方面，所表現的是一套在儒家文化圈內
之東方人的標準反應模式（社會取向的模式），它與 Heine
等人（1999）、Kitayama 與 Karasawa（1997）、及 Markus
與 Kitayama（1991；1994）所描繪之基督教文化圈內之美國
人的標準反應模式（個人取向的模式）是大不相同的。第(6)
項結果可能表示不同類別的自我對不同情境與條件下之自尊
的產生或喪失有其不同的影響。最後應該指出：此研究所探
討的是狀態自尊，而非特質自尊。又此研究是以模擬故事法
間接測量自尊，故可能是隱性狀態自尊（implicit state self-
esteem），而非顯性狀態自尊（explicit state self-esteem）。

　　用另一種方法觀察到個人取向自我與社會取向自我同時

存在的是陸洛（2001，2003）的研究。她以焦點團體法
（focus group）探討臺灣受訪者之「人我關係」與「折衷自
我」的內涵。「折衷我」係華人在現代化過程中組合傳統之
「互依我」（關係取向自我）與現代之「獨立我」（個人取
向自我）所可能形成的一套自我。研究結果顯示部分受訪者
的確具有一套兼含互依我與獨立我的折衷我。不過，事實上
陸氏所得結果之有關「互依我」部分已超越了關係取向自
我，擴大到家族（團體）取向與他人取向兩種自我的範圍。
陸氏認為在現實生活適應中，折衷我可能有三種運作方式，
即「區隔化」（compartmentalization）、「統合化」
（integration）、及「分殊化」（即並存化）。她所發現之
「折衷自我」的現象，顯示在臺灣的社會現代化歷程中，源
自西方高度工業化文化之個人取向自我的有些成分，已漸被
納入華人之社會取向的自我系統，成為後者不可或缺的部分
內涵。最近，陸洛、楊國樞（印刷中）將此兼容傳統性與現
代性心理成分的折衷我，視為一種「雙文化自我」
（bicultural self）。在此兼容並蓄的新自我系統中，現代的
與傳統的自我成分如何「相處」、運作及演化是一甚為重要
而有趣的問題，值得未來從事更深入、更有系統的研究。

　　華人自我歷程研究的小結　到此為止，已簡要說明與討
論與華人自我歷程比較有關的八項研究。它們從不同角度，
以不同方式彰顯了華人社會取向自我與個人取向自我的特
徵、差異及並存。林以正、楊中芳（2000；2001）的兩項研
究，主要是探討在社會互動中如何適當或有效呈現社會取向
自我的歷程與方式。楊國樞、侯玉波（2002）所分析的則是
社會取向中之關係取向在人際心理差序格局（隱性與顯性心
理差序格局）中的影響。孫蒨如（2000；2001；2002）的三

項研究分從自我肯定歷程、自我評價維持歷程、虛假獨特性、及自我設限行為等方面證實社會取向自我與個人取向自我的差別。楊國樞、侯玉波（2002）的模擬故事研究顯示在成敗情境與公私條件配合下狀態自尊之增減的社會取向反應模式，及此種反應模式因自我種類不同而有異的情形。最後，陸洛（2001，2003）的焦點團體研究發現華人之折衷我的存在。總括而言，從有關自我歷程的八項實徵研究看來，有三項研究（林以正、楊中芳，2000，2001；楊國樞、侯玉波，2002）強調社會取向自我（包括關係取向自我）在社會互動與自我呈現兩方面的重要性。更有意義的是孫蒨如（2000，2001，2002）所完成的三項研究，它們以不同的實驗方式展示社會取向自我與個人取向自我的並存與差異。尤有進者，陸洛（2001，2003）的研究揭露了一項重要事實：社會取向自我與個人取向自我不但同時並存，而且已在逐漸折衷混合或融合中。

二、華人自我概念研究的成果與意義

在第三分項計畫中，有關自我概念的研究較少，只有兩項。首先要談的是楊國樞、程千芳（2001）有關自我概念差距（self-concept discrepancy）與情緒之關係的研究。這一研究的主要目的是以本土化方法驗證 Higgins（1987）之有關不同類別的自我概念差距與憂鬱、焦慮兩種負面情緒之關係的理論。為了驗證此一理論，須先編製三種本土化的量表，分別測量真實自我、理想自我、及應然自我，以便計算三者間的自我概念差距（簡稱自我差距）。楊、程二氏編製三種自我概念量表時，是先依據楊國樞（1993）與 Yang（1995）之社會取向與個人取向的理論建立三套題庫（item

pool），以供選擇適當題目編製預試題本之用。二氏曾以三
套題本施測臺灣大學生與社會成人，及大陸大學生與社會成
人，並以探索性因素分析（exploratory factor analysis）分就
四個樣本進行題目分析，進而根據因素分析結果選擇題目編
成三套量表，即「華人真實自我概念量表」、「華人理想自
我概念量表」、及「華人應然自我概念量表」。

　　但限於篇幅，此處只就華人真實自我概念量表的編製情
形略作說明。楊、程二氏係以真實自我概念量表之預試題本
分別施測四個樣本，即臺灣大學生、臺灣社會成人、大陸大
學生、及大陸社會成人。經以四個樣本的預試作答資料分別
從事因素分析後，發現臺灣與大陸的四個樣本皆可抽得五個
或六個具有清晰心理意義的斜交因素（oblique factor）。臺
灣大學生的六個因素是：

1.個人才能與獨立自主　　　4.品德操守與助人行為
2.家庭忠誠與家人關係　　　5.在乎他人與顧慮名譽
3.學習行為與學業成績　　　6.團體認同與團體為榮

大陸大學生的六個因素是：

1.道德信念與助人行為　　　4.家庭忠誠與家人關係
2.個人才能與個人氣質　　　5.學校認同與以校為榮
3.學習行為與學業成績　　　6.在乎他人與顧慮名譽

臺灣社會成人的五個因素是：

1.單位忠誠與工作倫理　　　4.家庭忠誠與家人關係
2.個人才能與個人氣質　　　5.在乎他人與顧慮名譽
3.夫妻關係與夫妻溝通

最後，大陸社會成人的五個因素是：

1.個人才能及與眾不同　　　4.夫妻關係與親子溝通
2.單位忠誠與工作倫理　　　5.在乎他人與顧慮名譽
3.家庭忠誠與家人關係

　　從前兩組自我概念因素的命名可知，臺灣與大陸兩地大學生的兩組因素大致是相似且對應的，只是因素轉軸後出現的順序有些差異。此種結果表示：對華人大學生而言，這套因素的內涵是相當穩定的。就臺灣大學生的六個因素來說，「個人才能與獨立自主」所測者是個人取向自我概念，「家庭忠誠與家人關係」所測者兼及家族取向與關係取向兩種自我概念，「學習行為與學業成績」所測者至少兼及個人取向與家族取向兩種自我概念，「品德操守與助人行為」所測者至少兼及關係取向與家族（團體）取向兩種自我概念，「在乎他人與顧慮名譽」所測者則是他人取向自我概念，「團體認同與團體為榮」所測者是團體取向的自我概念。同樣的分析亦可施之於大陸大學生的六個因素。臺灣與大陸兩地社會成人在真實自我概念的五個因素上的相似性與對應性亦頗高。五個因素與個人取向、關係取向、家族（團體）取向、及他人取向四種自我概念的關聯，可以上述同樣的方式加以認定。為使測量的實用性與準確度最大化，楊、程二氏特為四類華人（臺灣大學生、大陸大學生、臺灣社會成人、及大陸社會成人）分別編製四套真實自我概念量表，每套量表包含五個或六個分量表。

　　從以上的說明可知，本研究所探討的主要是圖 1 之四種取向的自我概念與三個層次的自我概念。這兩套自我概念都

是在公開條件下測量，因而皆屬公開自我概念。

　　接著要談的是楊國樞、陸洛（2004）之有關社會取向自
我實現者與個人取向自我實現者之心理特徵的比較研究。在
其有關人類基本需求之雙 Y 理論中，Yang（2003）將自我實
現（self-actualization）分為兩類：個體主義取向自我實現
（即個人取向自我實現）與集體主義取向自我實現（即社會
取向自我實現）。陸洛、楊國樞（印刷中）並已初步發現這
兩種自我實現在華人中已同時存在。個體主義取向自我實現
常見於基督教文化圈內的美歐人，集體主義取向自我實現常
見於儒家文化圈內的東亞人（中國人、日本人、及韓國
人）。對應於東西方的這兩類自我實現，乃有兩類不同的自
我實現者（self-actualizer），即西方人之個人取向自我實現
者與東方人之社會取向自我實現者。楊、陸二氏分析與綜合
西方主要人本心理學者（如 Allport、Coan、Jourard、
Maslow、Rogers）對自我實現者心理特徵的看法，完成個人
取向自我實現者心理特徵的概念架構。二氏又根據儒家典籍
（以四書為主，兼及五經）有關君子（代表傳統中國人終生
追求的理想人格）的論述，完成社會取向自我實現者心理特
徵的概念架構。以兩套概念架構為基礎，撰寫兩套心理特徵
的題目，經初測後去除不適合的題目，編成兩套預試題本，
即社會取向自我實現者心理特徵預試題本與個人取向自我實
現者心理特徵預試題本。以兩套題本分別施測臺灣與大陸兩
地的大學生與社會成人（每人只做一套題本），以探索性因
素分析法處理所獲作答資料，發現臺灣樣本（大學生與成人
合併）有五個主要斜交因素，大陸的合併樣本亦有五個因
素。臺灣樣本之社會取向自我實現者心理特徵的五個因素
是：

1.自強不息與心繫國家　　　4.實踐恕道與敦厚待人
2.遠避小人與敬重君子　　　5.慎獨正意與崇義重禮
3.簡樸知足與澹泊名利

臺灣樣本之個人取向自我實現者心理特徵的五個因素是：

1.悅納自己與獨立自主　　　4.接受他人與尊重他人
2.造福人群與獻身使命　　　5.超脫世俗與忠於自我
3.醉心審美與體驗創意

大陸樣本之社會取向自我實現者心理特徵的六個因素是：

1.內外兼修與德才俱備　　　4.心繫國家與濟世救人
2.自省正意與嚴以律己　　　5.遠避小人與敬重君子
3.簡樸知足與澹泊名利　　　6.自強不息與追求理想

大陸樣本之個人取向自我實現者心理特徵的五個因素是：

1.悅納自己與獨立自主　　　4.激勵自我與堅持不懈
2.造福人群與接受他人　　　5.超脫世俗與忠於自我
3.醉心審美與體驗創意

　　從以上四組因素可知，兩岸受試者之社會取向自我實現者心理特徵的五個或六個因素中，有四個是相同或相似的；個人取向自我實現者的五個心理因素中，也有四個是相同或相似的。這些結果表示在兩類自我實現者的心理特徵上，兩岸受試者的看法或概念是相當近似的。不過，為使測量的實用性與準確度最大化，楊、陸二氏特為兩岸施測對象分別編製了兩套「華人社會取向自我實現者心理特徵量表」（包含五個或六個分量表），同時也分別編製了兩套「華人個人取向自我實現者心理特徵量表」（包含五個分量表）。未來，

這些本土化的量表可以用之於有關的基礎研究與應用研究。

　　具體來說，此研究的主要成果有三：(1)為社會取向自我實現者（儒家所說的君子）與個人取向自我實現者（西方人本主義者所說的自我實現者）的心理特徵分別建立了兩套概念架構，從概念上彰顯兩類自我實現者之心理特徵的重要差異；(2)在實徵測量上找到代表兩類自我實現者之心理特徵的兩套不同因素，使我們能扼要而有效地理解兩類自我實現者的主要心理內涵；及(3)在工具上編製了衡鑑兩類自我實現者之心理特徵的兩套標準化量表，以為兩岸心理學者今後從事有關研究的工具。

　　華人自我概念研究的小結　以上說明與討論了兩項與自我知識（self-knowledge）有關的實徵研究。其中，楊國樞、程千芳（2001）的研究係依圖 1 之華人自我概念三面向模式中的兩個面向（取向不同與層次不同）而設計。他們分就個人取向自我概念、關係取向自我概念、家族（團體）取向自我概念、及他人取向自我概念四者撰寫足夠題目。每種取向的自我概念又有三種題目的內容，分別測量真實、理想及應然三個層次的自我概念。就真實自我概念而言，無論是臺灣大學生、臺灣社會成人、大陸大學生、或大陸社會成人，因素分析獲得五個或六個斜交因素，且四樣本間至少有四個因素是共同的或相似的。為有效測量四種取向的真實自我概念，研究者特編製四套華人真實自我概念量表，每個量表包含五個或六個分量表，分別測量五個或六個自我概念因素。楊國樞、陸洛（2004）的研究所探討的自我實現者心理特徵，也是屬於自我知識或自我概念的範圍。不同的是研究中所觸及的自我知識在境界上或層級上較楊、程（2001）二氏

所測量者為高。他們先為社會取向自我實現者與個人取向自我實現者的心理特徵，分別建立兩套概念架構，並以此為基礎，編製兩套華人社會取向自我實現者心理特徵量表，與兩套個人取向自我實現者心理特徵量表。以上這六套本土化的量表，今後可用來從事有關的基礎性與應用性研究。

三、華人自我評價研究的成果與意義

　　自我評價方面共有三項實徵研究。第一項研究是翁嘉英、楊國樞（2001）所從事，目的在就社會取向自尊與個人取向自尊從事概念分析與量表建立。在圖 2 中，社會取向自尊又分為關係取向自尊、家族（團體）取向自尊、及他人取向自尊，再加個人取向自尊，共為四種自尊。根據此一華人自尊的概念架構，研究者撰寫測量四種自尊的題目，組成三百多題的題庫。從中選擇較好的題目，編成「華人多元自尊量表」的預試題本，施測臺灣與大陸兩地大學生。所得資料經探索性因素分析後，獲得六個有清楚心理意義的斜交因素，分別命名為「個人能力與獨立」、「體能健康與外表」、「人際關係與人緣」、「家人情感與互動」、「家庭背景與經濟」、及「社會認同與關懷」。其中第一、二兩因素屬個人取向自尊（特別是第一因素），第三因素屬關係取向自尊，第四、五兩因素屬家族取向自尊，第六因素屬他人取向自尊。分就六個因素取出因素負荷量最高的題目，編成六個自尊分量表，合而成為正式的「華人多元自尊量表」。顯而易見，此一本土化量表測量的是圖 2 中所說的特質自尊而非狀態自尊。

　　第二項研究是翁嘉英、楊國樞、許燕（2003）所完成，

主要目的在檢驗「華人多元自尊量表」的構念效度（construct validity）。三氏在二〇〇一年的研究業已證實此量表的六個分量表皆有良好的內部一致性信度（Cronbach α）。本研究除了驗證六個分量表的構念效度外，並檢核六者的再測信度。研究所施測的受試者為臺灣與大陸兩地大學生。有關構念效度部分，除了「華人多元自尊量表」外，亦以其他工具或方法施測同一樣本，以衡量理論上或概念上應與六個分量表所代表的六種自尊有關的其他身心變項。實際使用的其他工具或方法包括：(1)班內同儕提名法：由班上同學分就「個人能力與獨立」、「體能健康與外表」、「人際關係與人緣」、「家人情感與互動」、「家庭背景與經濟」、及「社會認同與關懷」六個自尊因素的十六個正向特徵（如學業表現最好、能力最好、最獨立自主），各提名班上最有該項特徵的三位同學，並就十六個負向特徵（如學業表現不佳、能力不好、最依賴他人）各提名班上最有該項特徵的三位同學。(2)量表法：包括「多向度自我滿意度量表」、「負面情緒程度評定量表」、及「負面情緒頻率評定表」。第一個量表要求受試者分就六個自尊因素的十六方面評定自己的滿意程度；第二個量表要求受試者評定自己在十三種負向情緒上的強度；第三個量表要求受試者評定自己在同樣的十三種負面情緒上的出現頻率。(3)身心症狀問卷：要求受試者就五十四種身心症狀，勾出自己在最近三個月內曾經出現的項目。

　　本研究以班內同儕提名法與多向度自我滿意度評定法所蒐集的資料進行統計分析，發現不論是臺灣樣本或大陸樣本，皆獲得良好的區辨效度（discriminant validity）與聚合效度（convergent validity）。自尊與情緒的關聯性部分，在

臺灣與大陸兩樣本中，「華人多元自尊量表」的六個分量表之得分與憂鬱、焦慮、及恥感三類情緒皆呈負相關。至於自尊與身心症狀的關係，所得結果顯示只有「體能健康與外表」與「家世背景與經濟」兩分量表的得分與身心症狀總數成統計上顯著的負相關。從以上的結果，可知華人多向度自尊量表具有初步的構念效度。未來尚須從事進一步的研究，以獲得更多構念效度的資料。又此研究以臺灣大學生 127 人為受試者，間隔兩週重複施測兩次，所得各分量表之再測信度係數分別為 .90、.76、.88、.88、.78、及 .86，顯示各分量表之分數在時間向度上具有良好的穩定性。

　　在第二節第小節中，曾談到華人的四種客體我（個人取向自我、關係取向自我、家族（團體）取向自我、及他人取向自我）在十五項心理特性上的可能差異。在分析第(15)方面的差異時，曾指出在概念上主觀幸福感（簡稱幸福感）應與自尊有相當關聯。兩者皆屬主體我對客體我的評價，但其間卻又有所不同。就幸福感而言，自我評價的重點是個人對自己之生活素質的滿意程度；就自尊而言，自我評價的重點卻是個人對自己在生活中之表現的滿意程度。在第三分項計畫的二十個子計畫中，並無直接探討幸福「感」的研究，但卻有一幸福「觀」的研究，此即陸洛（2002）所探討的個人取向幸福觀與社會取向幸福觀。

　　幸福感與幸福觀是不同的（陸洛，2002）。幸福感是指個人對自己的生活素質或狀況的滿意程度，幸福觀是個人在評價自己的生活滿意度時所著重的內涵或事項。更簡要地說，幸福觀所回答的是「幸福內涵不同」（在哪些事項上生活素質好才算是幸福？）的問題，幸福感回答的則是「幸福

程度不同」的問題。陸洛（2002）、Lu（2001）、及 Lu 與 Gilmour（in press）強調文化可使幸福內涵不同，Suh（2000）特別強調：自我是文化與幸福感的連結者；也就是說，文化係經由自我而影響幸福感。陸洛（2002）認為文化透過自我所影響的不只是幸福感，而且是幸福觀。Lu 與 Gilmour（in press）根據楊國樞（1993）與 Yang（1995）之個人取向與社會取向的概念架構，提出個人取向幸福觀與社會取向幸福觀的分別，並指出兩種幸福觀來自兩種不同的文化。他們認為個人取向幸福觀來自西方文化，係以個人負責（personal accountability）與直接追求（explicit pursuit）作為幸福的主要內涵或項目；社會取向幸福觀來自東方文化，係以角色責任（role obligation）與辯證均衡（dialectical balance）作為幸福的主要內涵或項目。就後者而言，角色責任又可具體表現在關係取向、團體（如家族）取向、及他人取向之社會互動的不同場域。

　　完成幸福觀的概念分析後，陸洛（2002）以撰寫開放式短文的方法，在臺灣與美國蒐集了大學生對「幸福」的看法。將概念架構與實徵資料兩相整合，發展出一套綜合性的幸福觀概念架構。根據此一架構及其各層心理構念的定義，陸氏撰寫題目，編成「個人取向與社會取向幸福觀量表」。經預試修訂後，成為正式量表。經以臺灣大學生與社會成人為受試者進行實徵檢驗，發現個人取向與社會取向兩種幸福觀之分數的內部一致性信度皆在 .81 至 .88 之間。個人負責、直接追求、角色責任、及辯證均衡之分數的內部一致性信度（Cronbach α）皆在 .70 至 .85 之間。在效度方面，獲得部分支持性證據，未來尚須從事進一步的有關研究。最後應該指出：幸福觀與幸福感之間只有低度相關，顯示這兩

個構念在實徵層次上是可以區分的。

　　華人自我評價研究的小結　在這一方面，說明與討論了三項實徵研究。前兩項皆為翁嘉英、楊國樞、許燕（2003，2004）所完成，主要目的在編製一套本土化的標準化量表，用以測量華人之多向度的特質自尊。第一項研究是編製「華人多元自尊量表」的正式題本，並檢核其內部一致性信度；第二項研究是檢驗所編量表的各項自尊分數的構念效度與再測信度。兩研究所得的結果顯示此一量表所測各項自尊的分數具有良好的內部一致性信度與再測信度，也顯示分量表的分數與理應有關（正相關或負相關）的多個變項的分數皆有理論上或概念上所預測的相關模式，即具有相當的構念效度。從這些結果看來，「華人多元自尊量表」是一可供採用之測量特質自尊的本土化工具。在第三項研究中，陸洛（2002）編製了本土化的「個人取向與社會取向幸福觀量表」，具有良好的內部一致性信度與初步的構念效度，亦是可用的測量工具。此一量表共可測量四個層級的構念，但就信度與效度來說，以第一層級（個人取向幸福觀與社會取向幸福觀）與第二層級（個人負責、直接追求、角色責任、及辯證均衡）之構念的測量較為妥當。

第四節　綜合討論

　　到此為止，上節已經分就自我歷程、自我概念、及自我評價三方面，簡要敘述與討論了十三項有關華人自我的實徵研究。本節將就這些研究的發現對華人自我四元論的涵義、未來研究的方向與課題、及研究方法的檢討與擴展三方面加

以討論。

一、實徵研究發現對華人自我四元論的涵義

　　如果將十三項研究分為探討自我歷程者（八項）與探討自我概念與評價者（五項），就會發現前類研究的結果可以直接用來驗證自我四元論，後類研究結果的情形則有所不同。八項前類研究中，有三項的結果是彰顯華人社會取向自我在華人社會生活中的重要性，有五項的結果顯示個人取向自我與社會取向自我已經並存於華人的自我系統。這大致證實了四元論的一項最基本假設：對當代華人而言，社會取向自我固然重要，但他們同時具備了個人取向與社會取向兩種自我。有些研究並發現：在華人的自我系統中，兩種自我的作用不同，社會取向自我的影響仍大於個人取向自我。有關自我歷程的研究，主要是以實驗法從事，但實驗法不應只能區辨個人取向自我與社會取向自我的存在、差異及影響，它亦應可以區辨社會取向自我的三種次級自我，即關係取向自我、家族（團體）取向自我、及他人取向自我。未來有關華人自我歷程的實驗研究可在這一方向上多作努力。

　　自我歷程的研究結果可以直接用來驗證華人自我四元論，但自我概念與評價的研究結果則情形有異，因為後類研究皆是採用心理計量的研究策略（psychometric research strategy）。具體而言，自我概念的兩項研究係分別測量自我概念與自我實現者心理特徵，為了使這兩類華人自我知識的測量具有高度的本土契合性（楊國樞，1997），一開始就是採用華人自我四元論作為撰寫題目的基礎。華人自我四元論

係依據楊國樞（1993）與 Yang（1995）之社會取向與個人
取向的概念架構建構而成，其中之社會取向部分與傳統中國
人的心理及行為頗為貼合，具有足夠的本土契合性。因此，
以社會取向為主要基礎的四元論，亦應具有相當的本土性。
進而言之，以四元論作為撰寫題目的概念架構，所編製的量
表理應具有本土性。事實上，已經編製的華人自我概念量表
與自我實現者心理特徵量表之各分量表所測量的各個因素的
內涵，看來對華人皆具相當的本土意義。但這樣的研究成果
卻不可說是驗證了四元論，只能說對華人而言，四元論所闡
述的四種自我（個人取向自我、關係取向自我、家族（團
體）取向自我、及他人取向自我）是具有本土意義性與契合
性的。同樣的道理亦可用之於三項有關自我評價的研究。

　　上節所提及的十三項實徵研究，不論其發現可驗證華人
自我四元論的效度，或其成果可彰顯四元論的本土契合性，
基本上都是有利於四元論的。這十三項實徵研究只是第一批
有關的探討，但四元論之效度的驗證與本土契合性的認定，
光靠這些研究是不夠的，未來還需要不同的學者從事更多的
相關研究。在未來的研究中，有些可以這十三項研究為參考
或基礎，有些則應另起爐灶，探討這十三項研究所未曾碰觸
的問題。

二、有關華人自我四元論之未來研究的方向與課題

　　上節所報導的十三項實徵研究，主要是驗證個人取向與
社會取向兩種自我的存在、差異、及影響，及顯示個人取
向、關係取向、家族（團體）取向、及他人取向四種自我的

本土契合性。至於四元論所包含的其他課題，則至今尚無人
從事實徵性的探討。下列幾方面的研究，特別值得對華人自
我研究有興趣的學者注意：

　　1.四元論曾就十五項重要心理特性比較四種華人自我的
異同（見表 3）。在十三項研究中，有些研究已就三項心理
特性（自我實現類型、自我概念類型、及自尊類型）比較了
四種自我的差異。但在其他十二項心理特性上，則尚無比較
性實徵研究的從事。在這十二項特性中，有不少是值得進行
比較研究的。只有加強這一方面的比較研究，才能對四種自
我的構念意義（construct meaning）與構念效度（construct
validity）獲得深入而有系統的瞭解。

　　2.四元論認為個人取向自我與社會取向自我的衝突是華
人內心衝突的主要來源之一，也是人際衝突的重要因素。個
人內與人際間的自我衝突對個人生活與人際生活的影響及其
歷程，應加系統性的研究，以瞭解自我衝突與實際生活的動
力性關係。在親子關係、夫妻關係、手足關係、親戚關係、
朋友關係、師生關係、同事關係、及上司下屬關係中，有關
自我衝突對人際互動的影響及其歷程，特別值得從事系統性
的探討。在諮商心理學、臨床心理學、組織心理學、及教育
心理學等領域，這一方面的研究具有重要的實用意義。

　　3.四元論強調在社會變遷過程中個人取向自我與社會取
向自我的化合歷程，並指出並存、混合、融合及統整四種主
要化合方式。這四種方式的基本歷程為何，四種歷程彼此有
何不同，對當事人的自我發展或蛻變有何影響，都是發人深

省的研究課題。這一方面的研究不但具有重要的學術價值，也有重要的實用意義。現代性自我與傳統性自我的並存與化合是華人社會與其他發展中國家所特有的現象，這一方面的研究將對國際心理學提供西方心理學者所無法提供的發現與知識。

三、研究方法的檢討與擴展

在上節所提到的十三項實徵研究中，有四項是採用實驗室實驗法（孫蒨如，2000，2001，2002；楊國樞、林以正，2002），一項是採用模擬故事法（以不同故事同時操弄成敗情境、公私條件、事件類型、及主角性別，具有相當的實驗性），七項採用心理計量法（林以正、楊中芳，2000，2001；翁嘉英、楊國樞、許燕，2003，2004；陸洛，2003；楊國樞、程千芳，2001；楊國樞、陸洛，2004），一項採用焦點團體法（陸洛，2001，2003）。在未來有關華人自我的研究中，仍應加強實驗法的運用。在研究的主題上，今後的實驗研究應超越個人取向自我與社會取向自我的對比，進而從事個人取向、關係取向、家族（團體）取向、及他人取向四種自我的對比。以不同自我作為獨變項（independent variable）時，顯性自我與隱性自我皆可操弄，但仍應以後者為重。上文所提到的四項實驗研究，偏向隱性自我的操弄，所用方法有觸發（priming）法與自我關涉記憶效應（SRE）法。必要時，未來的實驗研究亦可採用其他可能用來測量隱性自我認知的方法，如隱性聯結測定法（Implicit Association Test）（Greenwald，McGhee，& Schwartz，1998）。

其次，未來還應以華人自我四元論為概念基礎，編製其他與自我有關的標準化量表。林以正、楊中芳（2000，2001）已經編製「華人社會讚許量表」與「華人自我意識量表」，楊國樞、程千芳（2001）編製了「華人真實自我概念量表」、「華人理想自我概念量表」、及「華人應然自我概念量表」，楊國樞、陸洛（2004）編製了「個人取向自我實現者心理特徵量表」與「社會取向自我實現者心理特徵量表」，翁嘉英、楊國樞（2001）編製了「華人多元自尊量表」，及陸洛（2002）編製了「個人取向與社會取向幸福觀量表」。這九個本土化的標準化量表，未來可供不同研究者從事有關的本土化研究時採用。為了促進本土化的研究，我們需要更多有關自我的本土化測量工具，如「個人取向基本需求量表」、「社會取向基本需求量表」、「個人取向基本情緒量表」、「社會取向基本情緒量表」、「個人取向自我實現量表」、「社會取向自我實現量表」、「個人取向幸福感量表」、及「社會取向幸福感量表」。這些量表可由不同研究者根據華人自我四元論加以編製。

　　再者，驗證華人自我四元論的不同命題時，不但可以採用實驗法與量表法，也可以採用其他的方法。從事華人自我的研究，可能有效的另一類方法是投射法（projective method）。依照研究四種華人自我的需要，可以重新設計一套 TAT 式圖片，編製一組供語句完成法（sentence completion）使用的未完成語句，或設計一系列可用於自我研究的自由聯想刺激詞。其實，模擬故事法也會引發相當的心理投射作用。此外，也可採用分析當事人過去在關鍵事件（critical incident）或關鍵情境（critical situation）中之反應內容的做法。在研究個人取向自我與社會取向自我的個人內

衝突與人際間衝突時，亦可採用諮商或臨床晤談過程中豐富的敘說資料。對華人而言，團體諮商與治療過程最易出現個人取向自我與社會取向自我相衝突的言談、情緒、及行為，是研究與應用上很值得分析的資料。[§]

§ 本文曾發表於《本土心理學研究》（臺北，2004），22 期，11-80。本文的撰寫係在中華民國教育部資助之「華人本土心理學研究追求卓越計畫」（89-H-FA01-2-4-3）項下完成。

第貳篇
華人自我的多元展現與統合
人我關係之界定：
「折衷自我」的現身

第四章
人我關係之界定：
「折衷自我」的現身

陸洛

第一節 前言

　　在西方的心理學研究中，「自我」（self）一直是一個相當重要且熱門的研究主題，以社會心理學為例，一九八八年出版的第 21 卷 Berkowitz《實驗社會心理學的進展》（Advances in Experimental Social Psychology）整本討論的都是「自我」，接著在一九八九和一九九〇年出版的該書中也有專章討論「自我」。在西方的學術傳統中，「自我」的探索可溯自古希臘時代，尤其是亞里士多德的論述，而百年前

對「自我」研究的關注（如內省法的爭議），正是心理學獨立成為一門學科的肇因之一。

其實，西方的價值體系一直十分強調個人對環境的掌控，及自我潛能的實現。如此強勢的自我偏執當然會反映在心理學的「自我」研究中。在韋氏辭典中，與「自我」有關的詞便有 415 個之多，舉凡與「自我」有關的認知、氣質，情緒及個體行為皆在其中（Webster, 1966）。楊中芳（1991a）也列出了 11 個西方研究中常見的「自我」相關概念或名詞，如「自我認識」、「自我諧和」、「自我實現」等。但她也進一步指出，這些五花八門的「自我」概念所表徵的心理現象，其實是中國人無法感受，無從分辨的。追根究底，中國的價值體系並不強調個人去控制環境、表現自我、或實踐潛能，而是強調人境融合、自我克制及顧全大局。楊中芳（1991a）因而認為中國人的「自我」心理分化並不若西方人細緻。筆者同意要發展中國人自己的心理學，應先從發掘和分辨當代中國人能感受及理解的心理現象著手，但斷言中國人的「自我」分化不細，似有值得商確之處，或許中國人關注的「自我」層面與西方人不同，而在這些受到關注之層面上的分化，理解與感受均比西方人細膩。易言之，「自我」的研究必須回歸到文化的脈絡之中，從分析東、西方文化對「自我」的不同建構著手，始能發掘對理解中國人的自我有意義、有啟示的研究旨趣。

以下將分三部份來論述，第一部份說明文化與「自我」

的關係，強調以非西方的文化框架探討「自我」的啟示性作用；第二部份回顧自我與他人關係的相關理論與研究成果，旨在突顯人我關係在中國人自我建構中的關鍵性角色；第三部份說明東西方文化的交流對人我關係的影響，藉此展現自我歷程與社會文化變遷的動態關係。

第二節　文獻回顧與理論分析

一、文化與自我

　　在社會科學領域中，「文化」與「自我」皆有多元的定義，而研究者探討此間關聯的研究取向與分析層次更是各異其趣。DeVos, Marsella 和 Hsu (1985) 將「文化中的自我」的研究層次分為六種：（1）生態學取向，強調整體生態系統與人類系統的動態互動；（2）社會結構作為文化一部份的取向，認為社會行為正是社會結構的表徵；（3）社會角色互動取向，直接關注社會結構與其成員所扮演的社會角色之間持續不斷的互動模式；（4）社會互動中的「自我」取向，強調適應是一個互動的社會性的概念，即行為的適應與否取決於社會期待及其他的人際標準；（5）「人格」心理學結構的取向，此種心理分析關注的是「自我機制」(ego mechanism) 及固著的行為模式，或稱情緒表達的風格；（6）生理取向，關注的是人類的生物遺傳，及衍生出人類行為潛能的生理系統的演化。

其實，將自我研究回歸到文化脈絡中後，我們不難發現：在不同的文化中，人類皆有意識地體驗自我，而此種自我體驗既不完全導因於或反映永恆的人格結構，如「自我機制」，也非全然源於社會結構。因此，社會文化取向與心理生理取向的研究應是相輔相成，互相啟迪的。

1. 許烺光的「心理社會圖」

許烺光在其人類學研究中，一直倡導比較的、互動的觀點（comparative interactionist），他所提出的「心理社會圖」（見圖 1，Hsu, 1971）更突破了西方心理學中狹隘的心理分析取向，而採社會文化取向，闡述了個人存在追求其自身的心理需求（psychic demand）與社會文化要求間的動態平衡（homeostasis），文化於焉創造了各種不同形式的自我。

許氏的「心理社會圖」（psychosociogram）的建構始於他對西方心理學中「人格」（personality）概念的批判。他認為「人格」概念最大的問題是，將人格視為一個分離的實體，外在於社會及文化而獨立存在。他認為成為一個人的意義其實根植於人際關係，因為沒有人可以單獨存在，因此我們必須重新檢視人類存在體驗的核心成分。為此，許氏的「心理社會圖」包含了七個不規則的同心層，由內到外的第七層為「無意識」（unconscious），第六層為「前意識」

（preconscious），這兩層分別包含壓抑的與半壓抑的心理體驗，正是弗洛伊德的心理分析概念。第五層為「未表達的意識」（unexpressed conscious），其內容常為個人的私密。第四層為「可表達的意識」（expressible conscious），包括個人會與他人溝通的觀念和感受，也會得到他人的回應。當然，其中某些內容可能只有同一個社會的成員能夠理解。第三層為「親密的社會與文化」（intimate society and culture），屬於外在世界的一部份，但個人與之有強烈的情感依附。如個人與之有親密關係的重要他人（significant other），器物（artifacts），寵物及收藏品。由於強烈的情感依附，這一層的改變最令人痛苦，也會引起強烈的抗拒。第二層為「運作的社會與文化」（operative society and culture），其特徵即為角色關係（role relationships），意即個人認為有用的人、觀念和事物。角色扮演並不要求，也不隱含情感或親密。當然，對不同社會的成員而言，同樣的人、觀念和事物可以在第二層，也可能在第三層。第一層則為「較大的社會與文化」（wider society and culture ），包括大社會的規範、知識及器物，他們可能與個人有關，也可能全然無關。在這七層之外的第零層則為「外在世界」（outer world），即屬於其他社會的人，風俗和器物，對此大部份的社會成員全無接觸，也無概念或只有錯誤的概念。

　　許氏進一步以斜線覆蓋第三、四層的全部及第二、五層的局部，這些便是人作為社會及文化存在的實質核心，許氏

稱之為「人」（jen）。他之所以用中文命名，是因他認為中
國文字的「人」的定義是基於個人與他人的交流互動，指涉

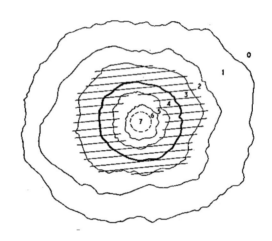

    7. 無意識
    6. 前意識
    5. 未表達的意識
    4. 表達的意識
    3. 親密的社會與文化
    2. 運作的社會與文化
    1. 較大的社會與文化
    0. 外在的世界

圖 1：心理社會圖

來源：Hsu, F. L. K. (1985) The self in cross-cultural perspective.
In A. J. Marsella, G. DeVos & F. L. K. Hsu (Eds.). Culture and
self: Asian and Western perspectives. New York: Tavistock
Publications.

的並非個人生物性的存在，而是社會性、文化性的存在。
「人」的概念所關注的正是個人在其人際關係網中的位置。
據此，許氏認為「人」這個人際概念比個人主義的人格概念
更有助於我們理解人類行為。「人」並非一個不變的實體，
而是一種動態平衡的狀態。每個人都必須盡力將其心理及人
際平衡維持在滿意的水準上，此即為「心理社會恆定」
（psychosocial homeostasis，PSH）。

　　許氏以文化互動論的角度所建構的「心理社會圖」確實
突破了西方心理學文化客位（etic）研究的窠臼，也拓展了
以個人主義為基調的西方「自我」概念，而「人」的建構更
將「自我」的人際意涵及社會文化存在推至核心。這樣的分
析架構既可幫助我們瞭解某一特定文化中的「自我」意涵，
也可比較不同文化間的「自我」樣貌。尤其許氏（1985）在
比較了中國、西方和印度文化後指出，中國人的「自我」是
最饒富互動色彩的，這對於理解中國人的「自我」及更廣泛
的社會行為均有深刻的啟迪意義。

2. Markus 和 Kitayama 的自我建構理論

　　如果說許烺光的「心理社會圖」是在巨觀社會文化層次
上分析「文化中的自我」，那麼，Markus 和 Kitayama 的
「自我建構理論」（1991，1994）則是在微觀心理學層次上
意圖呈現自我概念的文化變式。他們分析了不同文化脈絡中

攸關「自我與他人關係」的自我建構（self-construal），並將之概分為「互依我」（Interdependent self-construal）和「獨立我」（Independent self–construal）兩種。「獨立我」強調個人的分離性和獨立性，其關鍵的自我表徵是寓居於個人之內的。這樣的獨立我觀導因於相信每個人內在特徵的組合都是完整且獨特的，故而強調自我實現，表達個人獨特的需求、權力、和能力，並發展個人獨特的潛能。相反地，「互依我」強調個人和他人的關連性和互依性，個人並非由其獨特的特徵來界定，而是由其社會關係來界定，故強調個人的角色、地位、承諾、義務和責任；個人也需適應、歸屬、創造並完成其社會義務，進而成為各種社會單位的一部份。

Markus 和 Kitayama (1991，1994) 認為「獨立我」和「互依我」是同時存在的兩套自我體系或稱自我基模，只是不同文化依其主旨而激起、強化並維持了其中的一種「我觀」，並進而型塑個人的信念、動機、認知、行為和感受。更明確地說，西方文化強調獨立我觀，並經由社會結構和社會教化來維持獨立我的系統；而東方文化則強調互依我觀，同樣地也經由社會結構和社會教化來維持互依我的系統。

「獨立我」與「互依我」作為一組對比的概念，確能清晰地闡明東、西方文化中不同的「自我」界定，及其對動

機、認知、情緒等心理歷程的影響。但其概念建構仍可更為明確及精緻。筆者認為與文化層次上的個人主義與集體主義構念（I與C）（Triandis & Gelfand, 1998）一樣，個人層次的「獨立我」和「互依我」建構也應具有以下特徵：（1）兩者是分開、獨立、可以並存的兩個向度，而非一個向度的兩端；（2）兩者各有多重元素組成，「獨立我」和「互依我」各自需完成的五大任務可能正是這些元素的具體表現；（3）兩者皆為「理想型」概念，在不同文化下，可能有不同的內涵和表現，如「水平個人主義」（HI）中的「獨立我」與「垂直個人主義」（VI）中的可能就不同，同理，「水平集體主義」（HC）中的「互依我」與「垂直集體主義」（VC）中的可能也不同；（4）兩者在生活的不同領域可能也有變異性，如某人在工作領域中可能「獨立我」較強，但在與家人互動時則可能「互依我」才是優勢信念。

3. 小結

為了能有系統地包括東、西方文化所建構的兩套自我系統的主要內涵，特根據許烺光 (Hsu, 1971; 1985)，楊國樞 (Yang, 1995)，楊中芳 (1991a)，何友暉 (Ho, 1991)，Markus 和 Kitayama (1991; 1994)等人的研究發現，列舉以下多項心理與行為特徵，作為中國人的「互依包容自我」的大致範圍：

(1)強調人際關聯性、互依性　(2)認為個體並非獨立的實體
(3)強調社會關係的重要性　(4)強調個人對團體的歸屬與
　　　　　　　　　　　　　　　　適應
(5)看重個人的角色、地位、　(6)在意表現適當的行為
　　承諾與義務
(7)他人(團體)目標優先　(8)強調順應環境
(9)集體主義取向　(10)社會取向
(11)關係取向　(12)特殊主義取向
(13)情境取向　(14)差序格局

　　同樣，依據前述學者的研究發現，亦列舉以下多項心理
與行為特徵作為主要存在於西方社會中的「獨立自足自我」
的大致範圍：

(1)強調個人的分離性、獨立　(2)認為個體是完整且獨立的
　　性　　　　　　　　　　　　　實體
(3)強調寓居於個人之內的自　(4)強調保有個人的獨特性
　　我表徵的重要性
(5)著重個人的能力、成就、　(6)在意展現個人的內在特徵
　　需求與權利
(7)個人目標優先　(8)強調馴服環境
(9)個體主義取向　(10)個人取向
(11)個我取向　(12)普遍主義取向
(13)恆常取向　(14)一視同仁

　　以上表列並非旨在周延與窮盡，只意在約略勾勒出東、
西文化所型塑之兩套自我系統的大概輪廓。最重要的是，不
論是巨觀層次的分析，如許烺光的「心理社會圖」，還是微

觀層次的分析，如 Markus 和 Kitayama 的「自我建構理論」，均指出「自我」在不同的文化脈絡中，可能存在迥然不同的樣貌，許氏以「親屬至上」（supremacy of kinship）為主要概念，認為中國人的初級團體（包括父母、手足、近親）是個人第三層的永久寓居者，而中國人的自尊與未來皆繫於此一親屬系統。也由於中國人龐大緊密的親屬系統提供了個人源源不斷的親密感的滿足，個人已不需跨越第三層，甚至無須與第三層中的其他成分如寵物、器物、神或收藏品等建立親密依附。反觀西方文化，個人的自尊與未來取決於其自身在社會上的地位和成就，雖然西方人的生命也源自其初級團體，但父母、手足並非其第三層的永久寓居者，個人與初級團體的關係是自願性的，而非強制性的。也因此西方人必須向外，與第二、一、甚至零層的人互動，或向內在第六、七層的探索中謀求自我導引，再或以各種方法征服外在的物質世界，來滿足個人深刻的親密需求。與中國人相比，西方人由於缺乏第三層的永久寓居者，而終其一生尋尋覓覓，內外征戰不斷，陷在追求親密的陷阱中無法自拔。

許烺光(Hsu, 1985)在分析東、西方的人性觀時，更進一步指出：西方文化中的「性格」(personality)概念實則關注的是個人最深層的情結與焦慮(complexes and anxieties)，而個人的人際關係只不過是這些情結與焦慮的表徵及表現。如此的人格取向所反映的是一種「托勒密式」(Ptolemian)的人性觀，即視個體為世界之中心，而與其他人對立，本質上是非

常個人主義的建構。相反的，中國文化中「人」(jen)的概念所關注的是個人在人際網絡中的位置，而個人的願望、偏好及焦慮也須視其對人際關係的損益而定。這便是「伽利略式」(Galilean)的人性觀，即視個體為整體中有機的一部份，並非固定的實體，而須在其關係網中不斷追尋心理與人際的平衡，即前文所述的「心理社會恆定」。也就是說，對中國人而言，人之所以為「人」的關鍵，在於人際關係的處理，而不在於性格。可以說，「人」是一種非常集體主義的建構，與「性格」恰成尖銳的對照。

　　由此可知，「人我關係」，尤其是人與初級團體或重要他人的關係其實才是文化型塑自我的關鍵運作。也正如Markus 和 Kitayama 的「自我建構理論」所假設的，西方文化中人我關係的疏離，創造了自我包容、自我滿足、自我獨立、自我疏離之「獨立我」的建構；而東方文化中人我關係的交融，則創造了互相包容、互相滿足、互相依賴、互相統合之「互依我」的建構。以「人我關係」為切入點，確實能有效掌握「文化」與「自我」之間複雜的連動關係，因為筆者認為：文化是由人組成的，某個特定族群的人們在漫長的生存適應過程中，為因應物理環境的生態特性，遂發展出最適宜的生產系統；為維護此種生產系統的有效運作，進一步創造出為之服務、與之配合的社會政體。此兩者的結合便是該族群的生活方式，而此族群共同分享的價值、信念、傳統、行事規範等便是文化。但另一方面，文化也必須通過其

成員來表達。易言之,文化一旦形成,其核心命題及關注便會通過該社會的核心價值體系,為其服務的政體結構,與之服膺的生活實踐中的風俗、傳統,與之契合的個人自我建構、動機系統、認知基模、乃至情緒體驗,代代相傳,在個人的生命中展現和實踐。在這樣的文化互動論觀點之下,「人我關係」也並非一成不變的命題,而是在個人生活的關係網中被界定、被改變、被實踐的。

二、人我關係──「關係中的自我」

　　「人我關係」在注重「關係」的中國社會中尤其重要,何友暉 (Ho, 1991) 就認為「關係取向」(relationship orientation)一詞最能捕捉中國人社會行為的神韻。「關係取向」的概念呼應的正是許烺光分析中國文化中的「自我」時所用的「親屬至上」概念,也類似 Markus 和 Kitayama 之「自我建構理論」中的「互依我」概念。他們都認為:中國人的生命只有透過與他人的共存才能彰顯其意義。在「關係取向」的中國社會裡,決定社會行動的主要因素並非個人的性格、動機、認知、情緒和意向,而是文化所規範的,存在於個體之外的關係背景,或曰文化所界定之對「人我關係」的看法。也因此,西方文化所強調的,西方心理學研究汲汲追尋的「自我」在跨情境中的一致性,一個獨立的、真實的、統整的「自我」對個人行為的指針引導作用,在中國文化中蛻變成了情境取向、關係取向、殊化取向的「自我」不

一致性。但這些表象的不一致並不會對中國人造成人際困擾或自我分裂，反能悠游其間，如魚得水，這便是「關係性自我」或「互依包容自我」的動態展現。以下將概略介紹三套有關中國人「關係取向」的理論模型，以啟迪「互依包容自我」的概念。

1. 費孝通的「差序格局」

在社會科學中，最先解析中國人社會關係特色的理論是費孝通（1948）的「差序格局」。他認為：中國社會的結構好像是一塊石頭丟在水面上所產生的層層漣漪，一圈圈向外推展，而中心便是「自己」。每個人都是他所推出去的圈子的中心，而跟圈子所推及的波紋發生聯繫，構成一個蜘蛛網般的網絡。這個富於伸縮性的網絡，隨時隨地都是以「自己」作為中心，依序向外推展的層次則是家人、熟人、權威尊長及陌生人，這是一種以「己」為中心的「自我主義」。

2. 楊國樞的「社會取向」

「差序格局」確實是一個生動貼切的比喻，對中外學者研究中國人的「關係」現象具有深刻的啟迪作用。然而，「差序格局」的概念界定依然含混，個人關係網中絲絲入扣的運作也未解釋清楚，留給後來學者相當大的探討空間。

楊國樞 (Yang, 1995) 以「社會取向」為核心概念，發展出一套解釋中國人社會心理互動的系統，也用來表徵中國人先天特徵的綜合組型。「社會取向」是指個人與周遭環境建立並維護和諧的關係，將自己融入，以有效地達成集體及社會關係性目標的傾向。與「社會取向」相對的概念則是「個人取向」，即指個人從環境中分化、主導、控制、改變環境，以求達成個人願望、動機與野心的傾向。這一組對立的概念正可用來解釋東、西方文化中不同的「自我」運作。

對中國人而言，「社會取向」包含了四個緊密關連的成份：（1）家庭取向：中國的集體主義其實是「家族主義」，中國人必須以家為先，而將個人的興趣、願望、目標、成就、福祉置於次位；整體的家庭是首位，家庭成員反成為次位。（2）他人取向：此處的「他人」是個抽象的泛指，並無特定對象，中國人的他人取向有四大特徵：隨時隨地擔心別人的看法，強烈的服從他人的傾向，對社會規範的深度關切，以及對個人聲望的看重。（3）關係取向：其主要特徵有形式化，互依性，和諧性，宿命論和決定論。中國人的人際關係常可區隔成家人、熟人、生人三大類，各有其獨特的運作規則和互動形式。（4）權威取向：指一種獨特的與社會權威互動的心理行為模式，源自家長制傳統中父親至高無上的權威身份，包含了權威敏感，權威崇拜和權威依賴三個心理層面。

從社會取向理論出發，我們可以進一步分析中國人在四大類不同的社會互動情境中如何界定「人我關係」，並依此進行「自我」運作，以建立和維護與周遭環境的和諧關係。這四類社會互動情境分為：（1）與家人的互動；（2）與抽象、泛化的他人的互動；（3）與對偶關係中另一方的互動；及（4）與社會權威的互動。

3. 黃光國的「人情與面子」理論

黃光國（Hwang, 1987）基於對儒家思想的分析，借用西方社會心理學中的正義理論，將中國人複雜的人際行為化約到一個「請托者」和「資源支配者」的對偶關係的社會互動中。根據儒家的「尊尊原則」，由占據較尊貴地位者扮演「資源支配者」的角色，來實現「程序正義」。而「資源支配者」在面對「請托者」的訴求時，則必須依據儒家的「親親原則」來做決策，以實現「分配正義」。

「人情與面子」理論的核心概念便是「關係」，而黃氏又將中國人的關係分成三類：（1）「情感性關係」通常指家庭中的人際關係，以「需求原則」為「分配正義」的準則；（2）「混合性關係」通常指個人和家庭外熟人的關係，以「人情原則」為「分配正義」的準則；（3）「工具性關係」指個人為獲取某種資源，而與陌生人建立的關係，以「公平原則」為「分配正義」的準則。所謂中國人的權力

遊戲即是「資源支配者」在分配各種資源時，先判定自己與對方的關係屬性，再依據此種關係下的「分配正義」準則實施資源分配。

「人情與面子」理論將中國人社會生活中的「關係」與儒家文化傳統相扣連，也能與西方的正義理論及社會交換理論對話。而中國人在各類對偶關係中的運作法則（需求、人情、公平）的決擇和遵循所依據的可能正是更為核心的對「人我關係」的看法：關係中的「情感性成分」越多，人我交融的程度越深，對方對個人親密需求的滿足越重要，關係和諧的維持動機越強，則互動時越可能為對方設想，表現體恤和同情，即遵循需求和人情原則；反之，則互動越顯得超然冷峻和非個人化（impersonal），即遵循公平原則。

然而「人我關係」的界定並非一成不變，透過拉關係、套關係等種種的「關係運作」，毫無人我交融的「工具性關係」可以蛻變成「情感性關係」，進而產生一定程度的人我交融。由此可見，個人對「人我交融」的界定是可以在一定條件下鬆動甚至改變的。

至此，我們已可看出，在諸多有關華人之關係主義的闡述中，費氏的「差序格局」，以及許氏所提出的「心理社會圖」、「心理社會恆定」、「伽利略式」人性觀，對於理解華人的心理與行為皆有極大的助益和深刻的啟示作用，然

則，費氏是社會學家，許氏是人類學家，他們在巨觀層次上
所建構的概念，其實很難被直接應用於心理學微觀層次上的
實徵研究。況且，許氏的立論明顯反映了其顯揚華人，貶抑
西方文化的立場。如此意識形態的偏頗，在東、西方文化交
流日甚，各個華人社會不可阻擋地走向現代化的今日，可能
並非最適合的因應方式，也非最有效的理論建構與研究推展
的出發點。相較之下，楊氏的「社會取向」及黃氏的「人情
與面子」，皆是心理學者所建構的概念或理論，實可為華人
之「人我關係」的心理學研究提供良好的概念架構。正如
Harris(1989)所分析的，在社會科學的描述與分析中，「個
體」(individual)是一個生物學層次(biologistic)的概念，將人
當作是全體人類中的一個個體，與其他有生命的個體並無二
致。「自我」(self)則是一種心理學層次(psychologistic)的概
念，是將人視為經驗匯聚的中樞(locus of experience)，其中
最重要的部分莫過於對自己是一個什麼樣的人的經驗，亦即
自我概念的形成及其內涵。西方心理學家通常認為：個人的
反思自省(reflexive awareness)能力會產生出自我的雙元性
(duality of self)，即作為「主體」(subject)的自我能夠整合自
己的感受與行為，區分自己與他人的不同，成為自己行動的
啟動者，以彰顯個人的主體性。另一方面，自我又能以自己
作為覺察的「客體」(object)，時時刻刻觀察自己與他人的異
同，反反覆覆建構自己的自我概念，以將自己看作是一個獨
特的整體。如此的自我雙元性在華人身上同樣存在，只不過
華人深受儒家傳統文化的影響，以自我為主體的社會行為皆

須依循既定的社會道德秩序(sociomoral order)，並採取許氏所謂的「伽利略式」人性觀，以實踐此種社會道德秩序，這便形成了如費氏的「差序格局」和許氏的「心理社會圖」的現象與樣貌。另一方面，依據何友暉(Ho, 1995)對「自我與認同」(selfhood and identity)的文化分析，儒家、道家、佛教與印度教皆十分清楚地規範了「人」應如何尋求自我認同(self-identity)，並區分自我與他人的界線(self-other demarcation)，並以之與西方概念比對。何氏認為：在儒家、道家及佛教等對華人影響較大的文化傳統中，儒家在人我關係的安排上最強調「關係中的自我」(relational self)(p.116-119)。而依照黃光國(1995a)對中華傳統文化的分析，對華人心理與行為影響最巨的亦是儒家思想。從「關係主義」的角度來看，華人在人生中的重要任務之一，便是安排自我與他人之間的關係。所以，筆者雖然不同意：華人對任何他人都會感到水乳交融，且到達自我與他人的界線不清，人我疆界不明的境地，但筆者十分同意何友暉(Ho, 1991)的觀點：「關係中的自我」應是華人自我概念中的重要且關鍵的內涵，必須在心理學的層次著手分析，以心理學的實徵研究方法尋求解答。

三、東西文化的交流與人我關係的再界定

　　承上所述，不論是社會文化層次的巨觀分析，還是心理層次的微觀分析，在在說明不同文化的價值系統確會型塑出

迴異的自我概念內涵。也不論人類學的「心理社會圖」，「差序格局」，或心理學的「獨立我」，「互依我」，「社會取向」，「人情與面子」的理論建構，貫穿其中的皆是「人我關係」的界定對「自我」內涵乃至人類行為的決定作用。然而，正如前文所述，「人我關係」的界定並非一成不變，從微觀層次來看，「關係運作」可能會改變「人我關係」的界定；從巨觀層次來看，東西方文化的交流所帶來的社會變遷，也為中國人傳統的「人我關係」界定帶來了深刻的衝擊，提供了解構與再建構的可能性。

　　在跨文化研究的傳統中，東西方文化的對立為解析「人我關係」界定對「自我」內涵的型塑提供了便利的論述脈絡。許烺光以其「心理社會圖」分析東、西方的「自我」時便提出「親屬至上」和「親密匱乏」作為對比概念；Markus 和 Kitayama 的「自我建構理論」，也以「互依我」和「獨立我」來標示東西方的自我概念。然則，西風東漸之後，身處東、西文化夾縫中的現代華人是如何拿捏「人我關係」的界定？如果「關係中的自我」仍是有用的「原型概念」，那麼現代華人是如何在兩股對立的文化洪流中安身立命的呢？

1. 兩套文化價值系統並存不悖

　　在現有的理論建構與實徵研究中，「集體主義」 和「互依我」常被賦予負面的意涵（Lawler, 1980），且許多

西方學者相信隨著社會進化與現代化的變遷，它們終將被「個人主義」和「獨立我」所取代（Hofstede, 1980；Triandis, 1984）。根植在西方文化之中，此種論述並不令人意外，西方學者因其文化的浸淫，自然會崇尚「個人主義」和「獨立我」，並進而認為此兩者較能契合工業社會的組織結構及經濟發展，也較能反應其文化與社會的複雜性，乃至意識形態的優越性。易言之，在以往的研究典範中，I 與 C 及「獨立我」與「互依我」似乎被視為對應於「現代性」與「傳統性」的建構，所採取的則是社會進化論的取向。

但是，這樣的個人現代性研究典範已遭到越來越多的質疑和批判（Bendix, 1967）。事實上，已有證據顯示所謂的「個人現代性」並非一個統整的概念。一方面，那些不利於現代都會生活適應的個人特質會讓位給較具適應性的特質；另一方面，那些與現代都會生活無甚衝突的特質會被保留，儘管從西方文化的視角觀之，可能仍會標籤其為「傳統性」。

楊國樞及其同事在進行了十五年的傳統性與現代性研究後，於一九八四年起大幅修正其研究典範，揚棄了前述社會進化論取向的古典現代化理論，而認為傳統性與現代性是兩組獨立的、多向度的心理組型（syndrome），且在不同乂化中可有不同的內涵。

Kagitçibasi（1990）也曾提出三組家庭模式，作為其「關係心理學」（psychology of relatedness）的基礎：X 是基於完全互依性的集體主義模式，Z 則是基於完全獨立性的個人主義模式，而 Y 則是前兩者的辯證統一。土耳其的研究顯示：現代母親的兒童教養價值兼具了獨立和互依的取向，從而支持了 Y 模式（Kagitçibasi, Sunar & Bekman, 1988）。其他研究者也發現中國人和印度人同時具有個人主義和集體主義的價值取向（Lin & Fu, 1990；Argarwal & Misra, 1986；Sinha & Tripathi, 1994）。

楊國樞（Yang, 1996）在詳盡回顧了華人在現代化衝擊下，心理特徵變遷的相關文獻後，結論認為：中國人的社會取向確有減少，個人取向確有增加，但這絕不意味著中國人的社會取向會完全被個人取向所取代。黃光國（1995b）在分析了儒家思想的內在結構後，進一步檢視了臺灣大學生所知覺的兩代價值差異。結果發現，某些重要的核心價值在兩代間並未有太大的改變，但也有些傳統價值正在淡化。作者進一步闡述，在社會現代化的過程中，傳統價值與現代價值是可以並存的，甚至可能融合成一套新的價值體系以為生活的導引。

Markus 和 Kitayama（1991）在發展「自我建構理論」時也曾假設「獨立我」與「互依我」是兩套可以並存於同一文化，同一個體的自我系統，只是兩者通常有強弱的差異，

受重視的程度也不同而已。進一步而言，不同文化間，在自我建構及人我關係處理上會存有差異；而同一文化中，也可能因年齡、性別、教育乃至都市化程度的不同，而出現同樣的差異。尤其在當今東、西方文化交融的臺灣社會，個人的「獨立我」和「互依我」可能都在某種程度上被激發、被強化，而並存不悖，此乃「實用主義的涵化」（Quah, 1995），即華人面對異文化進入時，從事「文化採借」來因應，其目的是為了解決某一特定問題，而採借異文化的一部份。其特徵則是不需放棄自己的文化傳統，因此也不會有心理上的抗拒與衝突。

　　最近的實徵研究首次顯示了心理層次的「獨立我」與「互依我」在個體身上確實是並存不悖的。在跨文化的資料分析中，Lu 等人（Lu et al., 2001, 2003）一再發現「獨立我」與「互依我」這兩套自我系統是可以共存的，且此「自我融合」現象在臺灣華人中特別明顯。甚而，由「獨立我」衍生的改變環境式「控制信念」，及由「互依我」衍生的融入環境式「和諧信念」之間，也有類似的共存共榮現象。但是，文化差異依然明顯：華人的「互依我」較「獨立我」為強，而英國人的「獨立我」則較「互依我」為強。故，整體而言，現代華人的「互依我」並不會先決地排斥「獨立我」，而是兩者共存共榮，唯兩者對華人的人格及心理歷程之重要性仍有不同。此發現也呼應了另一研究的結果(Lu & Kao, 2002)，共同印證了不同的文化傳承在個體身上可能共

存、折衷、融合，但「原生」文化依然佔有優勢的地位。

另一方面，同一文化內的族群差異正如理論所預測的日漸明顯。Mishra (1994) 發現年輕、受過高教育的都市印度人集體主義傾向較弱。Lu 和 Kao (2002) 分析臺灣華人的親子配對資料也發現：親代的「互依我」及「和諧信念」均較子代強。但若以跨文化的脈絡觀之，世代差異則呈現了不同的樣貌。Lu 等人(2003) 的細部分析顯示：在臺灣華人中，年長世代的「互依我」及「和諧信念」均比年輕世代強；在英國人中，年長世代的「獨立我」比年輕世代強，但年輕世代的「和諧信念」卻比年長世代強。這似乎表明不同文化中年輕人的「傳統性」都在式微，也顯示當今普遍的社會現況確實是文化交融，傳統與現代並存的。甚而這樣的文化交融還不只是東方向西方學習，或發展中國家的人民被迫選擇一種傳統與現代並存的生活方式，而是西方社會同樣正經歷某種深刻的價值與態度的蛻變，尤其是西方的年輕人對東方文化的接受度日益增強。Sampson (1989) 對此現象就曾做過詳盡的理論分析，並預言：西方傳統的自由式個人主義（liberal individualism）將漸被新的構成式個人主義（constitutive individualism）所取代。

Sampson (1989)從歷史的角度，分析了西方文化中的自我建構及其重大變遷。他指出：西方世界在兩次重大的歷史變遷中，即從前現代 (premodern)社會到現代 (modern)社

會，從現代社會到後現代 (postmodern)社會，都發生了社會
秩序中功能性單位的改變，第一次是從社群與家庭
(community and household)轉變成個人(individual)，第二次，
也是目前尚在進行中的，則是再從個人轉變成社群。隨著西
方世界從前現代步入現代社會，自由式個人主義成為西方文
化中主導的人性觀與自我論述架構，其特色便是強調個體應
從前現代社會中用以界定自我的社會聯結與依附中擺脫出
來，並重新定義個體為自決、自主的實體，是自己人生大業
的主宰，也是社會舞臺上的主角。這便是許氏所稱的「托勒
密式」人性觀，也可謂之「自足式的人觀」(self-contained
view of the person)(Sampson, 1977, 1988)。現代西方心理學便
是根植於這樣的自由式個人主義論述，無怪乎，其自我理論
所奠基的也正是與此一脈相承的自足式自我觀。值得再次強
調的是，自由式個人主義的自我理論強力地驅使個體從生命
情境中剝離，因為個體必須成為自身認同的擁有者，包括所
有的天賦與能力，當然也完全享有個人全部的成功果實。易
言之，現代西方文化所倡導與崇尚的個人自由正是奠基於這
樣的自我概念，即「人」是「自己的擁有者」(an owner of
himself)(Sandel, 1982: p.3)。

　　然而，我們目前所生活的世界正經歷著天搖地動的大變
革，前二、三百年的現代工業化社會正緩慢，但毫無疑問地
被後現代的後工業社會所取替，資訊爆炸、服務取向、全球
經濟及世界體系是後現代社會的特色；工業化、個人化的現

代社會環境正蛻變成後工業、資訊導向的全球聯結型後現代
社會環境。於是，心理學必須順應時勢地重新思考「人」的
本質與自我的核心概念。Sampson (1989)便認為：當我們在
後現代社會中無以遁逃地成為互相依賴、彼此聯結的世界體
系的一員時，堅持個體優先於社群的自由式個人主義的「人
觀」與自我觀便顯得矛盾百出、捉襟見肘了，而應發展一種
「構成式的人觀」(constitutive view of the person)，或謂之構
成式個人主義。Sandel (1982)也曾將自由式個人主義(即自足)
的構念與構成式個人主義的構念作過比較，並指出：後者視
人的自我為其社會處境所構成，個人也並非可從世界中抽離
出來界定的主體；相反的，人是由其社會依附、聯結與關係
所構成、所表現的。人並非獨立地選擇自己的終極目標與人
生意義，而是投身於一種共享共有的發現歷程，並在這一永
不休止的與他人共生共處的過程中展現自身的目標與意義。
這種構成式人觀完全改寫了人與社群的關係本質，人不再是
優先於社群的獨立實體，而且將人從社群中抽離也已毫無意
義；相反的，人對社群的依附不僅闡明了人的認同，甚至根
本就建構了人的認同。從自足式觀點轉換到構成式觀點，個
人全部的資產(如能力、成就、財富)已不再是私有財產，而
必須服務於社群的共同利益。易言之，人不再是「自己的擁
有 者 」 ， 而 只 不 過 是 自 身 資 產 的 「 監 護 者 」
(guardian)(Sampson, 1989: p.919)。當然，若適用於後現代社
會的「人」觀是這種構成式觀點，那麼以現代社會的自足式
觀念為基礎的心理學自我理論便亟需徹底檢討了。

　　從以上 Sampson (1989)及 Sandel (1982)的理論分析，我們皆可發現，隨著西方世界從現代社會邁入後現代社會，隨著二十世紀後葉的全球經濟體系的發展，資訊虛擬社會的就位，及環環相扣的世界系統的成形，縱然在自由式個人主義壟斷了幾世紀的西方社會中，根本的人觀與人我關係也正在悄悄地、緩慢地蛻變，而其方向則是從極端的(rugged)個人主義漸漸走向一種構成式的個人主義，而這種強調個人認同有賴於其在特定社群中的社會關係來界定的人觀，已不再視個體為自由、自主、及獨立的自足實體，也不認為人我關係是以個體的身體界線為依憑來劃定的。因此，這種構成式個人主義本質上已非常接近東方文化中存在已久的集體主義了。由此可見，不同文化體系的交融實是一種全球化的趨勢，只是在不同的社會中，此種文化交融產生的原因、歷程、速度和程度可能有所差異罷了。或許更有意思的是：Sampson 和 Sandel 在分析文化理念系統時，並非直接從個人主義和集體主義的兩分對立切入，而是以「人」(person)與「自我」(self)的構念為基礎，以人我關係為焦點展開論述，既打破了西方心理學過度依賴進而簡化了個人主義和集體主義這一組文化差異構念的窠臼，又頗具說服力且匠心獨具。

　　前述 Lu 等人（2003）的研究，在理論上所呼應的正是這種「去個人主義」與「再集體主義」的歷程；而在實徵資料上，則是首次在一個西方族群（英國人）中，呈現出從極端的個人主義向東方式集體主義轉化的心理現象。雖然，在

全球化的今日，文化的不對稱與強弱失衡還可能持續良久，但文化交融對全人類的心理衝擊已是不爭的事實。也因此，前文所探討的兩套自我系統共存共榮的現象已非東方發展中社會的專利，而是某種普世性的存在。下文將闡述的「折衷自我」正是在文化交融的時空脈絡中現身的，也是個體對異文化挑戰的回應，在東西方文化成員的生命經驗中都是深具意義的心理歷程。只是肇因於東方文化的相對弱勢，其成員在面對西方文化及西方生活方式強敵壓境時，在自我觀念、價值信念、行為意向等各方面必須做出的調適與改變更為迫切，更為根本而已。臺灣華人便是一例。

2. 夾縫中求生存——「折衷自我」的現身

在現代華人社會中，與快速社會變遷直接遭逢的中國人，為求適應不變的中國傳統核心價值，也為因應快速滲透與擴散的西方文化價值，更何況西方的文化價值是根植在現代都會生活及工業化生產之中，令都會中的華人無以遁逃。經由「實用主義的涵化」歷程，中國人可能一方面保有傳統「互依包容的自我」的內涵，以其運作來傳承中華文化的核心關注，維持適當的人境交融，人我交融；另一方面又從西方的「獨立自足的自我」中採借部份的元素，以其運作來適應都會生活中追求個人成就，強調人我分離，注重行事效率，與「現代化」的價值。當傳統與現代，東方與西方的「人我關係」界定在自我的內涵上交錯、並存，乃至融合

後，中國人的「自我」可能已不是文化原型中的「互依包容的自我」，但也非全盤搬用西方的「獨立自足的自我」，而是一種「折衷自我」（composite self）。

在理論上，「折衷自我」已與典型傳統東方文化中的「互依包容的自我」，及典型傳統西方文化中的「獨立自足的自我」都有本質性的差異。要闡明「折衷自我」這一建構的理論意義，我們必須先正視人性最核心的雙重性（duality of humanity）。

諸多人格理論家都指出人具有兩種基本但看似矛盾的需求或驅力，惟每位理論家所用的命名各有不同。例如，Rank (1945) 區辨出「個體化」（individuation）與「融合化」（union）兩種基本但對立的社會心理發展歷程；Baken (1966) 則對比了「共存」（communion）與「主宰」（agency）這兩種人類存在的基本形式；Angyal (1951) 所使用的名稱更為鮮明：「自主」（autonomy）與「降服」（surrender）。這些人格理論所共同關注的其實是人如何在「分化」與「整合」、「獨立」與「依賴」這兩種同時存在的基本心理歷程中找到出路，進而化解兩者間潛在的矛盾與衝突，並在兼顧兩者需求的前提下，發展出健全的、具有適應性的人格，這便是源自心理分析的客體理論所謂的「個體化與分離」（individuation/separation）議題的終結 (Mahler, 1972)。可見，「獨立」與「依賴」正是人類的存在經驗中

有關「分離」（separation）與「融合」（merging）的哲學
關注在心理層次上的對應；在自我觀念上，「互依包容的自
我」（或稱「互依我」）與「獨立自足的自我」（或稱「獨
立我」）所呼應的也是這一人性需求與個體適應歷程的雙重
性。

　　大量的理論分析與實徵研究已表明，心理層次上的雙重
性與文化層次上「個人主義」與「集體主義」的雙重性息息
相關（參見 Hofstede, 1980; Kim, 1994; Triandis, 1994; Yang,
1996）。易言之，關注「獨立」需求的心理特徵（如「獨立
自足的自我」）較常存在於個人主義的文化中，而關注「依
賴」需求的心理特徵（如「互依包容的自我」）則較常存在
於集體主義的文化中。正如之前的文獻回顧所揭示的，在集
體主義的東方文化中，「互依包容的自我」是一種理想原型
（ideal-typical）的自我建構，其所滿足的主要是人類相互依
賴與社會整合的基本需求與存在價值；而在個人主義的西方
文化中，「獨立自足的自我」則是另一種理想原型的自我建
構，其所滿足的主要是人類各自獨立與自我統整的基本需求
與存在價值。那麼，在文化交融的今日地球村中，「折衷自
我」可能正是現代人平衡「獨立」與「依賴」，「分離」與
「融合」的需求與矛盾的新創意，因為這種自我觀兼顧了對
「獨立」與「依賴」，「分離」與「融合」的關注，進而可
能同時滿足這兩組對立的基本需求，化矛盾衝突為對變遷中
社會環境的適應與個體的心理成長。

　　Kagitçibasi (1990) 在跨文化的脈絡中討論家庭系統的變遷時，也曾提出過類似的想法。她認為發展中的集體主義社會（如亞洲、拉丁美洲國家）並非從傳統完全互依的集體主義取向的家庭系統（X 模式）直接演化成典型完全獨立的個人主義取向的家庭系統（Z 模式），而是創造出一種不同於此兩者的新的家庭系統（Y 模式）。Y 模式的社經脈絡是經濟發展與工業化、都市化的生活方式，這已不同於經濟落後與農業、鄉村的生活方式（X 模式的社經脈絡），而類似現今大部分華人社會所處的經濟發展與社會變遷的背景。另則，Y 模式與 X 模式的不同也在於其人際互依的本質。在 X 模式中，家人之間在物質上和情感上都是互依的，但在 Y 模式中互依大多僅限於情感的範疇。雖然這些社會的價值依然強調團體忠誠和人際情感的聯結，但也已提供了個人更多自主和自由的空間。由此可見，Kagitçibasi 的 Y 模式頗類似筆者建構的「折衷自我」，是融合了依賴與獨立兩種取向的混合型系統。

　　所謂「折衷自我」採彈性的「人我關係」界定，一方面關注人我的分離性及個人的獨特性，強調個人有別於他人，獨立於他人的內在特徵，清楚地意識到個人的需求、欲望、興趣、能力、目標和意向，能夠適當地表達個人的動機，認知和情緒，追求個人的成就與潛能的發揮；另一方面又關注人我的關連性及個人對他人的依賴性，強調個人在其社會關係網中的角色、地位、承諾、義務和責任，清楚地意識到團

體的目標和福祉，能夠適時的將團體置於個人之前，追求團
體的成就與榮耀。

　　從文化互動論的觀點來看，「折衷自我」之所以產生，
其社會文化前提是在東西文化交匯的現代華人社會中，個人
的未來已不僅取決於其在社會網絡中或特定社群中的位置，
也取決於他作為一個人在大社會中的獨立成就。當現代華人
從小農經濟的生產系統走進資本主義的工業化生產系統，當
現代華人不得不為取得某種資源（如在都會中安身立命），
而與其持久所屬的社會網絡或社群之外的眾多人互動時，
「互依包容的自我」與「獨立自足的自我」便都有其生存與
適應的功能，而缺一不可了。

　　對應許烺光之巨觀的「心理社會圖」分析架構，「折衷
自我」便是中國人在第三層的運作上仍採「互依包容的自
我」，而在與第二、一、甚至零層的人互動時則可採「獨立
自足的自我」。由於現代中國人的生活場域已遠遠拓展到家
庭、近親所組成的初級團體之外，尤其當年輕人來到都會求
學、求職、求偶，結婚另組家庭之後，個人與原生家庭的關
係已不若傳統社會那般固著，強制和理所當然，而變成一種
有彈性的、自願的、自主的決定。因此，家庭以外的人得以
進入中國人的「親密關係層」，而個人也必須走出去與更多
的熟人、生人互動，競爭，滿足他人的親密需求，也讓他人
滿足自己的親密需求。

　　楊國樞(1995b)在以心理學觀點構念化人們對社會變遷的適應方式時，曾提出過一種類似的心理機轉，並謂之「心理區隔化」(psychological compartmentalization)。楊氏相當強調心理區隔化之於避免及防止矛盾情緒的作用，因為在區隔作用下，個體在心理上主動將引發矛盾感的事物分入兩個或兩個以上的範疇，賦予不同的性質及運作邏輯(或法則)，從此便可將之分別對待，各自處理，而不需同時考量，相互比較。甚至個體在認知或處理其中一個範疇中的事物時，自覺或不自覺地儘量不要想到區隔後的其它範疇中的事物。經此心理歷程後，個體便不再會體驗到原先的矛盾與不適，進而能達成某種心理平衡，且維持日常生活的平順運作。總之，心理區隔的主要目的便是不使一個範疇內的變遷滲透影響到其它範疇。前述現代華人可能在「心理社會圖」的不同層次中採不同的自我運作，很可能便是經過心理區隔化之後的結果。亦即，現代華人可能將不同的生活範疇區隔化，在與家人等重要他人互動的生活範疇中大致仍依循「互依包容自我」的運作法則，重情重禮重責任，甚至不惜「犧牲小我，完成大我」；但在與陌生人或非重要他人(由個人主觀界定)互動的生活範疇中，則可能改採「獨立自足的自我」的運作法則，重理重法重公平，甚至不惜主動競爭，追求權利。經由心理區隔的歷程，兩套自我系統及其法則，在同一個體的不同生活範疇中各司其職，個體小能轉換自如，幾乎沒有矛盾與不適感。

雖然諸多理論家都指稱華人是「情境取向」的 (如 Hsu, 1985)，但其實所指的是華人比西方人更能視社會情境的不同而表現不同的價值與態度，實則是同屬一套「互依包容的自我」系統中的各種價值與態度的轉換，如依社會情境的不同要求，而表現出類似差序格局般的態度與行為，但本質皆為「互依包容的自我」。「折衷自我」要強調的卻是現代華人在兩套看似截然不同的自我系統間的折衝、協調與靈活運用。「獨立自足的自我」在中國傳統文化理念系統中是完全不被強調，甚至是被刻意打壓的(所謂「克己復禮」、「去仁欲，存天理」是也)，但西風東漸，現代化社會變遷，緩慢卻不容置疑地啟發、孕育、催化、強健了「獨立自足的自我」系統，筆者樂觀地認為這實則提供了現代華人適應生活的另一套心理資源，當然協調與統整這兩套自我系統的潛在矛盾與衝突也是嚴峻的挑戰。不過，若處理得宜，個體的心理彈性會增加，適應資源更豐富，自我的統整與實現也會更臻完美。總之，折衷自我所強調的已超越了情境取向式的低層次心理轉換，而訴求更高層次的自我發展、自我彈性、與自我統整。因此，從微觀心理層次的分析而言，「折衷自我」其實是兼容並蓄了「獨立我」和「互依我」的成分。然而這兩大類看似矛盾對立的成分又如何共存一室？這樣的自我歷程又如何運作呢？前文借用楊氏的「心理區隔化」歷程所做的說明可能只是「折衷自我」的一種現身方式，也可能是達成最終自我統整之前的一種過渡形式。

　　雖然獨立與依賴的取向看似矛盾，但在邏輯上它們並非不能共存。正如筆者在本文中一再強調的：「獨立」與「依賴」這一人性的雙重性所反映的是兩種普世的價值，只是在不同的生態環境、社經脈絡及文化氛圍中，某一種價值較受到重視，某一種需求較得到滿足。但隨著經濟發展與社會變遷，強調互依的社會也會提供較大的空間讓個人滿足其獨立的需求，以因應都市工業化的生活方式；甚而當經濟發展到一定程度之後，在後現代反思及東西文化交融的推動下，強調獨立的社會也會投注更多的關注在人際互依乃至人與環境互依的需求上，以回應過度都市化、工業化所帶來的弊端。以心理層次的自我觀念而言，經過一番辯證性統合（dialectical synthesis），「折衷自我」其實可能更完善地回應個體追求獨立與維持互依的兩種基本需求，故可能在多變的今日社會具備了更佳的適應功能。

　　從理論上來看，現代中國人似乎必須具備兩套自我系統，也似乎可以保持「人我關係」界定的彈性運作。但是現象均能與理論對應嗎？以往以兩分法來比較甚至對立東西方文化中的「自我」運作時，也存在一些未解的問題：「折衷自我」在中國人的人我界定中真的會現身嗎？中國人真的與任何關係的人都能人我交融，將對方納入自我之中嗎？中國人真的是「和諧至上」，為團體福祉而隨時隨地願意犧牲個人興趣和利益嗎？中國人真的人我界線不明，能夠忍受別人侵犯「個人領域」（personal domain）嗎？這些疑問都有待

實徵資料來回答。

　　至此，筆者經由理論分析提出了「折衷自我」的可能
性，接續的實徵研究旨在以生活在臺灣的現代華人為例，用
質性資料呈現「折衷自我」可能具有的內涵及其運作，探討
的議題包括了自我中他人涉入與否的界定，個體與群體界線
的劃定，個人與「重要他人」的關係本質，個人自我核心的
確立，及自我統整的維護等。但限於篇幅，本文將只呈現與
「人我觀係」界定息息相關的自我中「他人涉入」與否的討
論，其它相關的議題則只好待日後另文闡述。

第三節　研究方法

　　「文化」與「自我」的關係，及中國文化中「關係取
向」的理論解析已有不少，遍及人類學、社會學、心理學、
跨文化研究的範疇，然表述的多半是研究者的主觀想法，實
徵資料依然缺乏。在現代化研究的典範之下，學者們也發現
了傳統性與現代性共存共榮的線索，但探討源自東西方文化
的兩套「人我關係」的界定及其對「自我」內涵的影響仍付
之闕如。本文所提出的「折衷自我」也僅是一個假設的理論
建構，它的關鍵元素，元素間的關聯，具體的運作法則及其
影響或功用，仍有待實徵資料的啟迪與說明。作為一個較新
的研究方向的探索，本研究採質性的焦點團體法輔以個別深

度訪談來實施。但為避免資料過於雜亂，決採半結構式導引法。惟在具體實施時，則視參與者的特性、團體氣氛及團體歷程，採用受訪者可接受的語言，擷取受訪者在討論中已自發地或習慣地使用的語彙，並適當調整焦點問題的順序，甚至增加或刪減問題，以保證討論與訪談的流暢，又隨時捕捉、深究任何意外的發現和洞識。

　　本研究欲探討的「人我關係」界定及「折衷自我」的運作，在社會變遷，東西文化交匯的社會歷史脈絡中最形突顯。身處東西文化接軌之處的當代臺灣人的現身說法應具有相當的啟示性。再者，質性研究的被訪談者需有相當的認知複雜度、較深刻的反身自省能力、較流暢的語言表述習慣，焦點團體的參與者更需有相當的自信和成熟，能在團體中發聲並參與討論、甚至辯論。最後，豐富的人生歷練，多樣的人際關係和深邃的生命智慧也是參與者的重要條件。基於上述考量，本研究以認知、思考、表達和參與能力強的成年人為對象，又兼顧中國人家庭生活的重要性，故刻意邀請四類處於不同生命（家庭）週期的成年人參與研究：（1）未婚的大學生或研究生；（2）已婚且家中有年幼（學齡前）子女的成年人；（3）已婚且家中有青少年子女（12到18歲）的成年人；（4）已婚且家中有成年子女（18歲以上）的成年人。惟礙於研究執行上的具體困難，此四組參與的人數並不均等，參與者在性別、年齡、教育程度、婚姻狀態、宗教

信仰等人口學背景上的分佈也不盡完美。但以初探性的質性研究而言，參與者在人口學分佈上的代表性或被納入研究的隨機性，都不若其能提供之述說資料的豐富性及啟發性為要。是故，以下的研究呈現將著重在對述說資料的歸納與詮釋，而受訪者的個人背景與生命際遇則是此種詮釋的合理脈絡與視框架構，但不擬也不適做任何以個人背景資料為依據的族群差異分析。

第四節　結果與討論

一、受訪者

　　本研究全部參與者 25 位，其中有 4 位的訪談資料欠缺深度和廣度，故不予分析，餘 21 位的訪談資料則納入分析，他們的個人背景資料列於表 1。其中包含 5 個焦點團體，共 18 人，及 3 位個別訪談的受訪者。由表 1 可知，本研究的受訪者女性多於男性，年齡則以中青年居多，職業各異。已婚、未婚各半，已婚者都已育有子女，而分佈在各個不同的家庭週期。總之，受訪者在個人背景上的異質性尚高。

【表1】　受訪者基本資料

受訪者編號	性別	年齡	教育程度	出國進修與否（所獲學位）	宗教信仰	婚姻狀態	家庭週期*	職業	資料來源
P1	F	22	大學	否	民間	未婚	1	助理	
P2	F	26	碩士	否	基督	未婚	1	助理	焦點團體一
P3	M	21	大學	否	基督	未婚	1	學生	
P4	M	23	大學	否	基督	未婚	1	學生	
P5	M	60	碩士	否	基督	已婚	2	職業軍人	
P6	F	27	碩士	否	民間	未婚	1	學生	
P7	M	24	大學	否	民間	未婚	1	義務役軍人	焦點團體二
P8	M	22	大學	否	民間	未婚	1		
P9	F	24	大學	否	民間	未婚	1	護士	
P10	F	49	高職	否	民間	已婚	3	保險業務	焦點團體三
P11	F	45	高職	否	民間	已婚	4	保險業務	
P12	F	41	高職	否	民間	已婚	3	保險業務	
P13	F	33	碩士	否	基督	未婚	1	教師	焦點團體四
P14	F	29	大學	否	基督	未婚	1	教師	
P15	F	35	大學	有（大學）	基督	未婚	1	教師	
P16	M	31	碩士	否	民間	已婚	2	警官	焦點團體五
P17	M	37	碩士	否	無	已婚	2	醫生	
P18	F	42	碩士	否	基督	已婚	3	教師	
P19	F	35	專科	否	基督	已婚	2	家庭主婦	個別訪談
P21	M	43	碩士	否	基督	已婚	3	職業軍人	
P23	F	50	高職	否	民間	已婚	4	公務員	

*家庭週期：1＝未婚的大學生或研究生

2＝已婚且家中有年幼（學齡前）子女的成年人

3＝已婚且家中有青少年（12到18歲）子女的成年人

4＝已婚且家中有成年（18歲以上）子女的成年人

二、資料分析流程

　　本研究在實施焦點團體或個別訪談後，將團體討論或個別訪談錄音轉謄成逐字稿，並補充團體討論時由二至三位觀察員記錄的團體成員非語言訊息的表達，及對團體互動的整體印象，或訪談者在訪談後撰寫的田野筆記。資料分析採質化結語式（qualitative summary）直接分析。即研究者在反覆檢視資料中，發展出「比較」的架構及「分類」的系統，參考先前的概念分析和理論建構，回應原有的問題意識和訪談大綱，將大量的資料剪裁、分類、拼裝，輔以參與者的個人脈絡及團體互動的資料，來呈現複雜的概念、分類和內容，最後得出研究的結論。

　　具體而言，焦點團體或個別訪談開始時，研究者先請受訪者完成二十句「我……」的陳述句，這樣開場只是為了引導參與者思考「自我」這樣一個抽象的內容，並從閒聊暖場的社交情境引領參與者進入思辯與表達的研究情境。研究者並不擬對這二十句自陳反應本身作內容分析，而是以此為楔子，引發「人我關係」的討論。之後，參與者有關「他人涉入」與「他人無關」的自我內涵的敘說文本，才是本文主要用來呈現「折衷自我」構念的實徵資料，即筆者將以受訪者圍繞著「自我中他人涉入與否的界定」的敘說為實徵資料，並藉對此資料的分析與討論來初步回應研究目的。研究者對全部五個焦點團體及三次個別訪談分別進行分析，完成八篇

個別的分析報告後，再依每份報告中已初步理論化的「分析概要」進行資料統整。由於資料量相當龐大，其它與「折衷自我」構念相關的資料只能另文詳述。

三、與「他人無關」的自我內涵

受訪者在完成了 20 句「我...」的陳述句後，已從團體或訪談之初輕鬆愉快的閒聊階段被導入了自我省察的探究階段。而在研究者的引導下進一步思考這 20 句「我...」的句子所表述的自我概念內涵中，究竟哪些是與他人無關，哪些又是與他人有關時，受訪者的思維和心境更進一步沈澱，不僅都能順利地完成任務，更能在團體成員的相互討論、爭辯和研究者的刺探、催化之下，漸次地呈現出自我中相當深層的內涵，提供了相當豐富的資料，使理論範疇得以浮現。

「自我」是人文與社會科學家建構出來的抽象概念，以建構實在論 (Wallner, 1997)的觀點，此屬於「微世界」(microworld)的範疇。所謂微世界，是指某一學科領域的學者，以其語言、規則、及理論所創造出來的世界。故此，微世界是理論性的(theory-laden)，它並非對世界的描述，而是對世界的抽象。在前文分析中所提出的「獨立自足的自我」、「互依包容的自我」、及「折衷自我」，都是研究者根據某種特定觀點，經由概念與技術的活動而創造出來的理論系統，也就是被建構出來的微世界。

　　然而，一般人縱然對這些微世界中的自我理論全然不知，在他們的生活世界裡仍時時刻刻地在表現自我、實踐自我。所謂「生活世界」(life world)是指一種原初自明性的世界，是一切事物都自明地呈現出來的世界。個人在未有微世界的知識之前，便不斷地在認識自身日常生活中的經驗，並對此做出各種解釋、組合、及反應。生活世界是經驗性的，卻也是牢不可破的。生活世界必然存在於某一個時空，但生活在同一文化中的人們，雖有世代的差異，然經歷各種變異之際，卻有一種可以作為先驗條件的形式網構，持續地支撐著這個生活世界，這便是所謂的「文化遺產」，包括人類的主體性在日常生活中所界定的價值系統及展現的價值實踐。在本文中，受訪者對其自我內涵中的人我關係之界定，便是根植於其在生活世界中的豐富經驗，在性別、年齡、教育、宗教、家庭週期等諸多殊相之外，實有一源自共同文化遺產的共相，而他們饒富情感、以實踐為本的述說，也為屬於「微世界」的自我理論與一般人在日常的「生活世界」中的自我實踐之間建立了橋樑。

　　在 21 位受訪者（每位以 Px 代之）有關其自我中與「他人無關」部份的闡述文本中，研究者初步解析出四個範疇，列於表 2。以下將分別陳述其定義內涵，表現面向及彼此間可能的關連。

【表2】　與「他人無關」的自我成分

範疇	定義	面向
基因特徵	生物學上經由遺傳獲得的,及社會學上與生俱來的個人特徵。	1.生物性特徵 2.人口學特性
自我恆定	內發的、不受他人影響的、不因他人而改變的心理特徵,及自主性地認同的人生價值與目標。	1.個人自由(維護權利) 2.個人自主(抗拒影響) 3.不妨礙別人
環境超越	自我的特徵在與現實的關照中現身,但個體意欲超越現實,並改變此「實然」的自我。	1.願望與期盼 2.個人特徵
自我超越	重要他人進入自我的界定,成為自我不可分割的有機成分。	「我的家人跟我是一體的」

1. 基因特徵

　　「基因特徵」是指生物學上經由遺傳獲得的,及社會學上與生俱來的個人特徵。其表現面向主要有二:生物性特徵和人口學特性。

　　P23 所寫的與「他人無關」的自我內容中,只有「我是個女人」似乎與其它的自我內容皆不相似,但可歸入「基因特徵」的範疇中。P23 解釋說:「這是與生俱來,沒辦法改

變的」，而且「我是個女人，是我個人的事」。此處身為女
人這個事實被明確地界定為「個人的事」，且應屬「基因特
徵」範疇中「人口學特性」的面向。P1 也在其自我內涵中
提到人口學背景，如姓名、性別、籍貫等：「我是林 P1，
我是女生，我是南投人」。這些也應屬「基因特徵」範疇中
「人口學特性」的面向。另外，P3 將「我是右撇子」，P6
將「我是個胖小孩」都歸為與「他人無關」的自我內涵，此
兩者當屬「基因特徵」中「生物學特徵」的面向了。

也許「基因特徵」是許多人在思考自我時最容易切入的
起點，畢竟個人的生物特徵（如體型）和人口學背景（如性
別、籍貫）是最明顯且具體的自我定義標的。但也因其自我
隸屬的特性不言自明，受訪者對此範疇的說明並不多。「基
因特徵」可能是自我思考的起點，但絕不是重點。

2. 自我恆定

「自我恆定」是指內發的、不受他人影響的、不因他人
而改變的心理特徵，及自主性地認同的人生價值與目標。其
主要的表現面向亦有三：個人自由（維護權利），個人自主
（抗拒影響），及不妨礙別人。

所謂「個人自由」，主要指由法律保障或社會中主導的
倫理道德系統所規範的個人權利（right）及合理需求

（need），堅持個人自由即意味著積極地維護自身的權利，滿足個人的需求。在此面向上，P23 所思慮的主要是宗教信仰：「我是個虔誠信仰神佛的女人」。她的解釋方法頗有趣，是以傳教的角度切入。她說：「我不能因為我的信仰去拉攏別人，我很信仰神佛喔，你來跟我信。你不相信，我也不能勉強你啊，對不對？所以這是我個人的事」。P23 似乎是以將心比心，己所不欲，勿施於人的角度來反證，既然不能以自己的宗教信仰去強迫別人「改宗」，則自我中這一部份有關信仰的內涵應屬個人權利，或稱「個人自由」了。她還進一步認為信教的內容也是「個人自由」的一種表現，因為「譬如說我是個很虔誠的佛教徒、道教徒，而你信奉耶穌基督，我不能拉著你說，你來和我信同樣的信仰。這個信仰有個人的自由，我覺得這是我個人的事」。

所謂「個人自主」，並不像「個人自由」般指涉由法律或倫理道德所規範的個人權利或需求，而泛指個人應保有心智活動的自主性，並以其自由意志，在法律與道德限定之內，來決定其行為與生活方式。「個人自由」與「個人自主」的最大區別就在於法律與倫理道德的強制性規範力量的有無。人們在個人自由面向上所維護的權利、追求的需要，皆是法律及主流社會價值所認定的，在社會上存在普遍的共識，可謂「神聖不可侵犯」的私領域，他人無以置喙。但人們在個人自主面向上所做的選擇與堅持，常不具如此明確的「法定性」與社會公認的「合理性」，卻常因個人堅持自己

的某些獨特性(idiosnycratic quality)而衝撞到社會的主流價值，因而引發個人與社會(他人)之間的某種緊張關係，也因此突顯了抗拒社會影響與他人壓力的主體性歷程。例如，P23 對「個人自主」的保有就相當強調，她在自我內涵中所提的「我是愛享樂的人」及「我是個擇善固執的女人」皆屬此項。「愛享樂」一詞在 P23 所寫的 20 項自我內涵中，是唯一明顯帶有社會貶抑意味的。以中國傳統文化強調克勤克儉的價值觀之，愛享樂幾乎是不道德的，而愛享樂的女人更被視為愛慕虛榮，違背女性美德的傳統訓誡。P23 對自己的這一心理特徵不僅坦然面對，還相當重視。但必定也因此在日常生活中招致閒言閒語的批評，因此她在談及此事時難掩自我防衛的言詞，語帶情緒，桀驁不馴的強悍個性也一露鋒芒。她說：「這是我個人的事，我很喜歡享受，怎麼樣啊！別人看不慣是他們的事啊，別人要不要去享受也是他們的事啊。所以這只是單純的、我自己的、個人的事」。所謂享受，就是「吃好的，穿好的，逛街，shopping 啊」，諸如此類「非常開心」的事情，但這些事在保守的衛道人士眼中確實是不能容忍的。P23 則堅持自己不會去管別人怎麼說，「譬如他說：『你是敗家女』或怎樣，我也不會去管他，因為我就是想要照我自己的想法，我的方法去做，想要怎麼做我就怎麼做，我就是要讓自己放輕鬆，要讓自己很高興、很快樂」。這些不厭其煩的說明，振振有詞的辯駁，語氣堅定的重申，在在顯示 P23 不願屈從輿論壓力，堅持捍衛個人自主性的堅強個性。

如此堅強的個性也反映在「擇善固執」上，P23 的詮釋是：「只要我覺得這件事不好，我就不會去做」。她接著舉例說：「譬如你做的事情跟我的觀點不一樣的時候，我就不會照著你的做，我會照著我的本質做。我覺得這樣做比較對的時候就會這樣子做，不會根據別人說你要怎麼做，我就不會這樣。我是根據我自己，我覺得我這樣做比較理想，比較正確，我就這樣子做。我就不管別人說你這樣做是錯的，怎樣怎樣，我就不會聽。我覺得我這樣子做是對的，我就照我這樣子做」。總之，一旦 P23 心意已決，別人是影響不了她的。P9 也曾強調，她之所以認定某些自我內涵與他人無關，正是因為：「我覺得我本來就是這樣的人，不會因為別人的影響而去改變，所以我覺得這是跟他人無關的」。

有趣的是，不論是「個人自由」的捍衛，還是「個人自主」的堅持，都是在內在自發的價值認同與外在強加的影響之衝突中被彰顯的。中國文化中的「人」，雖與其所處的人際網絡相依，他人影響無所不在，他人評價對自我的價值也是影響甚巨，但中國「人」還是有保持獨立性的可能的，「自由」與「自主」便是這種自我獨立性的表達方式，只不過這份獨立的自我需要經歷天人交戰的內在煎熬，要抗拒社會輿論的貶抑打壓，才能突破重圍，一露崢嶸。當然個人是必須付出一些心理和社會代價的，但在自我某些面向上的「與眾不同」，也因而強化了「我就是我」的自我認同和自我價值感，「捨」、「得」之間的心理壓力歷程還是平衡的

吧。如果說「為自己而做」，「做自己所愛」的「個人自由」的實踐，與為避其反面而出現的「不受他人影響」的「個人自主」的堅持都是「自我恆定」的積極定義，那麼，「不妨礙別人」的面向則是「自我恆定」的消極定義了。

所謂「不妨礙別人」，旨在強調自己的心理特徵、價值與目標純然是自己擁有的認同，不論其在社會主流的價值判斷上是中性的，還是有良窳之分，至少不會對別人造成不良的影響，而由擁有這些認同的個體承擔所有的後果。

例如，P21 在自己所寫的 20 句「我...」中只找到兩項是與他人無關的：「我是可以一個人獨處的人」及「我是不擅理財的人」。他解釋前者為：「自己可以給自己一個空間，做自己想做的事情」，並繼而用疑問句表達了肯定的結論：「這樣應該不會影響到別人吧？」。至於後者，P21 認為自己的金錢觀只是「個人的一個習慣問題，還有對理財方面的一個感覺，完全與他人無關」。P21 也體認到自己現在是有家室的人，理財問題必會影響到他人（家人），但他依然認為「不擅理財」就是自己的弱點，而此「自己比較不擅長的部份」本身，是「跟他人無關的」。

在 P21 的例子中，「不擅理財」和「可以獨處」皆屬個人自發性的社會心理特性，其肇因與他人無關，更重要的是，這些社會心理特性不會影響他人，或即便可能波及他

人，也是自己莫可奈何的（如「不擅理財」一例）。可見，「不妨礙別人」似乎是「自我恆定」的底線，至少在個人的主觀意願和認知上是如此。

　　當然，「自我恆定」這個概念除了在較高、較抽象的理論層次上，可表現在個人自由、個人自主、及不妨礙別人三個面向外，在較低、較具體的心理層次上，也有多樣的表現。惟因此等表現常流於瑣碎，在此不必全數列出，只選擇幾個有代表性的案例來分析，讀者便可窺一斑了。

個性與喜好

　　焦點團體四的參與者（P13、P14 及 P15）在這方面的體驗尤其深刻且獨特。P15 洋洋灑灑地列出九項她認為與他人無關的個性，「我是一位懶散的人，我是有夢想的人，我是感情豐富的人，我是思想單純的人，我是對現實生活不安於室的人，我是害怕改變，卻又忍不住會去改變的人，我是 sensitive 的，我是不快樂的，我是 emotional 的」。當研究者指出：她所列的與「他人無關」的自我內涵，聽起來很像同一焦點團體中的 P13 和 P14 先前所列的與「他人有關」的自我內涵，以挑戰 P15 的分類時，她立即澄清：「我覺得是個人的問題，我覺得這好像不會影響到別人」。此處位居較高、較抽象的理論層次的「不妨礙別人」似乎還是 P15 在界定人我關係時所依循的一個重要標準。

　　另外，第一個焦點團體中的 P3 形容自己的個性：「我是好吃懶做的人」，又言及自己的喜好：「我是愛好音樂的人」，同一團體中的 P1 也將「我是討厭吵鬧的人，我是愛喝茶的人，我是喜歡粉紅色的人」，這些屬於個性與喜好的自我內涵視為「自我恆定」的表現。

　　P23 在訪談中所闡述的「個性」與「喜好」，亦屬「自我恆定」的範疇。在個性方面，她自陳：「我是個樂觀的人」，「我是個粗枝大葉的女人」，「我是個豁達的女人」及「我是個心地善良有慈悲心的女人」。她在解釋「我是個粗枝大葉的女人」時相當生動：「我動作很粗魯，做事情會乒乒乓乓，有時候會撞破碗、撞破什麼這樣子，有時候會跑來跑去，動作不是很淑女」。並強調說：「我就是這樣，對對對，我就是這樣，不是很溫柔，很淑女的那種型，是走路很大步，乒乒乓乓那種型的」。顯然，她認為自己個性的這種「型」，是必須自己負責，與他人無關的。在之後的訪談中，P23 在談及「自我核心」及「自我統整的維持」時，均不斷釐清自我的各種內涵，而最終認定自己的個性中最重要的特徵有三個：「豁達、樂觀和慈悲心」。有趣的是，此三者皆屬與他人無關，且須自己負責的個性內涵，再次顯示「自我恆定」這一概念對 P23 的重要意義。

　　在喜好方面，P23 所提的有：「我是個不喜歡動腦筋的女人」及「我是個安於現狀的人」。她認為自己不喜歡動腦

筋，所以在工作上既不會鑽營逢迎，用心機求升官，也不會特別尋找創意突破，以求改變現有的工作常規。同樣地，在家居生活上也是安於現狀，不會費心去做什麼改變。在解釋這些喜好時，P23 又再次強調，自己如此「安於現狀」都跟別人沒有關係，絕對是「自我恆定」的。

願望與自我期許

P13 在此面向上提到：「我是願意盡力做好每件事的人」，及「我是個能計劃未來又不憂慮的人」。當研究者追問這個「計劃未來」是否真與他人無關時，P13 肯定地回答：「對啊，這是我自己的計劃」。當研究者緊迫盯人地再度追問：「你的計劃未來不用考慮到別人嗎？」P13 思索良久，經一番自我質疑後，明確地坦承：「目前沒有考慮，主要是考慮自己──因為我想我的計劃應該不會影響別人。」此處，「不妨礙別人」再度現身，成為一個重要的人我關係界定標準。P13 進一步解釋，她之前也像大多數人一樣，有自己的理想，且內控又很強，總覺得我盡了全力應該就會成功；若依然失敗，便會覺得很挫折。後來，她在基督信仰中學到：「我只要做我自己這一份，外控的因素就交給神，結果就不用我去強求。我就盡我的能力去處理一些問題和理想，我不能控制的就放棄，因為本來就有環境的影響」，這樣，「就會覺得很輕鬆。」P13 似乎在信仰中找到了雙重控制的可能性，一方面相信自己的能力，努力作為，充分實踐

個人的自主性，實為「初級控制」的範疇；另方面，將成敗的來源歸於上帝，在「上帝的計劃」中尋求意義，將自身與超然萬能的神連成一體，實則實現了「次級控制」的可能。P13 肯定自己「盡力做好每一件事」 正是這種雙重控制的實踐，但她也不忘再次強調：「原則上我相信，當我這樣做的時候，我不會傷害或對別人造成不好的影響」。此處，「不妨礙別人」做為自我恆定的底線又再度被突顯。

身份與認同

P13 提到「我是一個女人」，「我是上帝的兒女」；P15 也提到「我是一位基督徒」，「我是一位更新的人」。這裡的「女人」和「基督徒」都是個人的身份與重要認同，且與社會互動無關，意即不是寓居在某個特定的對偶關係之中，如「父女關係」中的身份。但是，同樣身為基督徒，P13 和 P15 的際遇及心境卻迥然不同。P13 成長在基督教家庭中，父母的管教方式開放自由，對她所做的一切均抱持信任與支持的態度。成為上帝的兒女對 P13 而言是榮耀和喜樂的，而這份自發的、自主的認定攸關 P13 的自我核心，且她已能自在地將信仰融入生活，如前述的「雙重控制」及之後在團體對談中一再出現的主題，均在在表明 P13 的信仰是統合的，而帶給她的也是平安喜樂的正面影響。反觀 P15 的境遇則幾乎可說是處於另一個極端：她在美國求學時找到基督的信仰，但一回到臺灣以佛與道及民間信仰為主流的家庭與

社會中，卻顯得格格不入，矛盾重重。在家庭與周遭社會的強大壓力下，她從擇偶談感情，到日常生活的諸多習俗（如拈香祭拜），均被迫面對「堅持信仰」與「反抗社會」的兩難處境，從她自責是「父母眼中令他們煩惱的女兒」，長篇大論，情緒激動地控訴基督教女性身處臺灣社會中，在現實的愛情、婚姻路上所遭遇的坎坷及不公平待遇，到坦承自己回國後因現實的殘酷而「受傷很深」，在在顯示，選擇了基督教信仰帶給她似乎磨難多於幸福，甚至令她一度被迫放棄這個信仰。但在這段「背叛」的過程中，自責的痛苦更深，精神更失依靠，才使她終於體認「背叛」不過是自欺欺人，順應家庭與社會的主流價值是她內心所不願，實際上也無法做到的。歷經坎坷的 P15 終於重回基督的懷抱，義無反顧但不無怨嘆地重新成為基督的兒女（「更新的人」）。這個身份來之不易，卻是身處絕境後，自我的重新認同，當然也更深刻地體現了「自我恆定」的沈重與艱辛。

價值觀、目標、與需求

　　第一個焦點團體中的成員在闡述其「自我恆定」的表現時，均提到相當具體的價值觀、目標、或需求。價值觀主要是指評價性的態度與信念，如 P3 說：「我是有臺灣意識的青年，我是崇尚自由的人」；P4 也提到：「我崇尚自然」。目標常較為抽象且遠大，如 P4 說：「我追求真善美」；P5 也說：「我是一生追求幸福的人」。需求相對而

言比較具體、細微，如 P1 說：「我是需要充足睡眠的人，我是個需要休閒活動的人」，P4 也提到：「我需要被肯定接納」。

至此，我們已可看出：個人明顯獨特的「基因特徵」，在意識層次上明確地劃定了「我」與「他人」的界線，也觸發了個人去思考其作為經驗與行動主體的內發性、自主性、及其在人我互動中對自我界線的攻與守，是故「自我恆定」的範疇已超越了個人生物性和身體性的表層，開始深入到心理層次的省思，也引入了「人我關係」的概念與運作。具體而言，受訪者在思索自我與他人有無關連時，「自我恆定」範疇中的「個人自主」面向常是一個重要的考量。如第三個焦點團體中三個女人的對談便是一例。P10 及 P11 都提到自己是喜歡逛街、愛採買的人，且此心理特徵跟別人無關，但P12 卻認為「我是很喜歡買衣服的人」是與他人有關的。同樣購物買衣服，P10 的看法是：「我買，是我自己買，跟別人沒有關係，我是買我自己的」。但當研究者稍後問到P12：「妳買衣服常常都是受別人影響？」，P12 卻連答「對對對。」可見若屬於個人自主權的實踐，主動去購買，便和他人無關；若受到他人影響而購物，便和他人有關了。

在第一個團體中，圍繞與「他人無關」應如何界定的討論，充分展現了焦點團體的動力特色。團體成員提出的與「他人無關」的自我內涵頗不相同，甚至對同一件事也常有

不同意見。P3 便明確表示他的自我定義「可能都跟別人有關」，如果一定要區分「有關」、「無關」則必須先設一些「條件」，而即便如此，這些的區分也只是「程度的問題」。

至於這些「條件」，或稱人我界定的依據，則每位成員又有不同。如 P3 區分了「社會給我的」和「屬於我的」兩組對立概念。對他而言，「我是基督徒」是與「他人無關」的，因為「我是自己變成基督徒的」，「沒有人跟我傳福音」。但是，同為基督徒的 P4 則是受了別人影響而信教的，故他認為「我是基督徒」這樣的自我內涵絕對是與他人有關的。故，為避免以團體歸屬定義自我可能造成的混淆，P4 的「條件」清楚地設定為「基因」，即自己無法改變，生來如此，不能選擇的特徵，如「我是臺灣人」。但是，P4 所謂的「基因」並不純然是個生物學的概念，他還將某些自發性的個人特徵也歸類到「基因」這個「條件」之下。如他說：「臺灣人不一定有臺灣意識」，但他自認是個「有臺灣意識的青年」，而這份臺灣意識是「自己跑出來的」，即「自發」的。P5 也同意與「他人無關」的自我包含「與生俱來」的成分外，還應包含「自己認定」的價值觀、目標與需求等，而「不是外來因素使我去相信這些事情的」，這樣的「自主性」相當呼應 P4 的「自發性」觀念。

前文提到當有人以團體歸屬，如「我是護理系畢業的學

生」，「我是基督徒」來定義自我為與「他人無關」時，總在團體中引起一番爭議和討論，但矛盾其實可在「自我恆定」這一範疇中得以統一。如 P1 和 P2 皆是護理系畢業生，P1 認為「我是護理系畢業的」是與「他人無關」的自我內涵，P2 則挑戰她的說法，認為「護理系，其實代表了很多的人，如果說我是它的畢業生，其實是有互動的」。之後兩人在團體中不斷澄清後，始發現 P1 雖是由媽媽幫她選了護理系，而她因另有興趣，已在努力轉換跑道，但她認為念護理系並不是「有人逼著你」，而是自己支持、認同了媽媽的決定，「接下來的四年都是我自己一個人」。可見，對她而言，決策的主體雖是媽媽，但認同與執行決策的主體卻是自己，而這個「負責」的主體是與「他人無關」的。

P2 則因為在大學時相當活躍地參與系學會的事務，並認為畢業生應對母系有所回饋，故「護理系畢業生」令她聯想到的是「一群人」。這又引起團體成員進一步討論個人在團體中，乃至特定關係中的角色是否真的可能與「他人無關」。P1 認為要看那個團體「是不是重要」，她以自己相當看重的社團說明，「我是土風舞社的」自我內涵其實與「我是護理系畢業的」不同。團體的「認同」顯然是一個關鍵的因素。而在認同團體之後，進一步在團體中扮演稱職的角色，與團體成員密切地互動，則就如 P2 對「護理系」這個團體的體認，此時的團體歸屬性自我便是與「他人有關」的了。

　　總之，當團體成員界定某些成分的自我是與「他人無關」時，前提條件是（1）與生俱來的「基因」，或（2）自發性的認定、自主性地實踐對自己生活負責的信念。這些自我認同的選擇與實踐，在個人的主觀意識上是既不妨礙別人，也不受他人影響的，甚至個人會刻意強調主體性，而努力抗拒他人的影響與壓力。「自我恆定」實則是界定自我與「他人無關」時的核心範疇，但與此同時，我們也可看到「認同與互動」似是其對立之概念，也就是說，個人若對某一特定的團體產生強烈的認同與情感依附，可能就會改變人我的界線。

3. 環境超越

　　在日常生活中，我們常會體驗到理想與現實的落差，在現實與環境的限制之下，願望 (wish)和期盼 (hope)遂成為人類強烈的心理感受。人們主觀建構的「應然」(願望和期盼)，與現實世界中常帶有約束力的「實然」(社會的要求和期望)之間的不協和，也會表現在個體的自我內涵中。Rogers (1951)便區分了現實自我(self)與理想自我(ideal self)兩個概念，所謂「現實自我」，是指個體有組織的、一致的、全部關於自己的知覺與意義；所謂「理想自我」，則是個體最想擁有的自我概念。Rogers 更進一步認為：此兩種自我概念間的差距與個人的心理健康息息相關。本研究的受訪者中也有人對此種現實自我與理想自我的落差，對自我的願望與期盼

衝撞到現實的要求與期望時的無奈深有所感，研究者將之歸為「環境超越」的範疇來說明。所謂「環境超越」，即指自我的特徵在現實的關照中現身，但個體意欲超越現實，並改變此「實然」的自我。正如現實自我與理想自我的落差可以發生在自我概念的任何層面，自我意欲超越環境也可以表現在各個自我內涵的面向，在本研究的實徵資料中較為突顯的表現面向有二：願望與期盼和個人特徵。

　　在由三位基督教女性所組成的第四個焦點團體中，其中兩位皆強烈表達了改變或超越「實然」自我的企圖，構成了相當獨特的自我體驗。現依其面向分述如下。

願望與期盼

　　P15 提到一項相當關鍵的期盼：「我是正在找尋理想的人」。當研究者徵詢她這個「找尋理想」與先前她列入與「他人有關」項下的「期待愛情、婚姻」有何不同時，她堅定地陳述：「理想是自己的」。並進一步解釋她之前在美國受教育時，信仰了基督教，對自己的人生有規劃和目標。但回國後卻發現現實的殘酷，家人與朋友都不認同她的信仰，在感情上也多所艱辛、坎坷，因此受傷很深。一方面，P15深刻地體認到「這個社會就是期待女孩子走入婚姻，自己也因為年齡吧，也害怕空虛，就很期待安定下來，看到周遭的人都是這樣子啊！」，對愛情的期待，對婚姻的憧憬，一則

需要他人的配合（能相知相惜的另一半的出現），二則也是適婚女子屈服於強大的社會壓力，乃至認同社會期望的結果，可謂與他人密不可分。但另一方面，P15 依然念茲在茲地強調：「可是我還是有夢想，自己有一個夢想沒有達成，就會覺得很遺憾」。而這個 P15 自主性地設定、認同、且不顧一切地追尋的理想是「非常非常自我的，很私人的，可能跟別人沒有關係，我就是想做的，一直要追求的那個東西」，而「那個理想與尋找愛情是不一樣的，是更深刻的，與別人沒有關係的」。顯然，P15 的「理想追求」之所以深刻，是在現實下現身的。正因為自身處境的險惡，追求理想之路看似障礙重重，危機四伏，才更確定了理想的可貴，也觸發了自我去超越環境的本質。這一份「追求」是在「不可得」的關照下彰顯的，也旨在「超越」這一份「不可得」。P15 之後在談到自己雖歷經波折，也確信將信仰視為生活的重心時，仍不忘補充澄清，「我不會像宣教士那樣，其實我還有自我，我很追尋我自己想要的東西」。可見，這個理想追求已十分貼近 P15 最在意的自我核心了，而這一份自我的超越是她絕不輕言放棄的。

個人特徵

　　P14 所列舉的與「他人無關」的自我內涵幾乎都是負面的個人特徵：「想當趴趴熊，走路外八字，身材不好，髮質不好，有 B 型肝炎，又很瘦弱」。甚少有人在思考自我內涵

時，能一口氣為自己羅列這麼多「缺陷」的！追問之下，她才坦承其實自己是很矛盾的，以「趴趴熊」的心願為例，一方面她十分熱切地希望能順著自己懶懶的個性，過很慵懶的生活，「人如果可以什麼事都不要做，大家就回歸自然，不需要蓋核四，不需要很多錢，不需要經濟發展，什麼都不需要，就回歸很純樸，很自然，能夠吃飽就好了，然後就趴在那邊，攤在那邊，很慵懶就好了！有時侯我回家，就會這樣，可能頂多做的就是把書拿起來，看看書，因為那是最可以攤在那邊做的事，不用像人家要打電腦、要幹嘛，還要爬起來。對啊！我覺得，像趴趴熊就很好，就一駝攤在那邊，你就攤著，也不用起來做什麼事」；但另一方面，她又「不想輸給別人，愛面子，要給自己壓力，覺得自己好像應該學習各項才藝」。她更用同事間在工作上的競爭和表現為例，感嘆「同事之間何苦互相為難呢」，來表述自己不得不「做得至少跟他一樣好」的無奈。顯然，實然的狀況（如大家努力打拼）並非她本心所嚮往，只是無奈地順應潮流，不要太丟臉而不得不為。在「實然」的壓迫下，「想當趴趴熊」的意念更形強烈，而這樣的意念堅持本身就是一種對「實然」的超越了，縱然只是心理上的超越。在之後的團體討論中，P14 也一再地訴及對自己個人特徵（如體質、髮質、運動能力）的諸多不滿，其實都是在有形無形的人際比較中被突顯的，在別人的優秀表現關照下，自我的「缺陷」真是既明顯又不堪！P14 甚至說：「我大部份都是不好的，所以都把它拿掉好了，這樣我還變比較好一點」！在人際比

較的壓力下，在社會主流價值的干預下，被迫面對實然的自我中諸多的負面形貌，其實是期盼自我能超越這個「實然」，而真正活出自己的本性吧！

　　不論是「基因特性」或「自我恆定」的範疇，都是對自我的實然樣貌或特性的描述及思索，而上述兩位受訪者的自我體驗卻峰迴路轉地將我們帶進了另一個境界，可以說是實然的反面，或曰對實然的否定，但「實然」與「期盼」之間決非勢均力敵的平衡關係，因為「實然」的力量遠勝於「期盼」，前者是具體而明確的社會結構、主流價值、集體性（具約束性）的生活方式，而後者只是個人內心微弱的反抗，心靈空想般的逃離。但是，在「實然」的裂縫中，「期盼」畢竟現身了，也將虛實的對比帶進了自我的內涵中。於是，我們也清晰地看到自我的動態性和未來的展望性。其實，自我的動態性也表現在其「空間」的彈性界定上，這在下一個範疇中將盡現無遺。

　　4. 自我超越

　　人本心理學者，如 Maslow (1970)，和機體心理學者，如 Angyal (1951)，都曾述及自我的超越性 (self-transcendance 或 ego-transcendance)，用以指謂自我能超越個人的自主性、獨立性、個別性等傾向，而能在心理上與另一個人(如親密愛人)、團體(如國家或社群)融而為一，成為一

個完整的心理運作單位。換言之，「自我超越」在這些理論家的構念中，是指在心理上超越(範圍)的侷限(the limit of the self or ego)，將親密他人或重要的認同團體緊密納入自我的範圍，而成為個人系統之不可分割的一部分。

　　近代心理學家 Cross, Bacon 和 Morris (2000)也認為在個人主義取向為主導價值的西方社會中，個人與團體合而為一的「集體主義取向互依性」 (collectivist-oriented interdependence)確實罕見(這種互依性主要存在於集體主義取向主導的東方社會中)，但個人在某種程度上將重要他人納入自我範圍的「關係性互依」(relational-interdependence)卻是相當普遍的。雖然，在這些學者的理論構念與實徵資料中，關係性互依僅表現為個人會考量親密他人的需求，或在決策時顧及其對親密他人的影響，實與華人文化理念中的人我交融相去甚遠，但這已是西方文化中互依性的最普遍表現了。從另一個角度觀之，西方文化中的個人在日常生活中所實踐的此種互依性，雖自我超越的程度較低，但還是映証了在超越文化的層次上、在關注人性基本需求(即依賴和獨立的需求)的框架中所建構的自我超越的潛質卻是普世的，惟深度與廣度不同而已。在本研究中，「自我超越」是指重要他人進入自我的界定，成為自我不可分割的有機成分。其表現面向主要涉及與家人的關係，即「家人以外才是他人」，「家人以外才是別人」及「我的家人跟我是一體的」，這些都是受訪者自發性的語言描述。

　　P19 在對自己所寫的 20 句「我……」陳述句進行分類時，將其中的 10 句歸為與「他人無關」的。不過，在她願意進行分類之前，先拋出了一個有趣的問題，要求研究者澄清：「先生也是他人嗎」？此時研究者僅回應：「你自己覺得，沒有關係，你自己認為」，表明請 P19 自行判定。P19 似有遲疑，但並未繼續追問。不過，分類工作進行到一半時，即 P19 必須選出與「他人有關」的自我成分時，同樣的問題再度被提起：「如果…如果別人是指先生的話」，只不過這次 P19 已不再是提問，而是提出自己的定見了：「我覺得『他人』就是包括先生」，而「如果講『別人』就是家裡以外的人」。

　　從研究者提出「我」與「他人」（日常生活中常以「別人」來與之互換）的對立開始，P19 便一直在澄清「我」、「他人」、「別人」三者間的關係，可見對她而言這是一個重要且顯著的議題（salient issue），而她始終以「先生」為目標人物（target person），也顯見先生在思考「自我」時的重要地位了。依 P19 的分類，「我」以外的人都是「他人」，而「他人」中若再去除親密家人則為「別人」。所以，「他人」的對立概念是「我」，而「別人」的對立概念是「家人」。或許在 P19 的一再澄清和自我表述之後，真正的論述應是「先生不是別人」。

　　從之後的訪談內容中不難看出，P19 一方面對先生極其

依賴，甚至斷然認為「以前的自己」，「現在結婚的自己」跟「萬一以後沒有先生的自己」都是迥然不同的自己，因為對先生的依賴，使自己許多潛力沒有發揮，也樂得不要發揮。先生似乎已實質地滲透到她的自我中，「依賴」是促成這種狀態的拉力。但是，另一方面，P19 因有以往為求團體接納，逃避孤獨感而違心附和他人（團體）的痛苦經驗，由矛盾、徬徨、恐懼和不確定而體味到「失去自我」的可怕，堅信必須保有「與他人合理的界限」，而先生作為一個實體，理應被歸入「他人」的類目，與之劃清界限，這種「害怕失去自我」便是成就「先生不是他人」的自我狀態的阻力。由此可知，「別人」只是「我」和「他人」之間的一個中間地帶，將先生歸為「非別人」暫時解決了內在的衝突。但是，明言的「先生不是別人」是否真會演變成「先生不是他人」的論述，婚齡尚淺的 P19 日後是否會如另一群中年婦女那樣發展出「家人以外才是他人」的「自我超越」，目前仍是未定之數。

　　在婚齡較長者（將近二十年）的第三個焦點團體的成員中，家人是否為「他人」的問體早已解決。結論則是十分明確的：「家人以外才是他人」。如研究者詢問 P11 所寫的「希望先生回家吃飯」算是和誰有關時，她肯定地說：「跟我有關」，即便 P10 質疑：「跟個人有關？那妳為什麼覺得跟他人無關？」P11 還是一再強調，那是我家的事，就是只和我有關係而已，和他人無關，P12 也附和：「我家的事

啊！」， P11 則連說了多次：「都是我的，我的家人！」

　　「自我超越」的範疇既然是有實體的「他人」進入了自我的界定，但仍歸為與「他人無關」的自我成分似乎弔詭，其實不然。關鍵便是學術「微世界」中的自我理論與受訪者的「生活世界」中的自我實踐之間的斷裂。這也並不奇怪，這兩個世界中的思維模式和實踐方法本來就迥然不同，更何況將「自我」和「他人」兩分對立本來便是西方學術「微世界」中的假設和運作，當然硬要套到華人的自我體驗上便難免削足適履的困窘了。這在年齡漸長，進入婚姻較久，對家庭承諾較深的幾位中年女性身上尤其明顯。

　　不過「微世界」與「生活世界」也並非只有彼此相抗一途，它們也可相互啟迪，互為所用。如前文所述，當受訪者將其生活世界中有豐富情感意蘊的「別人」、「外人」概念與學術「微世界」上生澀拗口的「他人」概念之間做了釐清和串聯之後，原本強加的「自我」、「他人」的兩分不但得以破除，更有趣的是某些親密的重要他人根本被納入「自我」之中，縱然這只是十分有限的「人我交融」，卻也是和未被納入的「他人」無關的，而後者才是受訪者在情感和意識層次上可以接受的「他人」概念。雖然，華人學者曾在理論上多次闡述中國人的「互依包容自我」，及其「人我不分」的特色，但「家人以外才是他人」，「我的家人跟我是一體的」這般擲地有聲的言語還是第一次由受訪者親口說

出，成為寶貴的實徵資料。

四、與「他人有關」的自我內涵

　　既然華人的自我在傳統上是與他人密不可分的，那麼毫不奇怪的，受訪者在概化自我中與他人有關的內涵時，幾乎都沒有躊躇或為難。依文本資料，研究者初步抽取出三個範疇，列於表 3。以下便分述其內涵，表現面向及彼此間的關聯性。

1. 角色承諾

　　「角色承諾」是指在特定的對偶關係中，自己認定的或別人給予的角色期待，及個人對此角色的承諾。其主要表現面向有二：接受與認同角色，及角色責任。

　　在第一個焦點團體中，成員們都提到個人在特定關係中的自我。此處的特定關係常指對偶關係，是一個特定的兩個人的關係。而這樣的對偶關係正是某些自我出現的前提和脈絡。如 P6 說：「我是個討厭別人習慣差的人，我滿會照顧別人的」，但隨後又強調：「一定要有 somebody 出現，我才會跟他有那種照顧和討厭的互動關係」。此處與特定他人的「互動」，正是上述自我內涵的脈絡。

【表3】　與「他人有關」的自我內涵

範疇	定義	面向
角色承諾	在特定的對偶關係中，自己認定的，或別人給予的角色期待，及個人對此角色的承諾。	1.接受與認同角色 2.角色責任（會影響別人）
彼此相依	個人在團體中經由互動和認同，由情感為起點，萌發的交融狀態。	互動、認同、情感
社會自我	個人在人際互動中方能展現的社會心理特徵，及價值，願望。	1.互動中的自我表現（鏡像我） 2.受別人影響（被激發的自我） 3.需別人配合

　　P4 依循其一貫「自己認定」的界定標準，認為有些「定位是別人給予我的，或是相對於學弟來講，我是學長，而不是我生下來就是學長；我是別人的男朋友，她是我女朋友，所以我是她男朋友，而不是我本來就是一個男朋友」。這些定位必須與別人相互對應，一定要對方出現，角色才會被彰顯。所以這些定位是「別人給予」的，這樣的自我便有「他人涉入」。但如果是「自己認定」的個性和喜好，便是與「他人無關」的自我內涵了。

　　P3 的想法相當呼應 P4 的「自己認定」與「別人給予」

的對立概念。他認為身份性的自我內涵若是「經由一個選擇的過程，由別人選出來的」，便是與「他人有關」的，如他是詩社的社長，便是一種「他人給予」的定位。但「我是樂團的提琴手」便是他「自己認定」的角色，是「與他人無關」的了。

另外，受訪者 P21 在完成 20 句「我...」時最先想到的三個均是「角色」：父親、丈夫和軍人，他也同意研究者的解讀：「角色因為別人而存在，自己也因別人而擁有了這樣的角色」。

除了上述「他人賦予」及個人「接受與認同角色」的面向外，角色通常都伴隨著明確的職責，而個人在接受與認同角色的同時，便承擔起角色扮演的結果對他人可能的影響。如受訪者 P19 認定的「家庭主婦」有明確的角色職責，即處理日常事務、管理家庭、照顧小孩，倘若自己未達成這些社會性的角色期待，便會對他人造成影響，「如果你小孩沒有照顧好，那先生也沒有心情工作呀」。顯見，這樣的角色界定，角色期待與角色執行的後果都是在與他人的關係中現身的。

「角色」，尤其是對偶關係中明確界定的角色，對華人而言是最具意義，也最重要的自我表現及運作，自然成為思考人我關係的起點。「角色承諾」其實是「人在角色中」的

自我展現。由此出發，我們得以思考更廣泛的人我運作。

2. 彼此相依

「彼此相依」是指個人在團體中經由互動和認同，由情感為起點，萌發的交融狀態。其主要表現面向為：互動、認同和情感。

第一個焦點團體中的受訪者談到個人在團體中的自我，咸認為當個人與團體處在一種「彼此相依」的狀態時，自我便是有「他人涉入」的。這在 P5 看來是「他們需要我，或者我屬於這個團體」。P2 用另外一種方式呼應了「彼此相依」的意涵。她認為涉入其自我的團體或個人與她的關係是「互動」的，「它不是一個死的東西，就是說它不只是一個名稱，或是一個協會，我只是它的一個會員，而是我跟裡面的人是有互動的，那這也帶有責任啦」。P2 在家排行老三，也是家中的老么，她即以此為例，解釋：「我寫我是老么，就是跟別人沒有互動的」，因為「老么」作為排行，是「與生俱來」的「基因」，但「我是寶貝」則全然不同，「寶貝」是家人對她的看法和方式，是有互動的，有情感的，這樣的自我顯然是「與他人有關」的。

類似的情形也出現在 P1 身上，她在「與他人有關」的自我中列舉了「我是媽媽的乖女兒，我是弟弟的好姊姊」。

當被問及為何不列出「哥哥的好妹妹」時，P1 解釋到「因為哥哥很早就結婚了，所以比較有距離。但是我跟弟弟感情很好」。由此可見，在眾多可能的人際關係中，「有互動，有情感」是他人涉入自我的關鍵因素。

P23 所列的與「他人無關」的自我成分都屬「彼此相依」的範疇，且都表現在「互動」的面向上，唯互動的性質有所不同，包括了工具性互動、社會性互動及心理性互動。具體而言，「我是上班族」及「我是單純的公務員」所指的是工具性的互動。P23 說：「因為我是上班族，我要為大家服務。因為我是個公務員，我來這邊上班多多少少會跟一些民眾接觸，所以就是跟別人有關係」。P23 又說：「我是個單純的公務員，就是說我不想升官，我想就這樣子安安穩穩地過下去」，「你今天來找我，我就幫你服務；你不來找我，我也不會去主動幫你服務」。顯然，「上班族」及「公務員」的自我認同都必須在社會團體中實現，然個人對這樣的社會團體的投入僅限於工具性的層次，克盡本分地完成職責便夠了，不必也不會去主動創造互動，或深化互動的層次。

「我是個敦親睦鄰的人」所指涉的又是另一層次的社會互動。P23 自陳：「因為我很喜歡隔壁鄰居，有時候會閒聊啦，跟他們拉攏一些感情啊，講一講最近我們社區發生什麼事啊，最起碼我去上班不知道的事，希望他們能告訴我一些

資料、一些訊息，隔壁鄰居誰婚喪喜慶哪，大家溝通一下」。顯然，與鄰里的互動是基於「喜歡」的情感基礎，雖然閒聊與八卦確有獲取、溝通訊息的工具性功能，但更重要的其實是經由這樣的社會性互動來實現 「個人是團體（社區）一份子」的心理歸屬感，此時的相依性更甚於身為公務員與被服務團體（民眾）的相依性了。

　　最高層次的相依性應是有自我涉入的心理層次上的互動，如 P23 所寫的「我是個聽話的女人」及「我是個可以談天說笑的女人」皆為此列。「我是個聽話的女人，聽我先生的話，聽我媽媽的話，聽我姊妹的話，聽我兄弟的話」。如此「聽話」皆在特定的對偶關係中展現，血緣與婚姻結成一張親密社會的網，P23 對自己在其中的角色是相當認同的，其心理的投入也是深刻的。

　　走出親密團體，到更大的「運作社會」中，P23 與團體也有心理層次的互動。「譬如說我們兩個今天很熟，你跟我講一些黃色笑話，我不忌諱，我會很大方地跟你談在一起，就笑一笑。如果你今天有苦悶找我談，我會接受，我會在旁邊給你安慰一下。究竟我的個性比較樂觀，說不定我們兩個人角度不一樣，你心理很不舒服的時候告訴我，說不定我會用我的角度去衡量你現在的狀況，說不定我把我的想法告訴你，你會覺得稍微輕鬆一些，最起碼你會感受到我的想法和你的想法畢竟有不一樣的地方，讓你心情會稍微好過一

點」。分享快樂時的心靈投契感，分擔痛苦時為別人打開一
扇窗，期間的自我坦露涉及價值和情感，互動中的心理開放
度相當大，關係中的相互依賴也相當高。

　　也有些受訪者的自我所包含的團體是廣大且抽象的，如
P5 所指的團體便是抽象的，「可以是眾人，可以是沒有特
定對象的人」。

　　總之，並非所有指涉了關係、身份、角色或團體的自我
內涵皆與「他人有關」，也並非所有指涉個人特徵、興趣、
喜好或價值的自我內涵皆與「他人無關」，端看個人對關係
或團體的知覺，有認同、有互動、有情感的關係或團體便會
涉入自我。另外，被選擇、被賦予、被彰顯的角色或身份也
是有他人涉入的自我。簡言之，當個人與別人或團體處於
「彼此互依」的狀態時，其自我就是與「他人有關」的。
「彼此互依」是最概括的範疇，是「人在團體中」的自我展
現，如前所述，這裡所指的團體可以小至家庭，大至社會，
虛實皆可，大小不拘，但都比對偶關係抽象、泛化、多變。
可以說，「彼此相依」的範疇是「角色承諾」的延伸，或者
應說是「團體承諾」吧。但是，在中國人的社會情境中，除
了存在對偶關係和團體歸屬這樣有形的他人外，抽象、泛
化、概化的他人也很重要，且幾乎無處不在，無時不在，這
便具體地表現在下一個範疇中。

3. 社會自我

「社會自我」是個人在人際互動中方能展現的社會心理特徵及價值、願望。其表現在三個面向：互動中的自我表現、受別人影響、需別人配合。

受訪者 P21 的社會自我主要表現在前兩個面向，其一是「互動中的自我表現」，如「有時活潑有時嚴肅」，「有時脾氣不好有時又很溫柔」，「很顧家」等等，P21 認為「這些應該指的都是別人眼中的自己，或是說自己的表現」，或是「跟別人相處時自己的一些變化」。總之，凡此種種個人的社會心理特性都是跟別人相處時得以展現，且大多是透過別人的眼睛來觀看的「鏡像我」。這一類的自我成份在 P21 的 20 個自發性自我表述中佔了 14 項（70%），可見他對別人眼中的自我形象的在意，這也為其之後的自我核心論述打下了伏筆，為整體的人我關係定下了基調。

P21「社會自我」的另一表現面向則是「受別人影響」而被激發的自我特性，如「我容易被感動」。P21 承認自己一個人看書、看電影或聽音樂時也有可能被感動，但他認為：「『人』當然也是自己被感動的一個主要來源或因素」。亦即，此處的互動可能並非實際發生的真實人際互動，而是虛擬或想像的互動。但無論如何，「被感動」這一心理特性依然是被他人激發的，而非憑空自生的。此時自我

雖是「感動經驗」的主體，卻是「感動意向」的客體，即是「被」感動的，這是極具互動性的自我表現。

而第四個焦點團體中的兩位受訪者則分別強調「互動」的兩造皆具有力量：（1）自己影響他人，P13 說：「我快樂的時候，我就會讓周遭的人快樂，因為氣氛、環境一定是互相影響的」，而且 P13 強調這跟別人有關，是因為「（從）我裡面發出來（去）影響（別人）」，「我的『有關』不是指別人給我的」。（2）他人影響自己，P14 提到許多自己的狀態、個性，都是跟別人有關的，也說到「若旁邊沒有什麼人，可能就比較不會出現那些情緒」，她同意研究者的解釋：「這些個性都跟人際互動有關，都是在人際互動裡面，才會被激發出來的」。

既然是人際互動的領域，當然需要別人的配合。如 P19 對「我希望能和家人常相聚」的詮釋便是一例。P19 認為「希望和家人相聚」涉及到許多人的配合，舉凡爸爸媽媽，姊姊姊夫，妹妹妹夫的時間都要協調，心願才能實現，而這些都是「先生跟小孩以外的人」，「所以我覺得那些人是他人，先生跟小孩之外那些人就是他人」。此時，表面上的論述是在說明，當個人的心願需要別人配合方能實現時，其本質上便是與「他人有關」的。但是，在研究者將「想換車」這一個人願望提出與之比較後，P19 先前建立起的「自

我」、「別人」、「他人」的界定似乎動搖了。明顯的，「想換車」在 P19 看來是與「他人無關」的，因為即便付諸實現，也只涉及先生跟小孩，而「與家人相聚」的實現則涉及到核心家庭之外的家人（原生家庭的成員），此時，先生跟小孩不僅不是「別人」，也已不是「他人」，進而悄悄地進入了自我的最深層界域。有趣的是，P19 在不斷對立並比較與「他人無關」及與「他人有關」這組概念的過程中，在「自我」、「別人」、「他人」之間來回搖盪，不斷猶豫又自我說服後，先前懸而未決，存而不論的「自我超越」其實已悄然現身了。

「社會自我」所指涉的其實是「人在他人中」的自我展現。從「角色」、「團體」到「他人」，由實到虛，由緊密到鬆散，由親密到疏淡，由長久穩定到彈性可變，他人在自我中的涉入猶如差序格局所言，漸次減少，自我雖與他人相依相容，卻有親疏等第的差別。尤其在較外圍的層次中（如「社會自我」的範疇中），承認他人對自我的涉入多半只是不得不面對的現實，帶著些許無奈地接受，完全沒有將他人納入自我時（如「自我超越」的範疇中）的那份歡愉和坦然。可見，一概論斷中國人是「人我交融」到人我不分的地步，實在與事實相去甚遠。這在本研究其他議題的討論中更形明顯，只可惜無法在此一並呈現。

第五節　暫時的結語：「折衷自我」的現身

在受訪者不斷往復地思考「自我」與「他人」關係的文本資料中，我們確可看到在理論上建構的「折衷自我」悄然現身了。所謂的「折衷自我」採彈性的「人我關係」界定，一方面關注人我的分離性及個人的獨特性，強調個人有別於他人，獨立於他人的內在特徵，清楚地意識到個人的需求、欲望、興趣、能力、目標和意向，能夠適當地表達個人的動機，認知和情緒，追求個人的成就與潛能的發揮；另一方面又關注人我的關連性及個人與他人的互依性，強調個人在其社會關係網中的角色、地位、承諾、義務和責任，清楚地意識到團體的目標和福祉，能夠適時的將團體置於個人之前，追求團體的成就與榮耀。

以本研究的實徵資料而言，與「他人無關」的自我內涵所展現的，正是對人我分離性的關注，「基因特徵」、「自我恆定」、「環境超越」無一例外地將自我的焦點置於自己身上，「他人」成為背景和對立面，反襯出個體作為行動者的主體性意識。「自我恆定」是其中最典型，抑或最重要的「獨立自足的自我」的內涵。「自我超越」則是現代華人「獨立自足的自我」最有趣的面貌。如前所述，「自我延伸」將有限的親密他人納入了自我的最核心，根本融為自己的一部份，也就是將西方文化意識中的「他人」重新劃分出「不是他人的他人」和「是他人的他人」：前者是「自我超

越」的範疇，後者則是傳統「互依包容自我」的界域。這應是一個典型「實用主義涵化」的例子，「中學為體，西學為用」地將西方式人我對立的「獨立自足的自我」改造成了中國式人我有別又人我交融的「折衷自我」。

本研究實徵資料中與「他人有關」的自我內涵所展現的，則是對人我關聯性的關注，這屬於傳統的「互依包容自我」的界域。學者們在理論上已多所著墨，無須再加贅述。值得一提的是，從「角色承諾」、「彼此相依」到「社會自我」所展現的正是中國人由小團體到大團體，由特定他人到泛化他人的自我運作，正與楊國樞（Yang, 1995）對中國人「社會取向」的分析相對應。

正如前文的理論分析所顯示的，現代中國人必須具備兩套自我系統，也可以保持「人我關係」界定的彈性運作，而兼容並蓄了「獨立我」和「互依我」成分的「折衷自我」可能是在經濟發展與社會變遷的洪流之中，個人兼顧「獨立」與「依賴」需求的最佳表達方式。這樣的論述確實獲得了實徵研究的初步支持。實徵資料也顯示，這兩大類看似矛盾對立的成分確可共存一室，也是在個人的生活與適應中運作的饒富意義的自我歷程。綜合而言，傳統上，中國人的自我並非一個獨立的實體，而是寓居在人我關係之中的；並非跨情境穩定的特質，而隨關係性質變化呈現；並非行為的指針，而是「道德人」在行為考量中應盡力克服的「我執」。

中國人當然不是自我與他人界線不清、疆域模糊，但「互依包容的自我」確是傳統中國文化所型塑的「自我」內涵的核心。然則，西風東漸之後，面對現代化與社會變遷的挑戰，現代華人社會中的個人可能已發展出一套兼容並蓄中國傳統「互依包容自我」及西方文化「獨立自足自我」的「折衷自我」系統，而靈活彈性的「人我關係」界定是頗值得繼續深究及玩味的。§

---

§ 本文曾發表於《本土心理學研究》（臺北，2003），20 期，139-207。作者感謝教育部「華人本土心理學追求學術卓越計畫」（89-H-FA01-2-4-2）經費支持，亦竭誠感謝所有參與焦點團體及個別訪談之受訪者。

第五章
當代華人的傳統與現代雙文化自我：其現身、組成與變遷

陸洛、楊國樞

　　在當今全球化趨勢日趨主導的社會經濟脈絡下，心理學界出現了越來越多的多元文化（multi-culturalism）論述，例如，多元文化諮商（multi-cultural counseling）近幾年已漸成主流。本文所闡述的「雙文化自我」（bicultural self）也可視為多元文化的一種論述，我們認為至少有兩種不同的現象可稱為「雙文化自我」，此兩者雖有不同的根源，但仍具有某種程度的關聯性。

　　第一種現象是指現今社會中某些人可擁有各種不同組合的「雙文化或雙國籍認同」（dual cultural/national identity），兩個典型的例子為所謂的「世界公民」（world citizen）和移民。這些人置身於二種不同文化的交匯處，他們的自我必須納入客體文化（guest culture）中重要的價值觀及觀念的核心成份，以解決可能遭遇的衝突和文化差異。因此，這些人可能擁有二套自我系統，一套源自祖國文化（home culture），另一套則來自對異文化的適應經驗，是慢慢累積而成的。祖國文化與主體文化（host culture）通常分處兩個不同的地理位置（如中國和美國），這種「雙文化自我」在跨國旅行或遷徙中就順理成章地現身了。然而，對大多數人而言，由兩套系統組合而成之「雙文化自我」的整合程度並不高，我們不難看出，他們源自祖國文化的自我仍佔據著優勢地位，後來所習得的自我則具較次要性或輔助的性質；換句話說，他們仍大抵是原來的樣子，只是由於後天經驗中與異文化的接觸，自我系統中已或多或少地統合或加上了其他文化的元素，而產生了新的心理資源。這一類型的「雙文化自我」相當普遍，其形成的過程也大致相似。心理學界對文化適應（acculturation）的諸多研究其實已大致勾勒出其樣貌了，在此不必贅述。

　　另一種「雙文化自我」的現象特別適用於發展中國家的人們，例如生活在華人社會中的中國大陸人、臺灣人、香港人、新加坡人等。傳統上，華人的自我並非一個獨立的實

體，而是寓居在人我關係之中；它並不擁有跨情境穩定的特質，而是隨關係性質變幻呈現的；它也不是行為的指針，而是「道德人」在行為考量中應盡力克服的「我執」。根源於這樣的文化傳統，「關係中的自我」（self-in-relation）無疑是華人「自我」內涵的核心。然而，西風東漸之後，面對現代化與社會變遷的挑戰，現代社會中的華人已經兼容並蓄傳統的「關係中的自我」，以及習自西方文化的「獨立自主的自我」（independent and autonomous self），而發展出一套「折衷自我」（composite self）（陸洛，2003）。此一組織完善的折衷自我可視為現今華人表達獨立與互依二種人類基本需求的有效方式，這種形式的「雙文化自我」雖不必有在異文化中生活的真實經驗，不過它也是將二種截然不同的文化傳統高度地統合或整合。楊國樞（Yang, 2004）曾系統性地分析了華人自我的本質、運作歷程與功能，並界定了它的四個組成成份，分別為：「個人取向自我」、「家族取向自我」、「關係取向自我」以及「他人取向自我」。後三者也稱為「社會取向自我」。

　　本文將集中探討第二種類型的「雙文化自我」，以下就分三大部份來論述。第一部份為理論與概念分析，我們試圖描述現代華人社會中，兼具傳統性與現代性之雙文化自我的現身、組成及其變遷，藉此探索「雙文化自我」的文化與社會根源，描述其組成成份，分析它們之間的相互關係並預測其改變的趨勢。第二部份則回顧與評論相關的實徵研究證

據。這些證據是筆者及其他研究者近年來所進行的一系列研究成果的累積，包括心理傳統性與心理現代性、自我概念、自尊、自我評價、自我實現以及主觀幸福感（其可視為自我歷程最終的產物）。最後，我們也將概略地提出有關華人雙文化自我的未來研究方向與重要議題。

第一節　傳統華人自我的概念內涵

　　著名的中國哲學家杜維明（Tu, 1979, 1988, 1994）曾精闢地析論過儒家傳統自我概念的內涵，他（Tu, 1979）認為儒家的自我追尋是一種「終極的的自我轉化（ultimate self-transformation）」，且這對華人而言是一種集體的行動（communal act）。杜氏（Tu，1988）並指出：「這樣的定義包含了兩個相互關連的假設，即（a）自我是關係中的核心，與（b）自我是一種精神發展的動態歷程」（p.231）。他特別主張，「自我在儒家的典籍中常常是鑲嵌在對偶關係中的，所以在儒家思想的影響下，個人的自我意識幾乎被身為兒子、兄弟或父親等角色所支配，而不會意識到自己應為一個獨立自足的人」（p.233）。易言之，儒家傳統下的「人」主要被視為「關係中的人」（relational being），這可能就是為什麼「他人的出現，在儒家自我修養的過程中是相當重要的」（p.233）。在另一篇文章中，杜氏（Tu, 1994）重申，相較於個人主義者，持儒家思想者「比較會採取集體共生的途徑（communal path），因為他們堅信身為各種關係

的核心，個人的人格是透過與自然的社會環境，例如：家庭、家族（kin）、社會與國家，產生有益的互動後才存在的」（p.184）。

　　另一位學養豐富的中國哲學家劉述先（Liu, 1995）則專門研究當代新儒家哲學，以其對傳統文化的洞見，加上東西方文化交匯的觀點，發展了一個具獨創性的「雙認同命題」（dual identity thesis）。雖然道家莊子的陰陽觀與齊物論（同時伴隨兩種進行方向）給了他第一個靈感，但是宋明新儒家「理義分殊」（規律只有一種，但是卻有很多不盡相同的外在表現形式）的指導原則，才真正提供了他雙認同命題堅固的理論基礎與強烈的中國風味。根據劉氏的理論，每一個人都是獨特的個體，所以他必定會找到他的個人認同。但是新儒學家必須在兩種自我（ego vs. self）之間做一個非常重要的區別。人格中心的自我（self）從上天承接了天資稟賦，上天賦予人創造力（聖）與人性（仁），使人永遠都在創造的過程中。而意識中心的自我（ego）則從創造力的資源（resource）中脫離出來，自成一個封閉的（closed）系統，因此無法回應內外在的改變。人生的終極追求就在於戰勝本能的自我，而釋放人格的自我。這就是劉氏雙認同的哲學命題之核心論點：認同之一是有限的、內在的人類本性；另一個認同則是無限的、擁有超自然力量的，就像不斷在宇宙中運行的創造法則。這讓我們聯想到傳統儒家的理想：有等級之別的愛（graded love）與不斷努力擴充自我的界限，

去包含更多的他人。自我的最終實現在於不斷地擴大人性到
至善至美的終極狀態，以達到天人合一的境界。劉氏的雙認
同命題當然不是一個心理學理論，不過他的確為人生中最核
心的矛盾提出了一種解答。張載（1020-1077）的經典表達
了新儒學對生命與世界的看法：「存，吾順事；沒，吾寧
也」（《西銘》）。生浮游於天地萬物之間，早在一千年前
中國哲人的真知灼見，現今仍可獲得深沈的迴響。

　　若我們將劉氏的哲學命題轉換成心理學的語言，就意味
著當今華人必須一方面認同個人的自我是一個有限的存在，
充滿了每一種世俗的慾望與各方面的限制；另一方面，他也
必須認同於上天的造物法則，信任不斷在世界中運行的超自
然力量。前者在社會現代化與西化的過程中，可能已經結合
了西方文化價值觀的組成成份，形成心理現代性；後者則仍
然忠實的保留了華人的傳統，特別是儒家思想。這個哲學雙
認同命題正好為當今華人社會中，個人兼具傳統性與現代性
雙文化自我現象，提供了形上學的理論基礎。

　　其實，幾位學養豐富的資深華人心理學家早就戮力提倡
華人心理學研究的本土化，特別是華人自我研究的本土化。
譬如，楊中芳（1991a）曾就臺灣、香港及大陸心理學者有
關自我的研究，包括了「主體我」（I-self）與「客體我」
（Me-self）的研究，做過詳盡的回顧與檢討，她下了一個非
常嚴肅的結論：「由於在概念上，方法上以及理論上太多依

賴西方的東西，以致所得的研究成果對了解中國人的『自己』及其對社會行為的影響，可謂是『一籌莫展』」（p.80-81）。在同年發表的另一篇論文中，楊氏（1991b）繼續從本土化的觀點，提出儒家社會中華人自我的系統性概念分析，並指出未來從事華人自我之本土化研究的重要方向。經過詳細的分析，她認為華人自我有著許多深植於儒家文化傳統的特徵，以下幾點最為顯著：(1)華人對自我是非常重視的，它不但是個人行為的原動力，也是理想社會達成的工具。華人的自我也極注重自主性，此種自主性則表現在「克己復禮」的道德實踐上。(2)華人自我是以實踐、克制，及超越轉化的途徑，來使自我與社會結合。(3)華人自我基本上被看成是一個不斷向前進步，走向道德至善的過程。(4)在自我修養的過程中，華人自我的界限不斷的擴大到包含越來越多的他人。上述這些華人自我的特徵可明顯看出與西方人自我的特徵是大不相同的。

在過去十年裡，文化心理學的自我建構理論（Markus & Kitayama, 1991）大受歡迎，且開啟了相當多的實徵研究。「獨立我」（independent self）與「互依我」（interdependent self）原本是作為一組對比的自我建構概念，各自在西方與東方佔主導地位。華人和日本人被認為擁有互依我（Markus & Kitayama, 1991）或是亞洲人的「我觀」（selfway）（Markus & Kitayama, 1998）。互依我源自對個人與他人之關連性與互依性的信念，這是典型東方自我

的特徵，個人並非由其獨特的特徵來界定，而是由其社會關係來界定。楊國樞（1993；Yang, 1995）把東方亞洲集體主義的自我稱為「社會取向自我」，意即個人的自我主要由其社會性與關係性的角色、身份、地位、承諾、及責任所組成的，表現為與之相關的想法、感受、意圖、傾向和行動。

集體主義是另一種描述亞洲社會關鍵特徵的理論（Triandis, 1994; Kim. et al., 1994; Hofstede, 1980）。在亞洲社會中，所有的社會習俗、制度和媒體全都致力於滋養一種關係性生存方式，強調角色、地位與內團體歸屬（Markus & Kitayama, 1998）。而華人文化更被形容為家族式的集體主義，華人在本質上是社會取向的（Yang, 1995）。楊氏進一步提出，華人社會取向在不同日常社會互動中會表現出不同的內涵與運作方式，他並界定了華人社會互動的四個主要的場域為：（a）水平關係：互動關係中的雙方具有大致相近的權力；（b）垂直對偶：互動關係中的雙方具有相當懸殊的權力；（c）人們與自己的家庭或某些其他自我認定團體互動的場域。（d）在某些情形下與非特定他人或泛化的他人互動的場域，泛化的他人是指為數眾多，無法辨識的真實或想像的觀眾。楊氏接著定義了四種取向，對應於此四大社會心理互動的場域，即關係取向（relationship orientation）、權威取向（authoritarian orientation）、家族（團體）取向（familistic/group orientation）以及他人取向（other orientation），作為華人社會取向中主要的次級取

向。這四種次級取向各有其特殊的互動特點與內涵，詳細的說明與討論請見楊國樞（1993; Yang，1995），此處僅提供摘要表（見表1）：

【表1】　華人社會取向之各次級取向的定義特徵
（修改自楊國樞，1995b，表 2.3）

社會取向的次級取向	定義特徵或特點
關係取向	(1)　關係形式化（角色化） (2)　關係互依性（回報性） (3)　關係和諧性 (4)　關係宿命觀 (5)　關係決定論
權威取向	(1)　權威敏感 (2)　權威崇拜 (3)　權威依賴
家族取向	(1)　家族延續 (2)　家族和諧 (3)　家族團結 (4)　家族富足 (5)　家族榮譽 (6)　泛家族化
他人取向	(1)　顧慮人意 (2)　順從他人 (3)　關注規範 (4)　重視名譽

　　楊國樞（2004）所界定的個人取向、關係取向、權威取向、家族（團體）取向以及他人取向。這五個取向，包含了華人自我最重要的運作場域：與自己的互動、與平權他人的互動、與權威他人的互動、與自己家庭或某些其他自己認定團體的互動，以及與非特定他人的互動。關係取向強調水平式權力相近之兩人關係，權威取向則強調垂直式權力懸殊之兩人關係，由於兩者都涉及對偶的人際關係，為了簡化起見，在最新的理論重構中，楊氏（2004）將兩者合併而以關係取向代表之。因此，關係取向自我、家族（團體）取向自我與他人取向自我三個次級系統就組成了社會取向自我。此一理論迄今仍是對傳統華人自我最有系統的心理表徵。

第二節　西方自我的概念內涵

　　Bakan（1966）從個體發展的觀點認為；西方人傾向朝著提昇人類主宰性的方向發展，因而強調自我主張與擴展、追求支配與權力、突顯差異與獨特，並執著與他人分離，卻壓抑了人類本性中共生的一面，也就忽略了與他人互動、合作、聯合與結盟的需要。Josselson（1988）也提出過類似的看法：「心理分析發展論（psychoanalytic developmental theory）的假設前提就是：人類發展的核心要旨（central thrust）是從依賴的狀態往獨立、分化的自我前進」（p.93）。這樣的論述也意涵著西方人在全人生發展的旅程

中，是往主宰的一面轉換，而不是往共存的一面發展。

Geertz（1975, p.48）以西方人的觀點，做了一個最為鮮活的描述，他形容人是「一種有界限的、獨特的個體，多少整合了個人的動機和認知，是個人意識、情緒、判斷和行動之動態中心，組織成一個有別於他人的整體，且與其社會和自然背景皆是對立分離的。」這樣一個把人看做是有界限的、統合的、穩定的、自主的、以及自由之實體的觀點正是Markus 和 Kitayama 所說的「獨立我」或「歐美人的我觀（selfway）」（Markus & Kitayama, 1998）。獨立我是典型西方信念下自我的特徵，是寓居於個體之內，且每個人的屬性結構都具有整體性與分離性。

楊國樞（Yang, 2003）把西方個人主義的自我稱為「個人取向自我」，意即自我主要是由個人所珍視的內在屬性所組成的，其核心是真實的自我（true self），包含了人類共有的，及個人獨特的內在生理和心理的能力、潛能及傾向，這樣的自我是一種高度個體化的自我。

為了能更全面地比較東、西方人所擁有的兩組對立的心理特徵群（syndrome），楊國樞（Yang, 2003）詳盡地回顧了三十多位理論家所提出的對比概念，得到一個結論，那就是：世界上有兩種基本心理特徵群（psychological syndromes），即心理個人主義（psychological individualism ） 與 心 理 集 體 主 義 （ psychological collectivism ），分別與兩種基本的文化特徵群（cultural syndromes）有關，即文化個人主義（cultural individualism）與文化集體主義（cultural collectivism）。根據楊氏的說法，擁有個人主義心理特徵群的人或簡稱心理個人主義者可被描述為自主的、情境獨立的（field-independent）、分離的、獨特的、自立自足的、自我中心的（egocentric 或 auto-centric）、自我陶醉的（self-absorbed）、自我取向的、內在取向的、以及平等主義者（egalitarian）（p.200）。相反的，集體主義心理特徵群的人們或簡稱心理集體主義者可被描述為融合的（homonomous）、情境依賴的（field-dependent）、脈絡主義者（contextualist）、情境取向的、整體的、包容的、互依的、社會取向的、社會中心的、團體取向的、他人取向的、關係取向的（p.200）。

一個人的心理特徵必須從日常生活中的心理與行為來推斷，而自我正是一個人心理運作的中心，故此，前述個人主義與集體主義者心理特徵的描述應也適用於個人主義與集體主義者自我之特徵的描述。近年來，遠東地區，特別是華人、日本和韓國的心理學者，在闡述東西方自我的議題上下了許多理論功夫，也開展了不少的實徵研究。在楊國樞（Yang, 2004）最新的理論構念中，個人主義自我被稱為個人取向自我，集體主義自我被稱為社會取向自我，又可再次分為三個子系統，分別是關係取向自我、家族（團體）取向

自我與他人取向自我。以當代華人而言，社會取向自我代表了傳統華人自我的本質，尤其源自儒家思想的傳承；相反的，個人取向自我代表的則是在社會現代化的過程中，受西方文化影響的部份。由此可知，現階段華人社會中，個人兼具傳統性與現代性的雙文化自我可能已經現身了。

第三節　華人雙文化自我的現身

　　行文至此，我們是採跨文化的對照來突顯東西方自我的差異。然而，在單一文化之內，實徵證據也已顯示：華人社會中正呈現越來越多傳統性與現代性共存的現象。以臺灣為例，Brindley（1989）觀察到當代臺灣社會的文化價值觀處於非常未定（indeterminate）與變動（fluid）的狀態（p.114），他認為此乃傳統價值觀與新引進的西方價值觀共存所致。西方國家歷經數百年之久才發展成現今的現代社會，但臺灣只花了四十年的時間，就從傳統的農業社會轉變成繁榮的工商社會。如此巨大的現代化，伴隨著大量西方價值觀的引進，導致了一個多元價值系統共存的多元（pluralistic）社會。Brindley（1990）認為雖然傳統中國文化價值觀（如孝道與人際和諧）仍普遍存在，但西方文化價值觀（如重視科學與強調獨立）對人們心理與行為的影響已越來越顯著。

　　陸洛（2003）在最近一項結合了理論分析、焦點團體討論與深度個別訪談的研究中，提出折衷自我（composite self）的構念，用以描述當代華人正在發展中的一種全新自我系統的特性。折衷自我巧妙地整合了傳統華人的「關係中自我」（即互依包容的自我）與西方獨立自足的自我的特色。對當代的華人來說，過去遭到忽略，甚至壓抑的獨立自我，現在卻可能在某些生活的場域中（例如：工作場合）得以培養、發展、擴充，甚至重視。對生活在臺灣及其他亞洲社會的人們來說，以獨立自我與互依自我共存與整合的態度，來處理不甘退讓的傳統文化與勢在必行的現代文化間的衝突，很可能是最好的適應方式。這樣一種折衷自我，有著均等強勢的獨立與互依信念，對當代華人而言，正可同時表達人類基本的個人「獨特性（uniqueness）」與人際「關聯性（related）」的雙重需求。

　　從文化互動論的觀點來看，「折衷自我」現身的社會文化情境是：個人的未來已經不僅取決於其在社會網絡中的位置，也取決於他在大社會中的獨立成就。當華人社會從小農經濟的生產系統走進資本主義的工業化生產系統時，當代華人就必須越來越常與其親密關係網絡之外的人互動。因此，在一個繁榮的現代華人社會中，傳統的「互依包容的自我」與現代的「獨立自主的自我」便都有其生存與適應的功能，缺一不可。

　　從人格發展的觀點來看，人性最核心的雙重性（duality of humanity）也可解釋折衷自我的現身。諸多人格理論家都指出人具有兩種基本但看似矛盾的需求或驅力，只是每位理論家所用的命名各有不同。例如，Bakan（1966）提出了「共有」（communion）與「主宰」（agency）這一組對比，說明兩種人類存在的基本形式；Rank（1945）則指出「融合化」（union）與「個體化」（individuation）是兩個對立的基本社會心理發展歷程；Angyal（1941）對比了「融合性」（homonymy）與「自主性」（autonomy）這兩種人類與環境互動的基本趨勢；Freud（1924）在論述人類適應環境的主要方式時，區辨出自體成形的適應（autoplastic adaptation）與移植取代的適應（alloplastic adaptation）。楊國樞（Yang, 2004）詳盡地比較了由上一世紀的人類學者、心理學家以及社會學家所提出的 33 組相似的對照用詞，認為這些人格理論學者共同的關注其實是人如何在「個體化」與「融合」、「獨立」與「依賴」、或者「自主」與「降服」（surrender）這兩種同時存在的基本心理歷程中找到平衡點。只有當這些看似矛盾的需求、驅力與趨勢所引發的衝突被化解，才會發展出一個健全的、具有適應性的與功能充分發揮的人格，Mahler（1972）將這種狀態稱之為「個體化與分離」（individuation/separation）議題的終結。以自我而言，華人傳統「互依包容的自我」對應的正是人類基本的共有需求與合和傾向，而現代「獨立自主的自我」對應的則是人類基本的主宰需求與分離的傾向。因此，對當代華人來

說，折衷自我的現身不僅可視為一種表達兩種需求與傾向的方式，也在自我的心理建構上表現了人性最核心的雙重性。如此建構出的折衷自我可以說是一種包含傳統中國文化與現代西方文化基礎的雙文化自我。

第四節　華人雙文化自我的組成成份

　　楊國樞（2004）最近提出了可說是最詳盡之華人自我的心理學理論，在這個最新的理論建構中，他從社會取向與個人取向的觀點說明了華人自我四元論的模式。模式中的四大部份分別為：個人取向自我、關係取向自我、家族（團體）取向自我以及他人取向自我。個人取向自我可對應於現代西方獨立自主的自我，後三者則統稱為社會取向自我，可對應於傳統華人互依包容的自我。具體而言，如此建構的華人雙文化自我共有四個組成的次級系統，其中一個代表了現代西方文化的影響，另外三個則直接源自傳統中國文化的傳承。

　　我們有必要對華人雙文化自我的四個次級系統間的關係作更進一步的說明。Kegan（1982）在闡述其演化的自我（evolving self）的理論時，曾提出西方人的自我在終其一生的演化中，不只經歷了「帝制」（imperial）與「工具」（institutional）等強調獨立的發展階段，也經歷了「衝動的」（impulsive）、「人際的」（interpersonal）、與「個體

間的」（interindividual）等強調包容的（inclusion）發展階段。他強調自我的演化性成長其實是個體漸次地從其生活的環境中逐漸分離出來，界定出自我與非我的本質性差異，再逐漸將這諸多面向一一統整起來。華人自我的演化或許不會經歷與西方人自我演化相同的階段，但是 Kegan 所提之先分化後整合個人的心理世界中不同面向、不同成份、不同情境、與不同場域的原則，應該同樣適用於本體論層次上華人自我的演化。根據這樣的原則，楊國樞（2004）所界定的不同取向，就可視為華人自我不斷分化與整合生活世界中不同情境或社會互動場域的結果。這些分化與整合可能已相當有效且完整，故特定情境中的心理與行為取向已達到功能自主和結構特異，它們已可視為華人自我的次級系統（subsystem），或更明確的說，它們已是華人的次級自我（subselves）。

　　有這四種次級自我，華人自我似乎是一種多元自我（Elester, 1986）。不過，在結構鬆散的多元自我中，各個次級自我會表現出矛盾、衝突或防衛性心理區隔，而淪為分離的，各自為政的主宰者。華人的多元自我絕非如此。我們同意儒學的哲學家與本土心理學家（如：楊中芳）所言，華人的自我是一個主動的代理人（active agency），有著朝向和諧一致的整合趨勢。這樣一種有機的整合可以分為兩個層次：第一個層次是朝向個人內在自我的和諧統一（unity in one self），也就是朝一個人調控性活動與經驗的一致性。換

句話說，這是一種朝向整合華人自我所有的四種次級系統的
趨勢。第二個層次則是以一致的、有意義的方式與他人互
動，以建立滿意的人際關係，並與既有的社會秩序和諧相
處。這個自我發展的雙歷程源自於主宰性的自我（agentic
self），主要由尋求個人內在整合及人際整合的需求所驅
使。因此，整體華人的自我最可能是一種完善整合了雙文化
（華人社會取向與西方個人取向）基礎的多元自我。

　　不過，自我在達到完善的整合與一致之前，為解決東、
西方不同文化傳統基礎所帶來的強烈對立與痛苦的衝突，可
能必須先經過一番長久艱難的掙扎與奮鬥。在這個過渡時
期，某些心理適應的策略，例如：防衛機轉，可用來減輕不
一致的感覺與壓力，確保個體生活運作正常。在這些策略
中，心理區隔化是非常有效的一種。心理區隔化又稱為認知
區隔化（cognitive compartmentalization）。在區隔的作用
下，個體有意識地將不一致或衝突的態度與價值觀分為兩個
或兩個以上的範疇，因此得以避免在同一時間覺察到不同範
疇的態度與價值觀。重複地採用這些防衛性的因應策略，會
形成一種區隔化心理系統，在這個系統裡，傳統性與現代性
自我各自主導不同的生活範疇。換句話說，整體自我的系統
在很長一段時間內，可能都是傳統性與現代性各置一邊，相
安無事地共存（coexist），而沒有任何實質的整合或統合。

　　上述的討論顯示出：最好把華人雙文化自我想像成一種

動態的歷程（dynamic process），不斷在解決衝突，努力要
達成實質的統合，以超越傳統與現代文化交會時所帶來的衝
突。雖然整合與一致應被視為具功能性的自我系統的最終目
標，但短暫的停滯不前甚至後退，都是有可能發生的。接下
來我們就要更進一步描述在追求整合與超越的過程中，雙文
化自我可能產生的轉變。

第五節　華人雙文化自我的變遷

　　楊國樞（Yang, 1996）曾針對社會現代化的影響下，態
度與價值觀可能產生改變的動態歷程，提出過一個理論架
構。儘管作者只概述了這個一般性的架構，我們仍可用它來
設計並組織一系列的實徵研究，具體地描繪出當代華人心理
轉變的各個階段。將此架構用於傳統性與現代性雙文化自我
的議題上，我們可發現兩種主要類型的人。容我們再次強
調：現今華人社會的一項基本特徵就是傳統文化的基礎依然
穩固，不過與此同時，現代文化的元素也不斷地被引進、注
入、與合併。然而，在這樣一個文化劇烈變遷的社會中，仍
有些人能設法維持一個相對純淨的文化形式的自我，不管是
傳統的或是現代的。有些人堅定地保持著傳統華人的自我，
此即「單純傳統型」（simple traditional type）；有些人則完
全認同現代西方的自我，此即「單純現代型」（simple
modern type）。不過，能達到如此單一的認同，沒有半點含

混或心意的改變，應該是非常罕見的。在這種類型中，大部份的人在達到心理穩定或平衡之前，可能會經過一個反覆認同與再認同的歷程，故又可細分出「次級傳統型」（secondary　traditional type），即在認同西化之後又再度回歸傳統自我的認同；還有「次級現代型」（secondary modern type），即在排拒西化之後又轉而認同西方現代的自我。

　　相較之下，第二種主要類型包含了數種混合型式。前已提及，對當代華人來說，兼具傳統華人文化成份與現代西方文化成份的雙文化自我，是同時表達且滿足獨立、自主與互依、包容需求的一種較好的方式。因此我們可以合理的期待，大多數的華人都應擁有了不同組合的雙文化自我，具體而言，我們可區分出四種次級類型，分別代表處在此一心理轉變動態歷程之不同階段的人。

　　首先，在初期階段，面對新引進的現代西方文化，強烈的衝突可能帶來巨大的痛苦與威脅，此時就必須啟動如區隔化的防衛機轉，以建構一個防護罩。重複使用這些防衛機轉很可能會形成「區隔化混合型」（compartmentalized mixed type），即個體毫無意識地在特定的生活場域中使用傳統或現代文化的自我，當其中一種自我系統被啟用，就完全忽略另一種自我系統的存在。典型的例子如：一個人在工作中表現出現代獨立自主的自我，但在家庭生活中則展現出傳統華

人互依包容的自我。

　　不過，只有少數人真的能將這些不一致的認知，衝突的感覺，或矛盾的行為完完全全地壓抑在潛意識之中。若壓抑不成，而個人又尚未作好心理準備去面對，甚或尚未找到可行的解決之道時，他們只能暫時忍受，陷在緊張、痛苦、耗損心力的狀態之中。處於這種狀態的人當屬「容忍混合型」（tolerated mixed type）。易言之，他們是放棄或不想積極謀求衝突解決的一群人。

　　然而，如果衝突的強度超過一個人容忍的程度，個人就必須做些努力來降低這些衝突，並最終將之排除。不幸的是，對某些人來說，不同的因應策略可能一而再，再而三地失敗。在重複失敗的打擊之後，人們可能會讓步，而留在一個停滯（suspension）的狀態。此時，傳統與現代自我系統間的不一致與衝突會有很長的一段時間得不到解決，此種人即為「停滯混合型」（suspended mixed type）。

　　可喜的是，對大多數的人來說，掙扎與努力將會開花結果，一個整合與一致的雙文化自我終會現身，它合併了傳統與現代兩者的文化成份。雖然某個人身上都有獨特的傳統與現代兩種文化成份的混和比例，但雙文化自我這個全新的混合物（hybrid）的誕生是這些人的共同特徵，可稱為「初級混合型」（primary mixed type）。前文所提之整合的、完善

運作的華人四元自我或折衷自我都是這種混合型的產物。至此，心理轉換的動態歷程已經達到它最終的平衡狀態，而人類的創造力也最充分地展現了它的潛能，讓身處社會劇變中的人們，終於找到了安身立命的最佳適應方式。

至此，我們對比了傳統中國與現代西方文化背景下的自我概念，也分析了現代華人兼具傳統性與現代性之雙文化自我現身的社會文化與心理背景；接著我們說明了這樣一個雙文化自我可能的組成成份與其不同次級系統之間的關係；最後，我們描述了在蛻變的現代華人社會中，可能存在的各種自我系統的類型，也預測了在這樣一個心理轉變的動態歷程中，雙文化自我的改變方向。接下來，我們將嘗試選擇性地回顧關於傳統與現代雙文化自我的存在與運作的實徵證據，這些主要是以臺灣華人為受試者的研究成果。

第六節　有關華人雙文化自我的實徵證據

承前所言，當代華人的雙文化自我可能是傳統與現代兩種文化成份的混合物，也就是說互依包容自我與獨立自主自我可能並存、甚至整合成一種新的自我。在這一節中，我們將先簡要地介紹早期關於一般性的傳統與現代心理特徵並存的研究結果，接著特別針對近期的華人雙文化自我研究，再做詳盡的評述。

一、華人傳統性與現代性特徵並存的早期發現

　　楊國樞（Yang, 1986, 1996）曾兩度詳盡地回顧了關於社會現代化對華人人格衝擊的實徵研究，他把這些研究結果整理成一個表格，指出在社會變遷的過程中，華人三大類穩定之心理特徵：動機特徵、價值與態度特徵、以及氣質特徵中，有些特徵會逐漸降低，有些則逐漸增加。楊氏（Yang, 1996）下了一個簡潔的結論：隨著現代化的發展，華人的社會取向有減少的傾向，個人取向則有增加的趨勢。這個結論在實際生活的觀察中很容易得到證實，但這絕不意謂著華人社會取向最後終將完全的被個人取向所取代，他（Yang, 1988, 1992）對心理傳統性與現代性的一系列研究結果，就提供了直接的證據。

　　根據楊國樞（Yang, 1992；楊國樞、余安邦、葉明華，1991）的定義，個人傳統性是指傳統社會中個人所最常具有的一套有組織的心理特徵；個人現代性則是指現代化社會中個人所最常具有的一套有組織的心理特徵。如此一來，華人的傳統性應該包含了經由中國文化傳統傳承下來的核心價值觀、態度、感覺和行為傾向，而華人的現代性則應該包含了經由引進與學習西方文化傳統的核心價值觀、態度、感覺和行為傾向。楊氏對傳統性與現代性如此具系統性地分析與連貫性的研究，可說是華人兼具傳統性與現代性雙文化自我探索的開端。

　　以心理傳統性與現代性為兩個分離且多向度的心理組型為出發點，楊國樞（Yang, 1992；楊國樞、余安邦、葉明華，1991）分析出華人心理傳統性有五個組成成份，分別為「遵從權威」、「孝親敬祖」、「安份守成」、「宿命自保」、以及「男性優越」。他也界定出華人心理現代性的五個組成成份，分別為「平權開放」、「獨立自顧」、「樂觀進取」、「尊重情感」、以及「兩性平等」，並以實徵研究證實了傳統性與現代性的確是兩個獨立可分的心理組型。楊氏（Yang, 1992）接著以大樣本的臺灣大學生為受試，計算五個傳統性因素與五個現代性因素彼此之間的淨相關，得到有負相關、正相關與零相關等關係。整體模式顯示出：在社會現代化的衝擊下，「遵從權威」、「安份守成」、以及「男性優越」將逐漸被「平權開放」取代，「男性優越」也將逐漸被「兩性平等」所取代。但在社會變遷下，「孝親敬祖」、「宿命自保」則會與「樂觀進取」、「獨立自顧」、「尊重情感」共存。因此，楊氏的實徵研究說明了某些華人最重要的傳統態度、信仰與價值觀，並不如預期地會因社會現代化而被現代性心理特徵所取代。

　　之後，黃光國（1995b）也曾系統地分析了儒家思想的內在深層結構，他也對臺灣大學生進行了大樣本施測，採同理瞭解（empathic understanding）的策略，請大學生分別說明自己及其知覺到的父母長輩的各項價值信念，以檢視核心傳統價值觀的世代差異。研究結果相當明確地顯示：大學生

並不認為在某些重要的核心價值觀上，他們與父母親之間有太大的差異。不過，某些傳統價值觀在大學生中確實在式微。據此，研究者推論：社會變遷的過程中，傳統與現代文化的價值觀是可以並存的，甚至有可能會融合成一套新的價值體系，以作為人們在現代社會中生活的導引。

二、華人雙文化自我最新的證據

八○、九○年代早期，因應社會現代化的潮流，相關的研究多為探討華人價值觀與態度的變遷，自西元二○○○年起，在教育部與國科會補助的「華人本土心理學學術追求卓越計劃」下，以楊國樞院士為首的各研究團隊組成了華人自我研究的分項計畫，開始致力於探究華人自我的本質與運作。前述楊國樞關於個人取向與社會取向自我的概念即為整個分項計劃提供了一套理論架構，用以設計與統合不同子計畫並解釋各項研究發現。換言之，傳統與現代雙文化自我的概念內涵、自我歷程、自我評價與終極的自我實現，正是這個分項計畫的研究主軸。下面我們將簡要地介紹這些子計畫的發現，詳細的結果請讀者參閱各項研究的結案報告。部分研究結果已由楊國樞（2004）綜述，也可見於《本土心理學研究》第 23 期〈自我實現與自我實現者〉專刊。另一本《華人自我的本土心理學研究》專書也在積極籌畫中。

我們首先介紹關於自我內涵的研究。Markus 與

Kitayama（1991）曾提出廣為人知的獨立與互依的自我建構，作為在個人層次上與文化層次上個人主義與集體主義對應的構念，我們認為獨立我與互依我分別代表了東方亞洲與西方文化傳統中較佔優勢的自我系統，與楊國樞的個人取向自我與社會取向自我有相當大部份的重疊。事實上，獨立我可以等同於個人取向自我，互依我則可以等同於社會取向中的關係取向自我。Markus 與 Kitayama（1991）從跨文化的觀點建構其理論時，就指出這兩套自我系統有可能共存於同一個個體；我們的實徵研究（Lu et al., 2001; Lu & Gilmour, 2004a, b）則為此論點提供了直接的證據。這些跨文化分析清楚地顯示：不論是華人或英國人，獨立我與互依我之間皆有顯著的正相關，而這兩個看似矛盾的自我系統的共生共存，在臺灣華人身上更為明顯。

Lu 和 Gilmour（2004a, b）進行了一系列單一文化（臺灣）與跨文化（臺灣與英國）的研究，發展了一份包含多面向內涵的「獨立我與互依我量表」。此量表具有良好的信度、聚合效度、區辨效度與跨文化因素結構穩定性。施測此量表後更有令人驚訝的發現：華人的獨立我得分竟然比英國人還高。這樣的跨文化差異似乎與直覺不合，顯得相當怪異。不過，要理解這個發現的意涵，我們必須先說明兩個重點。

第一，Gudykunst 等人（1996）認為：一般而言，個人

主義文化的成員會學到他們文化中優勢的價值觀，即獨立、成就，並學會以此文化偏好的方式建構自我（例如：自己是一個獨特的人）；集體主義文化的成員也會學到另一種優勢的價值觀，即和諧、團結，並也學會以此文化偏好的方式建構自我（例如：自己是與他人相聯結的）。然而，個人主義與集體主義文化的成員並不會只學習一套價值觀或一種看待自己的方式。某些個人主義文化的成員也會學習集體主義文化的主要價值觀及自我觀；相同地，某些集體主義文化的成員也會學習個人主義文化的主要價值觀及自我觀。獨立與互依的自我觀（還有其他種種個人主義與集體主義的概念）意欲解釋的正是這種單一文化內的個別差異。因著這樣的理論推衍，Gudykunstm 與 Lee（2003）認為在跨文化比較中，可能無法清楚地呈現文化與獨立我和互依我的對應模式，必須視施測的樣本而定。如果受測者在自我觀的得分上無法符合「預期」的文化模式，並不表示這些量表是無效的，很有可能是樣本本身無法代表文化層次上的個人主義與集體主義。在 Lu 和 Gilmour（2004a, b）的研究中，華人樣本的特徵為：年輕（平均年齡 30.7 歲）、受過良好的教育（平均教育年數相當於大學三年級）、且都居住在大都市。之前的研究已發現：在集體主義文化下，年輕、高學歷、居住在城市的人們之集體主義的傾向較低，個人主義的傾向較高（Mishra, 1994; Lu & Kao, 2002）。顯然，Lu 和 Gilmour（2004a, b）研究中的華人受試者並不符合集體主義的刻板印象，反倒可能已受到較多西方個人主義文化的影響。

　　大多數人對文化的刻板印象可能並不正確，也沒有事實根據，還有一種可能的解釋更值得玩味：那就是現今華人的自我可能不僅有兩套系統，其中的「獨立自主自我」更可能已趕上了西方人的程度，我們只是還不確定是否只有某些特定的華人群體特別強調獨立我觀，這還需要更多系統性的分析，不能精確地揭示此種文化整合的歷程及其功能性的價值。

　　不過，如果宣稱華人已經擁有和西方人一樣，甚至更多的獨立我或個人取向的自我尚言之過早，那麼，宣稱傳統與現代文化共存已是不爭的事實。相關的證據浩若繁星，在在顯示：發展中國家的人們似乎不難與一個看起來對立的文化系統相處，在土耳其、中國與印度，研究者都相當一致地發現：傳統與現代文化可以共存（Kagitcibasi, Sunar & Bekman, 1988; Lin & Fu, 1990; Agarwal & Misra, 1986; Sinha & Tripathi, 1994; Lu et al., 2001; Lu & Gilmour, 2004a, b; Lu & Kao, 2002; 黃光國，1995b）。但是，若我們進行個人內的分析，還是會發現華人的互依我仍比獨立我來得強（Lu et al., 2001; Lu & Gilmour, 2004a, b），華人也認為傳統中國文化價值觀（如：和諧）比對立的西方文化價值觀（如：主動控制）來得重要（Lu & Kao, 2002）；對英國人來說則恰恰相反，他們的獨立我仍比互依我強（Lu et al., 2001; Lu & Gilmour, 2004a, b）。由此可見，在社會變遷的過程中，華人正在發展一個同時包含傳統與現代文化成份的雙文化自我系統。但

無論如何，現代文化的成份雖已被納入甚至整合到自我系統中，傳統文化成份的主導性影響可能還會延續相當長的時間。換句話說，文化會變，但文化不朽。

接下來要介紹的是楊國樞與程千芳（2001）的研究。為了檢驗 Higgins（1987, 1989）的自我差距理論（self-discrepancy theory）是否適用於華人，他們發展了一套本土化的量表，直接測量三類自我概念：「真實自我」、「理想自我」、及「應然自我」。此「多元華人自我概念量表」依據楊國樞（1993）所提之概念，分別編寫了個人取向、關係取向、團體取向（含家庭、學校、工作組織）、他人取向、以及性靈（spiritual）取向的題目。以臺灣大學生樣本所做的初步分析，已界定出華人「真實自我」的四個主要斜交因素（oblique factor），分別為：個人取向自我概念、家族取向（包括家庭內的人際關係）自我概念、學校與社會取向（包括學校內的人際關係）自我概念、以及他人取向的自我概念，四個因素間具中度的相關，但並未發現與精神取向自我有關的因素。這些研究結果對華人自我四元論提供了最直接的實徵支持，也證實了華人確實具有包含個人取向與社會取向的雙文化自我（Yang, 1995; 楊國樞，2004）。

另一個華人雙文化自我的重要研究議題是自我歷程的運作。孫蒨如（2001）採實驗設計的方法，探討獨立我與互依我在臺灣學生的自我評價維持（self-evaluation maintenance，

簡稱 SEM）上，所扮演的角色。她在實驗中操弄(manipulate)
當獨立我（重要的任務）或互依我（朋友的表現較好）受威
脅時，受試者是否會有不同的情緒。研究結果指出；威脅互
依我的衝擊較大，並衍生出較多負面的情緒，尤其是他人導
向的情緒（other-focused emotion）。威脅獨立我也會有影
響，但只在與朋友而非陌生人的表現做比較時，且有趣的是
因此衍生出來的負面情緒，很明顯的都是自我導向的情緒
（ego-focused emotion）。這些研究結果與 Tesser（1988）所
提的 SEM 並不一致，卻似乎指向在華人的自我歷程中，互
依我的重要性比獨立我來的大。

　　孫蒨如（2000）的另一項實驗研究也顯示華人雙文化自
我中互依我的重要性：她在實驗中先給受試錯誤的負面人際
回饋，然後受試者被隨機分派到「肯定重要人際關係（父母
或朋友）組」，或「肯定個人重要能力組」，「控制組」則
無任何肯定。研究結果發現，當互依我受到威脅時，肯定一
個重要的人際關係，尤其是與父母的關係，可以有效的回復
自我系統的平衡。但是，肯定個人的價值則無甚助益。在另
一個實驗中（孫蒨如，2002），孫氏利用「自我設限」
（self-handicapping）的研究典範，探討激發不同自我系統
（獨立我與互依我），在自我提升（self-enhancement）的動
機上是否會產生不同的效果。研究發現當獨立我或個人取向
的自我被激發時，華人受試者會試圖維持自我的評價；但是
當他們必須與其他人互動時，維持和諧似乎比正向的自我評

價更重要。

　　這一系列的實驗研究所探討的是以互依我為主導的華人自我評價的歷程。綜觀而言，研究結果大致支持了個人取向與社會取向的雙文化自我確實存在，且兩者在華人的自我歷程中都有作用。更有甚者，對華人而言，社會取向自我似乎比較重要，因為它左右了整個雙文化自我系統的平衡，肯定它以可彌補個人取向自我上的受創，反之卻沒有同樣的效果。

　　接著要介紹的是有關自尊（self-esteem）的研究。自尊作為自我系統運作的結果，與前述自我歷程中的自我評價維持是密切相關的。楊國樞（2003）採取模擬故事（scenario）的設計，探討情境種類（私人或公開）、自我系統類別（個人取向或社會取向）、以及事件的結果（成功或失敗）等因素，在自我提升、自我批評、自我改進、以及自謙上所造成的影響。初步的結果顯示：成功會提升自尊，失敗則會打壓自尊；尤有進者，成功會有自我提升的效果，失敗則會有自我貶抑的效果。不過，成功或失敗後自尊的增加或減少，會受到情境種類與自我系統類別交互作用的影響。

　　這項研究證實了華人不僅有隱性自尊（implicit self-esteem），也有顯性自尊（explicit self-esteem）。為了能更

有系統地測量華人的自尊，翁嘉英、楊國樞和許燕（2001）
兼採演繹與歸納的方法，發展了「華人多元自尊量表」。理
論上，根據華人自我四元論的概念架構，華人的自尊應可分
成個人取向自尊、關係取向自尊、家族（團體）取向自
尊、以及他人取向自尊，在實徵研究上，兩位學者則採深度
訪談與開放式問卷來探究臺灣與大陸華人自尊的內涵。藉由
因素分析，他們共界定出六個獨立的分量表，分別為：「個
人能力與獨立」、「體能健康與外表」、「人際關係與人
緣」、「家人情感與互動」、「家世背景與經濟」、「社會
認同與關懷」。前兩個分量表明顯的是在測量個人取向的自
尊，後四個分量表則分別對應關係取向自尊、家族（團體）
取向自尊以及他人取向自尊（皆為社會取向自尊）。經初步
檢驗，此新編的華人自尊量表具有良好的信、效度（翁嘉
英、楊國樞、許燕，2004）。更重要的是，他們發現「個人
能力與獨立」與 Rosenberg 自尊量表相關高達.79，而其他分
量表與之則只有中度的相關，由此研究看來，華人的確同時
擁有個人取向自尊與社會取向自尊，而華人社會取向的自尊
並無法由西方主流的自尊量表測得，因為西方工具的理論基
礎正是個人主義的自我觀。

　　除了自尊以外，主觀幸福感（subjective well-being，簡
稱 SWB）或許是另一個表現華人雙文化自我的領域，不過
它不是傳統自我研究的主題。陸洛（Lu, 2001; Lu & Gilmour,
2004b）提出了一個 SWB 的文化心理學理論，其核心論點

為：文化是建構幸福觀的重要力量，它也隨之形塑了個人幸福的主觀經驗。具體而言，不同文化的成員可能對幸福的定義、本質、意義、乃至於與追求的方式都有不同的看法；文化同時也限定了對不同幸福觀（個人取向與社會取向）的偏好，因而為它的成員設定了不同的主觀幸福感的來源與條件（Chiasson, Dube & Blondin, 1996; Furnham & Cheng, 2000）。除了對 SWB 的直接影響外，文化也會透過它形塑或形成自我的方式來間接地影響 SWB。當個人評估自己的幸福感時，不同自我觀（例如：獨立我與互依我）就發揮了調控的作用，引導個體只去關注文化所強調的某些環境面向（Diener & Diener, 1995; Kwan, Bond & Singelis, 1997）；這樣的自我調控機制也決定了人們在追求幸福時的想法、感覺和行為（Suh, 2000）。就像 Kitayama 與 Markus（2000）的比喻，幸福是一項「合作計畫」（collaborative project），也就是說，何謂「安適」（well）或「幸福」，是文化特定的（cultural-specific）（Shweder, 1998）。借用 Suh（2000, p.63）的比喻：「自我是文化與幸福的棟樑」（self as the hypen between culture and subjective well-being），要瞭解不同文化系統對幸福的看法，探究個體的自我建構以及個體在社會建制與日常生活世界中的自我參與，將是關鍵所在。

以前述個人取向與社會取向自我作為主要的理論架構，陸洛（Lu, 2001; Lu & Gilmour, 2004b）收集了華人與美國大學生對幸福的看法，有了這些豐富的俗民心理描述的支持，

研究者提出了一組對立的 SWB 概念（Lu & Gilmour, 2004b）。簡而言之，我們認為個人主義與集體主義文化會建構不同的 SWB 定義，而個體經由對社會生活的主動參與，其對幸福的主觀看法在各文化系統間就會有系統性的差異：個人取向文化定義幸福的特徵是致力於追求個人幸福，且認同這樣的努力，是為歐美文化的典型表現；社會取向文化定義幸福的特徵則強調角色責任（role obligation）與辯證保守（dialectical reservation），是為東方亞洲文化的典型表現。

　　我們進一步編制了一份多向度的量表，用以測量個人取向與社會取向的幸福觀（Lu & Gilmour, 2004b），並分別以華人及美國人為受試者，進行跨文化實徵研究。其中個人取向幸福觀主要有兩個內涵，分別為「個人負責」（personal accountability）與「直接追求」（explicit pursuit）；社會取向幸福觀主要也有二個內涵，分別為「角色義務」（role obligation）與「辯證均衡」（dialectical balance）。經跨樣本與跨文化的檢驗，依此兩向度（社會取向和個人取向）模式所新編的量表具有良好的內容效度、信度、聚合效度、區辨效度、以及構念效度。更重要的是，臺灣與大陸兩地的華人皆認為個人取向與社會取向的幸福觀是同等重要的，再次顯示了華人雙文化自我系統的運作。

　　另一系列的跨文化研究（Lu et al., 2001; Lu & Gilmour,

2004a, in press），則重點探討獨立我及互依我在 SWB 的追求上所扮演的不同角色。首先，在尋找 SWB 的可能預測因子時，陸洛等人（Lu et al., 2001）認為，文化應有關鍵性的影響，因它建構了達到 SWB 的不同路徑。文化一開始就會選擇、激發、發展、維持、並強化一種自我觀（獨立我或互依我），在個人層次上，獨立我與互依我就是文化的代表，它們會形塑與引導個體的行為，去反應文化關切的核心議題；接著，在人際互動中，獨立我的人們傾向相信主動、初級的控制，互依我的人則較強調次級控制與人際和諧。承續 Weisz、Rothbaum 與 Blackburn（1984）之初級與次級控制的概念，我們認為擁有初級控制信念的人會透過影響既存的社會實體（例如：努力加強人際關係），以獲得酬賞；而擁有次級控制信念的人則會透過適應既存的社會實體（例如：降低的失敗人際關係重要性），以獲得酬賞。這些自我調控機制會引導人們日常的社會行為。最終，這些人際互動所產生的感覺就會影響人們整體的主觀幸福感。這個泛文化多路徑的主觀幸福感模式，在兩個以華人與英國人為受試者的跨文化研究中均得到了支持（Lu et al., 2001; Lu & Gilmour, 2004b），顯示達到主觀幸福感可以有不同的方式，且在迥異的東西方文化中，我們都可發現：透過信念系統與社會關係的中介，兩種自我觀都會影響個體的主觀幸福感。不過，令人驚訝的是，至少在一個華人樣本中，我們發現獨立我比互依我更能預測幸福感（Lu et al., 2001），這或許意味著個人取向自我在華人的生活適應上，已扮演著越來越重要的角

色。

　　不過，在我們提出個人取向自我在適應的價值上優於社會取向自我這個命題之前，可能必須先考慮更大的社會脈絡。直覺上我們應能理解，不論在哪一個文化向度上，個體都會在某種程度不認同社會規範，很少有人能在各個文化向度上都完全符合文化的要求。我們很容易在日常生活中觀察到，人們在所謂的文化價值觀、態度、信念、以及行為傾向上都存在明顯的個別差異。既然文化中的每個個體所持有的文化價值及遵守文化規範的程度各不相同，那麼在社會文化與個體文化間就會有著微妙的互動了。具體而言，因為每個人都有個體文化，又都必須在一個較大的社會或生態文化中生存，心理（個體）文化與生態（社會）文化之間就有可能出現契合的問題。我們認為個體文化與社會文化兩者之間的「文化契合」（cultural fit）或不契合，正可用來解釋不同自我系統的適應價值。在最近的一項研究中（陸洛，2004），研究者直接測量了華人個人層次的心理文化、他們對於社會文化的知覺、以及兩者之間的差距。研究結果顯示：華人知覺到個人與社會文化的一致性只有中等程度；個體文化（獨立我與相依我）本身與心理健康及主觀幸福感有關，但社會文化與兩者皆無關；個體與社會文化在獨立我上的差距，可有效預測心理健康與主觀幸福感，但只在三組華人受試中的一組發現了這樣的情況。

　　不過，差距的方向對個人的適應也許更具意義，特別是在快速變遷的華人社會中，文化價值上的「超前」（moving ahead）或「落後」（lagging behind）對個人的健康及主觀幸福感可能有著全然不同的意義。研究結果的確顯示：在獨立我上與文化契合會對心理健康及主觀幸福感有助益，而超前社會文化又比落後要好。換句話說，我們實際上觀察到的是文化契合的程度與方向間的交互作用：與社會文化契合的人普遍比不合的人有較好的心理健康和主觀幸福感；但是，對那些與社會文化不合的人而言，超前社會文化又比落後文化要好些。行文至此，似乎可以下一個暫時性的結論：文化契合的程度與方向兩者對個人適應皆有潛在的重要性，而何為「超前」，何為「落後」，則必須考量人們生活的社會文化脈絡的特性。

　　先前提及楊國樞（Yang, 1996）曾預測並舉證，在社會變遷中華人心理蛻變的方向是個人取向逐漸增加，社會取向逐漸減少。現今文化融合與社會現代化的社會環境可能恰好提供了華人更強的動力，去發展一種積極主動的自我表現形式。不難理解，順應現代化的歷史及社會潮流會提昇個人的福祉，而逆歷史潮流而動的後果則恰恰相反了。這正是我們所發現的：在獨立我上保持與文化的契合，會有助於個人的生活適應。

　　最後要談的是關於自我實現的研究。作為人類最珍視的

價值與個人最終極的成就，華人自我實現的研究在過去是相
當缺乏的，但現在已有學者展開了系統性的研究（楊國樞、
陸洛，2005；陸洛、楊國樞，2005）。我們先從理論層次出
發，分析鑲嵌於華人傳統思想與西方文化脈絡中的自我實現
相關論述，探討西方文化中以獨立自主的自我為基礎之個人
取向自我實現的概念，以及華人文化中以互依包容的自我為
基礎之社會取向自我實現的概念；接著，我們採用質性研究
的焦點團體討論與短文撰寫的方法，收集臺灣大學生及研究
生對華人自我實現的看法。實徵資料分析發現：年輕一代的
華人的「自我實現觀」主要有三個內涵，分別為「完全做自
己」、「以成就回饋家庭」、以及「自我安適，兼善天
下」。顯然地，這些年輕的臺灣學生同時內化了個人取向與
社會取向的自我實現觀，充分反應出東西方文化融合與雙文
化自我整合的心理現實。

　　我們也試圖從概念分析與實徵研究兩個層次（楊國樞、
陸洛，2005；陸洛、楊國樞，2005），系統性地比較個人取
向自我實現者與社會取向自我實現者的共同心理特徵。在概
念分析的層次上，主要以 Jung（1916）、Adler（1930）、
Goldstein（1939）、Rogers（1959）、以及 Maslow（1970）
等西方學者對自我實現與自我實現者的相關論述，作為個人
取向自我實現者共同心理特徵的分析基礎；對社會取向自我
實現者共同心理特徵的概念分析，則以儒家傳統文化下的
「君子」作為華人自我實現者的代表，亦將努力成為君子的

終生修養歷程視為華人的自我實現。華人社會取向自我實現者心理特徵的概念分析則主要奠基於孔子及其門生學徒的原典，以及學者的相關論述。

　　從上述對個人取向與社會取向自我實現者心理特徵的理論分析，我們建構出兩套多向度的概念架構。以此為導引，我們撰寫了兩套獨立的題庫，並在此基礎上，編製了兩套評量兩種自我實現者心理特徵的量表，施測於臺灣及大陸的大學生與社會成人。資料分析清楚地顯示：個人取向與社會取向自我實現者的心理特徵皆為多向度的建構（楊國樞、陸洛，2005）。而且，臺灣與大陸華人所認知的自我實現者特徵之因素結構並不盡相同，很可能是因為這兩個主要的華人社會雖然繼承了共同的文化淵源，卻在近期有著完全不同的發展歷史。

　　至止，我們選擇性但有系統地回顧了最新的華人自我研究的成果，這些研究涵蓋了整個自我系統的運作，包括自我概念、自我歷程、自我評價、自我適應（SWB）、以及自我實現。這還只是個開端，相關的研究仍在持續進行與發展中。可以預見的是，華人雙文化自我的現身、組成、及變遷，必定會是學者們持續努力的研究焦點。

第七節　關於雙文化自我後續研究的建議

前面我們已經以概念分析與實徵研究的證據為基礎，提出了雙文化自我模型的概述，並討論了華人這樣一個兼具傳統與現代的雙文化自我之現身、組成及變遷的社會文化背景。我們可以設計許多研究來檢驗這個理論模型，很幸運地，華人自我研究的團隊再次獲得了國科會四年的經費補助（「華人本土心理學追求學術卓越延續計畫」），未來我們將更積極努力、更有系統性地探究華人雙文化自我的現身、組成及變遷。下面所提出的只是幾項最重要的研究方向與議題。

在個人層次上，對華人心理學家而言，最迫切的重要任務就是有系統性地解析個人取向與社會取向自我觀的內涵，觀察它們的變化，並探討其在適應上的價值。具體而言，下列三個問題急待嚴謹的實徵研究來回答：（a）個人取向與社會取向自我觀確切的內涵到底是什麼？要如何測量？（b）個人取向與社會取向自我觀實際的存在現況為何？這兩套系統各種混合類型的分布為何？（c）個人取向與社會取向自我觀對個體生活適應與心理福祉的衝擊為何？系統混合兩套不同的類型對個體生活適應與心理福祉會有不同的影響嗎？這些議題有些在雙文化自我模型中已有論述，有些則是從該模型中推衍出來的理論與應用性的意涵。

一、概念分析與量表建構

　　我們在本文中提出了一個華人雙文化的模型，並指出個人取向與社會取向為華人雙文化自我的兩套系統。雖然已有學者對個人取向與社會取向的自我概念、自尊、主觀幸福感等議題進行了概念分析，也編製了相應的量表，不過，雙文化自我的確切組成尚未釐清。「自我觀」，或如 Markus 與 Kitayama（1998）所稱的「我觀」（selfways），所關心的是最根本、最抽象的本體論上自我的本質，而前述較為具體的有關自我的知識，如：自我概念、自尊等，則是由自我觀衍生而來的。將人視為一個有界限的、統合的、穩定的、一致的、自主的、且自由的實體，是西方個人取向自我觀背後的後設理論；相反的，將人視為與他人緊緊相連、互相依賴、彈性折衷、且奉行社會角色與義務，則是傳統華人社會取向自我觀背後的後設理論。因此，系統性的描述個人取向與社會取向自我觀及其相關的信念，是我們理解華人雙文化自我本質的第一步。以此理論分析為基礎，我們應發展一份能可靠且有效地測量這些自我觀的量表。我們若能分辨並測量華人雙文化自我的各個組成成分，方能進一步探究這些次級系統間，及次級系統與整體自我系統間錯綜複雜的關係。

二、華人雙文化自我的存在現況

　　在理論上，我們認為個人取向與社會取向自我這兩套次

級系統可以同時並存於華人雙文化自我中；在實徵上，研究
證據也支持我們的主張。若我們能如預期的直接測量個人取
向與社會取向的自我觀，我們就能進行大樣本的調查，描繪
出華人雙文化自我實際存在的狀況。我們預期可能會有四種
不同類型的華人：（a）個人取向與社會取向自我觀的認同
皆高者（HH 型）；（b）個人取向與社會取向者自我觀的認
同皆低者（LL 型）；（c）高度認同個人取向自我觀，卻低
度認同社會取向自我觀者（HL 型）；以及（d）低度認同
個人取向自我觀，卻高度認同社會取向自我觀者（LH
型）。如果樣本有足夠的代表性，施測結果就能反映出在特
定的華人社會中，不同族群、不同性別、不同社經地位、城
鄉差異、乃至於在其它人口學變項上，這四種類型的人大致
的分佈情形。這樣的描述性資料，將有助於我們瞭解傳統與
現代自我的真正並存的程度。我們也可透過描述以上四種類
型人們的社會心理行為模式，來研究雙文化自我觀的心理意
涵。

三、雙文化自我的適應性價值

　　理論上，我們認為華人雙文化自我的現身與蛻變，主要
是因為必須面對現代化世界的挑戰，並維持心理上的平衡。

在實徵研究上，越來越多的證據已顯示：不論是個人取向或社會取向自我及其相關歷程，兩者皆具有適應上的價值。而且，主動的自我並非在真空狀態下運作，因此必須考慮週遭的社會環境。心理適應本質上就是個體心理與文化要求協合的結果，因為「安適」（wellness）的定義與表現都是在特定文化脈絡下建構的。因此，在價值變遷的華人社會中，個人取向與社會取向自我觀的適應功能，可能會取決於特定生活面向中傳統或現代要求的程度。可行的實徵研究的設計如下：首先，找出幾個重要的生活情境（如：工作上的團隊合作、年長雙親的居住安排），接著，系統性地探討不同雙文化自我程度（上述的四種類型）的人如何因應這些實際生活中的兩難困境：他們怎樣看待這樣的狀況？他們採用什麼具體的策略來解決衝突？為什麼他們會選擇這些策略？他們如何實施這些策略？得到什麼結果？人們對這樣的結果滿意嗎？這些問題不只可以幫助我們釐清心理適應的理論意涵，也可以讓我們瞭解個人在面對真實的適應議題時，自我是如何運作並指引我們的行動的。

　　至止，我們只概述了有關雙文化自我未來研究的幾個重要方向。我們堅信，身為華人心理學家，我們不只有學術興趣，更有道德義務，去理解當代華人在追求更均衡、更有

效、更快樂的生活中，如何努力地協調、管理、妥協、合成及統整傳統與現代的自我系統。我們的旅程已經展開，千山萬水，我們也會堅持下去。[§]

---

§ 本文之精簡版以英文發表於 *Asian Journal of Social Psychology*, 2006, 9 期, 167-175。

第六章
社會取向與個人取向的自我實現觀：概念分析與實徵初探

陸洛、楊國樞

第一節　前言

　　人生的終極目標為何？人存在的意義又是什麼？當今人類社會中，向下沈淪與自我毀滅的危機確實存在，但另一方面，我們也不難發現人類不斷地追求潛能的發揮，追求更溫暖的愛與包容，追求更寬廣的想像與創意，追求更完美的詩畫與藝術。如此追求更完美的自我與世界，人本主義心理學家們謂之「自我實現」（Maslow，1970；Rogers，1951），

其他西方心理學者則稱之為「健康的人格」（Jourard 與 Landsman，1980）、「理想的人格」（Allport，1961）、或「最佳的人格」（Coan，1974）。

　　對心理學乃至於一般民眾影響最深遠的莫過於人本心理學家們的「自我實現」論了，然而，西方式的「自我實現」畢竟是根植在西方個人主義文化的肥沃土壤中，這與華人社會中深厚的集體主義文化大相逕庭，且其要實現的「自我」在本質內涵與外顯表徵上當然也可能與華人文化所型塑的「自我」南轅北轍。令人好奇的是：位在東西方文化交匯十字路口的臺灣華人，尤其是對新事物、新思潮特別敏感，對舊事物、舊傳統又「本能地」反抗的年輕人，究竟如何協調這兩套文化的衝突與矛盾？華人心理學家的挑戰，便是梳理出現代華人「自我實現」（如果姑且沿用這個名詞的話）的社會文化脈絡，闡述其內在的本質並具體描繪其獨特的展現方式。這項挑戰實則涵括了「應然」與「實然」兩個層次的努力，在「應然」層次上，我們必須先釐清西方文化與中華文化中有關「自我實現」或「圓滿人生」論述的文化根基與道德倫理基礎，分析出兩者的理論核心與實踐過程，建構出類似「文化原型」的概念。在「實然」層次上，我們則可以現代華人為例，以心理學的研究方法，描述個體所認知的「自我實現」概念，並進而詮釋這些概念中所蘊含的文化傳承與個人主體性的建構歷程，一則與「應然」層次上的原型概念相呼應，二則彰顯人作為文化主體的創造性力量。

　　但是，在此必須先澄清的一點是，對現代華人影響至深的西方「自我實現」論主要是人本心理學者 Maslow 與 Rogers 的論述，這些理論應屬實然層次的心理學範疇，而華人文化傳統中儒、道、佛對「完美人格」或「圓滿人生」的論述皆屬應然層次的道德倫理之說，兩者不同類，真要「比較」是有困難的，故研究者採「對顯」的方式，分別陳述並盡量使兩者的分際更清晰。以下，研究者將先分別陳述西方與中華文化中有關自我實現的論述，作為「應然」層次上的理論分析；再以臺灣年輕學生在焦點團體討論與短文撰寫中所陳述的自我實現概念為資料來源，進行「實然」層次的分析；最後，透過兩個層次的分析與對話，試圖對文初的問題做出一些暫時性的回應。

第二節　何謂自我實現——觀念分析

一、西方的自我實現觀

　　人本心理學者 Maslow 與 Rogers 無疑是西方學者中對自我實現著墨最多，用心最深的，也是使「自我實現」一詞超越心理學的範疇，滲透到其他社會學科、文學藝術、乃至普羅大眾的心理意識及日常語言的最大功臣，當然也是非西方心理學者與非西方社會民眾接觸自我實現論的最重要代言人。有鑑於此，本文將以此兩位學者對自我實現的論述為

主，再輔以其他學者的相關闡述，以建構根植於西方文化中的「自我實現」原型概念。

A. H. Maslow 被譽為「人本心理學之父」，實是因為他畢生投入有關人類潛能充分發展之必要條件的學術研究，且成就卓越，進而奠定了人本心理學作為「第三勢力」在當代心理學的地位。所以，要了解 Maslow 的學說，必先對人本心理學有基本的認識，對其闡揚的人本主義思想要有些體悟，而這些哲學層次的基本假設與價值選擇，便是西方心理學之「自我實現」論背後的道德基礎與倫理準則，意即「應然」層次的形上學論述。Geller（1984）指出「自我實現」論的共同假設是：有一種價值或一套價值，其實現便是人生的最終極目標與意義。這樣的終極目標必須具備以下特徵：(1)它必須是一個客觀而非主觀的狀態；(2)它必須具有普遍的適用性；(3)實現此一目標能最大程度地提升人類的生活品質；以及(4)它必須具有超越其它非道德目標的絕對優先性。

而作為人本心理學之哲學基礎的人本主義是由許多基本主張相同的學派匯集而成的，Maslow 的人本思想便受到諸多不同學術淵源及流派的影響，如完形心理學者 Kurt Kolfka（1935）、Wolfgang Kohler（1947）、及 Kurt Lewin（1935）強調經驗或行為的整體性，重視有組織的整體，並研究部分與部分、部分與整體間的關係，對人本心理學的全人發展觀影響深遠。心理分析學者如 Alfred Adler（1930）

認為人類的行為是為了優越感而努力，這並非指要比別人優秀，而是一種自我改善、自我提升、自我超越與追求完美。Karen Horney（1939）相信人有能力和動機去發展他的潛能，而成為一個好的人。Erich Fromm（1941）更強調人除了有與動物共同的生理需求外，尚有更高層次的人類特有需求，即(1)超越的需求（need for transcendence）；(2)歸屬的需求（need for natural roots）；(3)認同的需求（need for identity）；(4)人生取向與投注的需求（need for a frame of orientation and devotion）；以及(5)關係的需求（need for relation）。這幾位心理分析學者的思想與信念，顯然反映在 Maslow 強調人類對高層次存在需求的追求與滿足，以及他對「超越」經驗的重視之中。

另外，Goldstein（1939）的整體理論（holistic theory）對 Maslow 的影響也不容忽視。事實上，Goldstein 才是最先使用「自我實現」這個名詞的，他認為：自我實現就是在一定的條件之下，追求自己才能或潛能的最大可能的發揮。他並認為追求自我實現是人類的主要動機，是內發的而非受外力所迫，是在人的一生中持續開展的過程，也是與外在環境不斷折衷與權衡協調的結果。

Maslow 的人本心理學在這些時代思潮與學術流派的影響下，特別關心愛、創造力、自我成長、基本需求的滿足、高層價值的追求、存在（being）、超越、高峰經驗（peak

experience）等。Rogers（1951）的「自我實現」概念與
Maslow 有所不同，他認為自我實現的傾向是生物的，而非
心理的，它根植於全部有機體的生理歷程中，是個體內在地
朝向某一方向活動的歷程。當個體心智完全自由之際，個體
必然朝向充分發揮功能的方向活動。換言之，Rogers 強調自
我實現是生物性的，且須以心智自由為前提。Rogers
（1951）並認為，只有當人們得到別人充分的無條件肯定，
並學會正向地看待自己，自我實現作為一種向前推進的、建
設性的自我增益的歷程方得展開。也就是說，當個體滿足了
被肯定的需求，且個人的自我概念與其經驗較為一致時，自
我實現的傾向便可充分地運作，個人就會發展成一個能發揮
完全功能的人（fully functioning person）。

　　總之，在西方人文思想，尤其是人本心理學的理論中，
自我實現被視為是所有人皆有的內在潛質，雖然外在因素可
能會限制或壓抑它，但自我實現的追求終究是人生最重要的
動力與最終極的意義所在，也只有當一個人充分發展並實現
了其潛能時，他才達到完全的心理成熟（Maslow，1968）。
自我實現所指的，不僅是將潛能展顯出來，更要使其擴大、
提升、發展到顛峰圓滿的狀態。不管自我實現的傾向是生物
的或心理的，也不管理論家所強調的是自我實現的過程或結
果，其背後所依憑的人性觀都是相同的：人的本性基本上是
好的、善良的、理性的，當個體可以不虞匱乏，滿足了低層
次需求後，必然會追求更高層次的自我實現；當有機體被愛

充盈，獲得了完全的心智自由後，依其理性所為，必是對有機體本身最有增益的，也最能使其達到完全功能的顛峰狀態。

那麼，西方學者心目中的自我實現者究竟有何特點呢？Maslow（1970）以其對自我實現者的實徵研究為基礎，歸納出 16 項獨特的心理特徵：(1)有效的知覺現實；(2)對自己、他人及自然的高度接納；(3)高度的自發性、單純性、與自然性；(4)問題中心而非自我中心；(5)超然與追求隱私；(6)高度的自主與獨立；(7)以好奇的眼光欣賞人與事，以及豐富的情緒反應；(8)擁有深刻的神秘、靈性體驗；(9)對人類全體的認同感與兄弟之愛；(10)與少數至親好友的深刻親密關係；(11)民主的性格結構；(12)明辨目的與手段；(13)富有哲理而不帶敵意的幽默；(14)童真般的創造力與創意；(15)抗拒文化教化與壓力；(16)超越環境。自我實現者並不一定具有上述所有的特徵，他們也並非完人，但他們的缺點比一般人少，且整體而言是社會適應相當良好，心理功能十分完善的社會菁英。

Rogers（1951）以其豐富的臨床工作經驗，萃取出他心目中完全功能的人應具有的要素：(1)對所有經驗的高度自覺；(2)每時每刻都活得充實且完整；(3)信任自己的有機體；(4)真正的自由感；(5)創造性；(6)擁有充實、興奮、有酬賞、有挑戰、有意義的生命經驗。Rogers 所強調的其實是

「真實性」（authenticity）這一價值，即相信自己，誠實面對自己，做自己想做的事，並活出真正的自己（true self）。

Gordon Allport（1961）也論述過「理想人格」（ideal personality）或「成熟人格」（mature personality），視之為人類發展的極致與最佳狀態，十分類似人本心理學者的自我實現概念。在他看來，成熟的人或理想的人應具有以下特徵：(1)自我的延伸；(2)與他人建立溫暖的關係，親密、溫情、與包容；(3)情緒安全感，即能自我接納；(4)對自己與外在的世界有現實的知覺；(5)自我客體化，即對自己有清楚的了解或洞悉，並保有幽默感；(6)有統整的人生哲學。不難看出，Allport 所描繪的理想人格與 Maslow 與 Rogers 所型塑的自我實現者十分類似，三人皆強調知覺的現實性、自我的獨立性、關係的親密性、經驗的完整性、心智的自由性、以及心靈的超越性。

Richard Coan（1974，1977）是少數不僅對理想人格進行統整性理論分析，更付諸實徵研究的心理學者，他稱理想人格為「最佳人格」（optimal personality），意指一個人的功能達到了最高的水準。雖然 Coan（1974）工程浩大的實徵研究，並未讓他從所探討的 135 個變項中分析出簡單而清晰的因素結構，來統整前人的相關論述，但他還是依據自己的理論分析，並參考因素分析的結果，提出了五大類人類實現的方式（modes of human fulfillment），或稱最佳人格的特

徵（Coan，1977）：(1)有效性（Efficiency）；(2)創造性（Creativity）；(3)內在和諧（Inner harmony）；(4)關聯性（Relatedness）；以及(5)超越性（Transcendence）。這五大類中的細目與 Maslow、Rogers、Allport 所闡述的自我實現者之心理特徵有諸多相似之處，足見不同時代，不同學術流派的西方學者對自我實現的內涵本質乃至具體表徵的看法相當一致，縱然實徵研究的證據薄弱，但他們在「應然」層次上所建構的自我實現者的心理特徵卻是相當清晰的。

Jourard 與 Landsman（1980）總結各家之說，指出以下六大特徵足以界定「健康人格」（healthy personality），分別是：(1)對新觀念，對人的開放度；(2)對自己、他人、自然界的關懷；(3)將負面經驗統整於自我之中的能力；(4)創造性；(5)有建設性工作的能力；以及(6)愛的能力。簡言之，西方文化所推崇的自我實現或健康人格，是指個人依其心智與對生命的尊重而行動，從而滿足個人的需求，使人在感知與能力上得以成長，也在愛自己、愛世界、愛他人上得以成長。這便是西方人本主義關懷所欲弘揚的人的成長、高層需求、蛻變、自發性、自主性、存在、創造、與愛的核心價值，也可視為西方心理學自我實現論的道德倫理基礎與文化意蘊。

不過，人本心理學的「自我實現」論幾十年來雖已被主流心理學與一般民眾接受，學界對它的批評與質疑卻從未停

歇。Geller（1984）將批判的矛頭直指自我實現理論背後有
關人生終極目標的假設，指出不論在哲學理論或實徵資料上
皆無法支持這樣的假設。Smith（1973）也試圖重新建構人
本主義的自我實現理論，更強調其為一個歷程（process），
且以「自我」（self）為核心而展開。他強調的其實是一個
開放的自我構念，則自我的選擇可以多元，自我的發展也不
必是線性的，人們在價值選擇上的個別差異不僅是必然的，
也應受到充分的尊重。

　　以上兩位西方學者在後設理論與形上學層次上對現有自
我實現論的批判與重新建構，直接挑戰了視單一目標為普世
價值的意識型態，轉而強調個別差異，也將之提升到自我構
念多元性的理論層次，在西方學者對自我實現的論述中蔚為
一股清流，別開洞天。

　　另一方面，非西方學者也因文化主體性的自覺，漸漸擺
脫了對西方自我實現理論的頂禮膜拜，轉而省思其文化意
蘊，並重新審視其跨文化的適用性。其中華人心理學者楊國
樞（Yang，2003）認為：Maslow 自我實現的概念與理論並
無跨文化的普同性，僅適用於基督教文化圈（包括大部分歐
美國家）內個人主義文化之下的人民，是為「個人取向的自
我實現」（individual-oriented self-actualization），而在儒家
文化圈（包括臺灣、香港、中國大陸、日本、韓國）之內的
人民，則另有一種自我實現，即「社會取向的自我實現」

（social-oriented self-actualization）。這一組對比概念的提出，是迄今為止對西方自我實現理論最有系統也最具文化批判性的挑戰。不過，要真正理解楊氏所謂的「社會取向的自我實現」，我們必得重回中華文化傳統，去梳理出儒、道、佛三大家對理想人格與人生終極價值論述中的文化脈絡，始能與西方自我實現理論的文化原型概念對比，亦與其在形上學的應然層次上對照。

二、中華文化的「圓滿人生」觀

中華文化博大精深，源遠流長，但對華人影響至深至遠的莫過於儒、道、佛三家的思想，而其中又以儒家學說為執牛耳者。故下文將以孔子的「仁道」思想為主，兼論道家與佛家的人生終極目標，來建構出屬於華人的自我實現概念。

1. 己立立人，己達達人──孔子的「仁學」

孔子的思想可用「仁」來一以貫之。「仁」指二人之間的親密，「仁，親也，從人二」是東漢許慎《說文解字》中對仁字的解釋，而《論語》中孔子的仁說，正是緊扣「仁」指涉親密關係的原意來延伸的：仁便是善盡人際關係，包括君臣、父子、兄弟之道中君愛臣敬，父慈子孝，及兄友弟恭。人際關係若以仁道來展現，必是和善而得宜的關係，因為「愛人」正是仁的具體內容（方靜嫻，1996）。哲學家勞

思光（1990）也指出「仁」是孔子學說的中心，也是其思想主脈之終點。具體而言，仁就是視人如己，除去私累，不假外求，純粹是一種自覺主宰的活動。

透過行仁踐仁的道德實踐，仁道與天道合一，人與天合一，此時，人會發現仁心不僅在自身生命中體現，也感通到周遭之人，甚至超越人的世界，擴及宇宙天地，所謂充盈天地也不過是仁心的活動而已。這便是以人來體現仁，以人的道德實踐仁道來彰顯天道，而成就「人能弘道」的境界。這樣的「萬物感通，天人合一」正是孔子的「人學」所倡導的人性至善至美的終極狀態了，若與西方理論對應的話，這便是儒家傳統的「自我實現」了，由此可見，「仁」是儒家式自我實現的形上學基礎，而「行仁」則是達成自我實現的途徑。

孔子以「聖人」為最高的人生理想，是指有德有位之人，是人之極致，是道德理想人格的典範。但由於「聖人」難得，孔子轉而著力型塑「君子」，使其成為儒家理想的人格標準，所謂不仁無以稱君子（潘小慧，1997）。

「仁人」即為君子，君子乃有德之人，儒家的完美人格就是君子之道，包括了知、仁、勇三達德與仁道行諸於五倫關係的五達道。具體而言，凡與人格有關的誠信、忠恕、直義、恭敬、孝悌、禮智、敏慧皆包含在內。行仁以求自我實

現，則「仁」用於個人自處即為「忠」，用於人我之際則為「恕」：

> 仲弓問仁。子曰：「出門如見大賓，使民如承大祭。己所不欲，勿施於人。」（《論語‧顏淵》）

此處孔子以「出門如見大賓，使民如承大祭」來說個人自處之道，體會敬慎之心，以實踐仁道，便是忠；「己所不欲，勿施於人」是說待人相處之道，以悲憫同情之心行仁，便是恕。可見儒家的自我實現之道其實就是忠恕之道而已。

盡己之謂忠，強調的是主體自我的提振與覺醒；推己及人之謂恕，強調的是主體生命的向外感通，潤人與潤物。從忠貫通到恕，是儒家學說的精義所在。求諸己，施於人，澤被天下，天人合一，儒家的自我實現將重點置於個人人格的德性修持與道德實踐，從修身的內省功夫開始，由「修己以敬」到「修己以安人」，再到「修己以安百姓」，將道德實踐的範圍從自己開始，在個人的人際關係網中層層外推，也使道德實踐的成就從修身、齊家、治國、平天下，漸次提升，最終達成「內聖外王」的儒家理想人格，也是作為自我實現者的「君子」的極致表現。

儒家的自我實現是十足積極入世的，以仁貫通各項德

目，以感通為途徑，謀求最終的天人合一。而真正的自我實現者是平和悅樂，但也是積極有為的行動者。

　　哲學家杜維明（Tu，1994）也指出，儒家的君子是入世但不世俗的，他們不是消極地適應環境，而是依照自己的道德理想去戮力改造世界；他們不向世俗世界之外尋求靈性的庇護，而是投身俗世之中，追求道德、學問及美學的卓越，以滋養身心，提升精神。這其實是一個自我不斷向外擴展的歷程，從自己到親密家人，到社群、國家，再到全世界乃至宇宙，也就是修身、齊家、治國、平天下的道德實踐歷程。而人性最極致表現則是「天人合一」了，在這個人類宇宙觀（anthropocosmic vision）的層次上，儒家的自我實現便是一個終極轉化的歷程，使我們得以將家庭、社群、國家、世界、乃至宇宙，統統包容在我們的感通之中，這其實也是「成為一個人」的歷程。

　　2. 無為而無不為──老子的「道」

　　老子提出了「道」的概念來與儒家的「仁」相對抗，以他為代表的學派也因而被稱為道家。老子說：

　　　　有物混成，先天地生。寂兮寥兮，獨立而不
　　　　改，周行而不殆。可以為天下母，吾不知其
　　　　名，字之曰道，強名之曰大。大曰逝，逝曰

遠，遠曰反。（《老子》，第二十五章）

在道家看來，人存在的目的便是經驗及維持與道的和諧。「道」是一種形上學的實在，一種自然法則，一套人類生活的規則或模式（王垶，1993）。這是老子論道的綱。道雖然無聲無形（寂兮寥兮），又不可言說（不知其名、強名之），但仍是天地萬物運行的普遍規律（天下母）。道有兩個特性，一是「獨立而不改」，一是「周行而不殆」。所謂「獨立而不改」，老子強調的是道的永恆性（先天地生）。所謂「周行而不殆」，則是指天地萬物都處在不停的運動之中，而運動的根源就是陰陽兩種勢力的衝突，「萬物負陰而抱陽」（《老子》，第四十二章），萬物總在不斷地向它的對立面轉化，「反者，道之動」（《老子》，第四十章），這是老子對道的最簡潔表述，也蘊含了深刻的人生智慧。例如，他認為貴以賤為本，禍與福相倚，「禍兮福之所倚，福兮禍之所伏」（《老子》，第五十八章）。總之，老子的道就是「成敗、存亡、禍福、古今之道」，是天地萬物的普遍規律，也是安身立命的人生智慧。

那麼，老子心目中的圓滿人生是什麼樣貌呢？那便是他的「理想國」：

小國寡民，使有什伯之器而不用，使民重死而

> 不遠徙。雖有舟輿，無所乘之。雖有甲兵，無
> 所陳之。使人復結繩而用之。甘其食，美其
> 服，安其居，樂其俗。鄰國相望，雞犬之聲相
> 聞，民至老死不相往來。（《老子》，第八十
> 章）

要如何達成這樣的理想國呢？老子認為只有任自然：
「人法地，地法天，天法道，道法自然」（《老子》，第二
十五章）。自然是老子心目中的最高境界，比道還高。從任
自然的思想出發，老子主張無為而治，因為無為就是順應自
然，「我無為而民自化，我好靜而民自正，我無事而民正
當，我無欲而民自樸。」（《老子》，第五十七章）

老子認為人應回到自然的最原初狀態：完全的虛無與平
靜。他相信人只有找到內心的平靜，才能最終解決生命的焦
慮與悲苦（楊慶豐，1991）。人只有在真正地理解和洞悉問
題之後，才能有效地解決問題，而在老子看來，耐心等待，
問題的解答自然會浮現，而積極地謀求解決之道或強求現況
的改變，總是無濟於事，此即為「無為而無不為」的精義
（錢憲民，1996）。

「無為」並非什麼都不做，而是要了解天義，順應天道
而作為，也就是老子說的，人一旦能夠從慾望、奢求、設想

中解脫出來，便能隨自己的靈感行事，毫無牽累，甚至不自覺自己的行動（Bauer，1976）。這是一種真正的自由，因為無欲無所求，人才能回歸心靈最原初，最真實的狀態；也因為物欲不再帶來官能之樂或失落之痛，人才能充分自由地去發展他們的潛能。「無為」是道家最基本的行為準則，尤其當面對衝突或逆境時，道家更認為只有無為，才能讓人參透自然的多面性，進而洞察其內在的平衡與和諧。人只能體驗自然，不能對抗自然，如此才能把握「道」的真諦，並在「道」的指引下做出有效的作為，「順勢而為」常能「以柔克剛」正是絕佳的例證。

　　老子雖然對現實社會失望，深感孤獨失意，他所建構的理想國也不過是一種海市蜃樓般的幻想，但他留給世人的並不是一種消極的出世哲學，而是積極的進取精神。老子說：「為學日益，為道日損。損之又損，以至於無為。無為而無不為。取天下常以無事，及其有事，不足以取天下。」（《老子》，第四十八章）顯然，老子主張「無為」，是為了「無不為」，主張「無事」，是為了「取天下」。將「無為而無不為」的原則用到人生哲學上，便是「柔弱勝剛強」的思想了。但是，道家的另一位代表人物莊子雖繼承了老子思想中任自然的一面，也極力反對儒家的仁義忠孝之說，卻摒棄了老子思想中積極入世的一面，如「柔弱勝剛強」的權術之說，轉而全心全意地追求精神領域中的超越，故莊子素被視為一個不為名利所縛，追求個人自由的隱士（錢憲民，

1996），而莊子哲學的主題正是個人自由：

> 獨與天地精神往來，而不敖倪於萬物。不譴是
> 非，以與世俗處。……上與造物者游，而下與
> 外死生、無終始者為友。（《莊子‧天下》）

　　由此可見，莊子所追求的理想人格是獨立的、永恆的、普遍的，唯其如此，它才能「與天地精神往來」，才能「與造物者游」，而「天地精神」、「造物者」，也就是莊子的道。如果說，老子的道是一種提到哲學高度的政治智慧，那麼，莊子的道就是一種提到哲學高度的理想人格。更進一步而言，莊子的理想人格，即他的道，既有超世的一面（獨與天地精神往來），又有順世的一面（不敖倪於萬物），莊子企圖把它們統一起來，但這在現實社會是不可能的，只有在精神領域才能實現，即莊子所說的「逍遙」、「齊物」，這是莊子人生哲學的最高境界，也是莊子對圓滿人生的願景。

　　那麼，要如何達成這樣的圓滿人生呢？莊子認為關鍵在於「道通一」（〈齊物論〉），即從道的觀點看，萬物都是齊一的。莊子認為是非是相對的，最好不講是非；生死也是相對的，人生如夢，只有死才是「大覺」，「且有大覺而後知此其大夢也」（〈齊物論〉）。生從自然來，死歸自然去，生死觀就這樣被參破了。莊子認為只要懂得齊物的道

理，就可以齊是非、同生死，達到天地與我並生，而萬物與我為一的境界（《齊物論》）。這也就是「坐忘」的境界，在現實社會不能實現的理想人格終於在精神領域得到了滿足，個體終於能「與天地精神往來，而不敖倪於萬物」（〈天下〉），達成了莊子式的「自我實現」。

莊子的人生哲學繼承並發揚了老子任自然的思想，反對「以物易性」，追求個人自由，雖然逍遙自在的背後隱藏著消極的人生態度（知其不可奈何而安之若命）（〈人間世〉），但卻被歷代不得志的知識份子視為知音，如魏晉時「竹林七賢」的「越名教而任自然」就是莊子思想的具體實踐。甚至盛唐時期的禪宗惠能反對念佛坐禪，主張「從自心中頓見真如本性」，也是得自莊子的啟發。

以老子與莊子為代表的老莊道家思想因其反智反儒的傳統，常給人玄之又玄的感受，心理學家對道家思想的解析更是少之又少。在此必須強調的是，莊子思想中的忘我，並沒有否認自我的存在。忘我是證明「道」的一種真正哲學態度，道家否定的是一種自我、社會、宇宙的階層觀點。不同於儒家，道家不認為自我是由社會關係來界定的，而視自我為「道」的一種顯現，是宇宙的一種延伸。所以，忘我的人才能真正擁有一種與自然及社會調和的均衡生活，才能達成動靜皆宜，入聖出相的自我轉化。達到忘我的境界時，人我的界限消失了，行動是完全自發的，心智得以從固執與偏見

中解放。在這層意義上，忘我實則是自我超越，而人我分際的消失，正映證了道的無所不在，也教人謙遜，破除我執。

　　總括而言，道家所闡的生命真義在於回歸自然，順應天道，摒棄所有的物質追求，也不經營功名成就，但要返樸歸真找回內心的平靜，以無為面對世事，一切以天道為依歸，在人與自然，人與天的和諧律動中，人性的潛能也得以發展，這可謂道家的自我實現了。

　　3. 明心見性——禪宗的「悟」

　　佛教從西域入中原，自唐朝後便與中國本土的哲學思想及倫理教化相互交融，其核心教義雖未改變，但表達方式為順應中土民情而幾經轉化，歷經千辛萬苦甚至腥風血雨的傳教護教，終得以在儒道思想統治了兩千多年的中國社會中立足，並與儒、道兩家鼎足共存，成為影響華人社會與華人心理至深至遠至要的三大文化淵源之一（Bauer，1976）。在中國的佛教文化中，禪宗不僅獨樹一幟，巧妙地揉合了入世的修行方式和出世的靈性追求，引領中國的佛教走出一片迥然不同於小乘佛教的樣貌，更在以積極入世的生活實踐為特徵的儒家文化圈內（包括日本、南韓）廣為流傳，深受歡迎。至今仍對這些社會中人民的心理、生活、乃至文化藝術有著深刻的影響。

　　禪宗在中國的發展受道家的影響至深，尤其是老子以「道」為核心的哲學思想。不過，禪宗也從道家發展出最具特色的反學術傳統，禪師們也從不對哲學問題多做討論與解說，而是強調個人在生活經驗中去參悟哲理，求得精神的昇華。禪宗強調人的自然性和自發性，認為人應充分地活在每個當時當下，且相信每個人都能達到思想與行動的完全獨立（Coan，1977）。這與強調人的互依性、關聯性，及人對社會的角色責任的儒家思想看似南轅北轍，但禪的「個人主義」從未將個人置於自然、社會或他人的對立面，這與西方以個人與社會兩分為特徵的個人主義全然不同。禪的目標是開啟人的智慧，使人得以看到事物存在的本質，進而超越事物的表象，所謂「見山不是山」，再進而超越此本質，所謂「見山又是山」，此時，人才能真正洞悉自己，並將自己與自然融為一體（黃智慧，1991）。若以此「天人合一」的終極存在目標而論的話，禪宗與儒家可謂殊途同歸了。

　　禪宗和道家一樣，都相信人具有一種內在的完美性，禪宗稱之為「菩薩性」（Buddha- nature）（方立天，1994）。禪宗正是要幫助人們滋養這種菩薩性，以達到一種內在完美與平和的狀態，稱為 satori，此時人與自然，與環境完全融合，是一種極致的完美和諧狀態（錢憲民，1996；Chan，1963）。能到達此等境界的人便是「成佛之人」（enlightened person），他能超越我執，超越所有的矛盾與對立，而將世界整合協調成一個有機的整體（Suzuki，

1949，1962）。

　　禪宗祖師惠能主張以頓悟法來參悟「真如本性」。所謂「真如本性」，佛教又稱「第一義」，是不可說的。如果一定要表達，只能用比喻。禪師常用「智與理冥，境與神會，如人飲水，冷暖自知」（《古尊宿語錄・第三十二卷》）這四句話來描寫頓悟的境界。惠能現身說法道：「何期自性本自清靜，何期自性本不生滅，何期自性本自具足，何期自性本無動搖。」（《行由品》）從這段描述看，頓悟就是悟出「自性」在時間上的永恆（「本不生滅」）和在空間上的無限（「本自具足」）。頓悟就能成佛，成佛就在世間。惠能主張：「佛法在世間，不離世間覺，離世覓菩提，恰如求兔角！」（《疑問品》）。因此，他認為修行不必出家，只要做到他在《無相頌》中所言：「心平何勞持戒，行直何用修禪，恩則孝養父母，義則上下相怜，讓則尊卑和睦，忍則眾惡無喧……聽說依此修法，西方只在目前」（《疑問品》）。此時，惠能的佛學與儒家忠孝仁義的仁學幾無分辨了。惠能的後學再加發揚光大後，禪宗的「擔水砍柴，無非妙道」（《傳燈錄・卷八》），終於變成了「事父事君，亦是妙道」，這便是現今華人社會中仍隨處可見的人間佛法。禪宗，一個不識字的和尚所創立的教派，從頓悟成佛的學說開始，開創了一個典型的中國佛教，不照搬印度佛教的教義，卻將印度佛教的精神與中國傳統的思想結合起來；不重儀式，但求精神；不空談出世的靈性救贖，卻強調在社會的

倫常日用之中實現個人的人格完善。

　　如果我們將自我實現寬鬆地界定為：個人潛質（不限於能力）最極致的發展，那麼道家的「真人」（sage）與禪宗的「成佛」皆可視為自我實現者，因為他們都達到了內在完美的境界，正如同西方學者所描繪的自我實現者一般（Coan，1977）。Chang 與 Page（1991）甚至認為道家的「真人」與禪宗的「成佛」可做為東方文化所型塑的自我實現者的典型，而與西方文化理想的自我實現者並列。研究者認為若比較三類自我實現者表現特徵的清單，應是有同也有異，如道、佛兩家自我實現者所展現的單純率真、超越對立，仁人愛物等特徵確實與 Maslow、Rogers、及 Allport 等人所描繪的自我實現者很相像，但相異之處亦多，如道、佛兩家自我實現者所展現的不忮不求、淡泊物欲、順應天理、空靈自在等，實在很難用到 Maslow（1970）精挑細選的自我實現者的身上。況且，Maslow 與 Rogers 都深受道家與佛家思想的影響（Jourard 與 Landsman，1980），他們對自我實現者的理想當然也揉合了佛道兩家的想法與語彙。不過，更重要的是，應然形上學層次的分析應超越表徵的比對，而對核心的議題發問：東西方文化傳統所建構的自我實現概念中要實現的「自我」究竟是否相同？回答這個問題正可將我們拉回對臺灣現代華人自我實現處境的關注。

三、個人取向與社會取向的自我實現
——現代華人「折衷自我」的實踐

　　從前文對東西方文化傳統中自我實現構念的分析中，我們可以得出一個結論：自我實現的本質就是人類追求自我完善的歷程，只是不同文化傳承設定的「完美」的狀態不同，倡導的追求途徑不同，最終描繪的完美的人的面貌當然也不同。但不可否認的是：縱橫人類文明史數千年，踏遍地球東南西北，我們都能找到人類不斷追求自我完善的證據（Jourard 與 Landsman，1980），在此意義上，自我實現確實是一種普世價值，也是人類內在的發展傾向，甚或是一種重要的動機。而自我實現既然是「自我」的完善，那麼文化與自我的關係，便是比較東西方自我實現構念時的關鍵所在了。

　　人類學家（如 Hsu，1971，1985）與心理學家（如 Ho，1995；Markus 與 Kitayama，1991）皆指出文化與心理是相互建構的。具體而言，文化是由人創造與傳承的，某個特定族群的人們在漫長的生存適應過程中，為因應生態環境的特性，遂發展出最適宜的生產系統；為維護此種生產系統的有效運作，進一步創造出為之服務、與之配合的社會體系。此種生產系統與社會體系兩者的結合便形成該族群的生活方式，而此族群共同分享的價值、信念、傳統、行事規範等便形成主觀的文化（subjective culture）。但另一方面，文

化也必須通過其成員來表達。易言之，主觀的文化一旦形成，其核心命題及關注便會型構出該社會的核心價值體系，並經由為其服務的政體結構的運作，表現為與之服膺的生活實踐中的各種風俗與傳統，再型塑出與之契合的個人的自我建構、動機系統、認知基模、情緒體驗、乃至行為傾向，主觀的文化於是得以代代相傳，並在每個人的生命中展現與實踐。也就是說，文化創造了不同的自我觀，而個人的生命實踐則是以最真切的方式活出了文化對自我的界定，並不斷地豐富甚至轉化其內涵及表現，自我實現便是這一互動歷程的極致成就。

　　中華文化所建構的是一種「互依包容的自我」，而西方文化所建構的則是一種「獨立自足的自我」（陸洛，2003）。為了能有系統地包括東、西方文化所建構的兩套自我系統的主要內涵，陸洛（2003）根據許烺光（Hsu，1971；1985）、楊國樞（Yang，1995），楊中芳（1991a）、何友暉（Ho，1991）、Markus 與 Kitayama（1991；1994）等人的研究發現，列舉以下多項心理與行為特徵，作為中國人的「互依包容自我」的大致範圍：(1)強調人際關聯性、互依性；(2)認為個體並非獨立的實體；(3)強調社會關係的重要性；(4)強調個人對團體的歸屬與適應；(5)看重個人的角色、地位、承諾及義務；(6)在意表現適當的行為；(7)他人（團體）目標優先；(8)強調順應環境；(9)集體主義取向；(10)社會取向；(11)關係取向；(12)特殊主義取

向；(13)情境取向；及(14)差序格局。

　　同樣，依據前述學者的研究發現，亦列舉以下多項心理與行為特徵作為主要存在於西方社會中的「獨立自足自我」的大致範圍：(1)強調個人的分離性、獨立性；(2)認為個體是完整且獨立的實體；(3)強調寓居於個人之內的自我表徵的重要性；(4)強調保有個人的獨特性；(5)著重個人的能力、成就、需求及權利；(6)在意展現個人的內在特徵；(7)個人目標優先；(8)強調馴服環境；(9)個體主義取向；(10)個人取向；(11)個我取向；(12)普遍主義取向；(13)恆常取向；及(14)一視同仁（陸洛，2003）。

　　以上表列並非旨在周延與窮盡，只意在約略勾勒出東、西文化所型塑之兩套自我系統的大概輪廓。最重要的是，不論是巨觀層次的分析，如許烺光（Hsu，1985）的「心理社會圖」，還是微觀層次的分析，如 Markus 與 Kitayama（1991；1994）的「自我建構理論」，均指出「自我」在不同的文化脈絡中，確實存在迥然不同的樣貌。

　　而在自我實現的議題上，楊國樞（Yang，2003）關於「個人取向與社會取向之自我實現」的分析可謂最有系統地串聯了文化與自我的構念。他指出上述兩種自我實現之不同，主要表現在三大方面：(1)所實現之自我的種類不同；(2)實現的方法或途徑不同；以及(3)實現的目的或動機不同。現

分述如下：

　　在自我的本質內涵上，「個人取向的自我實現」所意涵的自我是一種個人內在的（personal-internal）自我，主要是由個人所珍視的內在特徵來建構的。而「社會取向的自我實現」所意涵的是一種社會關係的（social-relational）自我，主要是由個人的社會與關係性角色、地位、身分、承諾、責任、及其與之相關的想法、感受、意圖、傾向及行動來建構的。易言之，前者要實現的是一種「獨立自足的自我」，而後者要實現的是一種「互依包容的自我」。

　　在自我實現的途徑方面，「個人取向的自我實現」主要是經由個人取向的自我提升與自我完成來達成，即充分展現個人的潛能、天份、能力與氣質，主要在非社會性、非關係性的生活領域中進行。「社會取向的自我實現」主要是經由社會取向的自我修養與自我改善來達成，即稱職地扮演角色，做好工作，完成承諾，善盡責任，主要在社會性、關係性的生活領域中進行。易言之，個人取向的獨立自足自我主要是經由個人才華的發揮及個人成就的追求來達成，而社會取向的互依包容自我則主要是經由完成角色責任與追求社會成就來達成。

　　在自我實現的目的方面，「個人取向自我實現」的主要目的在於發展與表現個人各方面的天賦，忠實有效地實現這

些潛能，使個人成為一個完全功能，充分自主，獨立自足，平等民主，又獨一無二的個體。「社會取向自我實現」的主要目的則在於修養與提升個人善良的品性，以促進心智、道德、關係及社會性的發展，進而在人際關係中，在團體社群中，及在國家社稷中創造出和諧的社會生活。易言之，「個人取向自我實現」的目的乃是創造獨特的個體，而「社會取向自我實現」的目的則是創造和諧的社會。

在此必須說明的是，無論是人類學者（如 Hsu，1971）在文化層次上解析華人自我的本質內涵，還是心理學者（如 Yang，2003）在個體層次上描述華人自我的表現特徵，所依據的中華文化傳統多以儒家思想為要，對佛、道思想中的自我意涵進行心理學的轉化的努力並不多見（Ho，1995），這當然肇因於儒家為中華文化傳承中的至尊之說，其對中國社會建制及人民心態的主導性影響也是不容置疑的。但這麼說並非抹殺佛、道兩股傳承的價值與影響，只是儒家的教化最入世，對普羅百姓的生活滲透最強，而儒家與王權的結合，更使其倡導的士之倫理（黃光國，1995a），如君子的範型，成為華人社會菁英追求自我實現的主要模式。反觀佛、道，超凡脫俗又空靈玄妙的境界已非一般人可以理解，遑論追求。即便是士人名流也多半在遭逢逆境或人生重大創痛時，才轉向佛、道尋求超脫與心靈慰藉，佛教作為外來宗教，加之禪宗獨特的修行參悟方式，更是難以親近。在現代華人社會中，雖然儒、道、佛的影響同時存在，但為人處事

用儒學，退隱自處用道學，參透生死用佛學，似乎是中國人轉化矛盾的整體思考，與物盡所用的實用主義策略的最佳展現了。當然，在人生終極狀態的設定上，萬物和諧、天人合一其實是儒、道、佛共同的追求，而此種狀態中的自我必是超越了個我的狹隘範疇，也超越了我執的局限，是一種人與人互依，人與環境互依，人與自然互依，乃至人與宇宙互依的極致表現了。

　　行文至此，我們討論的實質上是應然層次的自我實現建構，是存在於西方與中華文化傳統中的原型概念，但生活在東、西方文化洪流交匯之處的現代臺灣社會中的華人，其對人生終極狀態的願景，及對生命意義的追求究竟是何等樣貌呢？是忠實保有華人傳統的「互依包容自我」並追求其極致發展的社會取向自我實現呢，還是全盤接受了西方風格的「獨立自足自我」並追求其極致表現的個人取向自我實現呢？抑或，現代華人尤其是對新鮮事物求知若渴，心理彈性又大的年輕人，其實已能超越東、西文化的二元對立，經過區隔、統合等心理機制的運作，協調了兩套文化原型概念的矛盾與衝突，而形成一套綜合但統整的自我實現建構，有機地融合了個人取向與社會取向自我實現的某些要素，並建設性地賦予了它們新的概念內涵與實踐價值。這樣的現象若真存在的話，對文化交融，對個人生活適應都會有深遠的意義，對心理學探討文化與自我的議題也會有重要的啟示。

在理論上，這樣的東、西文化融合是可能的。陸洛
（2003）在探討現代華人自我觀的本質內涵時就提出了一種
「折衷自我」（composite self）的建構，來呼應東、西文化
中各自的自我原型概念，也反映人性最核心的雙重性
（Rank，1945；Baken，1966；Angyal，1951）。她認為：
在現代華人社會中，與快速社會變遷直接遭逢的中國人，為
求適應不變的中國傳統核心價值，也為因應快速滲透與擴散
的西方文化價值，更何況西方的文化價值是根植在現代都會
生活與工業化生產之中，令都會中的華人無以遁逃。經由
「實用主義的涵化」歷程，中國人可能一方面保有傳統「互
依包容的自我」的內涵，以其運作來傳承中華文化的核心關
注，維持適當的人境交融，人我交融；另一方面又從西方
「獨立自足的自我」中採借部分的元素，以其運作來適應都
會生活中追求個人成就、強調人我分離、注重行事效率、及
「現代化」的價值。當傳統與現代，東方與西方的「人我關
係」界定在自我的內涵上交錯、並存，乃至融合後，中國人
的「自我」可能已不是文化原型中的「互依包容的自我」，
但也非全盤搬用西方的「獨立自足的自我」，而是一種「折
衷自我」（composite self）。

所謂「折衷自我」，採彈性的「人我關係」界定，一方
面關注人我的分離性與個人的獨特性，強調個人有別於他
人，獨立於他人的內在特徵，清楚地意識到個人的需求、欲
望、興趣、能力、目標及意向，能夠適當地表達個人的動

機、認知及情緒，追求個人的成就與潛能的發揮；另一方面又關注人我的關連性與個人對他人的依賴性，強調個人在其社會關係網中的角色、地位、承諾、義務及責任，清楚地意識到團體的目標與福祉，能夠適時的將團體置於個人之前，追求團體的成就與榮耀。其他學者在討論非西方國家人民對現代化的適應時，也提出過類似的理論建構，以說明東西文化的某些元素是可以融合與轉化的（如 Kagitçibasi，1990）。

在實徵研究上，也已有充分證據支持上述的理論觀點。如楊國樞（Yang，1996）在詳盡回顧了華人在現代化的衝擊下，心理特徵變遷的相關文獻後，結論認為：中國人的社會取向確有減少，個人取向確有增加，但這絕不意味著中國人的社會取向會完全被個人取向所取代。黃光國（1995b）在分析了儒家思想的內在結構後，進一步檢視了臺灣大學生所知覺的兩代價值差異。結果發現，某些重要的核心價值在兩代間並未有太大的改變，但也有些傳統價值正在淡化。作者進一步闡述，在社會現代化的過程中，傳統價值與現代價值是可以並存的，甚至可能融合成一套新的價值體系以為生活的導引。最近的實徵研究也首次顯示了心理層次的「獨立我」與「互依我」在個體身上確實是並存不悖的（Lu et al.，2001；Lu 與 Gilmour，2004），且此「自我融合」現象在臺灣華人中特別明顯。

　　至此，從理論推理與實徵研究的結果來看，現代華人在社會變遷與西方影響的脈絡中，確實能創造性地融合東西文化的元素，形成獨具風格的融合與折衝，由此產生的心理建構已不再是任何一種文化的原型概念，也不是全然符合任何一種文化傳統中應然的要求，但卻是最具適應價值與實踐意義的創造。雖然以本土契合的取向對現代華人的自我實現進行系統性的理論分析兼顧實徵檢驗的研究尚付之闕如，但從自我觀為自我實現之核心的命題出發，應可推論類似「折衷自我」的現象也極可能存在於自我實現的脈絡之中。接續的實徵研究旨在以現代臺灣大學生為例，用質性資料呈現其自我實現構念的內涵，並以此「實然」層次的分析來回應「應然」層次的建構，進而探討個人取向與社會取向自我實現融合的可能性。

第三節　臺灣大學生的自我實現觀——實徵初探

一、研究方法

　　心理學中對自我實現的探討很多，但所表述的多半是西方學者的主觀想法，投射的則是個人取向自我實現的價值與願景，且系統性的實徵研究並不常見，除 Maslow（1970）對自我實現者心理特徵的先驅研究外，Coan（1974）對「最佳人格」的研究便是屈指可數的努力了。以華人為對象的自

我實現研究則多套用西方理論，主要是 Maslow 理論的複製型工作，缺乏本土契合性與文化主體性。楊國樞（Yang，2003）所提出的個人取向與社會取向的自我實現仍是一套假設的理論建構，研究者從折衷自我推論出的華人在自我實現上的東、西文化融合也亟待實徵資料的印證與充實。作為一個較新的研究方向的探索，本研究採質性的焦點團體法輔以開放性短文撰寫來實施。但為避免資料過於雜亂，決採半結構式導引法。惟在具體實施時，則視參與者的特性、團體氣氛及團體歷程，採用受訪者可接受的語言，擷取受訪者在討論中已自發地或習慣地使用的語彙，並適當調整焦點問題的順序，甚至增加或刪減問題，以保證討論與訪談的流暢，又隨時捕捉、深究任何意外的發現與洞識。

　　本研究邀請兩類處於不同生命（家庭）週期的年輕成人參與研究：(1)未婚的大學生或研究生；(2)已婚且家中有年幼（學齡前）子女的研究生。惟礙於研究執行上的具體困難，此兩組參與的人數並不均等，參與者在性別、年齡、教育程度、婚姻狀態、宗教信仰等人口學背景上的分布也不盡完美。但以初探性的質性研究而言，參與者在人口學分佈上的代表性或被納入研究的隨機性，都不若其能提供之述說資料的豐富性與啟發性為要。是故，以下的研究呈現將著重在對述說資料的歸納與詮釋，而受訪者的個人背景與生命際遇則是此種詮釋的合理脈絡與視框架構，但不擬也不適做任何以個人背景資料為依據的族群差異分析。

1. 研究參與者

本研究全部參與者 28 位，其中 12 位分屬三個焦點團體，皆為各大學研究所學生。另 16 位為某綜合大學日間部各科系的大學生，通過短文撰寫提供研究資料。全部參與者的個人背景資料列於表 1，多為女性，年齡跨度從 20 到 32 歲，只有兩名博士班研究生已婚，且育有 1 至 2 名年幼子女，參與者多半自稱無宗教信仰。這些特徵約略符合臺灣大學生的人口學背景，惟女性所佔比例偏高。

【表 1】 研究參與者之基本資料

編號	性別	年齡	教育程度	宗教信仰	婚姻狀態	資料來源
P1	M	26	碩士班	佛教	未婚	焦點團體一
P2	F	30	博士班	民間信仰	未婚	
P3	M	29	碩士班	無	未婚	
P4	M	27	碩士班	民間信仰	未婚	
P5	F	23	碩士班	民間信仰	未婚	
P6	F	29	博士班	無	未婚	焦點團體二
P7	M	32	博士班	無	已婚	
P8	F	32	博士班	無	已婚	
P9	F	26	碩士班	無	未婚	焦點團體三
P10	M	26	碩士班	無	未婚	
P11	F	28	碩士班	無	未婚	
P12	M	26	碩士班	無	未婚	
P13~P28	14F 2M	20~22	大學生	天主教 2 人餘為無信仰	未婚	短文撰寫

　　本研究的焦點團體實施時，為方便參與者，皆就近在各大學內或附近安靜的討論空間進行。每位參與者都事先拿到「討論大綱」，可預作準備。如前所述，團體討論採半結構導引法，除必要的關係建立與維持的社交性互動外，討論的焦點主要是以下三個問題：(1)現代華人有「自我實現」嗎？(2)若有，何謂華人的「自我實現」？有一個簡單的詞彙可以代表嗎？(3)華人的「自我實現者」有那些特徵？關於問題(3)的實徵資料尚不夠豐富及深入，且本文焦點為自我實現內涵的探討，故暫不呈現有關「自我實現者」特徵的資料。

　　焦點團體進行時，徵得參與者同意後全程錄音，並有兩位觀察員在場。事後將團體討論的錄音轉謄成逐字稿，並補充觀察員記錄的團體成員非語言訊息的表達，及對團體互動的整體印象。資料分析採質化結語式（qualitative summary）直接分析，即研究者在反覆檢視資料中，發展出「比較」的架構與「分類」的系統，參考先前的概念分析與理論建構，回應原有的問題意識與訪談大綱，將大量的資料剪裁、分類、拼裝，輔以參與者的個人脈絡與團體互動的資料，來呈現複雜的概念、分類及內容，最後得出研究的結論。研究者對全部三個焦點團體分別進行分析，完成三篇個別的分析報告後，再依每份報告中已初步理論化的「分析概要」進行資料統整。每份逐字稿皆交由研究參與者確認，並做必要的修改，以忠實反映參與者的想法與感受，確保實徵資料本身的可靠性。每份團體的分析報告也回饋給參與者，聽取他們的

意見。所有參與者皆表示接受研究者對實徵資料的二度詮
釋，顯示研究者與參與者之間已對所討論的自我實現議題達
成了互為主觀性（intersubjective）的建構。

　　本研究的短文撰寫以「何為現代華人的自我實現？」為
題，不拘格式，不限篇幅，作為某大學修習心理學輔系同學
在某一相關課程中的學期報告，學生有將近兩個月的時間準
備。十六篇短文中表達了大學生對自我實現的某些想法與感
受，也有人以日常生活中的事例來說明自己的觀點，但礙於
短文撰寫本身的開放性，其中所表述的可能並非全然是研究
參與者的想法，而混雜了摘自書本等文稿的他人論述。加之
短文撰寫缺乏焦點團體的互動性，研究者亦無法深究細問參
與者的觀點，呈現的資料常流於表面，缺乏脈絡性的深度。
故下文的分析與詮釋將以焦點團體的資料為主，必要時輔以
短文撰寫的資料加以印證與補充。

　　在呈現研究結果與討論其意涵之前，有兩點必須先做說
明與澄清，以解讀者之疑慮。其一是研究參與者的人口學特
性與其對研究發現的可能影響。本研究以年輕成人為例，確
實無法完整地對應到我們在理論層次上對東西方文化中自我
實現論述的解析，也肯定無法周延地闡釋現代華人之個人取
向與社會取向自我實現的豐富內涵。我們僅希望在合理的便
利原則下，先蒐集一些實徵資料，來初步檢驗我們所提出的
理論構念的部分內涵，可視為初試啼聲的前驅研究，更系統

性的資料蒐集勢在必行，也祈讀者拭目以待。

　　第二點必須說明的是，在訪談大綱與短文標題上使用「自我實現」一詞的妥當性。研究者承認使用「自我實現」一詞或許會局限受訪者的認知範圍，而產生某種不必要的引導效果。但是，研究者與受訪者的溝通仍需要一個雙方能彼此了解的共同「起點」，此後這樣的起點是可以在互動性的溝通行動中被解構，或重新建構的，這樣的歷程在實際的研究中確實發生了，讀者可在下一節中看到。事實證明，討論的起點遠不如討論的過程重要，而實徵資料所呈現出來的豐富性與多元性也早已超越了教科書中所闡述的「自我實現」的內涵。換言之，對受過高等教育的年輕大學生與研究生而言，「自我實現」只是一個方便的「符號」，使研究者與受訪者的互動得以展開，但這個「符號」的真正內涵卻是在團體討論的動態歷程中，多方激盪，相互詰問，有堅持有說服，最終完成的某種互為主觀性的體現，早已是舊瓶裝新酒了。對研究者而言，觀察與體驗人對語言的創造性駕馭，及人在溝通行動中所表現的清晰的意向性，是極富啟迪性的研究經驗，也是寶貴的生命體驗。概言之，下節所呈現的實徵資料宜僅視為對我們所提出之文化層次理論分析的初步佐證與回應，更完整、更妥切的資料容後以更有系統與更嚴謹的研究設計再來蒐集並呈現。

二、結果與討論

　　「自我實現」是西方人本主義心理學家（如 Goldstein，Rogers，及 Maslow）所提出的專用名詞，富涵理論與學術意義，且根植於西方文化的哲學與人性觀，此後雖進入西方人的日常語言，但對華人而言，仍停留在學術語言的範疇，並非一般人日常生活語彙的一部分，其概念意涵也仍是十分抽象，難以捉摸的。故研究者在切入正題後，並未直接詰問團體參與者對自我實現的定義，而是試圖先確立更基本的假設：「華人到底有沒有自我實現這麼一回事？」果然，研究者有此一問，團體成員似乎都鬆了口氣，因為團體正式開始之前，他們都先收到了團體討論大綱，早已對「自我實現」一詞滿懷狐疑，並表示若拘泥於 Maslow 所界定的「自我實現」概念，則不僅了無新意，恐更有文化上的「不適應症」，如 P6 所言：「說真的，我們上大學念到社心之前，從來沒有聽過自我實現這個字，這完全是西方的語彙直接翻過來的，所以到底自我實現指稱的意義是什麼，是需要先去確定的。」這一番詰問，充分表露了 P6 對直接移植西式的自我實現概念到華人文化的疑慮與不滿。不過，一旦破除了照搬西方概念的魔咒之後，團體成員便能以自身的生命經驗與人生智慧，從頭開始闡述自己對「自我實現」的體認，以及這般個人的、自主地界定的「自我實現」之於生命的關照與意義。參加短文撰寫的 P27 也認為「自我實現」是一個非常主觀的概念，且在東西文化的不同傳統中應有非常不同的

表現。

　　回應前節有關使用「自我實現」一詞之妥貼性的討論，我們觀察到每個焦點團體的暖身與破冰都是圍繞著對「自我實現」一詞的範圍界定而展開的，亦即團體成員都是從解構「自我實現」原初所意涵的西方文化論述開始，反省其在華人文化中的適用性，進而省思在華人的生命體驗中「圓滿人生」的意義。沒有人否認，人生確實存在某種價值性的終極追求，而這樣的追求既有自我的自主性展現，也有文化的價值建構，這般文化與自我交互建構的歷程是充滿動力與活力的，個人的悲歡苦樂，掙扎沈浮，皆盡其中，命名早已不重要，饒富生命意義的其實是這個動態的心理歷程本身。雖然有的受訪者還是為這樣的人生追求命了名，如「成為一個人」、「生存的意義」、「回報家庭」等，但更多受訪者寧願沿用大家的共同語彙「自我實現」，惟對其闡述已是全然重新建構的結果，遠遠突破了西方心理學中有關「自我實現」論述的框架，也處處可見中華文化的傳承與轉化。職是之故，謹再次提醒讀者，下文雖仍使用「自我實現」一詞，但其內涵已是本研究參與者的集體創作，其根植的脈絡也已是現代華人的生活世界，沿用「自我實現」這個名詞只是對實徵資料的忠實呈現，也是對研究參與者所做之決定的尊重。

　　在綜合分析了全部 28 位參與者的文本資料後，研究者

初步解析出現代華人自我實現的三個範疇，列於表 2。以下
將分述其內涵與表現面向。

【表 2】　現代華人自我實現的內涵

範疇	定義	面向	主要資料來源
完全做自己	個人自主性地選定自己的目標與理想，將之付諸實踐，且能達成。	1.「成為一個人」 2.「生存的意義」 3.「心理的成熟」 4.隨心所欲，不受約束	P8 P6、P11 P7 P5
以成就回饋家庭	個人應不斷努力，以成就回報家庭，榮耀門楣，必要時甚至應犧牲個人需求，以順應父母的期望。	1.力求上進，回報家庭 2.壓抑自我，順應父母	P1、P24 P2、P4、P10、P14、 P20
自我安適，兼善天下	個人將自己的安適層層外推，擴及家庭、國家、乃至全世界，在精神層次上對外在現實產生良好的影響。	修身、齊家、治國、平天下	P9、P15、P16、P17、P18、P19、P22、P25、P28

1. 完全做自己

　　從焦點團體的文本中可以看出，現代華人自我實現的內
涵中最凸顯「自我」的應是「完全做自己」這一範疇，現就
從這一類自我實現的建構開始說起。

　　所謂「完全做自己」，是指個人自主性地選定自己的目標與理想，將之付諸實踐，且能達成。第二個焦點團體中的 P6、P7、P8 三人對自我實現的闡述正勾勒出這一範疇的三個表現面向，以三人自己的語彙來說便是：「成為一個人」（P8），「生存的意義」（P6），與「心理的成熟」（P7），以下分述之。

　　(1) 成為一個人

　　P8 所理解的自我實現，就是「你要做什麼樣的一個人，你期許自己在社會上成為什麼樣子的人。」對她而言，成為一個人，有一個重要的前提，她緊接著一口氣說出自己對自我實現的定義，那便是：「你不要傷害別人，也不要讓自己受傷」。在這個前提之下，「你再去找自己喜歡的事情，去做你覺得最適合自己的事情」。顯見，P8 所謂的「成為一個人」並不是隨心所欲地任性發展，而須在「不傷人，不傷己」的條件之下，才談得上個人自我需求的追求與滿足。如果此時已可看出 P8 的圓融、世故與成熟，那麼這份「複雜」其實是對「人在社會中」的處境的敏感，以及對「社會人」的角色義務的認同與承諾。

　　P8 在前述首次界定自我實現時便特別強調，「成為一個人」是指期許自己「在社會上」成為什麼樣子的人。她認為正由於「角色在我們華人社會中是很重要的」，所以成為

一個「社會人」就必須「配合你的角色要求，配合跟其他人
的互動」，而這般考量社會的期望與要求，實在是「在你做
自己想要做的事情之前的一個大前提」，因此，「雖然我有
自己內在的理想或自我提升的方向，但對我很重要的他人也
是我必須要考慮的」。此時看來，P8 的自我實現比較像是
一種將重要他人納入自我的界域後的角色展現與角色實踐。

　　那麼，這種人際敏感與人際包容從何而來呢？P8 自認
是傳統的生長環境使然。成長在六〇年代南臺灣都市中自成
一片天地的竹籬笆之內，緊密的社區結構，濃郁的人情互
動，強韌的家庭凝聚力（因父親缺席而更被滋養），華人傳
統社會的要素幾乎都具備了，傳統文化所倡導、滋養、維護
的人我交融式的自我觀於焉成形，而這套「你中有我，我中
有你」的自我觀與價值體系所強調的，正是個人的社會責任
與義務，絕不是背離社會期望去追求個人需求的滿足。

　　但是，如果認定 P8 的自我實現便是華人傳統文化思想
的翻版，她只是亦步亦趨地走在社會文化所設定的人生道路
上，兢兢業業地完成社會賦予的角色使命，那實在是低估了
她的「複雜」，也抹煞了她的主體性！文本中有兩處論述，
可以窺見 P8 的自我實現在「角色完成」之外的別有洞天。

　　其一是當 P6 與研究者在討論設定自我實現的願景時，
應該先確立自己的想法，還是先爭取重要他人的認同，P8

提出了一個「階段性差別」的說法，意即：「我覺得小時候可能是被人教導的，再配合你的成長環境；長大後，如果你是一個能夠融入社會的人，像我現在這樣，那麼即使我要做什麼，我還是會考慮我的小孩，我的家人；可是等我年紀越大的時候，他人的重要性相對地就會改變，我就會更去追求自己的東西」。顯然，P8 的階段性差別是一個伴隨年齡成長與生涯進程，由「他人主導，社會型塑」到「包容他人，考量他人」，再到「自主決策，自由追求」的漸進過程，其間社會影響、他人福祉的份量漸輕，而個人主體性的彰顯漸強，儼然是期盼在完成社會角色的使命後，能回首內觀，滋養自我，更完整地成就自我，成為一個人。

　　其二是當研究者與 P6、P7 在討論若人生的重要決定恰與社會主流價值的期望與要求相悖時，應考量哪些因素時，P8 試圖協調各方的立場，而提出「出世、入世之間的平衡」的說法，她以「生小孩」的決定為例，指出「入世」的自我實現以角色、義務為要素，而「出世」的自我實現則以追尋自我的空間為要務，P8 真正想言說的其實是「自我實現應該是在入世與出世之間求得平衡」這一命題，而這與她之前所提出的「從他人主導邁向個人自主」的階段性差別的概念是完全投合的，我們也可以將這樣的階段性差別重新詮釋成人在其一生中的不同階段去分別實踐「入世」的自我實現與「出世」的自我實現，而以此一生為時間架構觀之，此人便達成了「出世」與「入世」的平衡。

　　這樣的自我實現縱貫一生，宛若一首交響曲，作曲家必須有整體的構思，細緻的編排；指揮家則要有通盤的理解，嚴密的監控；演奏家更要有精準的技巧，獨到的詮釋，整部曲子才能時而高亢，時而低吟，創造出藝術的美感與靈性的感動。而在自我實現的追尋中，生命的主人正是作曲家、指揮家與演奏家的三位一體，那股貫穿始終的內在動力究竟是什麼呢？在 P8 而言，這份支撐與引領的力量便是「自我了解」。當有人質疑 P8 是因為結了婚，有了孩子，才不得不凡事多考慮家人的福祉時，P8 以華人慣用的避免正面衝突的迂迴說法來回應：「我不知道我如果沒結婚會不會像我這樣，可是我覺得說至少我的個性、我對自己的瞭解，我就是會走這條路，然後這條路的設定就是這樣子」。這樣的回應雖然以不確定的句式開頭，語氣的肯定卻是毋庸置疑的。研究者此時接著肯定 P8 的自我了解與自主選擇：「我覺得妳不是沒有考慮，妳是考慮的很周詳，我覺得妳都是自己選擇的」。P6 也附和地認為，P8 對自我實現的設定的前提是「對自己的了解」。當研究者接著說：「是有了瞭解以後，妳把它做出來。只不過，P8 一種樣子，P6 是一種樣子，沒有什麼好或不好」，P8 藉機進一步澄清：「可能我們兩個彼此即使歷經同樣的事件，可是我跟他就是不一樣的人，還是會做不同的選擇」。綜觀而言，P8 絕不是對社會期望照單全收，忠誠執行，而是先有一番深刻的自我省察，在達成充分的自我了解之後，才自主地決定自己的人生道路，只不過剛好從表面上看來她的選擇正是社會主流所倡導的。P8

用自己的語言將箇中的艱辛與執著講得很明白：「你定的是一個目標，可是過程是一個很長的歷程，我舉個例子好了，或許這個社會上一般的規範是這樣子，可是其實我不管社會上的規範是怎麼樣，其實我知道我會走入這個家庭，我就會去扮演這個角色，我自然而然就會去做，可是這個過程當中，比如說照顧小孩的辛苦啦、多重角色的衝突，這個歷程你會感到很疲憊或者很累，都有。可是你還是會去經歷，你還是會覺得說自己不是內外在強迫著要去經歷這個歷程。」當研究者追問這是否是內化社會價值的結果時，P8 的回答是：「我覺得不管是內化還是我個人的自我就是這樣子，我至少可以確定說這是我自己要的，我也喜歡這樣子做的，路就這樣子走下去。可是你也沒有辦法說這中間多好，這中間還是可能有各種辛酸苦辣之類的。」顯然，即便選擇的人生道路合於社會規範，過程同樣可能艱辛曲折，而能讓人甘之如飴，無怨無悔地行腳人生的力量，只能是取之不盡，用之不竭的自我肯定了。

　　分析至此，我們應可做個結論：P8 的「成為一個人」是對「完全做自己」式的自我實現的一種詮釋，而「成為一個人」以「不傷己，不傷人」為前提，以對自我的充分了解為基礎，以自主性的人生選擇為起點，在角色責任與自我追求之間漸次轉換，在出世與入世之間謀求平衡，最終達到利人利我的境界。這樣的自我實現兼顧了個體的獨特性與自主性，也完成了「社會人」的角色使命，實是一種「折衷」了。

(2) 生存的意義

　　第二個焦點團體討論伊始，P6 便率先向西式的自我實現概念發難，而事實上她不只是解構 Maslow 的構念(construct)，更已建構出一套她自己的自我實現構念。當 P8 一講完她的自我實現是「成為一個人」的歷程，P6 馬上表示自己的想法有所不同，而她構想的自我實現是追尋「生存的意義」。P6 如是說：「我想的跟 P8 不太一樣，我會覺得說，很簡單來講，你這一生好像要追尋你生存的意義是什麼，所以現在的我來講，會覺得你到一個年齡的時候，你要知道這一生想要做的事情是那些？想要成為的人是什麼樣的人？那是你自己的而不是社會上的要求，是你自己的，然後你去朝這個目標去做。所以自我實現，好像是你要先搞清楚說，這一生在這個世界上我到底是以什麼樣的一個方式存在，我覺得對我來說是這樣子」。表面看來，P6 與 P8 同樣認為，個人選定一種存在的方式，並將之實踐、實現，就是自我實現了。但 P8 特別指出這樣的選擇與實踐必須配合角色義務與他人福祉，而緊跟其後發表見解的 P6 正是在這一點上與 P8 的看法分歧，她則刻意強調生存意義的確立是純然內發的，而非服膺社會的要求。也就是說，P6 的自覺來自於對人生經驗的內省，此處似乎呼應了 P8 在稍後的討論中所提出的看法：不同的人即便經歷同樣的人、事、物，還是極有可能做出不同的人生抉擇，進而成為不同樣貌的人，也詮釋出不同的生存意義，箇中關鍵便是「內省」與「自我

了解」，或著說是人對環境的主體性建構。

　　較之 P8、P6 的這種主體性也許更被突顯與強調。例如在討論人生目標的設定是否多少會顧及重要他人的認同時，P6 明確地表示：「我現在想的已經不是他人接受，而是想清楚說自己要做什麼的時候，能夠去取得別人的諒解跟瞭解」。經 P6 的進一步說明，我們可以梳理出一個脈絡：個人經由主體性的建構，對經驗進行內省後，確立自己的人生目標（P6 更抽象地謂之生存意義），然後為了不傷害別人，願意去了解別人的觀點，並藉交互的同理心瞭解，取得他人的諒解，以達成與他人的協調。可見 P6 雖比 P8 更公開且堅定地強調主體性，但也不是完全不顧他人地「雖千萬人吾往矣」，依然是將與他人的「協調」視為最理想狀態來努力的，結果是否如願，那是另一回事了。

　　那麼，P6 的這一份執著的主體性堅持又從何而來呢？和 P8 一樣成長在六〇年代，但都市中的一般家庭環境（有別於與世隔絕的竹籬笆），加上開明的父母，P6 所享受到的自由隨性顯然比 P8 多，而 P6 的良好社會適應與優秀表現，也使父母更放心地賦予她隨性發展的空間：「在這樣一路上父母也覺得說不需要太為你擔心什麼，所以你就可以朝自己的目標走。那我也不能否認還是在父母期望的 path，只是因為一直在行為上還是符合他們的某種期望」。

　　那麼，一旦選擇了「當你自己」，願意去承擔風險嗎？
P6 的回答很乾脆：「你清楚那才是你的時候，你就去承擔
那個風險」。當然，這麼決斷的前提是：個人真的經過透徹
的內省，接受自己的獨特性正是「真正的自己」，才能坦然
地去處理這份與社會的不合，而甘冒風險，並承擔後果。P6
以身為適婚年齡的女性，是否應走進婚姻與家庭為例，再次
彰顯自我了解與自主抉擇的關鍵性作用：「有些層面不一定
要照這個社會給我們的想法、既定的期待去做，比如說我可
能晚一點才有家庭、婚姻，甚至會去想說什麼才是你最適合
的，到底什麼是你自己。」走進婚姻、養兒育女，是我們社
會為女性設定的人生樣貌，甚至常被視為女性人格完整、生
命圓滿的標誌，個人真的能反抗這樣強韌又淵遠流長的社會
期待嗎？P6 在與研究者的對談中依然強調她一貫的立場：
「這個就是選擇的問題，就是說選擇的時候必須先知道你是
個什麼樣的人，而且你知道要變成那種人，以那種形式過活
的人，你就知道你的選擇在哪裡，就很清楚了。但是你如果
不知道也不確定，或者對於家庭這種東西或許 try try 也 ok
的時候，那表示你不清楚啊。」更甚之，這份「確定」，不
僅要綜合考慮「社會期待與個人目標之間的衝突，可能的嚴
重性，對個人的重要性等多方因素」，還必須加入時間的向
度，即「這個考慮必然是在往後這一生的事情，而不是那個
時期的事情」，也就是展望一生，這份「確定」正是自己所
確定的人生樣貌，以 P6 的語言來說：「我當然不認為你永
遠不會改變你的想法，但是在那個時刻看你往後這一生的時

候，至少你是這樣想的。」

　　至此，P6 以「生存的意義」來詮釋的自我實現，真是
幾乎完美地契合了「完全做自己」這一範疇的核心概念。自
由民主且充滿愛的安全感的成長經驗，塑造出一個強韌自信
的獨立自我。深刻的內省與自我覺察、自我接納，是自主抉
擇的基礎；堅定的自信與交互的同理則是實踐並可能達成自
我抉擇的內在心理資源。從自我了解到自我抉擇，P6 願意
冒社會風險，但仍保有圓融化解衝突的努力。

　　與第二個焦點團體中的 P6 相較，第三個焦點團體中的
另一位年齡相仿的女性參與者 P11，似乎在「完全做自己」
的承諾上更堅持且毫不保留妥協的餘地。在意見紛呈、爭辯
激烈的第三個焦點團體中，雖團體中的 P12 屢屢舉出各種反
例或假設情境來挑戰 P11 的幾乎每一次發言，但她始終如
一，堅定強悍地斷言：自我實現必須建立在自由意志之上，
在不受壓迫的狀況之下，依照自己的意志做出來的決定，才
算是自我實現。她舉例說不管你是當律師或醫生，也不管你
成就多高，只有當你真的很喜歡這份職業，才稱得上自我實
現，因為「一旦你真的覺得你願意這樣做的時候，那才是你
為自己做的事情」。

　　在 P11 看來，自我實現是經由自由意志的抉擇，自發地
認同自己的價值，為自己所做，自然不需要別人的認同與肯

定。她說：「我不太在乎別人的看法，我覺得我這輩子最大的需要，就是希望別人聽到我的時候會說：『這個人做了我都沒做過的事』」。這一份對個人獨特性的追求是充滿自豪感，也是怡然自得的。P11 認為自己並非為反對而反對，刻意去表現得與眾不同，而是「我只是很自然的覺得，我想做的事情就是跟別人不一樣」。這份怡然自得，這份「不在乎別人看法」的灑脫，其實根植於 P11 對自我價值的肯定：「我覺得人的價值並不在於我今天賺多少錢、我拿到什麼學位、在那裡畢業，我覺得那不重要，那不影響我的價值，那既然這樣我幹嘛在乎這些東西，我今天如果拿到哈佛博士也好、政大碩士也好，這都不影響我的價值，別人或許會羨慕你是哈佛博士，可是 so what！」

　　既然個人的價值是自發認同，自主抉擇，無關乎外在的成就指標，也不需要別人的肯定或接受，那麼對 P11 而言，真的只要對自己負責就夠了。她舉例說大學畢業時，同時申請到國外的學校，也考上國內的研究所，她決定放棄出國，卻被表姊認為「很笨」，爭執許久後，P11 只丟下一句話：「我無法說服妳，可是我不必說服妳，說服自己就好了！」這句話說來鏗鏘有力，孤傲之氣溢於言表。

　　這麼重大的決定還一意孤行，萬一結果不如人意怎麼辦？P11 毫不遲疑地回答：「那這個時候也只能怪自己。可

是我不用去跟別人交代，我也不會告訴別人說：都是你當初沒有拉住我。我覺得如果我告訴你說：『我作的決定，從來沒有後悔』，那我就是在自欺欺人。這是不可能的，每個人都會期望有一個很好的結果，若這個結果沒有很好，不管原因是什麼，心理總是有一些難過或怨懟，問題是，我就會想說，我今天是這樣，我要是選另外一條路，就會比較好嗎？不會。我當初選這條路是因為就我當初作決定時，評估所有的資源後，我認為這是最好的路，所以我現在去說如果我當初怎麼樣就好了，是不公平的，因為我當初並沒有其他資源知道怎麼樣比較好。」易言之，「只要你講那句話或做那件事的時候，是真心誠意的，那就好」、「因為，我覺得不管我做什麼選擇，我都是對自己負責，沒有推卸，這樣就好了。」

　　對比 P6 與 P11，不難發現兩人都強調並堅持自由意志與自主抉擇，也都遭遇過真實生活環境的試煉，她們的堅持絕不是天真浪漫的唱高調，而是在人生經驗中洗鍊出的自我肯定與自我認同。兩人都認為自我實現是追求生存意義的歷程（P11 稱之為「價值排序」），都表現出堅定不移地「做自己」的信心與行動。唯一不同的是，P6 尚期望別人的諒解與支持，P11 則已全然不在乎別人的觀感，更有一種「雖千萬人，吾往矣」的氣魄。

(3) 心理的成熟

　　在第二個焦點團體中的 P8 與 P6 各自闡明了自己認定的自我實現，也比較了兩人各自不同的成長經驗對此番認知可能的影響之後，P7 才真正加入團體的討論，並提出了另一種別具特色的「完全做自己」的樣貌——心理的成熟。P7 是這麼說的：「我自己感覺自我實現的狀態可能是在一個 psychological mature 的狀態，但是這個 mature 不一定等同於表現出來就要有什麼成就，或者說他達到什麼高位。一個拾荒老人，他也許就是一個 mature（的人），這是我自己認為的自我實現，就是 mature，你什麼東西都很清楚，你知道你該做什麼不該做什麼，然後那種知道並不是因為必須符合社會，而是你很清楚這就是『人』的那種感覺，就是成為一個人存在在這個世間，你知道這麼做就是最好的方式，那個好跟不好來自於自己的智慧，而不是來自於社會的眼光，所以他也許會做出違背社會的事情，但是他很清楚自己在幹什麼。那這個我自己認為是自我實現的感覺。」

　　P7 如此長篇大論地一口氣界定了自我實現，強調的重點有二：(1)以心理成熟為標誌的自我實現是一種主觀的狀態，完全不等同於外在客觀的成就或社會地位，「拾荒老人」也許是極端舉例，但正點中要害；(2)心理成熟的達成靠的是內觀與智慧，而非循規蹈矩地順應社會規範，「做出違背社會的事情」也許仍是極端舉例，但也點明要義了。

　　那麼，這樣的智慧從哪裡來呢？P7 認為：「可能是體悟吧，或者說是經驗。我個人覺得很多東西沒有那麼絕對，事情的對錯，應該與不應該之間，我總覺得它的界線，不是靠外在、不是靠有沒有獲得來做判斷的，可能是對你自己而言它的 meaning 在什麼地方，那你自己的 meaning 是在世界的社會互動中或是在個人的對話中、個人的成長中，它到底代表了什麼意涵跟所反應的事實。所以如果以我來談自我實現，他可能並不是很合乎社會道德的，那他也許會選擇離開，他覺得這個社會不能接受的話他只好選擇離開，但是這種離開不是逃避，他在選擇自己實現，他並不跟別人有關，他只是要尋找自己的空間的感覺。」又是長篇大論，不過 P7 所謂的「體悟」其實是悟出了「世事無絕對」的道理，也因此，他在乎的便是人、事、物之於個人的意義，而非其在社會規範中的價值了。如果個人界定的意義恰與社會價值相悖時，則個人只能選擇離開，而這種「離開」恰好成就了他的自我實現，也就是「尋找自己的空間」。更甚之，這般「走自己的路」式的抉擇，在 P7 看來一定會與社會產生衝突，因為「Suppose 一定會有衝突，因為社會一定要有規矩，有規矩就一定有對錯，有了對錯就已經失去了事情的真貌。就以道德測驗好了，為了救他媽媽而去偷藥這件事情，社會標準一定要處罰，但是在某種層次上，還好吧？！如果說你今天找的標準是你自己認為最符合自然的標準的時候，很多地方都不適合社會生活，因為跟人互動是有規矩的，有規矩的話就沒有辦法自在。」道德兩難問題確實突顯了「世

事無絕對」的智慧常無法見容於社會，而人際互動的倫常規範壓抑了自我的率真表現也是每個人共有的體驗，但是衝突真的隨時會引爆嗎？P7 似乎覺得並不是非得如此：「人雖然是在社會生長，他在社會學習各項技巧，但是他可以選擇不對話、不溝通，總有一些事情是無法溝通、無法對話的，這些東西是必然存在的，所以個人必然有他自己的空間。」也許「不對話、不溝通」是保持人與社會表面和諧的最佳方式，而「自己的空間」作為「心靈避難所」就更形重要了。

　　這樣聽來，P7 的「心理成熟」似乎很超凡脫俗，但當P8 將這種「尋找自我空間」視為「出世」，並與「實踐社會角色義務」的「入世」相對立時，P7 並不同意，而再度澄清：「我不是說超越社會期待，而是說這個觀點可能就是怎麼選擇的問題，你可以選擇接受或不接受，或是即使不認同你還是要接受他、去做他，你的主觀知道這種狀況。所以你在這個地方做這樣的事情，因此，即使入世，也不影響你自己內在的歷程，就是我要什麼我不要什麼還是很清楚的。」此處 P7 再度強調的是，自我實現不是刻意反抗社會規範，不是消極逃避社會責任，而是在充分了解自己的需求與價值之後，選擇一種適合自己的生活。至此，P7 看似與P6 的觀點較為接近，但兩人的分歧也從這裡開始。對 P6 而言，選擇之後是要付諸實踐的，但 P7 卻可以人在紅塵，看似甘之如飴地履行各種社會義務，為自保或為責任安分地委身社會規矩之中，但內心清明如鏡地「知道」自己本性之所

歸，也就是他所謂的：「即使入世，也不影響你自己內在的歷程」。這樣的圓融與世故在於內在信念與外顯行為可以不一致，社會責任與自我發展可以兼顧，有此體悟又能身體力行可謂「智慧」與「成熟」了，這也正是 P7 所建構的自我實現：「是一個成為自己喜歡的樣子的過程」。

　　綜合 P6、P7、P8 及 P11 四人的自我實現建構，可謂同中有異，異中又有同，風貌各具，但又有些異曲同工之妙。四人的最大共同之處便是強調「自我了解」是自我實現之本，不管是認同且實踐社會角色，還是將信念與行為區隔，行為上合於常規，信念上忠於自我，抑或是心口如一，為真我甘冒社會風險，每一種生命的樣貌都是在主體充分的內省，深刻的內觀，真實的自我了解之後，自主地選擇且認真地實踐的，也因此，這種種看似不同的自我實現形貌依然都屬於「完全做自己」的範疇。

　　四人的另一共同之處則是，不論基於何種動機，也不論明言或暗喻，他們都期望在自我發展與社會責任的需求之間求得某種平衡或共存。P8 的策略是操弄時間的向度，在人生的不同階段中，調整自我發展與社會責任的相對重要性，以在一生的歷程中使兩者都得到滿足。P7 的策略則是操縱空間的區隔，在可觀察的社會空間中履行社會責任，而在看不見的心理空間中滋養自我的發展，以在每一段生命歷程中都得以兩者兼顧，並行不悖。P6 的策略則是交互同理式的

了解他人觀點，協調他人觀點，至少將「不傷害別人」當作
自我發展的消極前提。P11 雖是在「忠於自我」這條路上走
得最遠的，但她所用的策略其實是「調整自我實現的價
值」，意即當個人理想（如「雲遊四海」）與社會責任（如
「照顧家庭」）衝突時，個人可經由「調整」價值排序，說
服自己去認同社會責任的價值，而後心甘情願地實踐照顧家
庭的義務，並視之為自我實現。如她一再強調的，只要真心
誠意，說服自己之後所做的任何事其實都是「做自己」。

　　不過，相似之外，四人的相異之處也頗為明顯，甚至在
P6、P7、P8 所組成的第二個團體討論中，他們完全沒有結
盟，彼此附應認同的情形也幾乎不存在，反倒有多次，他們
會主動指出自己與同伴的歧異，也有過一些「溫和的」相互
詰問。整體而言，此三人間最重要的差異依然落在自我發展
與社會責任的關係上，具體而言便是兩者的相對重要性。P8
可能是三人中最重視社會責任需求的，雖有艱辛，但一路行
來大多是甘之如飴的；P6 可能是最重視自我發展需求的，
一路行來大多風平浪靜，但到了適婚年齡，婚姻與家庭卻成
了坦途上的危機；P7 介於兩位女性之間，人生歷練雕琢出
圓潤與世故，看似忠於社會責任的外顯行為背後，其實隱藏
著一份追求真我與自在的渴望；P11 則是四人中最為堅持自
我認同凌駕於社會責任或價值之上的。這四位年輕的社會菁
英用各自獨特的自我實現建構，再次提醒我們，自我實現作
為一種人生的終極價值，不僅有文化的刻印與蘊涵，即便在

同一文化、同一社會階層之中，也有千變萬化的樣貌與種種
精妙無比的生命實踐！

(4) 隨心所欲，不受約束

　　相較於前述四位 30 歲左右的研究生豐富的人生歷練與
深刻的自我省思，全部焦點團體參與者中最年輕又從未進入
社會的 P5 的想法顯得單純到近乎可愛，但卻也反映出臺灣 e
世代年輕學生對「做自己」的理解與詮釋，那就是「隨心所
欲，不受約束」。

　　P5 直言不諱地說：「完全的做我自己就是自我實
現」。她並解釋所謂的「完全」是：「有點像孔子說的『隨
心所欲』，逾不逾矩就不一定了」。P5 所謂的「心」是單
純的「意念，我覺得應該沒有社會成分」；「欲」則包括任
何可能性，「小到飆車，大到當總統都行」；「隨心所欲」
的底線則是「不損害到自己，而做我自己想做的事」。

　　P5 此言一出，團體成員便針對「逾不逾矩」及有沒有
「社會影響」對她展開一番詰問。幾度來回，P5 堅持逾不
逾矩不在於高的道德標準，只是功能性的標準：「如果因為
犯了法被抓去關，那就不能隨心所欲了」。至於隨心所欲之
事若不見容於團體輿論，P5 則認為：「我覺得那不是壓
力，嘴長在別人身上，隨他怎麼講，我覺得那對我沒有傷

害」。P5 雖然也承認自己「一定會受家庭影響，但是當你想要去達成某個目標，在追求的過程中就會開始盡量不受其他人的影響」。至此，她似乎已給了我們一個清楚的自我實現樣貌：隨心所欲，不受約束，在決定時與決定後都遵從自己的心願，盡量不受社會影響的左右，這幾乎可說是「完全做自己」的理想範型了。

　　有趣的是，團體討論持續了許久，也早已轉入下一個議題，P5 卻突然「反悔」了，而且幾乎不吐不快：「我剛剛講到如果要完全做自己，就要不受其他人的影響。後來研究者問了如果社會有很大的壓力，會不會有影響，我想了一下，還是會有影響，但不是社會給的影響，而是重要他人給的壓力會有影響」。那麼「重要他人」是誰呢？P5 列舉的是：「家人、很好的朋友，就是男朋友、老公、父母、可能還有一些很親近的好朋友」，這個範圍主要涵括的還是親密家人。顯然，抽象、泛化的他人的影響並不顯著，「社會」影響主要是透過家庭來作用的，這也符合華人家族主義的社會運作。然而，就在「完全做自己」的理想範型被社會影響、家人涉入瓦解侵蝕之際，P5 仍不忘堅守最後的自我底線：「會考慮這些人的想法，可是最後決定權還是在我自己」。曲折反覆，峰迴路轉之中，我們看到的是「完全做自己」的重重障礙，更清楚地看到的是「個人」（或曰「自我」）與「家庭」（乃至社會）常常處在對立面上，衝突隨時隨地可能引爆，自我堅持多一點，則傾向「完全做自己」

一端；外在壓力大一點，或自我抗壓性小一點，則傾向「以成就回饋家庭」（詳見下文）一端，特別是其中「壓抑自我，順應父母」的面向。這兩個自我實現內涵的範疇，其實是一組對立概念，更是許多華人在生命實踐中時而掙扎，時而擺盪，不能兼得，不可兩全的矛盾所在。在這樣的脈絡中觀之，「隨心所欲，不受約束」更像是一種理想性期望的投影，而不是一種切實可及的狀態了。

2. 以成就回饋家庭

第一個焦點團體伊始，在一片沉默後，P1 率先破冰，講了一個「我好朋友的爸爸」的故事，內容大致是這樣的：某君出身清寒，家人竭盡所能，供其求學，終致功成名就。但因忙於工作，卻對家人疏於關心，互動甚少，導致其子指責他「忘恩負義」，但某君則堅稱：自己犧牲親情，瘋狂工作，正是「為了這個家庭」，而 P1 認為：「這樣的一個人豈能符合自我實現的形象」。

顯然，P1 藉這個故事說出：「如果華人有所謂的自我實現的話，那個自我實現最終還是為家庭服務的」、「至少在我們爸爸媽媽那一代，就是四、五十歲那一輩，他們比較會這樣」。

這個故事及之後 P2、P3、P4 所談的部分內容，支撐起

華人自我實現內涵的第二個範疇：「以成就回饋家庭」，即個人應不斷努力，以成就回報家庭，榮耀門楣。必要時甚至應犧牲個人需求，以順應父母的期望。在此次文本中，這一範疇主要有兩個表現的面向：力求上進，回報家庭；壓抑自我，順應父母。

(1) 力求上進，回報家庭

研究者與 P1 對某君故事的「以個人成就服務家庭」詮釋，卻引起了 P2 的質疑：「會不會華人的自我實現，其實是在實現他自己的目標與理想，但還是要用一個冠冕堂皇，外人可以接受的理由，就是我是為了我的家人做，人家比較可以接受」。但 P1 的澄清與補充卻顯示：某君的弟妹對他非常尊敬，非常好，家人親情依舊，某君毫無與家人劃清界線或藐視家人之嫌，只是互動時間少，而這完全肇因於某君的「工作狂」生活方式，最重要的是：「家人都很認同他這樣一個價值」（指以成就服務家庭）。而家人如此支持，正是因為「你這樣做，對我們這個家庭有一個正向的作用，不管是楷模也好，光耀門楣也好」。

至此，我們已可推斷：「以成就回饋家庭」，確實是華人自我實現內涵中的一個重要範疇，家庭義無反顧，竭盡所

能地支持個人追求成就；個人則以功成名就來回報家人的支持與奉獻，並進一步榮耀門楣，提升家庭的社會地位。在此成就只是手段，家庭才是目的。家庭時間的犧牲，家人互動的疏淡，只是為達到光宗耀祖的最終目的，而不得不付出的代價，不會被譴責，反會被褒獎與肯定。這種形式的自我實現，在年長華人中應是普遍存在的。當然，成就本身顯然也滿足了個人的某些心理需求，故「滿足了個人需求，同時也滿足了家庭需求，而有了家庭的支持，你就更能夠往那個方向走了」。「家庭支持」不僅是自我實現的源頭，更是個人持續努力的維生系統，如 P2 所言：「華人要實現自我，很難只有我自己好，而家庭都不支持我」。在華人「以成就回饋家庭」的自我實現中，家庭不僅涉入其中，還是相當重要的元素，而個人與家庭實則是相互滲透，相互支撐的，界線是似有又無的。

　　P3 順著這個討論的脈絡，提出他自己直到受了大學教育之後，才知道有「自我實現」這四個字，但他較能體悟的概念是「力求上進」，亦即「我們上進是因為家庭的因素，家庭在支持我，灌輸我一些觀念，就是我們家好好栽培你，你要好好努力，去完成我們給你的使命」。呼應之前的討論，這樣的自我實現，是為家人，也是為自己；是家庭在型塑、支持個人，也是個人在完成、回饋家庭。個人與家庭實是水乳交融，難以分割的生命共同體了。

(2) 壓抑自我，順應父母

　　家庭在華人的自我實現中扮演了如此核心又強勢的角色，卻令 P2 丟出一個頗有情緒性的結論：「我覺得華人根本沒有所謂的『自我』實現！」、「因為小孩很少被灌輸從小就去想你自己要什麼，你自己的目標是什麼，根本就沒有啊！都是父母親覺得你這樣發展好，或者你的興趣剛好也是你父母親的興趣，你就會繼續對那個有興趣。你根本沒有去想你要往那裡走，你的方向是什麼，你的目標是什麼。到最後你的實現很多可能真的都是父母親要你做的。」

　　此番論點，在團體中引起極大的共鳴，P2、P3、P4 皆同意：華人社會中很多人的自我實現，其實只是「父母實現」，而罪魁禍首還不只是家庭，教育也是共犯。不論是家庭的型塑，還是教育的引導，個人幾乎沒有機會、動力及獎賞去進行自我探索，在缺乏自我了解與自我決定的能力，又面對強勢主導的家庭與社會文化價值，順應父母的意願，接受既定的社會規範便是最安全、最平坦的人生道路了。而大多數父母的意願與既定的社會規範所傳遞的正是「萬般皆下品，唯有讀書高」的觀念。此時，大家都同意研究者的總結：「聽起來我們中國社會所謂的自我其實是一個社會所給的自我，我們社會好像有一個理想的模式，每個人最好都套進那個模式。社會要你讀書，那你最好就套進去，無所謂自我尋找、自我探索的過程」。

　　為順應家庭與社會教化所傳遞的文化價值，個人常有「壓抑自我」的切身之痛。P4 就說：「其實我最早的一個夢想是當運動員，可是父母的觀念就是要我念高中，我那時候年紀也小，不會去爭取一定要走體育的路」。而沒有爭取，是「因為我的家庭壓力太大了，我家很單純就是七個人，哥哥姊姊都是唸書那種料，我是么子，又有機會可以唸書，他們理所當然就認為你該念大學。但是我自己內心的想法是我很想去發揮自己的潛能，可是我那時就是不敢講，因為家人都給你設定了，就是念高中」。對 P4 而言，家人的觀點完全一致，六票對一票，很像 Asch 經典的「社會服從」實驗情境，而且「我們年紀又差很大，我根本沒有勇氣去反駁他們的意見，只好順著他們走」。

　　但是「壓抑自我，順應父母」並不是 P4 的故事結局：「我在暗地裡反抗了三年，高中三年我都在打球，都不唸書」。P2 也舉了表弟的例子，與 P4 的經歷多有同病相憐之處。P2 的表弟從國中就喜歡打棒球，老師也覺得他有潛力，應該繼續發展。與 P4 不同的是，P2 的表弟勇敢地向父母爭取了，但父母卻認定打球沒有前途，堅決不讓他發展體育的興趣與潛能，而逼他升學，結果是「他現在一直都很怨嘆，覺得父母幫他決定了一條他不想要的路，所以他沒事就上網咖，當兵就簽四年，反正他也不知道他未來要幹嘛」。顯見，對青少年子女而言，若有不同於社會既定規範（讀書升學）的興趣，多半會被打壓；不敢反抗，或反抗失敗，就

只能順應父母與社會的期望，但換一種方式的消極抵抗，如
P4 與 P2 的表弟，卻可能持續很久，壓抑自我的痛是很難撫
平的。

　　「壓抑自我，順應父母」在尋找自我認同並選擇人生道
路的青少年時期或許較常發生，不管親子衝突是否表面化，
雙方其實都付出了沉重的代價：子方常以怨懟、自暴自棄來
消極反抗，而親方則失去了一個活生生的子女。在華人社會
中，個人想要跳脫社會既定的規範與價值，反抗父母的期待
與意願，去實現自己的興趣與理想，真的是阻力重重，非得
經過一番內外交戰，才可能脫穎而出的。首先，個人先要清
楚地預估自己可揮霍的資源究竟有多少，即所謂的「經濟獨
立」與「養活自己」的最基本前提；第二，個人要確知自己
的抗壓性足夠，能忍受未來的曖昧不明與不確定性，能面對
別人的異樣眼光和冷嘲熱諷，能在挫折坎坷中不動搖初衷；
第三，個人要有十足的成功把握，因為社會上普遍追求成
就，躲避失敗的價值，讓我們害怕失敗，也看不起失敗者，
更何況，一旦出走，幾乎就後路盡絕了。雖然報章雜誌上時
有「反抗世俗，忠於自我」的典範出現，如 P4 所提到的牙
醫師李昕，P2 所提到的西雅圖咖啡創辦人夫婦，但大家都
心知肚明，這樣的勇者只是極少數，而跳出常規卻不成功的
人根本不會被報導。所以，更普遍存在的適應模式，可能是
P4 與 P2 的表弟那樣「自暴自棄式順應父母」的青少年模
式，或 P1 的朋友那樣「迂迴沉潛式順應父母」的成年人模

式。兩者的主要差別，可能在於個人的心智成熟與思考複雜度。後者的未來取向思考，不僅保全了華人最在意的人際和諧，對個人自身的心理與適應的衝突可能也較小，不失為一項有建設性的衝突因應方法。

在「以成就回饋家庭」這個自我實現內涵的範疇下，有些人完全認同且內化了華人的文化傳統價值，將個體與家庭視為不可分割的有機系統，以力求上進地追求社會認定的成就，來回報家庭的養育與支持，而家庭所灌輸、所期待、所支持的也正是這種光耀門楣式的自我實現。表現在「力求上進，回報家庭」這一面向上的自我實現是積極的、符合文化理想設定的、個人明確認同與承諾的、全家一致接受與支持的，個人此時可說是內外和諧，求仁得仁了。但是，並非所有的人都能認同傳統的文化價值，尤其是個人的興趣、理想與家庭、社會的期待直接衝突時，順應家庭，還是忠於自我的抉擇就在所難免。從文本的分析中，我們不難看出，個人在內在壓力（害怕承擔後果、害怕不確定性、害怕失敗），與外在壓力（父母要求服從、社會強調和諧、他人貶視失敗者）的重重包圍下，通常會選擇順應現實，但可能只是沉潛，等待時機，包括經濟上與心理上的準備。表現在「壓抑自我，順應父母」這一面向上的自我實現是無奈的、向社會現實妥協的，個人只是表現服從而非認同，甚至可能只是過渡性的，只是在幫家庭達到某個目標，並藉此等待時機，最後再做個破釜沈舟的嘗試，找回真正的自我實現。當然，也

有可能很多人在最初的順應之後，也慢慢地認同並接受了這樣的安排，最後心悅誠服地走到「力求上進，回報家庭」的路上。總之，「以成就回饋家庭」不管是自願或被迫，認同或敷衍，都可用 P4 的話來概括：「說到華人的自我實現，很大一部分會牽涉到家人」，而個人只是「家庭的代理人」而已。

參加短文撰寫的 P14、P20、P24 也都提到現代華人的自我實現其實是一種「家庭實現」。如 P14 就以一個臺灣學生的角度指出：「我們的教育彷彿是建構在一個『十年寒窗無人問，一舉成名天下知』的觀念之上，從小我們被灌輸要努力念書，考好學校，將來才有好條件，才能比別人更有競爭力」。與第一個焦點團體中的成員一樣，P14 總覺得這些是別人強加的希望與期許，禁不住自問：「那麼我自己呢？我所想要達成的目標，我的自我實現是出自於個人純粹的動機嗎？」自問之後，P14 的結論是：「華人的自我實現多半建構在完成<u>別人</u>給予的期許之上」（底線是 P14 自己加的）。P20 則以為人子女的心情寫出：「下一代的自我實現就是為了要實現父母親的期待與願望，而努力唸書，出人頭地」。P24 更從東、西方文化差異著手，指出：「西方的孩子很小便開始追逐自己的夢想，往自我實現的路上前進；反觀華人的孩子，在家庭細心的照護下，本與家庭的關係較佳，年長之後，自我實現在某種程度上必定包括光宗耀祖，對得起家人的心態，含有回報的成分」。可見不論是大學生或研究

生，不論是自由撰寫的短文，還是團體討論互動的產出，現代華人的自我實現中總有濃濃的「家庭實現」的意味，和深深的「回報家庭」的責任。

3. 自我安適，兼善天下

在現代華人的自我實現內涵的前兩大範疇中，我們已可發現「個人」（自我）與「家庭」（社會）的需求孰先孰後是一個關鍵的維度，前者反映的是個人獨立自主發展的需要，後者凸顯的則是人際互依共榮的需要。若將後者進一步向上提升，向外擴展，那我們看到的便是神似儒家傳統的自我實現原型：「自我安適，兼善天下」，此所謂個人將自己的安適層層外推，擴及家庭、國家，乃至全世界，在精神層次上對外在現實產生良好的影響。此類自我實現只有一個面向：「修身、齊家、治國、平天下」，在全部焦點團體的參與者中也只有主修政治學的 P9 認同。

在第三個焦點團體中，P9 是最先明確界定自己的自我實現觀的：「自我實現對我來說比較接近儒家的東西。對我個人的意義就是使自己處在安適、安全的狀態，自己處的這個狀態、社會位置、還有心理生理的狀態是很安適的，然後從個人推到家庭，推到國家，推到世界，我覺得這種個人的安適狀態可以推衍到身邊的人，並且有層次地去推衍。我覺得對我個人來說這是自我實現。」

　　P9 坦承自己認定的自我實現是儒家式的，其核心思想是個人自我的不斷擴充與延伸，而將越來越大範圍的實體（如家庭、社會、國家、世界）包含進自我實現的範疇。但她並不像儒家傳統那般以個人的道德成就高低或自我擴展的範圍大小來論定價值的優劣，而將之視為能力個別差異的結果。她說：「我覺得它有層次的不同，但是沒有價值的優劣，比如說我個人只能做到個人或家庭的安適，那也可以，那如果有一個人更有本事，推衍的層次更高。我覺得我跟他的生存價值是一樣的，只是他更有能力。」對她而言，在較高的層次上為社會服務，治國平天下是自我實現；在較低的層次上，養兒育女，恪盡家庭責任，也是自我實現，兩者間只有個人能力的不同，並無生命價值的優劣；「我覺得如果有家庭或社會地位，你在社會或在國家佔據一地位的時候，你能做些什麼事情，如果沒有，即使個人有一些空間受到壓縮，可是你對家庭很好，你養了一個小孩，有個很好的家庭，那個價值也是 share 的。就是人家也會稱讚你的小孩，那對我來說也是部分自我實現的延伸。」

　　不過，當 P11 堅持她自己的價值不在於別人的認同，她可以不在乎別人的觀感，我行我素時，P9 又再次強調了自我實現不應只顧自己，而應倡導觀念，推廣價值，力圖影響別人，甚至公眾事務。她說：「我覺得能夠有一些想法、一些 vision，有一些感覺，然後從個人推到很多人，共同去分享這個想法，能夠把一個想法推出去，然後讓大家可以因為

這些想法，促成一個更安適的存在，我覺得這個是莫大的權力。」在現代臺灣年輕學生中如此認同儒家傳統，並將自我實現的層次拉到如此高度的實在罕見，這顯然與 P9 所受的政治學養成訓練很有關係，但有人也許還是會問：「這是不是唱高調，講空話？」P9 自己說：「做不到也沒有關係，可是我覺得是先自己做，也不一定是道德上的，可以是非常 intellectual、智力上的。」看來儒家教化中「立德、立功、立言」的階序性價值也被 P9 轉化了，在她看來成就、道德與思辯彼此沒有價值的優劣，這樣每個人從自身做起，可以盡力而為，不至因目標太過高遠而放棄努力，又可兼顧個人的長才發揮，應是相當務實可行的。另外，P9 自己也是身體力行的，學政治的她不僅學業優異，頗得師長賞識，更是親身投入公共事務，在臺灣的政治風潮中實踐自己的價值，也追求自我實現。

　　參加短文撰寫的大學生 P15、P16、P17、P19、P22、P25 及 P28 都提到源自儒家思想的行仁濟世，自我超越是華人自我實現的本質，但有時很難確認他們所言是自己的體認與觀念，還是僅止於轉述文化的教化，故以下僅舉幾例說明。P28 從分析華人文化的價值特色著手，綜覽認知、經濟、政治、社會、宗教、道德及成就價值後，指出：「中國人的價值，也就是自我實現大體來說是建構在團體之上的」。P25 也認為「華人的自我實現寄託於達到全體的成功，也就是已超越了自我局限的個人成就，而是以成就群體

目標為個人自我實現的最高指標。而且，此時的個人必是心甘情願並會因此得到更大的滿足與幸福感，這才算是真正達成了自我實現」。他並緊接著以「紅花會」為例說明華人「犧牲小我，完成大我」式的自我實現典型。另一位學生P18 則以時下名導演李安為例，指出「他已不只是為了自己的成就所帶來的財富、權勢而快樂，更是為了讓華人電影站上國際舞臺而感到滿足，一種為全華人的榮耀而榮耀的成就感，而這已經不再只有自我的滿足了」。從這些文字和舉例可以看出，e 世代的年輕學子在時髦酷炫，特立獨行的外表之下，對中華傳統文化的認同依然是深厚的，尤其在短文撰寫所提供的自由沈靜的條件之下，又沒有同儕壓力時，這樣的認同便較容易訴諸文字來表達了。故此，我們應可推論「自我安適，兼善天下」依然是現代華人自我實現中一個不可或缺的範疇。

第四節　暫時的結語：自我實現的多元可能

　　本文從「應然」的概念層次開始分析東西方文化建構的「自我實現」觀，並梳理出西方文化中以發展「獨立自足的自我」為基礎的「個人取向自我實現」的原型概念，亦梳理出華人社會中融合了儒、道、佛三大傳統，又以儒家思想為主導，發展出以「互依包容的自我」為基礎的「社會取向自我實現」的原型概念。接著，研究者以質化研究（焦點團體

與短文撰寫）所蒐集的實徵資料進行「實然」的實徵層次的分析，意圖發現現代華人，尤其是臺灣大學生在東、西方文化的交匯中，自我實現構念的內涵及表徵究竟為何，是否依然能呼應文化層次上的原型概念。

　　以實徵資料來看，現代華人自我實現本質內涵的三大範疇包容了個人取向及社會取向的自我實現構念，「完全做自己」較接近前者，「以成就回饋家庭」與「自我安適，兼善天下」則明顯屬後者。不過細究支撐這三大範疇的敘說脈絡，我們馬上會發現臺灣學生對自我實現的建構及體認，與東、西方文化的理想原型都有相當的歧異，顯見「應然」與「實然」是無法完全對應，相互支持的。以「完全做自己」而言，華人在堅持自我需要滿足時，總是同時考慮他人需要與社會責任，似乎「他人」總在「自我」現身的同時出現，如影隨形，時刻提醒著我們華人自我最核心的互依性。華人的「做自己」很難沒有他人的認同與支持，而為了這份認同、支持所帶來的歸屬感，華人會使用各種策略，有直接、有迂迴、有外求、有自修，力圖讓「做自己」不致淪為「毀了自己」。這與西方個人取向自我實現的理想所倡導的「抗拒社會影響，只要忠於真我」實在有些本質的差異，但卻又是一項華人「實用主義涵化」的典範。在此，「完全做自己」的「完全」更像是一種期盼，而非真要身體力行的標竿。

　　「以成就回饋家庭」最貼近以儒家思想為要義的社會取向自我實現的構念，但同樣的，實然與應然之間依然有鴻溝。在當今臺灣年輕學生的口中，「力求上進，回報家庭」似乎只是社會教化與學校教育灌輸給他們的觀念，身體力行者大概也是父執輩。對他們自身而言，更深刻的體認恐怕是「壓抑自我，順應父母」的無奈。應然與實然的落差在此表現為文化與個人的雙重性建構，也就是說，我們已看到華人的自我實現主要是在「以成就回饋家庭」與「完全做自己」的抉擇中展開的。「個人」與「家庭」的關係界定是關鍵所在，兩者可對立，可和諧；可彼此區隔，也可互相包容，但研究參與者都清楚地意識到，在傳統文化的設計中，個人是次於家庭的，個人必須服從家庭、服務家庭、回饋家庭，以達成家庭目標為自我實現的要義。而且，服膺這套文化理想的家庭教化、學校教育、社會輿論、價值態度，也都將個人推向順應家庭、順應社會的自我實現，而阻礙並打壓個人追求自我獨特性的自我實現。

　　華人的自我實現在個人與家庭的分分合合中，在文化理想與自我希冀的拉拉扯扯中，走得坎坷，走得漫長，從一開始因缺乏自我了解的完全無法選擇，到之後迫於現實壓力的不敢選擇，再到下定決心的悄悄選擇但不敢聲張，沈潛多年累積資本，直至最後破釜沈舟地投身自己的理想，付諸實踐，恐怕已是漫漫經年，更何況能走到最後這一步的人也只是鳳毛麟角吧！

　　但是，以較樂觀的角度觀之，應然與實然的不完全契合正如一道夾縫，提供了現代華人多元自我實現的現身空間。具體而言，「完全做自己」、「以成就回饋家庭」及「自我安適，兼善天下」在現代華人社會中是可以並存甚至融合的。首先，在全部參加研究的 28 位大學生、研究生中，前述三個範疇都有認同者與實踐者，且人數約略相同，很難區分主、次概念，這展現的便是一種「人際的融合」，更準確地說是多元自我實現在我們社會中並存不悖，各有發展的可能。研究者認為這樣的文化融合如同「折衷自我」（陸洛，2003），應能同時滋養西方文化中「獨立自足的自我」與華人文化中「互依包容的自我」。也就是說，現代華人理想的自我實現應能一方面關注人我的分離性及個人的獨特性，強調個人有別於他人，獨立於他人的內在特徵，清楚地意識到個人的需求、欲望、興趣、能力、目標及意向，能夠適當地表達個人的動機、認知及情緒，追求個人的成就與潛能的發揮；另一方面又關注人我的關連性及個人與他人的互依性，強調個人在其社會關係網中的角色、地位、承諾、義務及責任，清楚地意識到團體的目標與福祉，能夠適時的將團體置於個人之前，追求團體的成就與榮耀。如此多元的建構，能最完善地回應個人內在追求「獨立」與「依賴」的雙重需求，也最能兼顧「自我發展」與「社會責任」的平衡。只是，這番願景能否實現，仍須持續、有系統的觀察與研究。而個人統整不同自我實現構念以化解衝突，轉化能量的心理歷程與機制當是更饒富意趣的研究主題。

第五節　回首來時路：理論與方法的反思

　　本文力圖在文化層次上以理論分析建構出西方與中華文化傳統中有關自我實現的應然性論述，亦在個人層次上以質性的實徵資料解析出臺灣的大學生所體認與實踐的自我實現的實然性內涵，雖然貫通文化層次與個人層次的分析是一大挑戰，兼顧理論建構與實徵研究也是一項浩大的工程，研究者仍應對本文所建構的論述與所呈現的初步實徵結果，做一些理論上與方法上的反思，一則實踐研究者自我省察的主體性，再則檢討研究的缺失與局限，以開展更有系統更周延的後續研究。

　　首先，有必要在此檢討「自我實現」一詞在用法上的妥當性。之前研究者曾解釋了在本研究的脈絡中使用「自我實現」一詞的緣由，但借用西方心理學的名詞仍予人施展不開的鬱悶之感。有了這一次的經驗，我們在後續的研究中將嘗試更大膽的突破，語言本身即是行動，使用「圓滿人生」、「充分發揮自己」等當代華人語言，一定會開啟研究參與者更廣闊的思考空間，甚至我們也考慮借用本研究參與者所自發性使用的語彙，如「成為一個人」、「生存的意義」、「心理的成熟」、「力求上進」等，如此作法當會更貼近華人的生活世界，更契合華人的文化底蘊，也期望華人的自我

實現能真正展現大鵬展翅的恢弘格局。

　　再者，西方與華人的自我實現論述所開展的層次是否相同，也是一個值得思考的問題。研究者在文初便指出：西方學者如 Maslow、Rogers 等對自我實現的論述都屬心理學層次，視自我實現為動機、需求、驅力等，尤以 Maslow 的定義最為清楚明白：「渴望將自我充滿，要把自己所有潛能實現出來，希望成為更具獨特性的自我，充分發揮自己的一切可能」（Maslow，1970）。「自我實現」不僅是一個心理學概念，其所欲實現的層次也是實質的（substantive），如果你有音樂才賦，那麼就應在音樂的世界裡燃燒自我，充分揮灑；同樣地，如果你有木匠的巧手，那就要全心全意當個好木匠。但是，華人文化傳統中所有對「圓滿人生」、「理想人格」之類的論述都屬道德倫理的層次，所關注的並非實質的個人潛能的發揮，而是更高的理念層次上「成為一個人」的議題。嚴格而言，與西方心理學層次上的「自我實現」論述是不能直接比較，故研究者在本文前半段的理論分析中所採用的是「對顯」而非「對比」的策略。

　　在研究方法的層次上，亦有兩項值得省思的議題，一是研究參與者的專業背景是否會對研究結果造成某種影響，再

者是焦點團體所得的資料本身具有何種特性。首先，本研究的參與者在大學主修的領域跨越了政治、經濟、歷史、心理、新聞、圖書資訊等學門，並不能假設他們都受到西方心理學中「自我實現」論述的影響，但他們確實都出身人文社會科學，是否這樣的專業養成會影響他們的人生思索，仍有可議之處，日後的研究可以考慮邀請自然科學背景的人士參加，亦可直接詢問或討論專業養成對人生哲學的影響。不過，必須提出的是，同為政治學的研究生，P6 與 P11 的自我實現觀卻是南轅北轍，可見專業知識與學術薰陶並不必然轉化為人生理想與生命實踐。

　　其次，焦點團體討論中的動力歷程是此種研究法的一大特色，團體成員間的交互激盪、結盟及對抗確實會碰撞出思想的火花，但團體動力也可能是把雙刃劍，如第一個焦點團體中明顯存在意見領袖，也有成員因其特別的身分與地位而影響團體討論的議題與基調。這樣的問題在成員地位均等，個性相當的另兩個團體中較無疑慮。藉此教訓，日後進行焦點團體討論時，宜慎重考慮團體成員的平等性與其他個人特質（如自信、表達能力）的相似性。另外，焦點團體的討論其實是一場集體創作，每個人所表達的意見多少會受到團體其他成員的影響，或許不至於完全被他人說服而改弦易轍，

但也會有所顧慮，有些修飾。是故，日後的研究將同時採用個別訪談，以確保個人獨立意見的發聲與表達。

　　回首來時路，雖不是雲淡風清，卻是豐收滿行囊，但展望前程，則更需要竹杖芒鞋的勇氣。[§]

[§] 本文曾發表於《本土心理學研究》（臺北，2005），23 期，3-69。作者感謝中華民國教育部資助「華人本土心理學研究追求卓越計畫」，使得此一研究得以完成。此研究計畫編號為 89-H-FA01-2-4-1。

第七章
社會取向自我實現者與個人取向自我實現者的心理特徵：概念分析與實徵衡鑑

楊國樞、陸洛

第一節　前言

　　在個人主義當道的西方社會中，自我問題是歐美心理學（特別是美國心理學）日益重視的研究課題。就美國心理學而言，有關自我問題的探討，主要是集中在自我知識、自我歷程、及自我評價三大方面，尤以自我概念（self-concept）

（屬自我知識）、自我一致性（self-consistency）（屬自我
歷程）、自我實現（self-actualization or self-realization）（屬
自我歷程）、自我接受（self-acceptance）（屬自我評價）、
及自尊（屬自我評價）五者的研究最受重視。其中，自我實
現雖然主要是一種自我歷程，但也兼有自我概念與自我評鑑
的性質，因為自我實現必須先要有清楚的自我概念，充分的
自我一致性，及足夠的自我接受與自尊。由此觀之，自我實
現可說是集自我各方面之大成。

一、西方心理學中的自我實現者

在西方心理學中，自上個世紀初葉以來，有系統地探討
自我實現問題的主要是心理分析學者、機體論（organismic
theory）者、及人本心理學者。心理分析學者中正式討論自
我實現（self-realization）者是 Carl Jung（1916），他認為
self-realization 是指人之整體人格的（total personality）最充
分而完整的分殊化（differentiation）與最和諧的融合。此
外，Afred Adler、Karen Horney、Erich Fromm、Kurt
Goldstein、Gordon Allport、以及比較晚近的人本心理學者如
Carl Rogers、Abraham Maslow 有關自我實現概念的論述，在
本書第七章《社會取向與個人取向的「自我實現」──概念
分析與實徵初探》中，我們已做了相當詳盡的回顧與分析，
在此不再贅述，請讀者參閱前文。以下僅就與本文主題最為
相關，且在第七章中不及詳述的部分再做補充，以利讀者瞭

解本文後續的開展。

　　簡言之，在西方人文思想，尤其是人本心理學的理論中，自我實現被視為是所有人皆有的內在潛質，雖然外在因素可能會限制或壓抑它，但自我實現的追求終究是人生最重要的動力與最終極的意義所在，也只有當一個人充分發展並實現了其潛能時，他才達到完全的心理成熟（Maslow，1968）。自我實現所指的，不僅是將潛能展現出來，更要使其擴大、提升、發展到顛峰圓滿的狀態。不管自我實現的傾向是生物的或心理的，也不管理論家所強調的是自我實現的過程或結果，其背後所依憑的人性觀都是相同的：人的本性基本上是好的、善良的、理性的。

　　本文所報告的研究屬心理學的範疇，關注的焦點其實是自我實現者的心理特徵，當然自我實現「觀」中所隱含的人性觀也是須先釐清的哲學預設。Maslow（1970）有關自我實現者之心理特徵的研究廣為後世學者所援引，但他自己坦言這項研究其實並不是很常規的，它沒有事前的縝密計畫，也不是公開的正式研究，而是始於個人好奇的初步探索。Maslow 無意藉此展示或證明什麼，只在啟迪自己。這項非正式且極具私人性質的探究持續了一生。或許研究設計有諸多瑕疵，但 Maslow 以臨床取向所做的努力，卻為他自己和後人提供了豐富的洞識和靈感。Maslow（1970）的研究對象包括歷史和現世的名人，他的朋友與相識，也包括他設定為

較健康的大學生（健康狀況最佳的 1%），收案的條件有積極、消極各一項，積極的條件是：「能完全且充分地發揮天賦、才能、潛力等」（頁 126）[1]，這也是 Maslow 對「自我實現」的寬鬆定義，其內涵頗接近尼采的名言「成為你自己」（Become what thou are!）。至於收案的消極條件則是：「沒有精神疾病，精神病型人格，或任何這方面的傾向」（頁 126）。Maslow 並未發展任何標準化的評量工具，而是依據他的臨床工作經驗，緩慢而審慎地形成對研究對象的整體印象，並以此為據，歸納出 16 項獨特的心理特徵：

(1)有效的知覺現實：自我實現者能敏銳地偵測
人性中的虛假和偽善，通常能對人做出相當準

---

1 在 Maslow 有關自我實現者心理特徵的研究中，他不但以歷史上的名人為探討對象，也以他個人的朋友與相識及心理很健康的大學生為對象。他個人的朋友與相識未必是名人，也不一定在某一方面有大成就；至於在校的大學生更談不到有甚麼了不起的成就了。其實，Maslow 所說的「自我實現」，並不是指要有大成，而是指「能完全充分發揮天賦、才能、潛力等」。個人的天賦、才能及潛力互有高低，不是只有高能力的人才自我實現，低能力的人也能自我實現。自我實現不是指世俗之高超成就的追求（如成大事、做大官、發大財），而是指個人生而有之的各種稟賦與潛能（不管比人高或低）之不斷實踐發揮及展現的歷程與狀態。

確的判斷，而這樣的判斷完全基於對客觀現實
的覺知，而非一廂情願的偏見或期望。

(2)對自己、他人及自然的高度接納：自我實現
者能全然地接受自己的本性，包括所有不盡完
美之處，而不覺得焦慮、羞恥和罪惡；他們對
別人也表現出一樣的接納與包容。

(3)高度的自發性、單純性、及自然性：自我實
現者在行為上常表現得自動自發，在思考與心
智活動上更顯得不受羈絆；他們舉止自然率
真，絕不矯飾，卻顯得品味卓越。

(4)問題中心而非自我中心：自我實現者非常關
注自身以外的問題，他們有強烈的責任感和使
命感，會以造福國家社稷乃至全人類為志業，
而非只關注一己之私。

(5)超然與追求個人隱私：自我實現者能自在地
獨處，適時適度地與紛擾的世事保持一種疏離
的姿態，也能冷靜泰然地面對人生起伏，始終
保有尊嚴。

(6)高度的自主與獨立：自我實現者能獨立於他們的物理環境和社會環境，面對挫折也能屹立不搖，自給自足地奮發圖強。

(7)以好奇的眼光欣賞人與事，以及豐富的情緒反應：自我實現者能以童真的心去欣賞生活中的每件平凡之事，發現其中的美與快樂，感受驚異與狂喜，正是這份純真，使他們永存感恩之心。

(8)擁有深刻的神秘與靈性體驗：這種神秘的主觀經驗在自我實現者中相當普遍，例如感受到天地無限，既覺得自己融入宇宙之中而力量非凡，也驚覺到自身在天地間的渺小無助，時空消失，狂喜與敬畏充盈心中。與其說這是一種自我的失落，毋寧說這是一種自我的超脫與蛻變。

(9)對人類全體的認同感與兄弟之愛：自我實現者有著深切的對人類的認同、同情與關懷，並真誠地願為全人類付出心力。

(10)與少數至親好友的深刻親密關係：自我實現者擇友審慎，他們雖會善待每個人，但通常

只有三兩個知心好友，可謂知己不在多，而在交情的深淺。

(11)民主的性格結構：自我實現者是民主精神的實踐者，他們不以階級、教育、信仰、種族取人，不恥下問，能以人本主義的情懷，尊重每一個人。

(12)明辨目的與手段：一般而言，自我實現者關心目標遠勝於手段，但他們也總能將一般人視之為「工具」之事當成「目標」本身，如發現工作本身的樂趣，而非視工作為謀生的手段。

(13)富有哲理而不帶敵意的幽默：自我實現者的幽默直指人生的弱點，富含哲理卻不傷人，博君一笑，卻發人深省。

(14)童真般的創造力與創意：自我實現者較不受約束和羈絆，較不被常規舊習所限，故能更自發、更自然、也更人性地揮灑創意。

(15)抗拒文化教化與壓力：自我實現者能抗拒文化的塑模，保有一種內在對文化的疏離；他

們遵循常規，不標新立異，但在享受人生的同
時，更關心文化的提升與深化；他們是自主獨
立的，依自己的準則生活，而非聽命於社會的
規範。

(16)超越環境：自我實現者絕非消極地順應環
境，而是力圖超越、改造環境，並在此奮鬥過
程中充分實現自己的各項潛能。

自我實現者並不一定具有上述所有的特徵，他們也並非
完人，但他們的缺點比一般人少；整體而言，他們是社會適
應相當良好、心理功能甚為順暢的社會菁英。

Rogers（1951）以其豐富的臨床工作經驗，萃取出他心
目中能充分發揮功能的人應具有的要素：

(1)對所有經驗的高度自覺：對經驗的開放度正
與自我防衛相反，個人能「活在」每一種經驗
之中，不斷地從防衛的一端移向開放的一端，
這正是「好生活」的重要內涵。

(2)每時每刻都活得充實且完整：這種「活在當
下」所指的是突破框架，不用預設的結構去組
織經驗，而是在經驗中「發現」結構，儘可能

去適應、去展現一種流動多變的自我與人格的組織。

(3)信任自己的有機體:「跟著感覺走」,實則是在任何處境中達到最佳適應效果的不二法門,直覺常是行為最有效的導引。

(4)真正的自由感:能自由地選擇,能有效地將選擇付諸實踐,是「好生活」的必備要件。

(5)有創造性:有創意的人能建設性地過生活,在多變的環境中可充分展現適應與生存的能力,他們是人類演化發展過程中最有適應力的先鋒部隊。

(6)擁有充實、興奮、有酬賞、有挑戰、有意義的生命經驗:這是一種更深厚、更寬廣、更多樣更豐富的生活,這是一種不斷實現自我潛能的歷程,更是一種全心全意投入生命的姿態。

　　Rogers 所強調的其實是「真實性」(authenticity)這一價值,即相信自己,誠實面對自己,做自己想做的事,活出真正的自己(true self)。

Allport（1961）也論述過「理想人格」（ideal personality）或「成熟人格」（mature personality），視之為人類發展的極致與最佳狀態，十分類似人本心理學者的自我實現概念。在他看來，成熟的人或理想的人應具有以下特徵：

(1)自我的延伸：人的自我界限會隨著身心的發展及社會參與的增加而不斷推展。人若不能在自身之外發展出深刻的關注，則無異是生活在動物的層次。一個成熟的人能真正地投身人類某些重要的活動，並藉此找到人生的方向。

(2)與他人建立溫暖的關係，親密、溫情、及包容：社會適應良好的成熟人格必須同時具備兩種相當不同的愛的能力，一為親密（intimacy），不管是親情或友情；另一為博愛（compassion），這是一種對人的尊重與關懷，不侵犯、不佔有，不獨斷，不挑剔。親密與博愛都不會成為別人的負擔，也不會侵犯他人的自由，這樣的愛才是真正人文情懷與民主精神之所在。

(3)情緒安全感，即能自我接納：成熟的人不會對欲望過度反應，而淪為七情六欲的奴隸；成

熟的人有純熟的情緒管理能力，懂得中道與自
持，能適時、適地、適法、適度地表達情緒，
同時又具備強韌的抗壓性與挫折忍受力。

(4)對自己與外在的世界有現實的知覺：成熟的
人有絕對的現實感，他們毋須扭曲現實來滿足
自己的幻想。他們不僅能有效地認知現實，也
有足夠的努力去解決實際的問題，更能沈醉於
自己的工作和活動之中，並找到人生的圓滿。

(5)自我客體化，即對自己有清楚的了解或洞
悉，並保有幽默感：正如蘇格拉底所言，好的
生活奠基於「自我瞭解」（know thyself）。有
了深刻的自我洞識，便能調侃自己，同時接納
自己，這才是真正的幽默：笑天下可笑之事，
愛天下可愛之事。

(6)有統整的人生哲學，即一套清晰明確的人生
意義與價值結構：這樣的人生哲學不一定是宗
教性，但卻能指引人生的方向，當作是非判斷
的準則，也能彰顯一個人的自我形象與認同。

不難看出，Allport 所描繪的理想人格與 Maslow、

Rogers 所型塑的自我實現者十分類似，三人皆強調知覺的現
實性、自我的獨立性、關係的親密性、經驗的完整性、心智
的自由性、及心靈的超越性。

　　Richard Coan（1974，1977）是少數不僅對理想人格進
行統整性理論分析，更付諸實徵研究的心理學者，他稱理想
人格為「最佳人格」（optimal personality），意指一個人的
功能達到了最高的水準。Maslow 對自我實現者之心理特徵
的分析主要依據其對歷史名人的傳記研究，以及對朋友、相
識與優秀大學生的觀察分析。Coan 卻力圖以量化分析法來
尋找他所謂的「最佳人格」的共同向度。他的研究方法是對
361 位美國大學生分多次施測一套共包含八大部分的問卷，
歷時 6 小時方能完成（Coan，1974）。這八大部分的問卷所
測量的都是 Coan 綜合各家之說後，認為與「最佳人格」有
關的構念，現分述如下：

　　(1)現象的一致性（phenomenal consistency）：
　　意指能有系統地將對自身與對環境的體驗組織
　　或「結晶」成穩定且獨特的模式。

　　(2)認知效率（cognitive efficiency）：意指個人
　　的心智功能。

(3)控制感（the experience of control）：意指個人能主動選擇，有效掌控其自身及所處的環境。

(4)意識的範圍（the scope of awareness）：意指個人對各種經驗的開放度。

(5)時間的體驗（the experience of time）：意指時間的定向。

(6)一般的信念與態度（general beliefs and attitudes）：意指個人基本的人生觀與世界觀。

(7)現實感（reality contact）：意指現實的思考或整體的現實性。

(8)自我概念（self-concept）：意指對自我的整體觀感。

　　這套冗長的問卷共測量了 123 個相關的變項，經斜交轉軸的因素分析後，共得到 19 個因素，次級因素分析又將這個數目降為 7，分別是：(1)局限的或流動的定向（restrictive vs. fluid orientation），(2)一般的不適感（general

discomfort），(3)不加批判的開放性（uncritical openness），
(4)精緻的開放性（refined openness），(5)穩定性
（stability），(6)一般的智力（general intelligence），及(7)
表達性（expressiveness）。至此，Coan 不得不做出結論：
並無證據可以支持理論家所描述的人格統整、自我實現、或
心理健康所具有的單一向度。易言之，要充分涵蓋上述構念
的理論內容，必須採用多向度的模式。雖然 Coan（1974）
工程浩大的實徵研究，並未讓他從所探討的 135 個變項中因
素分析出簡單而清晰的結構，來統整前人的相關論述，但他
還是以理論分析為主，參考因素分析結果，提出五大類人類
實現的方式（mode of human fulfillment），或最佳人格的特
徵（Coan，1977），分別是：(1)效率性（efficiency），(2)
創造性（creativity），(3)內在和諧（inner harmony），(4)關
聯性（relatedness），及(5)超越性（transcendence）。這五大
類中的細目與 Maslow、Rogers、Allport 所闡述的自我實現
者之心理特徵有諸多相似之處，足見不同時代，不同學術流
派的西方學者對自我實現的內涵本質乃至具體表徵的看法相
當一致。

二、東方文化中的自我實現者
　　——「君子」作為儒家思想中的自我實現者

　　Maslow 之自我實現的概念與理論是其人類基本需求理
論的主要部分。Maslow 將人類的基本需求分為五大類，自

低至高做線性（linear）排列，自我實現需求位在所有基本需求之上。Maslow 之基本需求理論向被學者視為具有跨文化的普同性（cross-cultural universality），亦即置諸天下而皆準。最近，楊國樞（Yang，2003）就 Maslow 理論之線性假設（linearity hypothesis）與跨文化普同性假設鄭重提出質疑。于洋（1992）首先指出人類的基本需求並非線性排列，而是 Y 形排列。Yang（2003）贊成于洋的 Y 形結構說，但強調 Maslow 理論中的上層需求（即「人際與歸屬需求」、「尊嚴需求」、及「自我實現需求」）充滿西方個人主義文化的特色。以「自我實現需求」為例，他認為應有兩種不同的自我實現，即個人主義取向的自我實現與集體主義取向的自我實現，且兩者在三方面顯有不同：

(1)所實現的自我不同：個人主義取向自我實現中所實現者主要是內在性、個人性自我（internal-personal self），但集體主義取向自我實現所實現的主要是社會性、關係性自我（social-relational self）。

(2)實現的方法或途徑不同：個人主義取向自我實現所採取的實現方法主要是經由個人取向之自我蛻變（self-becoming）與自我擴漲（self-enhancement）的歷程，以及個人潛能、稟賦、能力、氣質等在非社會性與非關係性之生活範

疇中的充分表現；但集體主義取向自我實現所
採取的實現方法則主要是經由社會取向的自我
修養（self-cultivation，即內修）與自我改進
（self-improvement）的歷程，以及角色、活
動、許諾、責任等在社會性與關係性之生活範
疇中的適當表現。

(3)實現的目的或動機不同：個人主義取向自我
實現的主要目的是發展與表現各種個人稟賦與
天分，使其得以切實而有效地實踐，為的是讓
個人成為一個充分運作的、自主的、獨立的、
平權的、及獨特的個體；但集體主義取向自我
實現的主要目的則是培養與改進人的各種良好
特性，以便在知能、道德、關係等方面獲得較
好的發展，從而使人能在關係、團體（特別是
家庭）、社區、及國家中過一種和諧的社會生
活。

　　Yang 認為個人主義取向自我實現主要見之於西方社會
（特別是美國社會），集體主義取向自我實現主要見之於非
西方社會（特別是亞東儒家文化圈之內的社會，如臺灣、香
港、大陸、日本、及韓國）。此處應該指出：從楊國樞（楊
國樞，1993；Yang，1995）之個人取向與社會取向的觀點，
以及楊國樞（2004）最近提出的「華人自我四元論」來看，

以上所說之個人主義取向的與集體主義取向的自我實現，實即個人取向的與社會取向的自我實現；個人主義取向的與集體主義取向的自我實現者，實即個人取向的與社會取向的自我實現者；個人主義取向的與集體主義取向的自我實現者之共同心理特徵，實即個人取向的與社會取向的自我實現者之共同心理特徵。以下行文將以個人取向與社會取向分別取代個人主義取向與集體主義取向。

　　個人取向與社會取向的自我實現除了上述三方面的不同外，還有第四方面的不同，即(4)自我實現對當事人的影響不同。個人取向自我實現的結果，可能形成若干穩定的共同心理特徵，稱為自我實現者（self-actualizer）的特徵。Maslow（1963，1968，1970）曾根據名人傳記與個案資料所提供的資料，歸納出多項個人取向之自我實現者的共同心理特徵（如接受自我、問題中心、獨立自主、民主態度、超越環境與文化）。社會取向自我實現的結果，可能也會形成若干穩定的共同心理特徵，它們可能不同於個人取向自我實現者的共同心理特徵。對華人來說，Yang（2003）認為儒家傳統所強調的「君子」應該就是華人社會取向的自我實現者。部分修養成君子的士人，亦受道家思想的影響，成為兼攝儒道之長的超脫型君子。依此觀點，儒家傳統下所一再描述的君子的各種特徵，應該就是華人世界中社會取向之自我實現者的共同心理特徵。君子的各種心理特徵及其概念化將在下文第二節中詳論。

　　儒家思想對完美人格與人性至善至美境界的闡述，我們已在第七章《社會取向與個人取向的「自我實現」──概念分析與實徵初探》中做了詳盡的整理，不再贅述。此處僅再度重申，綜覽各家學者對《論語》的註釋，到達自我實現極致的君子應有以下四項心理特徵：(1)知者不惑，仁者不憂，勇者不懼。仁者順天理而生活，不被私欲所蒙蔽，所以是快樂的。(2)不怨天、不尤人。仁者的心境是內在的絕對均衡，亦窺見天心的絕對和諧，便不會怨天尤人。這是因為儒家相信，下學經由踐仁可以上達，人便可遙契天道，而達天人感通。(3)知其不可而為之。儒家強調「義、命之分」，「知其不可」是事實如此，是「命」；「而為之」是應該如此，是「義」。這份道德上的自覺主宰與擔當，便是儒家積極入世的心情。(4)鳥獸不可與同群。人在人間，對人間有責任，雖力量有限，仍應堅持理想，盡其在我，不應脫逃規避責任。由此可見，儒家的自我實現是十足積極入世的，以仁貫通各項德目，以感通為途徑，謀求最終的天人合一。真正的自我實現者是平和悅樂，但也是積極有為的行動者。

　　本研究之主要目的係就個人取向自我實現與社會取向自我實現對實現者個人心理之持久性影響的不同，從事系統性的概念分析（conceptual analysis），並依分析所得的概念架構（conceptual scheme or framework），有系統地撰寫足夠的適當題目，經實際施測、統計分析、及選擇題目後，編製兩種量表，即個人取向自我實現者心理特徵量表與社會取向

自我實現者心理特徵量表。所編製的兩套標準化量表，可以
作為未來從事有關之系統性研究的有效工具。

第二節　研究方法

一、研究樣本

　　本研究用以對社會取向與個人取向的自我實現者之心理
特徵進行實徵衡鑑的共有四個樣本：臺灣大學生、臺灣社會
成人、大陸大學生、及大陸社會成人。各樣本的來源分述如
下：參與研究的臺灣大學生來自全臺北、中、南、東共 11
所國立大學，是就讀文教、法商、理工、農醫各科系的大學
部高年級生與研究生，社會成人則是在北部、中部及東部各
一所大學中進修的在職人士。填答「個人取向自我實現者心
理特徵量表」的共有 547 人（學生 371 人，社會成人 146
人，未填答身分者 30 人），填答「社會取向自我實現者心
理特徵量表」的共有 517 人（學生 359 人，社會成人 133
人，未填答身分者 25 人）。臺灣樣本共計 1,064 人。

　　參與研究的大陸大學生主要來自北京和山東省各重點大
學，社會成人則是在這兩地大學所開設的函授班和進修班就
讀的在職人士。填答「個人取向自我實現者心理特徵量表」
的共有 719 人（學生 400 人，社會成人 304 人，未填答身分

者 15 人），填答「社會取向自我實現者心理特徵量表」的
共有 694 人（學生 402 人，社會成人 273 人，未填答身分者
19 人）。大陸樣本共計 1413 人。樣本詳細的個人背景資料
見表 1。

　　另外，為使研究設計更臻嚴謹，在對社會取向與個人取
向自我實現者的心理特徵進行概念分析的同時，也以大學
生、研究生及社會成人為對象，進行開放性問卷調查與個別
訪談，力圖收集現代臺灣華人對「君子」等相關概念之認知
的實徵資料。此項研究所用的樣本與前述用於量表施測的樣
本完全不同，細節見下節「研究程序」相關項下的說明。

二、研究程序

　　如前所述，本研究的目的可以具體化為下列兩項：其一
是對社會取向和個人取向自我實現者的心理特徵進行系統性
的概念分析；其二是依分析所得的概念架構，有系統地撰寫
足夠的適當題目，經實際施測、統計分析、及選擇題目後，
編製標準化評量社會取向和個人取向自我實現者的心理特徵
的量表，並以內部一致性初步檢驗其信度。為達成這兩項目
標，本研究程序包含了概念分析、預備資料收集、題庫撰
寫、預試題本編製、正式施測、因素分析、正式量表的編
定、及初步信度檢驗等多項，現逐一詳述如下。

【表 1】 填答社會取向自我實現者心理特徵量表與個人取向自我實現者心理特徵量表之樣本的個人背景資料

變項		臺灣樣本				大陸樣本			
		完成社會取向量表者（495 人）		完成個人取向量表者（519 人）		完成社會取向量表者（529 人）		完成個人取向量表者（574 人）	
		人數	百分率	人數	百分率	人數	百分率	人數	百分率
性別	男	196	39.6	197	38.0	294	56.4	321	56.4
	女	299	60.4	322	62.0	227	43.6	248	43.6
	未填答	0		0		8		5	
教育程度	專科	10	2.0	8	1.5	206	41.6	248	45.8
	大學	353	71.5	350	67.7	266	53.7	289	53.3
	研究所	131	26.5	159	30.8	23	4.6	5	0.9
	未填答	1		2		34		32	
職業	在校學生	359	73.0	371	71.8	327	68.6	357	65.9
	有全/兼職工作	119	24.2	136	26.3	145	30.4	181	33.4
	待業中	14	2.8	10	1.9	5	1.0	4	0.7
	未填答	3		2		52		32	
婚姻狀況	未婚	441	89.1	453	87.3	394	76.5	421	75.04
	已婚	54	10.9	65	12.5	121	23.5	136	24.24
	其他	0	0.0	1	0.2	0	0.0	4	0.71
	未填答	0		0		14		13	
年齡	平均數	23.30		24.85		24.79		24.80	
	範圍	18-44		18-52		15-69		16-68	
	標準差	4.48		6.66		10.03		9.81	

1. 兩類自我實現者心理特徵之概念分析

Yang（2003）已就兩種自我實現之自我類別、實現方法、及實現目的等三方面做過概念分析，本研究則將就兩類自我實現者各自的共同心理特質，進行系統性的概念分析。關於個人取向自我實現者的共同心理特徵，以 Maslow（1968）所列舉的十六項特徵為主，輔之以 Allport（1961）分析健康或理想人格及 Rogers（1951，1959）討論「充分運作之人」（fully functioning person）所提及的各六項心理特徵，從而綜合出一套個人取向自我實現者的共同心理特徵，再參考 Coan（1974，1977）對「最佳人格」（optimal personality）所做的理論分析及實徵研究之結果，整合而成一套概念架構，以作為撰寫測量此類自我實現者之心理特徵所需量表題目的概念依據。

這套概念架構共包含四大類個人取向自我實現者的心理特徵，又細分為 23 小類。第一大類為「與自我的關係」，下含 6 小類，旨在說明：健康的自我關係必須始於準確的自我知覺，進而方能滋養自我接納，促進自我決斷。在外顯的層面上，這種坦然自在的自我關係會表現為享受獨處、自動自發、自然率真與創意獨到。其中，1-1 為 Allport 所提出的心理特徵，1-2 為 Allport、Rogers 及 Maslow 三人都提及的心理特徵，1-3 為 Rogers 與 Maslow 所提出的心理特徵，1-4 和 1-5 為 Maslow 所提出的心理特徵，1-6 則為 Rogers 所提

出的心理特徵。第二大類為「與他人的關係」，下含 6 小類，旨在說明：與他人建立健康的關係必須始於對人及普遍人性的真誠接納，與人為善，不以種族、性別、地位及族群等取人，而是悅納每一個人。唯有如此，一則才能對人性普遍的軟弱與愚昧幽默以對，再者也能與少數知己至親建立親密深刻的情誼，而最終人應力圖超越自我，去認同人類的整體，擁抱真誠炙烈的兄弟之愛。其中，2-1、2-2 及 2-3 為 Maslow 所提出的心理特徵，2-4、2-5 及 2-6 為 Allport 與 Maslow 共同提及的心理特徵。第三大類為「與現實的關係」，下含 6 小類，旨在說明：與現實的最佳關係始於對現實的精準知覺，且與之保持一種舒服自在的關係，然後人們方能關注自身之外的大問題，但又能保持適當的距離，不被文化完全洗腦或型塑。最終，人才能超越環境而非僅是適應環境，同時又能保有明辨善惡的道德準繩。本類目下的 6 個項目皆為 Maslow 所提出的心理特徵。第四大類是「與經驗的關係」，下含 5 小類，旨在說明：個人與各種生活經驗的關係應始於對經驗的高度自覺，故不排拒任何一種經驗，也因此方能從日常瑣事中發現其獨特性，充分享受，並發展出情感體驗的深度與廣度。最終人應力圖充分活在每一種經驗中，包含高峰經驗，以追求意義與成長，並發展出一套統整的人生哲學，以組織這些豐富各異的人生體驗。其中，4-1 和 4-3 為 Rogers 所提出的心理特徵，4-2 和 4-4 為 Maslow 所提出的心理特徵，4-5 則為 Allport 所提出的心理特徵。整套概念架構可呈現如下：

個人取向自我實現者之心理特徵的概念架構

(1) 與自我的關係

　　1-1 對自己有現實的知覺

　　1-2 高度的自我接納

　　1-3 高度的自主與獨立

　　1-4 隱私的需求

　　1-5 高度的自發性、單純性與自然性

　　1-6 有創意的人

(2) 與他人的關係

　　2-1 對他人的高度接納

　　2-2 對人性的高度接納

　　2-3 具有民主的人格結構

　　2-4 具有哲理與睿智而非敵意攻擊的幽默感

　　2-5 與少數至親好友有親密深刻的關係

　　2-6 超越自我，認同人類與人性，懷抱兄弟之愛

(3) 與現實的關係

　　3-1 對現實的有效知覺

　　3-2 與現實的舒適關係

　　3-3 問題中心而非自我中心

　　3-4 抗拒文化、教化及服從的壓力

　　3-5 超越環境而非只是適應環境

　　3-6 毫不混淆目的與手段

(4) 與經驗的關係

　　4-1 對各種經驗都保持自覺

4-2 對人與事保持新鮮感與欣賞，擁有豐富的情
　　緒反應
4-3 擁有豐富、刺激、有酬賞、有挑戰、有意義
　　的經驗
4-4 擁有深刻的神秘感、靈性感或海洋般的經驗
　　（包括高峰經驗）
4-5 一套統整的人生哲學

　　至於社會取向自我實現者的共同心理特徵，則根據儒家
典籍（以四書為主，五經為輔）及朱義祿（1991）、杜維明
（杜維明，1990；Tu，1994）、韋政通（1972）、黃光國
（1993）、楊中芳（1991b）、錢遜（1998）、及潘小慧
（1997）等學者有關君子、理想人格、及相關議題的討論，
分析與整合成一套有關社會取向自我實現者之共同心理或人
格特徵的概念架構，以作為撰寫測量此類自我實現者之心理
特徵所需量表題目的概念依據。

　　這套概念架構包含五大類社會取向自我實現者的心理特
徵，又細分為 29 小類。第一大類為「仁慈愛人之心」，下
含 7 小類，旨在說明儒家人本主義思想之要義，即以「仁」
為核心，兼顧其實踐，即「忠恕」或「誠」。第二大類為
「道德正義之氣」，下含 7 小類，旨在說明：「義，宜
也」，君子以道德修為為其內在本質之內涵，「勇」則是
「義」的實踐。第三大類為「莊重有禮之矩」，下含 4 小

類，旨在說明：「禮」為君子立身行事的準繩，亦是遵行社會既定的規範。第四大類為「廣聞博識之智」，下含 6 小類，旨在說明：「智」是君子應具備的卓越才能，格物致知是修養心性的方法之一，好學不倦則是君子應有的治學態度。最後一大類為「安貧樂道之志」，旨在強調「樂道」的境界，不追求外在的物質安逸。整套概念架構可呈現如下：

社會取向自我實現者之心理特徵的概念架構

(1) 仁慈愛人之心

    1-1 己所不欲，勿施於人

    1-2 不怨天，不尤人

    1-3 嚴以律己，寬以待人

    1-4 與人和樂，與人和同（和而不同，且不同而和）

    1-5 孝順父母，慈愛子女

    1-6 言行一致，誠信不欺（重然諾，守信譽）

    1-7 濟世行仁，積極進取

(2) 道德正義之氣

    2-1 誠於中，形於外

    2-2 慎義利之辨，守公私之分（廉潔自守，不貪為寶）

    2-3 以勇行義，無所畏懼

    2-4 知恥近乎勇，知錯能改

    2-5 重氣節，有所為有所不為（殺身成仁，捨生
        取義）

    2-6 知其不可而為之

    2-7 心繫家國，兼善天下

(3) 莊重有禮之矩

    3-1 謙讓有禮，溫文爾雅

    3-2 以禮配德，文質彬彬

    3-3 莊重自持，非禮勿為

    3-4 敬老尊長，長幼有序

(4) 廣聞博識之智

    4-1 德才兼備，智勇雙全

    4-2 九思三變，內外兼修

    4-3 慎其獨，見其隱，顯其微

    4-4 好學無懈，博聞廣識

    4-5 善致中和，恰如其分

    4-6 自強不息，積極向上

(5) 安貧樂道之志

    5-1 節儉立身，不苟奢華

    5-2 勤勞為生，不貪安逸

    5-3 清心寡欲，以堵煩擾

    5-4 安貧樂道，知足常樂

    5-5 玉潔冰清，澹泊名利

2. 專家審查概念架構適當性

　　商請有關專家分別審查兩套概念架構的適當性。做法是邀請三位熟諳人本心理學理論的中外學者審定前述的「個人取向自我實現者之心理特徵的概念架構」，專家們皆表示原則上的肯定。其中兩位更透過面談與電郵溝通，提供了相當有建設性的意見與想法。另邀請一位熟諳儒家哲學思想的學者審定前述的「社會取向自我實現者之心理特徵的概念架構」，獲得了完全的肯定。

3. 進行開放式問卷調查與個別訪談

　　對 133 位大學生、26 研究生及 20 社會成人（共 179 人）進行開放式問卷調查，請其就「君子」、「理想人格」、「高尚的人」、「令人欽佩的人」與「小人」各列舉 5 項特徵。利用開放式問卷收集有關「君子」之心理特徵的資料，經過轉謄處理，刪除不完整及語意不明的反應，整併意義相近或重複的反應後，進行主題分析，共抽取出「仁」、「義」、「禮」、「智」、「信或誠」、「廉」、「恥或勇」及「修」八類心理特徵，現分別列舉每一類中最具代表性的心理特徵，以茲說明：(1)仁：如仁慈，悲天憫人之心，寬宏大量，己所不欲、勿施於人；(2)義：如正直，忠肝義膽，見義勇為，犧牲小我、完成大我；(3)禮：如溫文儒雅，行為合乎禮，不踰矩，尊重他人，進退得宜；(4)智：如

德才兼備，學問淵博，幽默風趣，有智慧；(5)信或誠：如誠而有信，信任他人，表裡如一，待人真誠；(6)廉：如玉潔清高，安貧樂道，高風亮節，處事豁達；(7)恥或勇：如知錯能改，不卑不亢，不欺善怕惡，有志氣；(8)修：如隨時反省自己，不以善小而不為，不以惡小而為之，努力不懈，不斷向上向善。不難看出，現今臺灣大學生與社會成人所認知的「君子」的心理特徵與我們前述概念分析所得的架構是相當吻合的。另外，研究者還對四位深諳儒家思想的資深學者進行個別訪談，討論「君子」之相關特徵。這些初步實徵研究的主要用意，在於蒐集有關兩類自我實現者之心理特徵的質化資料，以提供題庫撰寫的素材。

4. 撰寫量表題庫初稿

根據概念架構，參考質化資料，撰寫個人取向自我實現者心理特徵量表與社會取向自我實現者心理特徵量表之題庫初稿。題目的撰寫除遵循心理計量的一般要求（如不得有雙重意涵）外，亦考量「自我實現者心理特徵」這一概念的特性，增列以下幾項標準：(1)每題皆是描述個人自己的心理或行為，故一定包含「我」字；(2)每題皆須說出心理或行為發生的情境或條件；(3)只寫正面題目，不寫負面題目；(4)題目中避免直接採用成語；(5)不用「主詞＋形容詞」的句式（如「我是一個有正義感的人。」）；及(6)每一「自我實現者心理特徵」的小類，至少撰寫 5 題。共撰成個人取向 271

題，社會取向 265 題的兩套題庫。

5. 召開專家座談會以檢討題目適當性

召開專家座談會，（四位對編製人格與態度問卷有長期經驗的人格及社會心理學者）逐題討論兩套量表題庫中各個題目之妥貼性、適當性、及重複性。「個人取向自我實現者心理特徵量表」經 5 次逐題討論與修訂，完成 259 題的版本。「社會取向自我實現者心理特徵量表」經 3 次逐題討論與修訂，完成 251 題的版本。

6. 內容效度之檢核

將上述題目刪改後，編成兩種試用題冊，請六位主修人格與社會心理學的博、碩士研究生進行內容效度之檢核。做法為提供每人上述兩套量表的題本，及前述兩套撰題的概念架構，並解釋這兩套概念架構之源起與內涵，請每人獨立評量每一題與其所欲測之概念的符合性，並以 1-5 評分（1＝非常不符合，5＝非常符合）。每人單獨完成此項評量後，再以團體討論方式謀求共識，同時也檢討各題文字之可讀性及題意之清晰性。最後，「個人取向自我實現者心理特徵量表」保存了 238 題，「社會取向自我實現者心理特徵量表」保存了 216 題，每題的「符合性」評分皆在 3 分以上。

7. 編製正式施測之題冊

自編「個人基本資料」問卷，另自「華人社會期望量表」（廖玲燕，1999）選取 12 個題目（含 7 個正向題、5 個負向題），加上已定稿的兩套自我實現者心理特徵量表，分別編成兩套正式施測題冊。

8. 正式施測之進行

在臺灣地區以團體施測進行資料收集，研究對象如前節所述。大學生樣本選擇國立大學三、四年級以上學生，是為了探討臺灣教育程度最高的青年人對自我實現者之「菁英特質」的看法、感受及信念。加入社會成人樣本則意在增加樣本年齡的廣度，以便檢視可能的世代差異，並擴大樣本內部的個別差異。因兩套題冊的題目甚多，為確保施測品質，每位受測者僅完成其中一套題冊。

在大陸地區同樣以團體施測進行資料收集，研究對象如前節所述。由於大陸的大學就讀率遠低於臺灣，能考上重點大學的學生無疑是當地社會的青年菁英，與臺灣國立大學的學生應可比擬。社會成人樣本選擇就讀大學函授部與進修班的在職人士，也是為了與臺灣社會成人樣本保持一定的可比性。與臺灣受測者相同，每人僅完成一套題冊。

在施測時，兩份自我實現者心理特徵量表採相同的指導語及答題方式，如下：

每個人在生活中都會有各種感受和態度，下面列舉了 238 個簡短的句子，所描述的就是這些感受與態度。這些語句所說的感受或態度，有些是符合您的情形，也有些是不符合您的情形。現在請您仔細閱讀下面的每一語句，然後依照您的實際情形，在題目後面圈選一個適當的數字，以代表您同意或不同意該語句所說的感受或態度的程度。

> 非常不同意
> 相當不同意
> 有點不同意
> 有點同意
> 相當同意
> 非常同意

請儘量根據自己的真實情形來作答，不必去考慮別人或大眾的看法。

9. 進行因素分析與題目分析

施測完畢後，分就兩種量表進行因素分析與題目分析。以探索性因素分析（exploratory factor analysis）分別鑑定出個人取向自我實現者之心理特徵的主要成分，及社會取向自我實現者之心理特徵的主要成分。這一系列分析在臺灣樣本和大陸樣本中是以相同的方法與程序分別進行。

10. 編製正式量表

依據因素分析與題目分析的結果，為每一分量表選擇足夠之適當題目，編成兩套正式量表，每套又再分為「臺灣版」與「大陸版」兩種。分就新編之臺灣版和大陸版的「個人取向自我實現者心理特徵量表」與「社會取向自我實現者心理特徵量表」在臺灣與大陸的施測結果，統計分析各個分量表之分數的關係，以探討每套自我實現者量表所測各項心理特徵的關聯性。以 Cronbach α 檢驗臺灣版和大陸版的兩套量表之各分量表的內部一致性信度，作為初步的信度指標[2]。

2　本研究各樣本是用來標準化四種量表的，本不宜再用以計算 Cronbach α。此處的 Cronbach α 只是權宜計算之內部一致性信度的粗略指標。正式的 Cronbach α 將另以新樣本重加計算。

第三節　研究結果

本研究的主要目的有三：(1)建立社會取向自我實現者之心理特徵的概念架構，及個人取向自我實現者之心理特徵的概念架構。(2)經由實徵研究，獲知社會取向自我實現者之心理特徵的實際內涵，及個人取向自我實現者之心理特徵的實際內涵。(3)編製「社會取向自我實現者心理特徵量表」（簡稱「社會取向自我實現者量表」）與「個人取向自我實現者心理特徵量表」（簡稱「個人取向自我實現者量表」）。現就此三目的分述相應的研究成果。

一、概念架構的建立

就第一項研究目的而言，本研究已順利完成概念分析的工作，建立了兩套完備有用的概念架構，即社會取向自我實現者之心理特徵的概念架構與個人取向自我實現者之心理特徵的概念架構（皆見前文）。這兩套概念架構是我們撰寫社會取向自我實現者量表與個人取向自我實現者量表預試題目的唯一概念依據。

二、心理特徵因素的鑑定

就第二個研究目的而言，以兩套量表分別施測四個不同樣本，以所蒐集的實徵資料進行探索性因素分析，以獲得社

會取向自我實現者與個人取向者的兩套心理特徵的因素結構。在進行因素分析前，我們先以下列三項標準刪除了不具鑑別力或受社會期望影響過高的題目：(1)平均數大於 5 或小於 3.5 者；(2)峰度或偏態過高者（絕對值大於 1）；及(3)與正向社會期望題的總分相關大於 .40 者。依此，就臺灣樣本所進行的所有資料分析中，「社會取向自我實現者量表」共刪除 62 題（餘 154 題），「個人取向自我實現者量表」共刪除 38 題（餘 200 題）。就大陸樣本所進行的所有資料分析中，「社會取向自我實現者量表」共刪除 71 題（餘 145 題），「個人取向自我實現者量表」共刪除 56 題（餘 182 題）。再者，我們也在完成兩套量表的四個樣本中刪除了正向社會期望題總分高於 30 分的受試者，以排除受社會期望影響過高者，共計在完成「社會取向自我實現者量表」的臺灣樣本中刪除了 22 人（餘 495 人），在完成「個人取向自我實現者量表」的臺灣樣本中刪除了 28 人（餘 519 人）；在完成「社會取向自我實現者量表」的大陸樣本中刪除了 165 人（餘 529 人），在完成「個人取向自我實現者量表」的大陸樣本中刪除了 145 人（餘 574 人）。此即為因素分析所使用的預試題本，與所有後續統計分析使所用的有效樣本。以下我們將分別報告在臺灣與大陸樣本中所得的因素分析結果。

1. 臺灣樣本之心理特徵因素的鑑定

　　臺灣樣本的資料分析，是以主成分法（principal-component method）抽取多個不同因素，以 Kaiser 之常態化 promax 法轉軸。在比較了萃取 2 至 9 個因素的結構模式結果後，認為社會取向自我實現者之心理特徵應可抽得五個具有高度心理意義的斜交因素（oblique factor），依次如下：(1)「自強不息與心繫國家」，可解釋 25.36%的總變異量，(2)「遠避小人與敬重君子」，可解釋 3.56%的總變異量，(3)「簡樸知足與澹泊名利」，可解釋 3.19%的總變異量，(4)「實踐恕道與敦厚待人」，可解釋 2.77%的總變異量，及(5)「慎獨正意與崇義重禮」，可解釋 2.27%的總變異量，合而可以解釋總變異量的 37%。轉軸前，以主成分法抽得的前五個因素之特徵值（eigenvalue）皆在 3.49 以上。這五個因素的命名完全根據每個因素上之因素負荷量最高的題目的主要共同內容。社會取向自我實現者的五個心理特徵因素的因素負荷量最高的題目，以及內部一致性信度係數分見表 2 至表 6。五個因素間之相關皆達顯著正相關（p <.001，雙尾檢定），相關係數絕對值的範圍是 .39 至 .64。由此可以判斷：社會取向自我實現者的五個心理特徵因素間確有相關，但有些因素間仍具有相當程度的獨立性。

　　以上以臺灣樣本所鑑定之社會取向自我現者量表的五個心理特徵因素，係根據以社會取向自我實現者量表施測臺灣大學生、研究生、及社會成人所獲得的資料因素分析而得，而此一量表的全部題目皆是根據社會取向自我實現者心理特徵之概念架構撰寫而來。此處應將這五個因素的內容與概念架構的內容加以比較，以見兩者間的關係。其間的詳細關係列於表7的上半部，並簡述於表8。

　　至於對臺灣樣本所進行之個人取向自我實現者的心理特徵的因素分析，亦是先以主成分法抽得多個不同因素，再以Kaiser 之常態化 promax 法轉軸從中獲得具有高度心理意義的五個斜交因素，合而可以解釋總變異量的 33%。轉軸前，以主成分法抽得的前五個因素之特徵值皆在 3.83 以上。轉軸後所獲得的五個斜交因素，依次命名如下：(1)「悅納自己與獨立自主」，可解釋 21.75%的總變異量，(2)「造福人群與獻身使命」，可解釋 4.23%的總變異量，(3)「醉心審美與體驗創意」，可解釋 2.90%的總變異量，(4)「接受他人與尊重他人」，可解釋 2.17%的總變異量，及(5)「超脫世俗與忠於自我」，可解釋 1.91%的總變異量。這五個因素的命名完全根據每個因素上之因素負荷量最高的題目的主要共同內容。

　　個人取向自我實現者的五個心理特徵因素的因素負荷最高的題目，以及內部一致性信度係數分見表 9 至表 13。五個因素間之相關皆達顯著正相關（p < .001，雙尾檢定），相關係數絕對值的範圍是 .37 至 .55，由此乃可判斷：個人取向自我實現者的五個心理特徵因素間確有相關，但有些因素間仍具有相當程度的獨立性。

　　以上以臺灣樣本所鑑定之個人取向自我實現者的五個心理特徵因素，係根據以個人取向自我實現者量表施測臺灣大學生、研究生及社會成人所獲得的資料因素分析而得，而此一量表的全部題目皆是根據個人取向自我實現者心理特徵之概念架構撰寫而來。此處應將這五個因素的內容與概念架構的內容加以比較，以見兩者間的關係。其間的詳細關係列於表 7 的下半部，並簡述於表 14。

　　我們在鑑定出社會取向自我實現者心理特徵與個人取向自我實現者心理特徵各五個因素後，再以上述一級因素分析所發現的五個因素為變項，採相同的方法與步驟，分別進行社會取向與個人取向自我實現者心理特徵的第二級因素分析（second-order factor analysis），結果發現應皆只能抽取一個因素。在個人取向量表中，這個二級因素（second-order factor）可解釋 55%的總變異量，五個一級因素（first-order factor）在其上的負荷量皆很高，介於 .71-.87 之間；在社會取向量表中，這個二級因素可解釋 61%的總變異量，五個一級因素在其上的負荷量也很高，介於 .69-.80 之間。由此乃可推斷，我們所鑑定的社會取向與個人取向自我實現者心理特徵的各五個因素之上，並沒有清楚的二級因素結構，或可說這五個因素都只與一個共同的普遍因素有關聯。綜合一級因素分析與二級因素分析的結果，我們應可得出以下的結論：無論是社會取向還是個人取向的自我實現者，其心理特徵都是一個組織綿密的心理徵候群（well-organized psychological syndrome）；也就是說，在較低、較具體的層次上，我們鑑定出相對獨立、彼此區隔的多元面向（facet），如社會取向量表中的五個一級因素就代表了此一心理徵候群中的五個不同面向；不過，這些面向之間的關係並非完全獨立，互不相干的，而是實質互構，絲絲相扣的。這種可謂牽一髮而動全身的心理型構（psychologcal configuration），既表現為五個一級因素間互有中度相關的模式，也表現為這五個因素共同構成一個更高、更抽象的二級因素。

【表2】 「自強不息與心繫國家」——臺灣樣本社會取向
自我實現者心理特徵之一

題目	因素負荷量
1. 我的朋友都說我是一個有抱負的人。	.826
2. 在人生大方向上，我有自己追求的長遠目標。	.684
3. 我有自己的高尚理想，因而生活過得很有意義。	.680
4. 我努力閱讀各種書籍，以增長自己的知識。	.636
5. 我努力學習各種才能，以成為多才多藝的人。	.631
6. 我很重視自己做人做事的能力，平常就下工夫磨練。	.612
7. 無論學習什麼事物，我都會去思考其中的道理。	.570
8. 我很關心如何才能讓我們的社會更合理、更進步。	.552
9. 日常生活中，我兼顧道德與才能的培養。	.543
10. 我在個人修養上所下的功夫很大。	.541
11. 我內心老是有一股不斷想自我改進的力量。	.503
12. 對自己國家的前途，我很關心。	.501
13. 我時常想為自己的國家做些有益的事。	.494
14. 我做事情講究大原則，但精微處也很留意。	.490
15. 我覺得國家的進步自己也有一份責任。	.459
16. 我立志學習做人做事的道理，以提昇自己的境界。	.456
Cronbach α	.89

【表3】　「遠避小人與敬重君子」——臺灣樣本社會取向
自我實現者心理特徵之二

	題　目	因素負荷量
1.	有些人狂妄自大，真是叫人受不了。	.820
2.	我對巧言令色的人，總是懷有戒心。	.661
3.	看到利慾薰心的人，我就厭惡。	.639
4.	我討厭那些當面對人魯莽的人。	.621
5.	對於為人處世偏激的人，我會敬而遠之。	.620
6.	對那些見利忘義的人，我深惡痛絕。	.620
7.	我喜歡和做人做事恰如其分的人交朋友。	.600
8.	對那些大言不慚，言過其實的人，我會敬而遠之。	.579
9.	為了不使父母丟臉，我絕不去做不道德的事。	.548
10.	一個沒有尊嚴的人是難以讓人敬重的。	.490
11.	我認為內心之德與外表之禮配合如一，是人生的重要境界。	.478
12.	在為人處世方面，我希望自己能做到既不過份，也非不及。	.473
13.	我最欣賞的人，就是文質彬彬(內外俱佳)的君子。	.471
14.	我很欣賞那些講話從容不迫，溫文儒雅的人。	.454
15.	我很不喜歡那些掩飾自己錯誤的人。	.448
16.	我很敬佩那些聞過則喜，樂於知道自己過錯的人。	.441
	Cronbach α	.88

【表4】　「簡樸知足與澹泊名利」──臺灣樣本社會取向
　　　　　自我實現者心理特徵之三

題目	因素負荷量
1.　我相信簡樸的生活使人頭腦清醒，更能看清人生的意義。	.760
2.　當我清心寡慾的時候，就會心胸開闊，了無牽掛。	.732
3.　我覺得清心寡慾的生活最能讓人心安理得。	.716
4.　即使別人都無視於我，我也不會改變安貧樂道的生活。	.690
5.　對於那些澹泊名利的人，我總是心嚮往之。	.664
6.　我認為生活簡樸本身就是一種美德。	.661
7.　我很欣賞那些潔身自好，視名利如糞土的人。	.640
8.　我覺得簡樸的生活能讓人心志專一，全心向善。	.634
9.　只要自己的生活有意義，即使物質條件差一點，我也會快樂。	.624
10.　我認為節儉是最好的安身和持家之道。	.622
11.　我認為勤勞既可安身又能保家。	.605
12.　我深信奢侈浪費的生活會使人墮落。	.597
Cronbach α	.90

【表5】　「實踐恕道與敦厚待人」——臺灣樣本社會取向
　　　　自我實現者心理特徵之四

題目	因素負荷量
1. 我不喜歡的事情，希望不要發生在別人身上。	.615
2. 我碰到不順心的事，不會去怪罪別人。	.599
3. 遇到令人憤慨的事情，我也不會輕易對人發怒。	.578
4. 我自己做錯了事，不會把過錯推給別人。	.560
5. 即使不贊同別人的意見，我還是會與對方和睦相處。	.528
6. 我樂於幫助別人去做善事，不願幫助別人去做惡行。	.527
7. 對人對事，我努力不存偏見，以免做出錯誤的判斷。	.510
8. 我自己遇到好事時，真希望同樣的事也能發生在別人身上。	.484
9. 我從來不會用盡心機去算計別人。	.482
10. 我做人的原則是待別人要寬厚，對自己要嚴格。	.469
11. 人要有風度，我不會和別人做無謂的爭論。	.444
12. 與別人發生糾紛或爭論，我會反省是不是錯在我自己。	.431
Cronbach α	.82

【表6】 「慎獨正意與崇義重禮」——臺灣樣本社會取向
自我實現者心理特徵之五

題目	因素負荷量
1. 我現在已經不會再有自私自利的想法或行為。	.594
2. 即使獨處時，我也會誠心正意，少有邪念。	.544
3. 只要是符合仁義道德的重要事情，我會明知其不可為而為之。	.444
4. 對於不合禮節的事，我不會去看、去聽、去說、去做。	.437
5. 獨處時，我總是防微杜漸，不讓壞的念頭在內心萌芽。	.416
6. 符合正義的事，我會不計個人利害努力去做。	.399
7. 面臨道義與個人利益的衝突，我寧願選擇前者。	.399
8. 我不能忍受自己在人格上有缺陷。	.370
9. 我的朋友都是在才德兩方面不錯的人。	.307
Cronbach α	.82

【表7】　臺灣樣本社會取向及個人取向自我實現者心理特徵之因素題目的概念來源

因素	題數		概念來源								
社會取向自我實現者心理特徵之因素											
1.自強不息與心繫國家	16	類別題數	2-1	2-6	4-1	4-3	4-4	4-5			
		類別題數	1	4	1	4	1	5			
2.遠避小人與敬重君子	16	類別題數	1-5	1-6	2-2	2-4	3-1	3-2	3-3	4-4	5-5
		類別題數	1	1	1	2	3	3	1	3	1
3.簡樸知足與澹泊名利	12	類別題數	5-1	5-2	5-3	5-4	5-5				
		類別題數	5	1	2	2	2				
4.實踐恕道與敦厚待人	12	類別題數	1-1	1-2	1-3	1-4	2-1	2-4	2-5	3-1	4-4
		類別題數	2	2	1	2	1	1	1	1	1
5.慎獨正意與崇義重禮	9	類別題數	2-1	2-2	2-5	3-3	4-1	4-2			
		類別題數	1	3	1	1	1	2			

【表7】　（續）

因素	題數	概念來源							
個人取向自我實現者心理特徵之因素	1.悅納自己與獨立自主　14	類別 題數	1-1 1	1-2 5	1-3 2	1-6 2	3-2 1	4-2 1	4-5 2
	2.造福人群與獻身使命　14	類別 題數	1-2 1	2-2 1	2-5 1	2-6 6	3-3 3	4-2 1	4-5 1
	3.醉心審美與體驗創意　13	類別 題數	1-6 4	2-6 2	4-2 3	4-4 4			
	4.接受他人與尊重他人　12	類別 題數	1-1 1	2-1 7	2-2 1	2-4 1	2-6 1	3-2 1	
	5.超脫世俗與忠於自我　11	類別 題數	1-2 1	1-3 2	1-4 2	1-5 1	2-5 1	3-4 1	3-6 2	4-5 1

【表 8】　臺灣樣本社會取向自我實現者心理特徵之因素與
　　　　　概念架構的對應

項目	因素名稱	概念架構中之主要相關內容
(1)	自強不息與心繫國家	主要包含第(2)類（道德正義之氣）的第 2-1（誠於中，形於外）、2-6（知其不可而為之）兩小類；第(4)類（廣聞博識之智）的第 4-1（德才兼備，智勇雙全）、4-3（慎其獨，見其隱，顯其微）、4-4（好學無懈，博聞廣識）、4-5（善致中和，恰如其分）四小類。
(2)	遠避小人與敬重君子	主要包含第(1)類（仁慈愛人之心）的第 1-5（孝順父母，慈愛子女）、1-6（言行一致，誠信不欺）兩小類；第(2)類（道德正義之氣）的第 2-2（慎義利之辨，守公私之分）、2-4（知恥近乎勇，知錯能改）兩小類；第(3)類（莊重有禮之矩）的第 3-1（謙讓有禮，溫文爾雅）、3-2（以禮配德，文質彬彬）、3-3（莊重自持，非禮勿為）三小類；第(4)類（廣聞博識之智）的第 4-4 小類（好學無懈，博聞廣識）；及第(5)類（安貧樂道之志）的第 5-5 小類（玉潔冰清，澹泊名利）。
(3)	儉樸知足與澹泊名利	主要包含第(5)類（安貧樂道之志）的第 5-1 小類（節儉立身，不苟奢華）、5-2（勤勞為生，不貪安逸）、5-3（清心寡欲，以堵煩擾）、5-4（安貧樂道，知足常樂）、5-5（玉潔冰清，澹泊名利）五小類。

(4)	實踐恕道與敦厚待人	主要包含第(1)類（仁慈愛人之心）的第 1-1（己所不欲，勿施於人）、1-2（不怨天，不尤人）、1-3（嚴以律己，寬以待人）、1-4（與人和樂，與人和同）四小類；第(2)類（道德正義之氣）的第 2-1（誠於中，形於外）、2-4（知恥近乎勇，知錯能改）、2-5（重氣節，有所為有所不為）三小類；第(3)類（莊重有禮之矩）的第 3-1 小類（謙讓有禮，溫文爾雅）；及第(4)類（廣聞博識之智）的第 4-4 小類（好學無懈，博聞廣識）。
(5)	慎獨正意與崇義重禮	主要包含第(2)類（道德正義之氣）的第 2-1（誠於中，形於外）、2-2（慎義利之辨，守公私之分）、2-5（重氣節，有所為有所不為）三小類；第(3)類（莊重有禮之矩）的第 3-3 小類（莊重自持，非禮勿為）；及第(4)類（廣聞博識之智）的第 4-1（德才兼備，智勇雙全）、4-2（九思三變，內外兼修）兩小類。

【表9】　「悅納自己與獨立自主」──臺灣樣本個人取向
自我實現者心理特徵之一

題目	因素負荷量
1.　不管別人怎麼想，我對自己很滿意。	.791
2.　我很喜歡現在的自己。	.774
3.　我依自己的本意做了決定後，結果通常能如我所願。	.747
4.　我做決定時果斷而有自信。	.718
5.　不管到哪裡，我都能在環境中找到舒適的位置。	.683
6.　我知道自己有缺點，但不會因此而自卑。	.678
7.　我很有安全感，很少覺得自尊受到威脅。	.676
8.　面對抉擇時，我總是知道自己要的是什麼。	.650
9.　世事多變，但我自有定見，不會迷失方向。	.635
10.　不管別人覺得多麼異想天開，我從不壓抑自己的想法和感受。	.622
11.　大家一起解決問題時，我的建議常令人拍案叫絕。	.614
12.　我對自己的個人特徵覺得很自在，一點也不會緊張焦慮。	.613
13.　我明確了解自己的人生目標與方向。	.611
14.　日常生活看似平淡無奇，但我每天都過得津津有味。	.605
Cronbach α	.90

【表 10】　「造福人群與獻身使命」——臺灣樣本個人取向
　　　　　　自我實現者心理特徵之二

題目	因素負荷量
1. 我堅信人與人之間的友愛與關懷，是人生的重要價值。	.726
2. 世上有許多苦難，我很想能盡一己之力去幫助別人。	.681
3. 大家都是兄弟姊妹，我希望自己能為更多人服務。	.670
4. 我相信博愛終將超越一己之私。	.628
5. 我很喜歡與至親好友心連心的親密感。	.609
6. 我希望能突破個人的局限，為增進人類福祉而努力。	.593
7. 看到有人受苦，我總會油然而生悲憫之心。	.585
8. 博愛之心是人性最寶貴的資產，我時常提醒自己要善待別人。	.584
9. 我希望自己能為某項重要使命獻身，而不限於當下需求的滿足。	.556
10. 世上沒有理所當然之事，我真誠感謝自己所擁有的一切。	.536
11. 我對自己在意的團體有強烈的歸屬感和榮譽感。	.525
12. 生命不過是歷史長河中的一瞬間，我希望自己能有遠大的眼光與格局。	.521
13. 為了達成一項有意義的使命，即使犧牲個人利益我也願意。	.506
14. 對我而言，生命是一個不斷追尋深遠意義的過程。	.498
Cronbach α	.89

【表 11】　「醉心審美與體驗創意」──臺灣樣本個人取向
自我實現者心理特徵之三

題目	因素負荷量
1.　我對藝術有濃厚興趣，希望藉此陶冶性情。	.666
2.　在藝術的世界裡，我深切體認到生命之美。	.624
3.　欣賞藝術常會令我深深感動。	.622
4.　置身自然美景中，我會有渾然忘我的感覺。	.551
5.　我會完全陶醉在自然美景中，幾乎分不出自己與景物的界線。	.547
6.　我用童真的眼睛看世界，就有了源源不絕的原創性。	.542
7.　從身邊的平凡事物中，我能發現不尋常的美。	.521
8.　我能從親近大自然中找到生命的力量。	.492
9.　歷史、文學和藝術會激發我對人類共同命運的關懷。	.472
10.　我能完全沈醉在音樂之中，甚至覺得自己也成了音樂的一部分。	.471
11.　我並沒有特別出眾的才能，但我有無窮的想像力。	.467
12.　我喜歡做能發揮創意的事情。	.448
13.　我常有「靈光一現」的經驗。	.444
Cronbach α	.88

【表 12】 「接受他人與尊重他人」——臺灣樣本個人取向
自我實現者心理特徵之四

題目	因素負荷量
1. 有時別人傷害我是出自人性的軟弱，我都能一笑置之。	.585
2. 我不會因為某人有缺點就排斥他。	.525
3. 一般而言，我對任何人都很有耐心。	.480
4. 不管某人的想法或作法與我多麼不同，我都會尊重他。	.478
5. 我也許不贊同某些人的行為，但我依然可以接納他們。	.476
6. 有些人真的又愚蠢又自私，但我不會苛責他們。	.466
7. 每個人都有權利做他自己，我會無條件地尊重他們。	.424
8. 當我表現優異時，我也不會自負。	.419
9. 現實中有些事情不是我能改變的，那就心平氣和地接受。	.401
10. 有的人有許多缺點，但我仍然願意關心他們。	.397
11. 我覺得人難免犯錯，不必苛責。	.379
12. 每個人都是獨特的，我不會試圖去改變人家。	.327
Cronbach α	.82

【表 13】　「超脫世俗與忠於自我」──臺灣樣本個人取向
　　　　　自我實現者心理特徵之五

題目	因素負荷量
1.　為了做到「我就是我」，我甘冒受人批評的風險。	.535
2.　一旦我有了自己的抉擇，不管別人多麼反對，我絕不改變。	.500
3.　世事紛擾，我喜歡保持距離，冷眼旁觀。	.493
4.　雖然有時我的作法與社會上大多數人不同，但我堅持自己的道德判斷。	.437
5.　我內心有自己的道德標準，不是為了符合父母期望和社會要求。	.430
6.　如果社會規範妨礙了我人生的重要目標，我絕不會妥協、讓步。	.384
7.　親密的友情需要極大的心力和時間去培養，我只要有幾個知心好友就夠了。	.375
8.　我認為誠實作自己，比受人歡迎更重要。	.367
9.　即便是與眾不同，我也堅持做我自己。	.357
10.　做任何事情，我都依自己的道德標準來決定。	.349
11.　一個人的時候，我不會覺得寂寞。	.316
Cronbach α	.77

【表14】　臺灣樣本個人取向自我實現者心理特徵之因素與概念架構的對應

項目	因素名稱	概念架構中之相關內容
(1)	悅納自己與獨立自主	主要包含第(1)類（與自我的關係）的第 1-1（對自己有現實的知覺）、1-2（高度的自我接納）、1-3（高度的自主與獨立）、1-6（有創意的人）四小類；第(3)類（與現實的關係）的第 3-2 小類（與現實的舒適關係）；第(4)類（與經驗的關係）的第 4-2（對人與事保持新鮮感與欣賞，擁有豐富的情緒反應）、4-5（一套統整的人生哲學）兩小類。
(2)	造福人群與獻身使命	主要包含第(1)類（與自我的關係）的第 1-2 小類（高度的自我接納）；第(2)類（與他人的關係）的第 2-2（對人性的高度接納）、2-5（與少數至親好友有親密深刻的關係）、2-6（超越自我，認同人類與人性，懷抱兄弟之愛）三小類；第(3)類（與現實的關係）的第 3-3 小類（問題中心而非自我中心）；第(4)類（與經驗的關係）的第 4-2（對人與事保持新鮮感與欣賞，擁有豐富的情緒反應）、4-5（一套統整的人生哲學）兩小類。

(3)	醉心審美與體驗創意	主要包含第(1)類（與自我的關係）的第 1-6 小類（有創意的人）；第(2)類（與他人的關係）的第 2-6 小類（超越自我，認同人類與人性，懷抱兄弟之愛）；第(4)類（與經驗的關係）的第 4-2（對人與事保持新鮮感與欣賞，擁有豐富的情緒反應）、4-4（擁有深刻的神秘感、靈性感或海洋般的經驗）兩小類。
(4)	接受他人與尊重他人	主要包含第(1)類（與自我的關係）的第 1-1 小類（對自己有現實的知覺）；第(2)類（與他人的關係）的第 2-1（對他人的高度接納）、2-2（對人性的高度接納）、2-4（具有哲理睿與智而非敵意攻擊的幽默感）、2-6（超越自我，認同人類與人性，懷抱兄弟之愛）四小類；第(3)類（與現實的關係）的第 3-2 小類（與現實的舒適關係）。
(5)	超脫世俗與忠於自我	主要包含第(1)類（與自我的關係）的第 1-2（高度的自我接納）、1-3（高度的自主與獨立）、1-4（隱私的需求）、1-5（高度的自發性、單純性與自然性）四小類；第(2)類（與他人的關係）的第 2-5 小類（與少數至親好友有親密深刻的關係）；第(3)類（與現實的關係）的第 3-4（抗拒文化、教化及服從的壓力）、3-6（毫不混淆目的與手段）兩小類；第(4)類（與經驗的關係）的第 4-5 小類（一套統整的人生哲學）。

2. 大陸樣本之心理特徵因素的鑑定

在分析大陸樣本的資料時，我們同樣以主成分法抽取多個不同的因素，以 Kaiser 之常態化 promax 法轉軸，從中獲得社會取向自我實現者之心理特徵最具心理意義的六個斜交因素，合而可以解釋總變異量的 40%。轉軸前，以主成分法抽得的前六個因素之特徵值皆在 2.51 以上。轉軸後所獲得的六個斜交因素，依次命名如下：(1)「內外兼修與德才俱備」，可解釋 28.57%的總變異量，(2)「實踐恕道與嚴以律己」，可解釋 3.32%的總變異量，(3)「簡樸知足與澹泊名利」，可解釋 2.55%的總變異量，(4)「心繫國家與濟世助人」，可解釋 2.00%的總變異量，(5)「遠避小人與敬重君子」，可解釋 1.96%的總變異量，及(6)「自強不息與追求理想」，可解釋 1.73%的總變異量。這六個因素的命名完全根據每個因素上之因素負荷量最高的題目的主要共同內容。社會取向自我實現者的六個心理特徵因素的因素負荷量最高的題目，以及內部一致性信度係數分見表 15 至表 20，五個因素間之相關皆達顯著正相關（$p < .001$，雙尾檢定），相關係數絕對值的範圍是 .52 至 .67。由此可以判斷：社會取向自我實現者的六個心理特徵因素間確有相關，但有些因素間仍具有相當程度的獨立性。

以上以大陸樣本所鑑定之社會取向自我現者量表的六個心理特徵因素，係根據以社會取向自我實現者量表施測大陸

大學生、研究生、及社會成人所獲得的資料因素分析而得，
而此一量表的全部題目皆是根據社會取向自我實現者心理特
徵之概念架構撰寫而來。此處應將這六個因素的內容與概念
架構的內容加以比較，以見兩者間的關係。其間的詳細關係
列於表 21 的上半部，並簡述於表 22。

　　針對大陸樣本之個人取向自我實現者的心理特徵所進行
的因素分析，亦以主成分法抽取多個不同因素，以 Kaiser 之
常態化 promax 法轉軸。共獲得出五個具有高度心理意義的
斜交因素，合而可以解釋總變異量的 32%。轉軸前，以主成
分法抽得的前五個因素之特徵值皆在 3.40 以上。轉軸後所獲
得的五個斜交因素，暫時依次命名如下：(1)「悅納自己與獨
立自主」，可解釋 22.24%的總變異量，(2)「造福人群與接
受他人」，可解釋 3.53%的總變異量，(3)「醉心審美與體驗
創意」，可解釋 2.66%的總變異量，(4)激勵自我與堅持不
懈」，可解釋 2.01%的總變異量，及(5)世俗與忠於自我」，
可解釋 1.87%的變異量。這五個因素的命名完全根據每個因
素上之因素負荷量最高的題目的主要共同內容。個人取向自
我實現者的五個心理特徵因素的因素負荷最高的題目，以及
內部一致性信度係數分見表 23 至表 27，五個因素間之相關
皆達顯著正相關（$p < .001$，雙尾檢定），相關係數絕對值的
範圍是 .36 至 .52。由此乃可判斷：個人取向自我實現者的
五個心理特徵因素間確有相關，但有些因素間仍具有相當程
度的獨立性。

【表 15】 「內外兼修與德才俱備」──大陸樣本社會取向
自我實現者心理特徵之一

題目	因素負荷量
1. 日常生活中，我努力做到對人謙恭，處事敬謹。	.731
2. 我內修以德為本，外行以禮為重。	.597
3. 我立志學習做人做事的道理，以提昇自己的境界。	.588
4. 我認為內心之德與外表之禮配合如一，是人生的重要境界。	.567
5. 我喜歡與所有的人建立和諧關係。	.563
6. 我努力成為一個內心謙誠，外表禮讓的人。	.535
7. 我每次改過成功，就感到莫大的欣慰。	.531
8. 我努力學習各種才能，以成為多才多藝的人。	.527
9. 我很敬佩那些聞過則喜，樂於知道自己過錯的人。	.509
10. 我學到新的知識，就想在生活中去身體力行。	.503
11. 我總是以溫和的臉色、謙恭的態度與人相處。	.501
Cronbach α	.87

【表 16】　「實踐恕道與嚴以律己」——大陸樣本社會取向
　　　　　自我實現者心理特徵之二

題目	因素負荷量
1.　我自己做錯了事，不會把過錯推給別人。	.595
2.　我碰到不順心的事，不會去怪罪別人。	.537
3.　我做人的原則是待別人要寬厚，對自己要嚴格。	.536
4.　人應自尊自重，我從不與人爭權奪利。	.527
5.　獨處時，我總是防微杜漸，不讓壞的念頭在內心萌芽。	.523
6.　我從來不放縱自己的口腹之慾。	.515
7.　我一向注意自己在道德上的修為，不敢稍有懈怠。	.514
8.　即使獨處時，我也會誠心正意，少有邪念。	.491
9.　我做人處事，總是問心無愧，不憂不懼。	.475
10.　對個人名利的事，我向來看得很淡。	.459
11.　對於合乎道德的事，我是言必守信諾，行必有結果。	.451
12.　對於不合禮節的事，我不會去看、去聽、去說、去做。	.436
Cronbach α	.84

【表17】　「簡樸知足與澹泊名利」——大陸樣本社會取向
　　　　　自我實現者心理特徵之三

題目	因素負荷量
1.　我覺得清心寡慾的生活最能讓人心安理得。	.706
2.　我覺得簡樸的生活能讓人心志專一，全心向善。	.703
3.　我相信簡樸的生活使人頭腦清醒，更能看清人生的意義。	.641
4.　即使別人都無視於我，我也不會改變安貧樂道的生活。	.602
5.　我很欣賞那些潔身自好，視名利如糞土的人。	.586
6.　我覺得物質生活不必太富裕，重要的是精神生活要充實。	.564
7.　我認為生活簡樸本身就是一種美德。	.560
8.　我從不費心去追求個人的名利。	.558
9.　當我清心寡慾的時候，就會心胸開闊，了無牽掛。	.538
10.　對於那些澹泊名利的人，我總是心嚮往之。	.495
11.　我深信奢侈浪費的生活會使人墮落。	.490
12.　我相信人只要懂得知足，自然就會快樂。	.469
Cronbach α	.88

【表18】　「心繫國家與濟世助人」──大陸樣本社會取向
　　　　　自我實現者心理特徵之四

題目	因素 負荷量
1. 我很想獻身有關社會公益的工作。	.732
2. 有了空閒的時間，我就想去做為人服務的義工。	.586
3. 符合正義的事，我會不計個人利害努力去做。	.578
4. 我希望我的職業能有助於大眾生活的改善。	.573
5. 我有強烈的正義感，總會努力完成自己該做的好事。	.561
6. 我時常想些有利他人的事。	.555
7. 我時常想為自己的國家做些有益的事。	.552
8. 符合仁義道德的事，我就會勇敢去做。	.539
9. 面臨道義與個人利益的衝突，我寧願選擇前者。	.517
10. 人生在世，應該多為社會大眾做些好事。	.507
11. 在我有生之年，希望能多做些有益世道人心的事。	.502
12. 對社會上發生的重要事情，我很關心。	.464
Cronbach α	.89

【表 19】 「遠避小人與敬重君子」──大陸樣本社會取向
自我實現者心理特徵之五

題目	因素負荷量
1. 我不會去跟不莊重、不懂禮的人交朋友。	.618
2. 在我看來，沒有羞恥心的人，真不能算是人。	.549
3. 我對巧言令色的人，總是懷有戒心。	.517
4. 我最欣賞的人，就是文質彬彬(內外俱佳)的君子。	.505
5. 我的朋友都是在才德兩方面不錯的人。	.480
6. 我討厭那些當面對人魯莽的人。	.469
7. 看到利慾薰心的人，我就厭惡。	.459
8. 有些人言行隨隨便便，我很看不慣。	.432
9. 對於為人處世偏激的人，我會敬而遠之。	.431
10. 我認為道義上該做的事就去做，不該做的事就不去做。	.419
Cronbach α	.78

【表 20】　「自強不息與追求理想」——大陸樣本社會取向
自我實現者心理特徵之六

題目	因素負荷量
1. 我很不喜歡別人懶懶散散，無所事事。	.553
2. 我最恨別人生活浪費，不知節儉。	.511
3. 我的朋友都說我是一個有抱負的人。	.485
4. 我勤勞慣了，很不喜歡閒散的生活。	.479
5. 在生活中我絕不貪圖感官的享受。	.445
6. 我學習新事物時，很能專心一意，心無旁鶩。	.414
7. 我靠勤奮工作追求自己的人生目標。	.408
8. 我很討厭懶惰的人。	.407
9. 我一向做事勤勞，樂在其中。	.398
10. 我有自己的高尚理想，因而生活過得很有意義。	.398
11. 無論學習什麼事物，我都會去思考其中的道理。	.398
Cronbach α	.86

【表21】　大陸樣本社會取向及個人取向自我實現者心理特徵之因素題目的概念來源

	因素	題數		概念來源								
社會取向自我實現者心理特徵之因素	1.內外兼修與德才俱備	11	類別	1-4	2-4	3-1	3-2	4-3	4-5			
			題數	1	2	2	3	1	2			
	2.實踐恕道與嚴以律己	12	類別	1-2	1-3	1-6	2-1	2-3	3-3	4-2	5-3	5-5
			題數	2	1	1	1	1	1	2	1	2
	3.簡樸知足與澹泊名利	12	類別	5-1	5-3	5-4	5-5					
			題數	4	2	3	3					
	4.心繫國家與濟世助人	12	類別	1-1	1-7	2-2	2-3	2-6				
			題數	1	5	2	2	2				
	5.遠避小人與敬重君子	10	類別	2-4	2-5	3-1	3-2	3-3	4-1	4-4	5-5	
			題數	1	1	1	2	2	1	1	1	
	6.自強不息與追求理想	11	類別	4-3	4-5	5-1	5-2	5-3				
			題數	2	2	1	5	1				
個人取向自我實現者心理特徵之因素	1.悅納自己與獨立自主	12	類別	1-1	1-2	1-3	3-1	3-2	4-1	4-5		
			題數	1	3	2	2	1	1	2		
	2.造福人群與接受他人	12	類別	2-1	2-2	2-6	3-3	3-6	4-2			
			題數	3	1	4	2	1	1			
	3.醉心審美與體驗創意	10	類別	1-6	2-6	4-1	4-4					
			題數	2	1	1	6					
	4.激勵自我與堅持不懈	11	類別	1-1	1-4	3-1	3-5	4-3	4-4	4-5		
			題數	2	2	2	2	1	1	1		
	5.超脫世俗與忠於自我	8	類別	1-3	1-4	1-5	2-5	3-6				
			題數	2	2	1	2	1				

【表 22】　　大陸樣本社會取向自我實現者心理特徵之因素與
　　　　　　　概念架構的對應

項目	因素名稱	概念架構中之主要相關內容
(1)	內外兼修 與 德才俱備	主要包含第(1)類（仁慈愛人之心）的第 1-4 小類（與人和樂，與人和同）；第(2)類（道德正義之氣）的第 2-4 小類（知恥近乎勇，知錯能改）；第(3)類（莊重有禮之矩）的第 3-1（謙讓有禮，溫文爾雅）、3-2（以禮配德，文質彬彬）兩小類；及第(4)類（廣聞博識之智）的第 4-3（慎其獨，見其隱，顯其微）、4-5（善致中和，恰如其分）兩小類。
(2)	實踐恕道 與 嚴以律己	主要包含第(1)類（仁慈愛人之心）的第 1-2（不怨天，不尤人）、1-3（嚴以律己，寬已待人）、1-6（言行一致，誠信不欺）三小類；第(2)類（道德正義之氣）的第 2-1（誠於中，形於外）、2-3（以勇行義，無所畏懼）兩小類；第(3)類（莊重有禮之矩）的第 3-3 小類（莊重自持，非禮勿為）；第(4)類（廣聞博識之智）的第 4-2 小類（九思三變，內外兼修）；及第(5)類（安貧樂道之志）的第 5-3（清心寡欲，以堵煩擾）、5-5（玉潔冰清，澹泊名利）兩小類。

(3)	儉樸知足 與 澹泊名利	主要包含第（5）類（安貧樂道之志）的第 5-1（節儉立身，不苟奢華）、5-3（清心寡欲，以堵煩擾）、5-4（安貧樂道，知足常樂）、5-5（玉潔冰清，澹泊名利）四小類。
(4)	心繫國家 與 濟世助人	主要包含第（1）類（仁慈愛人之心）的第 1-1（己所不欲，勿施於人）、1-7（濟世行仁，積極進取）兩小類；及第（2）類（道德正義之氣）的第 2-2（慎義利之辨，守公私之分）、2-3（以勇行義，無所畏懼）、2-6（知其不可而為之）三小類。
(5)	遠避小人 與 敬重君子	主要包含第（2）類（道德正義之氣）的第 2-4（知恥近乎勇，知錯能改）、2-5（重氣節，有所為有所不為）兩小類；第（3）類（莊重有禮之矩）的第 3-1（謙讓有禮，溫文爾雅）、3-2（以禮配德，文質彬彬）、3-3（莊重自持，非禮勿為）三小類；第（4）類（廣聞博識之智）的第 4-1（德才兼備，智勇雙全）、4-4（好學無懈，博聞廣識）兩小類；及第（5）類（安貧樂道之志）的第 5-5 小類（玉潔冰清，澹泊名利）。
(6)	自強不息 與 追求理想	主要包含第（4）類（廣聞博識之智）的第 4-3（慎其獨，見其隱，顯其微）、4-5（善致中和，恰如其分）兩小類；第（5）類（安貧樂道之志）的第 5-1（節儉立身，不苟奢華）、5-2（勤勞為生，不貪安逸）、5-3（清心寡欲，以堵煩擾）三小類。

【表 23】　「悅納自己與獨立自主」——大陸樣本個人取向
自我實現者心理特徵之一

題目	因素負荷量
1. 我有清楚明確的價值觀，很少有難以抉擇的情形。	.683
2. 在面對問題時，我對自己的想法很了解。	.660
3. 我從不覺得別人的情緒會對我造成威脅或傷害。	.658
4. 我對自己的認定完全不受他人的影響。	.602
5. 我很有安全感，很少覺得自尊受到威脅。	.597
6. 每到一個環境，我都能很快了解狀況。	.584
7. 我人生的重要決策都是自己作主，不會受到別人的左右。	.583
8. 不管別人怎麼想，我對自己很滿意。	.568
9. 我的生活很充實，從不覺得無聊。	.557
10. 我明確了解自己的人生目標與方向。	.554
11. 不管到哪裡，我都能在環境中找到舒適的位置。	.551
12. 我認為生活中懸而未決的事情是一種樂趣，不必惶恐或焦慮。	.549
Cronbach α	.84

【表 24】 「造福人群與接受他人」——大陸樣本個人取向
自我實現者心理特徵之二

題目	因素負荷量
1. 世上有許多苦難，我很想能盡一己之力去幫助別人。	.686
2. 我希望能突破個人的侷限，為增進人類福祉而努力。	.656
3. 人類是一個大家庭，我希望自己能為更多人服務。	.609
4. 我不會因為某人有缺點就排斥他。	.595
5. 不管某人的想法或作法與我多麼不同，我都會尊重他。	.594
6. 我相信大愛終將超越一己之私。	.587
7. 我絕不會用任何不道德的方法去達成目的。	.577
8. 我不願為日常瑣事煩惱，人類的福祉才是我所關心的。	.569
9. 我相信人基本上都是善良的，所以是值得信任的。	.568
10. 有些人真的又愚蠢又自私，但我不會苛責他們。	.517
11. 我希望自己能為某項重要使命獻身，而不限於當下需求的滿足。	.509
12. 不論生活平順或艱困，我都保有感恩的心。	.502
Cronbach α	.84

【表 25】　「醉心審美與體驗創意」——大陸樣本個人取向
自我實現者心理特徵之三

題目	因素負荷量
1. 我對藝術有濃厚興趣，希望藉此陶冶性情。	.645
2. 我會完全陶醉在自然美景中，幾乎分不出自己與景物的界線。	.528
3. 我能完全沈醉在音樂之中，甚至覺得自己也成了音樂的一部分。	.526
4. 我有過自身與宇宙融為一體的經驗，那時覺得自己又強大又渺小。	.525
5. 我是個求知慾旺盛的人，時常對周遭投以好奇的目光。	.517
6. 我曾覺得世界突然變得無限寬廣，時空彷彿都消失了。	.515
7. 我常有「靈光一現」的經驗。	.512
8. 在藝術的世界裡，我深切體認到生命之美。	.491
9. 歷史、文學和藝術會激發我對人類共同命運的關懷。	.470
10. 我用童真的眼睛看世界，就有了源源不絕的原創性。	.456
Cronbach α	.79

【表26】 「激勵自我與堅持不懈」──大陸樣本個人取向
自我實現者心理特徵之四

題目	因素負荷量
1. 我會利用獨處的時間來沈澱心情。	.517
2. 不管環境多麼艱困，我都會提醒自己：逃避現實毫無益處。	.502
3. 我希望自己保持最大的彈性，以適應各種各樣的經驗。	.497
4. 遇到困境時，我會冷靜分析環境中對自己有利與不利的因素。	.496
5. 我需要私人的時間與自己的內心對話。	.491
6. 當身處逆境時，我會鼓勵自己要克服環境的限制。	.485
7. 做每一件事，我都力求發揮自己的能力。	.479
8. 我不但了解自己的優點，也很了解自己的缺點。	.477
9. 每當遇到不順心的事，我就會提醒自己絕不可放棄追求理想。	.465
10. 歷經坎坷終於達成目標，我會有種想要飛起來的狂喜。	.449
11. 對我而言，生命是一個不斷追尋深遠意義的過程。	.419
Cronbach α	.81

【表 27】　「超脫世俗與忠於自我」——大陸樣本個人取向
自我實現者心理特徵之五

題目	因素負荷量
1. 世事紛擾，我喜歡保持距離，冷眼旁觀。	.529
2. 我喜歡與人群保持一段距離，暫時退隱到自己的世界中。	.488
3. 親密的友情需要極大的心力和時間去培養，我只要有幾個知心好友就夠了。	.422
4. 我對是非對錯的判斷是自己決定的。	.404
5. 一旦我有了自己的抉擇，不管別人多麼反對，我絕不改變。	.391
6. 即使別人覺得我離經叛道，我的思路還是可以完全不受世俗的羈絆。	.359
7. 我的生活方式主要是依據自己的判斷來決定。	.347
8. 我覺得人生有少數知己就夠了，我正是這麼幸運的人。	.312
Cronbach α	.68

　　以上以大陸樣本所鑑定之個人取向自我實現者的五個心
理特徵因素，係根據以個人取向自我實現者量表施測大陸大
學生、研究生及社會成人所獲得的資料因素分析而得，而此
一量表的全部題目皆是根據個人取向自我實現者心理特徵之
概念架構撰寫而來。此處應將這五個因素的內容與概念架構

的內容加以比較，以見兩者間的關係。其間的詳細關係列於表 21 的下半部，並簡述於表 28。

我們在鑑定出社會取向自我實現者心理特徵六個因素與個人取向自我實現者心理特徵五個因素後，再嘗試進行第二級的因素分析（second-order factor analysis），方法與步驟同前。結果發現應皆只能抽取一個因素。在社會取向量表中，這個二級因素可解釋 65%的總變異量，六個一級因素在其上的負荷量也很高，介於 .78-.84 之間；在個人取向量表中，這個二級因素（second-order factor）可解釋 54%的總變異量，五個一級因素（first-order factor）在其上的負荷量皆很高，介於 .69-.80 之間。由此乃可推斷，我們所鑑定的社會取向自我實現者心理特徵的六個因素與個人取向自我實現者心理特徵的五個因素之上，並沒有清楚的二級因素結構，或可說這些因素都只與一個共同的普遍因素有關聯。如同前文對臺灣樣本的一級與二級分析所做的綜合討論，我們一樣可以合理推論：對大陸樣本而言，社會取向與個人取向兩組自我實現者心理特徵亦同樣分別形成一套組織綿密的心理徵候群，略有不同的只是構成這兩套心理症候群的面向數目不同而已。

【表28】　大陸樣本個人取向自我實現者心理特徵之因素與
　　　　　概念架構的對應

項目	因素名稱	概念架構中之相關內容
(1)	悅納自己與獨立自主	主要包含第(1)類（與自我的關係）的第 1-1（對自己有現實的知覺）、1-2（高度的自我接納）、1-3（高度的自主與獨立）三小類；第(3)類（與現實的關係）的第 3-1（對現實的有效知覺）、3-2（與現實的舒適關係）兩小類；第(4)類（與經驗的關係）的第 4-1（對各種經驗都保持自覺）、4-5（一套統整的人生哲學）兩小類。
(2)	造福人群與接受他人	主要包含第(2)類（與他人的關係）的第 2-1（對他人的高度接納）、2-2（對人性的高度接納）、2-6（超越自我，認同人類與人性，懷抱兄弟之愛）三小類；第(3)類（與現實的關係）的第 3-3（問題中心而非自我中心）、3-6（毫不混淆目的與手段）兩小類；第(4)類（與經驗的關係）的第 4-2 小類（對人與事保持新鮮感與欣賞，擁有豐富的情緒反應）。
(3)	醉心審美與體驗創意	主要包含第(1)類（與自我的關係）的第 1-6 小類（有創意的人）；第(2)類（與他人的關係）的第 2-6 小類（超越自我，認同人類與人性，懷抱兄弟之愛）；第(4)類（與經驗的關係）的第 4-1（對各種經驗都保持自覺）、4-4（擁有深刻的神秘感、靈性感或海洋般的經驗）兩小類。

(4)	激勵自我與堅持不懈	主要包含第(1)類（與自我的關係）的第 1-1（對自己有現實的知覺）、1-4（隱私的需求）兩小類；第(3)類（與現實的關係）的第 3-1（對現實的有效知覺）、3-5（超越環境而非只是適應環境）兩小類；第(4)類（與經驗的關係）的第 4-3（擁有豐富、刺激、有酬賞、有挑戰、有意義的經驗）、4-4（擁有深刻的神秘感、靈性感或海洋般的經驗）、4-5（一套統整的人生哲學）三小類。
(5)	超脫世俗與忠於自我	主要包含第(1)類（與自我的關係）的第 1-3（高度的自主與獨立）、1-4（隱私的需求）、1-5（高度的自發性、單純性與自然性）三小類；第(2)類（與他人的關係）的第 2-5 小類（與少數至親好友有親密深刻的關係）；第(3)類（與現實的關係）的第 3-6 小類（毫不混淆目的與手段）。

二、心理特徵量表的編製

本研究的第三個目的是編製兩套標準化的量表，即「社會取向自我實現者心理特徵量表」與「個人取向自我實現者心理特徵量表」。鑑於臺灣與大陸之社會歷史發展脈絡與政治經濟現狀之不同，我們決定分別編製「臺灣版」和「大陸版」的量表，以充分契合兩個社會的風土民情。以因素分析法在臺灣與大陸樣本中分別鑑定了兩種自我實現者的心理特徵因素後，建立測量工具乃順理成章之事。在表 2 至表 6

中，我們已分別為臺灣版社會取向自我實現者的五個心理特徵因素選出高因素負荷量的題目；在表9至表13中，也已為臺灣版個人取向自我實現者的五個心理特徵因素選出了高因素負荷量的題目。我們可利用這兩套題目編製成兩套臺灣版的量表，其分量表的名稱與題數等如下：

1.「社會取向自我實現者心理特徵量表」（臺灣版）　65題
(1)自強不息與心繫國家　16題
(2)遠避小人與敬重君子　16題
(3)儉樸知足與澹泊名利　12題
(4)實踐恕道與敦厚待人　12題
(5)慎獨正意與崇義重禮　9題
2.「個人取向自我實現者心理特徵量表」（臺灣版）　64題
(1)悅納自己與獨立自主　14題
(2)造福人群與獻身使命　14題
(3)醉心審美與體驗創意　13題
(4)接受他人與尊重他人　12題
(5)超脫世俗與忠於自我　11題

以上兩套臺灣版的量表之總題數分別為65題與64題，應可採用於正式研究。研究中如同時採用多項測量工具，可依研究需要，選用部分分量表，或酌減個別量表的題數（同一量表中，排序在前的題目較佳）。在後一情形下，分量表之信度應重加評估。這兩套量表的內部一致性信度相當好，社會取向自我實現者量的五個分量表之初步 Cronbach α 係數

介於 .82-.90，個人取向自我實現者量的五個分量表之初步
Cronbach α 係數則介於 .77-.90。

　　大陸版的部分，在表 15 至表 20 中，我們分別為社會取
向自我實現者的六個心理特徵因素選出高因素負荷量的題
目；在表 23 至表 27 中，則為個人取向自我實現者的五個心
理特徵因素選出了高因素負荷量的題目。利用這兩套題目編
製成兩套大陸版的量表，其分量表的名稱與題數等如下：

1.「社會取向自我實現者心理特徵量表」（大陸版）	68 題
(1)內外兼修與德才俱備	11 題
(2)實踐恕道與嚴以律己	12 題
(3)儉樸知足與澹泊名利	12 題
(4)心繫國家與濟世助人	12 題
(5)遠避小人與敬重君子	10 題
(6)自強不息與追求理想	11 題
2.「個人取向自我實現者心理特徵量表」（大陸版）	53 題
(1)悅納自己與獨立自主	12 題
(2)造福人群與接受他人	12 題
(3)醉心審美與體驗創意	10 題
(4)激勵自我與堅持不懈	11 題
(5)超脫世俗與忠於自我	8 題

　　以上兩套大陸版的量表之總題數分別為 68 題與 53 題，
應可採用於正式研究。研究中如同時包含多項測量工具，可

依研究需要，選用部分分量表，或同一分量表中可選用部分題目。在後一情形下，分量表之信度須重新評估。這兩套量表的內在一致性信度相當好，社會取向自我實現者量的六個分量表之初步 Cronbach α 係數介於 .78-.89，個人取向自我實現者量的五個分量表之初步 Cronbach α 係數則介於 .68-.84。

第四節　討論

一、本研究的成果及意義

1. 首次以概念分析與量化衡鑑密切結合的方式有系統地探討中西自我實現者的心理特徵的異同：

自我實現涉及了自我概念（自我知識）、自我一致性（自我歷程）、自我接受及自尊（自我評價），可謂集自我各方面之大成。自我實現又離不開人我關係、人與社會及人與環境的關係，可謂同時彰顯了人最根本的社會性與文化性。這樣的議題在心理學研究上的重要性自不待言，西方人文心理學者如 Maslow 與 Rogers 將自我實現這個構念引入了西方主流心理學的領域，甚至一般社會菁英的心理世界中。當然，隨著西風東漸，非西方社會的心理學者與少數社會菁英對西方式自我實現的論述也早已不陌生了。有趣的是，西

方心理學者大多推崇與接受人本心理學的自我實現理論，卻鮮有人有系統地檢驗這些理論的命題。Coan（1974）對「最佳人格」的大規模實徵研究算是難得的例外，但他在看似包羅萬象、鉅細靡遺的百餘個研究變項中，並無法用因素分析得出清晰且有意義的因素結構，最終仍不得不回到理論層次的重組與概括（Coan，1977）。嚴格來說，他的實徵研究的努力是失敗了。Maslow 本人（1963）對自我實現者的心理特徵做過探討，提出了十餘項描述，這項成果在 Maslow 的自我實現理論中佔有重要地位，也廣為後人引用。但Maslow 自己也承認，這不過是一項初探性的研究，在方法上多有疏漏，故對其結果的解讀應審慎為之。近年來，西方有些心理學者開始質疑自我實現理論背後的哲學假設與後設命題（Geller，1984；Smith，1973），但對自我實現構念本身的系統性實徵研究仍付之闕如。

在非西方國家，已有心理學者對自我實現構念所反映的西方文化論述提出了批判。楊國樞（Yang，2003）在其有關人類基本需求的「雙 Y 理論」中，曾提出有兩種自我實現的看法，並分別稱為「集體主義的自我實現」與「個人主義的自我實現」。他認為儒家文化圈內的東亞國家或地區（如中國大陸、臺灣、香港、日本、韓國）之人民的自我實現應屬前者，基督教文化圈內的美歐國家或地區之人民的自我實現則屬後者。從楊氏之社會取向與個人取向的對比觀之，集體主義的自我實現應是社會取向的自我實現；個人主義的自我

實現實即個人取向的自我實現。

　　據我們所知，這是心理學者首次以概念分析的方法，全面整理了東、西方文化中社會取向與個人取向自我實現者的心理特徵，再續之以密切相應的實徵研究——以因素分析法鑑定出兩套心理特徵的各五或六個主要因素，以心理計量的方法編製出兩套的標準化量表。如此跨越理論分析與實徵衡鑑的努力至關重要。在理論層次上，它能幫助我們清楚地對顯出東、西方文化中自我實現者的不同樣貌，並可明確地界定出社會取向與個人取向自我實現者心理特徵的內涵，在我們的概念架構中，前者共包含五大類，後者則包含四大類。在實徵研究上，我們以因素分析法鑑定出的心理特徵之因素結構，一則可與理論層次的概念內涵呼應，亦提供了編製標準化量表的因素架構，而所得的兩套量表則具有了堅實的實徵基礎。從心理學研究的層次觀之，這正是進行本土化跨文化心理學（indigenous cross-cultural psychology）研究的重要步驟，真正的人類心理學將可在此種努力的基礎上建立起來。

　　Yang（2000）所提出之「跨文化的本土化研究策略」（cross-cultural indigenous《emic》research strategy）能有效地統合單文化的與文化比較的研究，關鍵即在於要有深入且有系統的單一文化之本土化研究資料作為基礎，諸如概念分析和田野資料的收集，進而再進行適當的跨文化比較。以自

我實現的研究為例，西方人本心理學者有關個人取向自我實現的論述，當然是西方文化下的本土化研究成果；而我們對以「君子」為理想的社會取向自我實現者之概念分析與實徵研究，則是華人文化下的本土化研究成果，在此華人與西方人各自分別從事的本土化研究的基礎之上，我們編製的「社會取向自我實現者心理特徵量表」與「個人取向自我實現者心理特徵量表」，就是一套跨文化公平與平衡（cross-cultural fair and balance）的工具，包含了華人與西方人所認知的有關自我實現者之共同的（common）、較不相同的（less common）、及獨特的（unique）心理特徵，使用這兩套工具在華人社會與西方社會（如美國、英國）收集資料，進行跨文化比較將是勢在必行的研究課題。

　　本研究最重要的目的，是在理論上分析個人取向與社會取向自我實現者的心理特徵，並以心理計量的方法衡鑑之，最終得到了兩套標準化的量表實是理所當然的成果。由前節所述可知，這兩套量表與各概念架構的對應性相當好；若再細察表 7 和表 21，可知這兩套量表的題目涵蓋性亦相當廣。在臺灣版 65 題的社會取向自我實現者量表中，只有概念架構的第 1-7，2-3，2-7，3-4 及 4-6 五小類未被包含，整體的涵蓋率達 83%（24/29 小類）。在臺灣版 64 題的個人取向自我實現者量表中，則只有概念架構的第 2-3，3-1，3-5，4-1 及 4-3 五小類未被包含，整體的涵蓋率達 78%（18/23 小類）。在大陸版 68 題的社會取向自我實現量表中，只有概

念架構的第 1-5、2-7、3-4 及 4-6 五小類未被包含，整體的涵蓋率達 86%（25/29 小類）。在大陸版 53 題的個人取向自我實現量表中，則只有概念架構的第 2-3、2-4 及 3-4 三小類未被包含，整體的涵蓋率達 87%（20/23 小類）。至此，我們應可安心地結論：本研究對社會取向與個人取向自我實現者的心理特徵在概念層次上所從事的理論分析，與在測量層次上所進行的實徵分析，所得結果是相當一致的。易言之，生活在海峽兩岸的現代華人所認知的社會取向與個人取向自我實現者的心理特徵，確實是分別根植於中華傳統文化（尤其是儒家思想的君子理想原型）與西方現代文化的深厚底蘊之中的。

　　論說至此，讀者應已清楚理解：本研究的目的並不是要為社會取向自我實現者找出一套全有或全無的或是不連續的（discrete）心理特徵，用以主觀判斷誰是社會取向自我實現者（可能為數甚少），誰不是社會取向自我實現者（可能為數甚多）；也不是要為個人取向自我實現者找出一套全有或全無的或是不連續的心理特徵，用以主觀判斷誰是個人取向自我實現者（可能為數甚少），誰不是個人取向自我實現者（可能為數甚多）。相反地，在本研究中，我們是將兩類自我實現者的每項特徵視為一種連續性變項或構念（continuous variable or construct）。我們之所以提出這樣的假設是有理由的。依據 Maslow（1970）的人類基本需求理論，個體的生理需求、安全需求、愛與歸屬需求、及尊嚴需

求適當滿足後，自我實現需求方可成為生活的支配性動機。在此最高需求的推動下，個體乃能逐漸形成與增強某些心理特徵。由此觀之，自我實現者之心理特徵是逐漸養成的，其強度是逐漸增加的。所以，此等特徵都是連續性的，而不是全有或全無的。尤有進者，Rogers（1951，1959）甚至將個體的自我實現視為一種從「人之初」就開始的歷程。在此終生的連續性發展過程中，自我實現者的重要心理特徵都是逐漸形成與增強的，因而是連續性的。將自我實現者的心理特徵視為可以量化的連續性變項，即可運用心理計量學的程序加以處理。

2. 社會取向與個人取向自我實現者兩套心理特徵的關係及社會變遷歷程中兩者可能的互動

現代華人兼具了社會取向與個人取向自我實現者心理特徵的認知架構，此一現象也可視為陸洛與楊國樞（Lu 與 Yang，2004）最新提出的「傳統性與現代性的雙文化自我」（traditional-modern bicultural self）的一種展現。這種雙文化自我的傳統文化根基當然是指華人以儒家思想為主的文化傳統，現代文化根基則是指新近由西方傳入或新近在社會現代化變遷過程中所形成的現代文化。以自我實現為例，這種雙文化自我所展現的就是社會取向的自我實現（傳統成分）與個人取向的自我實現（現代成分）之間的並存與化合。我們雖可從理論上推論現代臺灣華人在認知結構上可能同時包容

或納入社會取向與個人取向自我實現者的各項心理特徵，但這兩套心理特徵間有分又有合，既有一定程度的獨立性（因其各有不同的文化起源），又有一定程度的關聯性（因其在文化交融的臺灣社會中已產生一定程度的化合）。最直接的檢驗方式，便是讓同一受試者完成兩份量表，再檢視兩組心理特徵間的關聯性。我們正在以新樣本持續進行的各種信度與構念效度研究中，甫完成一組資料的收集，在此僅概略報告相關的初步結果，詳情容後在另文中再加呈現。

我們收集的有效樣本為 292 名大學生（含研究生），女性 167 位，男性 125 位，平均年齡 23.54 歲（標準差=3.88），就讀於北臺灣的五所公、私立大學各科系。Pearson 積差相關分析發現：社會取向與個人取向兩組心理特徵間（5×5）的相關係數都達顯著水準，皆為正相關，強度介於 .20 到 .77 之間，差異頗大。續以典型相關（canonical correlation）進行分析，所得結果見表 29。由表中數據可知，社會取向自我實現者的五種心理特徵與個人取向自我實現者的心理特徵之間共有四項具有統計顯著性的典型相關，其中第一項典型鄉關係數最大（.893，p < .001）。此一典型相關可自社會取向自我實現者心理特徵五因素得分之線性組合分數的總變異量中抽出 58%，可自個人取向自我實現者心理特徵五因素得分之線性組合分數的總變異量中抽出 43%，遠遠超過其他三項典型相關。此一主要典型相關所顯示的事實是：「自強不息與心繫國家」、「實踐恕道與敦

厚待人」、「慎獨正意與崇義重禮」、及「簡樸知足與澹泊
名利」四項社會取向心理特徵因素得分的線性組合分數，與
「造福人群與獻身使命」、「接受他人與尊重他人」、及
「醉心審美與體驗創意」三項個人取向心理特徵因素得分的
線性組合分數成統計上顯著的正相關。事實上，社會取向心
理特徵因素「遠避小人與敬重君子」及個人取向心理特徵因
素「悅納自己與獨立自主」與「超越世俗與忠於自我」在第
一項典型相關中亦有不低的線性係數。由此觀之，整體的社
會取向心理特徵與整體的個人取向心理特徵確有成正相關的
傾向。顯而易見，此一傾向有利於社會取向與個人取向自我
實現者的兩套心理特徵在社會變遷過程中同時並存與融合。
在社會變遷過程的不同階段，華人所共同接受之兩套自我實
現者心理特徵的理想組合可能並不相同。有關這個問題的進
一步討論，則超出了本文的範圍。

　　在此我們可順帶一提前文所言「跨文化的本土化研究策
略」中隱含的一個方法論問題：強加式客位（imposed etic）
的風險（Berry，1989）。有人可能會質疑，在華人樣本中評
量源自西方文化的個人取向自我實現豈不是一種強加的文化
客位式研究嗎？當然這是一個潛在的問題，但我們認為，華
人「傳統性與現代性雙文化自我」的存在已有充分的證據支
持，則個人取向的自我實現雖源自西方文化，卻已漸為現代
華人吸納、採借、並統整到心理系統之中，而成為一個具實
質心理意義、能有機地運作的心理組合。因此，我們在本研

【表29】　社會取向自我實者心理特徵五因素與個人取向自我實現者心理特徵五因素間的典型相關分析

典型相關項目	一	二	三	四
特徵值	3.925	.701	.105	.038
百分比	82.287	14.700	2.199	.803
典型相關係數	.893b	.642b	.308b	.192a
典型相關係數平方	.797	.412	.095	.037
社會取向自我實現者心理特徵因素	η1	η2	η3	η4
1.自強不息與心繫國家	.908	.321	-.162	-.127
2.遠避小人與敬重君子	.575	.046	.446	.568
3.簡樸知足與澹泊名利	.724	.051	.650	-.065
4.實踐恕道與敦厚待人	.822	-.561	-.045	.063
5.慎獨正意與崇義重禮	.751	.124	-.074	.500
抽出總變異量百分比	58.391	8.761	13.108	11.949
重疊量	46.535	3.611	1.244	.441
個人取向自我實現者心理特徵因素	χ1	χ2	χ3	χ4
1.悅納自己與獨立自主	.613	.094	-.754	-.078
2.造福人群與獻身使命	.935	.135	.070	.192
3.醉心審美與體驗創意	.719	.226	-.019	-.632
4.接受他人與尊重他人	.723	-.678	-.112	-.052
5.超脫世俗與忠於自我	.614	.113	.066	-.270
抽出總變異量百分比	42.530	4.539	1.122	.382
重疊量	53.366	11.012	11.816	10.361

註：a 為 $p < .05$，b 為 $p < .001$。

究的臺灣與大陸樣本中所揭示的個人取向自我實現者心理特
徵的五個因素結構，不可能只是語意層次的心理人造物
（psychological artifact），更可能是具有實質心理意義的雙
文化自我的一種展現。當然，我們對社會取向自我實現者心
理特徵的分析與探究，更充分地實踐了本土心理學研究的理
念。

3. 本研究概念架構中有些小類間在意義上有部分重疊的
問題

我們在編定兩套自我實現者心理特徵概念架構時，是以
周延性為最高原則，盡可能包含所有重要的心理特徵，使不
致有嚴重疏漏，但並未要求架構中各項目間一定要嚴格互
斥，故同一大類下之各小類間，甚至不同大類下之各小類間
在概念上皆可能有部分重疊的現象。這在社會取向的架構中
可能較為明顯，因為這些特徵皆是取自儒家典籍及相關文
獻，本即偏向道德倫理學而非心理學的論述，去脈絡的處理
可能更加深了構念間的重疊性。故此，在臺灣版中未納入社
會取向標準化量表的第 1-7（濟世行仁，積極進取）及 2-7
（心繫家國，兼善天下）兩小類與已納入的第 2-6 小類（知
其不可而為之）實相類似，皆強調以「公利」為目的，以積
極入世的熱情和堅毅不拔的努力去踐行仁道；未納入的第 2-
3 小類（以勇行義，無所畏懼）與已納入的第 2-5 小類（殺
身成仁，捨生取義）也有相似重疊之處；未納入的第 3-4 小

類（敬老尊長，長幼有序）與已納入的第 1-5 小類（孝順父母，慈愛子女）也有重疊；未納入的第 4-6 小類（自強不息，積極向上）與已納入的第 4-4 小類（好學無懈，博聞廣識）有重疊。整體而言，未納入上述五小類應不致影響社會取向自我實現者量表的概念涵括性，此量表應已能適當反映出儒家文化所闡揚的社會取向自我實現者的心理特徵及樣貌。換一個角度看，這個臺灣版的社會取向量表中未完全展現的多半是與「義」有關的理念與實踐，如「濟世行仁」、「以勇行義」、「心繫家國」、「兼善天下」都可視為義的極致表現，及對社會「公利」的無私奉獻。這樣的高道德要求對庶民百姓而言本就相當嚴苛，在個人意識高漲、生存競爭激烈的現代生活處境中，要超越一己之私自然更為困難了。在大陸版的社會取向量表中大致也可看到類似的現象，這正映證了我們的標準化工具確能貼近現代華人真實的生活境遇與心理世界。

　　未納入臺灣版個人取向標準化量表中的第 2-3 小類（具有民主的人格結構），與已納入的第 2-1 小類（對他人的高度接納）及 2-2 小類（對人性的高度接納）實有相當重疊，前者可視為後兩者的具體實例與生活表現；未納入的第 3-1 小類（對現實的有效知覺）與已納入的第 3-2 小類（與現實的舒適關係）密切相關，後者為前者之結果，但須以前者為基礎方能達成；未納入的第 3-5 小類（超越環境而非只是適應環境），與已納入的第 1-3 小類（高度的自主與獨立）及

第 1-6 小類（有創意的人）皆有關聯，後兩者都強調自力更生，在艱困的環境中不屈不撓，不僅能存活下來，更能體悟生命的意義與價值，所反映的深層意義實則就是超越環境的局限了；未納入的第 4-1 小類（對各項經驗都保持自覺）及第 4-3 小類（擁有豐富、刺激、有酬賞、有挑戰、有意義的經驗），與已納入的第 4-4 小類（擁有神秘的高峰經驗）極為相關，後者可視為前兩者的特例。整體而言，未納入上述五小類應不致影響個人取向自我實現者量表的概念涵括性，此量表應已能適當反映出現代華人對日益增強的西方文化傳統的體認與接納，具體表現為對個人取向自我實現者心理特徵與樣貌的認知與認同。

4. 兩岸受試者在社會取向與個人取向自我實現者心理特徵的因素上是大同小異的

最後值得一提的是，本研究同時在臺灣與大陸完成了資料蒐集、實徵分析、與量表編製的工作，因此可比較兩岸樣本在心理特徵之因素內涵與數目上的異同。若要進行「定量」的比較，一種較為直接的方法是計算臺灣版本各分量表與大陸版本各分量表間的相關矩陣，以社會取向量表為例，即為計算大陸版六個分量表（因素）分數與臺灣版五個分量表（因素）分數之 6×5 的相關矩陣，並以每對內涵相似的分量表（因素）間的相關係數為因素符合性或對應性係數（congruency coefficient），來判斷臺灣與大陸版兩套因素結

構間的相似度。但是，由於我們在因素分析時已依預設的三項標準刪除了不具鑑別力或受社會期望影響過高的題目（參見前節說明），這樣做保障了心理計量程序的嚴謹性，但也使得在臺灣與大陸樣本中各自進行因素分析時所用的題目已有不同，有的題目在臺灣樣本中被刪除，但在大陸樣本中被採用，相反的情形亦存在。再經因素分析選題編成標準化量表後，臺灣版與大陸版中內涵相似的每對分量表（因素）間共有的題目比例有時相當低，具體參見表 26、27。舉例而言，若以臺灣版量表為基準，則社會取向量表中，與大陸版分量表共有題目比例最低為 50%（見表 30）。反之，若以大陸版量表為基準，在社會取向量表中與臺灣版分量表共有題目比例最低為 63%（見表 31）。在此情形下，進行前述的「定量」分析並不恰當，結果也很難解釋。故我們以下僅試探性地對兩岸樣本分析所得的兩套因素結構的內涵進行「定性」的比較與說明。就社會取向自我實現者的心理特徵而言，五因素結構最符合臺灣樣本所得的實徵相關矩陣，但六因素結構卻最符合大陸樣本所呈現的相關矩陣。在這兩套因素中，有四組因素在海峽兩岸是相同或相似的，分別為「實踐恕道與嚴以律己」（大陸）對應「實踐恕道與敦厚待人」（臺灣），「儉樸知足與澹泊名利」（臺灣與大陸皆有），「心繫國家與濟世助人」（大陸）與「自強不息與追求理想」（大陸）對應「自強不息與心繫國家」（臺灣），以及「遠避小人與敬重君子」（臺灣與大陸皆有）。可見儘管海峽兩岸的歷史發展與社會現況迥異，但中華文化傳統的

影響依然深遠，且具體表現在兩地人民對源自儒家思想與理想的社會取向自我實現的相似認知與認同。不過，兩地風土民情與經濟現況的差異，也反映在人們對自我實現這般人生理想與極致完滿狀態的某些獨特認知上。臺灣的受訪者特別強調「慎獨正意與崇義重禮」這一自我實現者的心理特徵，大陸的受訪者則特別強調「內外兼修與德才俱備」這一自我實現者的心理特徵。「慎獨」是儒家對自我修養的極高要求，是一種完全的道德自律，透過內化道德價值，不假任何他律的手段，要求個人在沒有具體他人的監控下，發揮個人內在的德性，踐行仁、義、禮、智等德目，做到慎獨才是完全的道德自律，始稱得上「君子」，也有別於「偽君子」的行為（只做給別人看的道德表現）。這樣的道德高標準和儒家自我修養的極致要求，只可能在幾十年來系統性、制式化地闡揚與傳承儒家思想的臺灣社會中保存下來，也就不足為怪了。相反的，具體地要求個人學習知識、培養才能，同時具備道德內涵的「內外兼修」與「德才俱備」的理想，不管個人能否系統性地了解和把握其背後的儒家人倫基礎，在經濟快速發展，人際競爭日益激烈的大陸社會，都是必備的生存能力，其會受到認同與重視也是必然之事。

【表30】　臺灣版社會取向及個人取向自我實現者心理特徵
各分量表與大陸版之共同題目數的對照比較

分量表名稱	分量表題數	在大陸版因素分析前已被刪除之題數	與臺灣版共有之題數及百分比
社會取向自我實現者心理特徵分量表			
1.自強不息與心繫國家	16	4	12 （75.00%）
2.遠避小人與敬重君子	16	8	8 （50.00%）
3.簡樸知足與澹泊名利	12	1	11 （91.67%）
4.實踐恕道與敦厚待人	12	3	9 （75.00%）
5.慎獨正意與崇義重禮	9	0	9 （100.00%）
個人取向自我實現者心理特徵分量表			
1.悅納自己與獨立自主	14	2	12 （85.71%）
2.造福人群與獻身使命	14	3	11 （78.58%）
3.醉心審美與體驗創意	13	0	13 （100.00%）
4.接受他人與尊重他人	12	1	11 （91.67%）
5.超脫世俗與忠於自我	11	0	11 （100.00%）

【表31】　大陸版社會取向及個人取向自我實現者心理特徵各分量表與臺灣版之共同題目數的對照比較

分量表名稱	分量表題數	在臺灣版因素分析前已被刪除之題數	與大陸版共有之題數及百分比	
社會取向自我實現者心理特徵分量表				
1.內外兼修與德才具備	11	1	10	（90.91%）
2.實踐恕道與言以律己	12	3	9	（75.00%）
3.簡樸知足與澹泊名利	12	1	11	（91.67%）
4.心繫國家與濟世助人	12	2	10	（83.33%）
5.遠避小人與敬重君子	10	1	9	（90.00%）
6.自強不息與追求理想	11	4	7	（63.64%）
個人取向自我實現者心理特徵分量表				
1.悅納自己與獨立自主	12	4	8	（66.67%）
2.造福人群與接受他人	12	1	11	（91.67%）
3.醉心審美與體驗創意	10	1	9	（90.00%）
4.激勵自我與堅持不懈	11	1	10	（90.91%）
5.超脫世俗與忠於自我	8	0	8	（100.00%）

　　就個人取向自我實現者的心理特徵而言，五因素結構在臺灣和大陸樣本的資料分析中都是最合適、最有意義的結果。兩套因素中亦有四組相同或相似，分別為：「悅納自己與獨立自主」、「醉心審美與體驗創意」、及「超脫世俗與忠於自我」（此三項臺灣與大陸皆有），另「造福人群與接受他人」（大陸）對應「造福人群與獻身使命」（臺灣）與「接受他人與尊重他人」（臺灣）。大陸受訪者特別強調「激勵自我與堅持不懈」這一個人取向自我實現者的心理特徵，大陸近幾十年來艱困的政治與經濟環境正磨練了人性堅韌不拔的毅力，也突顯了超越環境的生存價值。在近年的激烈氛圍下，自我激勵與堅持不懈更是成功的不二法門，這樣的價值與實踐確實是個人取向自我實現者的重要心理特徵，但也正好符合了在大陸社會中求生存、爭發展的要求。

　　整體看來，海峽兩岸華人對自我實現者心理特徵的認知不論是社會取向或個人取向的，都是同大於異，而相異之處所反映的也正是兩個社會獨特的歷史發展脈絡、經濟現況、及風土民情。這樣同遠大於異的現象在群體差異的分析中也再次得到驗證。在臺灣和大陸兩地的資料分析中，性別差異皆不明顯，年齡差異的趨勢則完全相同。顯示在現代華人中，男性與女性對自我實現的認知並無實質的差異，年長者明顯對源自中華傳統的社會取向自我實現較年輕學生更具認同感，但也在某些個人取向自我實現的面向上較年輕學生更為認同，這些面向所反映的分別為「自我接納」和「接受他

人」的理念，前者與深刻的自我覺察有關，後者與圓融的人
生歷練有關，這兩方面年長者都比涉世未深的年輕學生有優
勢，在兩岸的社會現實中也不致有本質的差異。

二、未來研究方向

　　自我實現是心理學研究的一個重要議題，也有可能超越
心理學門的範疇，與哲學、倫理學、人類學、社會學、文化
研究、教育學等諸多學科對話，在理論上整合，在研究上合
作，以期對人性之共性與殊性有更深刻的理解。另外，自我
實現研究的成果也可廣泛應用於教育、諮商輔導、跨文化溝
通等多個領域，以期促進人類溝通，提升人類福祉。以下僅
概述未來心理學研究的幾個可能方向，及本研究結果的幾項
可能應用，作為拋磚引玉之用。

　　在未來研究方面，心理學取向的努力可有三個方向：第
一，本研究已以概念分析描繪出兩種自我實現者的樣貌，也
以實徵研究鑑定出兩種自我實現者的心理特徵結構。但在文
化融合日益明顯的當今社會，人們很可能同時追求這兩種自
我實現，以同時滿足社會取向與個人取向的需求，也同時實
踐社會取向與個人取向的基本價值。因此，我們可將兩套標
準化量表同時施測於一個樣本，先求取社會取向自我實現者
之心理特徵諸因素與個人取向自我實現者之心理特徵諸因素
間的兩兩相關模式，以檢驗此兩項心理症候群之間的關係。

更進一步的作法是以因素分析法探討個人取向與社會取向的心理特徵是維持各自獨立的兩套因素結構，還是部分或完全融合成一套新的因素結構。這將有助於我們理解不同文化系統的相互影響與融合，也有助於我們瞭解個人如何協調與整合不同的價值系統的影響與要求。

第二，本研究礙於資料有限，無法對兩套自我實現的系統進行完備的構念效度檢驗。後續研究應在理論上先推衍出與社會取向與個人取向自我實現有關的先前變項（antecedent variable）、同時變項（concurrent variable）、與後果變項（consequent variable），進行系統性的構念效度研究。例如，依前文所提及的「傳統性與現代性雙文化自我」的理論（Lu 與 Yang，2004），我們應可推論：華人的心理傳統性與社會取向的自我實現者之心理特徵成正相關，而心理現代性則與個人取向的自我實現者之心理特徵成負相關。這項實徵研究的資料已將近收集完成，分析結果應可提供部分構念效度檢驗的證據。

第三，本研究所建構的社會取向自我實現者的樣貌完全奠基於儒家思想所闡揚的「君子」的原型，是華人十分本土性的構念。個人取向自我實現者的樣貌則基於西方心理學者對其文化所推崇的自我實現者的描述，亦可謂之西方特別是美國本土性的構念。在此基礎上，後續研究可採跨文化設計，在東、西方社會中同時檢驗這兩套自我實現概念架構與

實徵量表的適用性。

在研究應用方面，我們所編製的兩套標準化量表可用於
教育領域，來衡鑑學生所體認的自我實現構念，據以設定教
育目標，調整教育策略，以培養適當的自我實現觀。在諮商
輔導方面，這兩套標準化量表可幫助案主自我瞭解，亦有助
於諮商輔導人員協同案主設定現實的自我改善目標，並評估
諮商輔導的成效。最後，在跨文化溝通方面，這兩套量表可
幫助來自不同文化的合作者瞭解自己與對方的文化價值，俾
便設定正確的溝通目標，促成有效的合作與相互接納。

自我實現是人類共同追求的生命意義，也應是心理學者
努力不懈去探討的議題。§

§ 本文曾發表於《本土心理學研究》（臺北，2005），23 期，71-
143。作者感謝中華民國教育部資助「華人本土心理學研究追求
卓越計畫」，使得此一研究得以完成。此研究計畫編號為 89-H-
FA01-2-4-1。

第參篇
華人的自我評價與自尊

第八章
華人的自我評價與
自我肯定歷程

孫蒨如[*]、王崇信[**]

　　許多研究都指出正向自我評價對個體的重要性，這些研究或者從歸因方式、社會比較歷程，或者從自我設限、自我認同等等角度切入，均發現自我評價與生活適應，心理健康

[*] 中原大學心理學系副教授。
[**] 中原大學心理學研究所碩士畢業後，即從事人力資源管理相關工作，曾服務於港商南順集團的南順工業股份有限公司，擔任人事主管一職。

或者事業成就有著密切的關聯，因此假設個體需要維持一個
正向的自我評價就成了西方主流心理學的基本思維，從
James（1892）、Greenwald（1980）、Tesser（1986）、及
Steele（1988）等人所提出相關的理論及實證研究結果也都
相當支持這種主流思維，尤其是 Steele（1988），更提出了
自我肯定理論（self-affirmation theory），嘗試以各個自我功
能彼此相互影響的運作歷程，來解釋及統整有關自我評價的
種種發現。

第一節　自我肯定歷程

　　自我肯定理論強調一個整體自我評價統整（self-
integrity）的概念，認為在一個自我系統（self-system）之下
涵蓋了許多不同自我功能的運作，這些不同自我功能可以彼
此影響，使得自我系統處於平衡狀態、自我統整得以維持，
因此個人能保持正向的自我形象（self-image）。換言之，若
當個體某部分自我受到威脅，使整體自我系統失去平衡時，
個體則會對此特定威脅加以處理，或者也可藉由肯定個人其
他重要價值面向來恢復整體自我系統的平衡，亦即維持正向
自我評價的狀態。

　　例如 Steele 與 Liu（1983）就認為認知失調之所以導致
態度改變，並非是因為態度與行為之間的「失調」所致，而

是自我概念（我是誠實的人）與行為（引導一個人去做無聊
的事）的不一致所造成的自我威脅導致自我評價降低，才是
引發態度改變的主因。因此他們假設：若自我受威脅是態度
改變的主因，那麼若給予受試者「自我肯定」的機會以恢復
自我系統的平衡，那麼應會降低失調所導致的態度改變。他
們首先篩選出高政經取向與低政經取向的受試者，並將他們
隨機分派至高選擇組（即受試者有選擇權）或低選擇組（被
指派）寫一篇與其原先態度相反的文章。隨後受試者均被要
求填寫政經價值問卷，用以操弄自我肯定情境。結果正如預
期：高政經價值取向的受試者，因填寫政治經濟價值問卷突
顯了個人重要的自我價值，使得整體自我系統恢復平衡，因
此即使在高選擇情境（高失調），也沒有態度改變出現。相
對的，對於低政經價值取向之受試者則無此效果。

　　Steele、Hopp、及 Gonzales 在一九八六年的研究也再度
驗證了透過自我肯定歷程可以回復自我評價的概念。他們以
一 2（高科學價值取向或高經濟價值取向）× 2（穿專用實驗
外套或不穿實驗外套）的二因子設計來檢驗其假設，研究預
測「高科學價值取向」的受試者若穿上實驗專用外套則其科
學價值取向受到肯定，會有自我肯定的效果出現，失調會消
失。受試者在該實驗中從事的作業則為會引起認知失調的
「自由選擇模式」作業（free choice paradigm）（Brehm，
1956）。受試者首先就十張唱片分別評定喜歡程度並排定喜
歡的順序，隨後實驗者告知可在其排定的第五及第六喜歡的

唱片中挑選一張做為參加研究的小禮物，隨即再做一次喜歡
程度的評定。先前研究顯示此時會出現所謂的擴散效應
（spreading effect）：受試者對被選中的物品的喜歡程度增
加，而對未被選中物品其喜歡程度則有降低的趨勢。此種擴
散效應愈大，表示失調的情形愈嚴重。Steele 等人（1986）
認為高科學價值取向的受試者，穿上實驗專用外套肯定其科
學價值取向之後，其擴散效應應可降低，而其他三組均則應
出現擴散效應，實驗結果也證實了他們的想法。

　　Tesser 與 Cornell（1991）基本上同意自我肯定理論所強
調維持整體正向自我形象的概念，他們認為自我肯定作業可
降低其他嘗試提升自我評價的自我功能的運作。結果正如他
們所預期，當受試者面對自我評估維持模式（self-evaluation
maintenance model）中的高威脅情境，亦即朋友在個人認為
高相關且重要作業上有著比自己更優秀的表現時，若給予受
試者自我肯定作業（即填寫價值觀問卷方式肯定個人重要價
值取向），則相較於他組受試者，這些有著自我肯定作業的
受試者較不會去傷害、破壞朋友的表現。隨後有關自我肯定
的研究，則針對自我肯定的方法做了更進一步的探討。
Steele、Spencer、及 Lynch（1993）認為在個體其他表現方
面給予正向回饋也是自我肯定的方式之一。

　　整體而言，自我肯定理論強調整體自我系統的平衡，強
調唯有如此方能維持一個整體正向自我評價形象。該理論也

強調，達到平衡的方式是非常具有彈性的，可以是以解釋消除威脅的方式（例如，態度改變），或是獲得正向回饋的方式，也可以是以透過肯定自我其他重要面向的方式來使得個體整體的自我形象回復。

第二節　相依我與自我肯定歷程

但這種維持正向自我評價及自我功能之間會互相影響的概念，畢竟是奠基於西方文化，近年來 Markus 與 Kitayama（1991）從文化心理學的角度，探討文化對自我的影響與型塑，並致力於宣揚兩種不同自我建構的概念。他們認為西方（歐美為主）文化下的個人其自我多為獨立我（independent self），所謂的獨立我強調的是個人的獨立性與獨特性，是以個人的內在思考、感覺及特質為主，與社會環境（social context）是分離的，所在意的是表達自己、了解自己，及達到自己的目標，而他人的存在是對比於個人的。他們也強調，以獨立我為主的個體很重視正向的自我評價，也有較強的動機來維持正向的自我評價。

Markus 與 Kitayama（1991）所提及的另一種自我，則為相依我（interdependent self）。東方文化影響下的個人多以相依我為主，此種自我是有彈性、可變動的，強調的是與社會環境的配合，行為要恰如其分。具有相依我的個人，尋

求與他人的和諧關係，會幫助他人達成目標，以與他人的關係來定位自己。而在一些跨文化的研究中就發現以相依我為主的日本人在社會比較情境中並未有自我提升傾向，反而是出現了自謙的偏誤（modesty bias）（Takata，1987），其他研究也有類似的發現，似乎均指出相較於美國人，日本人並不特別具有或希望維持正向自我評價（Kanagawa，Cross，& Markus，2001；Heine，Lehman，Markus，& Kitayama，1999；Heine，Kitayama，Lehman，Takata，Ide，Leung，& Matsumoto，2001），而是具有較明顯的自貶（self-effacement）或自謙的傾向。例如 Shikanai（1978）就發現當日本受試者得到成功的回饋時，他們多半傾向歸因於測驗容易而非個人能力佳，而且此種自謙的偏誤似乎在具有相依我的日本受試者身上屢見不鮮（Heine et al.，1999）。但這是否意味著具有相依我的個體就不需要維持正向自我評價？相關研究的結果顯示並非如此。例如在 Yoshida、Kojo、及 Kaku（1982）對不同年齡層的日本兒童所做的研究就顯示，當受試者被要求對一個假想的、有著極佳運動表現的同儕進行評估時，如果這個同儕對自己本身的優秀表現越謙虛，那麼這些兒童對此人的評價就愈會正向，而且年紀愈大此種趨勢就愈明顯，這似乎顯示了自謙可能是為了獲致來自他人的正向評價。Kitayama、Markus、Matsumoto、及 Norasakkunit 等人（1997）的研究也顯示日本人處於成功情境時會有自謙甚或自貶的傾向，但受到衝擊時似乎也會有自我提升（self-enhancing）的行為出現。Sedikides、Gaertner、及 Toguchi 等

人（2003）則強調日本人不同於西方人，重視的是相依我方面的個人特性，所以會在相依我的相關特質上出現高估自己的自我提升現象。由此可知，具有相依我的個人，未必沒有正向自我評價的需求。Hetts、Sakuma、及 Pelham（1999）也強調具有不同自我時，其自我評價的內涵或來源或有不同，但正向評價的需求卻是一致而普遍的（universal）。

第三節　華人的自我肯定歷程

　　Markus 與 Kitayama（1991）以獨立我和相依我的概念來區分不同自我，楊國樞（1993）也提出了個人取向自我（individual-oriented self）與社會取向自我（social-oriented self）的概念來區分華人的自我。個人取向自我與所謂的獨立我相似，涵蓋了個人身心特徵與能力，是與他人無涉的自我部分。相對的，社會取向自我則與相依我相似，強調的是處於關係脈絡或團體脈絡中的自我。Markus 與 Kitayama（1991）認為華人的自我是相依我，楊國樞（1993）則指出，華人或許是以社會取向自我為主，但卻也同時具有個人取向的自我。Singelis（1994）也認為獨立我與相依我並非不能同時並存，而一些相關的研究也顯示其實華人似乎也有著相當完整的獨立我基模，只是需被激發（activate）才會出現。例如在 Gross 與 Markus（1991）探討自我對壓力因應的研究中，發現中國學生比美國學生有著更發展完善的相依

我，而在獨立我基模的發展上，中國學生則與美國學生相近。Trafimow、Silverman、Fan、及 Law（1997）用香港的中國學生為受試，一半給予「Who am I」，另一半則將此測驗以中文「我是……」呈現，他們發現以中文提示時，受試者的回答多與團體歸屬（group affiliation）有關，相依我變得活躍；而用英文時，回答則多與個人特質（personal traits）有關，此時獨立我較佔優勢。一九九九年 Lin、Huang、及 Lieber 以臺灣的大學生為受試者，要求他們對成就事件及社會事件進行歸因。Lin 等（1999）認為成就事件會激發受試者的獨立基模（independent schema），而社會事件則會激發相依基模（interdependent schema），因此會使得受試者做出不同的歸因，結果也如其所預期。在回顧了這一些以華人為受試者的研究後，我們似乎都可發現華人是同時兼具兩種自我的。那我們首先想探討的問題是，當華人也被激發獨立我或個人取向自我時，是否會如同西方人一般，希冀維持正向的自我評價？不同的自我功能是否也會彼此影響、透過自我肯定歷程的運作，來維持個體的自我評價？其次在本研究中，我們也想檢驗，當華人進行自我評價之時，若這兩種不同自我，經歷不同的評價或衝擊，這又將如何影響個體的整體自我評價。中國著名人類學者許烺光（Hsu，1985）曾強調中國人在追求一種「心理社會平衡」（psychosocial-homeostasis），此種說法似乎與 Steele（1988）提出的個體希望維持一個自我系統平衡狀態的概念不謀而合。不過這種平衡是意味著僅是獨立我層面或相依我

層面的自我評價的平衡？或是此種平衡是能擴大至涵蓋以兩種不同自我為基礎而產生的整體自我評價的維持？亦即當獨立我層面受到衝擊時是否能由肯定相依我的部分來恢復平衡？甚至反之亦然？這均是本研究所關切的重要課題。

第四節　實驗一

　　實驗一的主要目的是探討以社會取向自我（相依我）為主的華人在面對個人取向自我面向（獨立我）的衝擊時，是否也能藉由自我肯定歷程的運作來維持正向的自我評價，若華人個體也有維持正向自我評價的需求，那麼由整體自我系統的角度而言，自我肯定過程應該會減少自我設限行為的產生。

　　Steele（1988）認為個體會努力維持正向的自我評價，而且強調應該用一種整體的概念來看待自我系統，當某一部分的自我受到威脅，整體的自我系統也將會呈現出不穩定的狀態，此時欲使自我系統恢復穩定、維持正向自我評價的動機就會產生。基本上能使得自我系統恢復穩定狀態的方法相當多元化，Tesser 與 Cornell（1991）研究就指出，在自我系統之中運作的各種不同的自我功能，因為都屬於同一個自我系統，所以彼此之間會互相影響。當某一種自我功能開始運作，使得自我系統回復平衡穩定時，其他自我功能的運作就

沒有必要再發生。例如，自我肯定也可以減少「自我評價維持歷程」（self-evaluation maintenance，簡稱 SEM）的發生；自我肯定可以減少認知失調的產生（Steele & Liu，1983）。因此，我們假設自我肯定與自我設限應該也是作用於同一個自我系統，若華人也有維持正向自我評價的需求，那麼我們應可看到個體面對不確定情境會出現自我設限行為，而在經由自我肯定作用提升了整體的自我評價之後，自我設限的傾向隨之降低。

基本上因為自我設限是一種故意陷自己於不利於成功情境的行為，因此若個人面臨失敗時，便可以將失敗歸因於設限行為（如喝酒、練習不足……等）所致，避免面對失敗的真正原因（例如能力不足）而損及自尊。Berglas 與 Jones（1978）的研究更發現，即便在隱密（private）的情境之下，也會有自我設限行為產生，因此他們認為保護自尊應是自我設限行為主要的動機，許多實徵研究也都相當支持這種自我設限行為具有自我保護功能的看法（Snyder & Smith，1982；Arkin & Baumgardner，1985）。

Berglas 與 Jones（1978）在其有關自我設限的典範研究中指出，自我設限行為的產生是因為個體面臨威脅情境時，不確定其本身有能力應付而引發的因應行為，而此種不確定感的產生可能來自於過去的經驗。Berglas 與 Jones（1978）在其研究中，藉由操弄受試者在先前作業情境中所獲得的經

驗，區分關聯性正向回饋（contingent positive feedback）與非關聯性正向回饋（noncontingent positive feedback）二種實驗的情境。他們預期在關聯性正向回饋的情境之下，受試者不確定感將會減少，因此自我設限行為不易發生。但是在非關聯性正向回饋的情境之下，受試者將會有較多的不確定感，因此易有自我設限行為產生。

　　實驗的過程大致如下：在關聯性正向回饋組，先給受試者練習由二十個可解的（soluble）題目所編成的智力測驗，受試者做完這些題目之後，給予他們正向的回饋（告訴受試者他的表現是至目前為止最好的一位），基本上因為這些題目並不難，所以受試者對於成功的回饋頗能接受，而且也有信心自己再做類似的測驗時依然會有優異的表現。這種可以讓受試者相信並預期在相似的情境中，只要同樣的努力也會成功的正向回饋，就稱之為關聯性正向回饋。在非關聯性正向回饋組，給受試者練習的測驗則為難解的（insoluble）題目所編成的智力測驗，實驗者同樣的也給予受試者成功的回饋。但因為測驗是困難的，因此受試者即使得到了成功的回饋，仍是沒有把握，也不會有理所當然的感覺，故在此情況之下的正向回饋並不會使受試者相信並預期自己在面對類似測驗時仍可有優異的表現。結果發現當面臨另一個類似的測驗時，若給予受試者機會選擇藥物，非關聯性正向回饋組的受試者傾向於選擇具有抑制智力表現的藥物，而關聯性正向回饋組則無此傾向。換言之，在面對重要的測驗時，對自己

的能力沒有把握的受試者，容易產生「自我設限」的行為。

Higgins 與 Harris（1988）以飲酒量多的男性為受試者，進行自我設限研究。研究中也發現在面臨可能失敗的威脅情境時，接受非關聯性正向回饋的受試者比接受關聯性正向回饋的受試者表現出更多的自我設限行為（喝酒的量更多），這研究結果再一次支持了 Berglas 與 Jones（1978）的研究結果。Tice 與 Baumeister（1990）的研究也有類似的發現，當個體若能根據所得到的回饋情形，建構出自己比較可以控制以及預測的「結構性的情境」（structured condition）時，自我設限行為則會減少。

有關自我設限的研究文獻相當豐富，Arkin 與 Baumgardner（1985）檢視了有關自我設限的研究後指出，自我設限的方式相當多元，例如服用干擾行為表現的藥物（Berglas & Jones，1978；Kolditz & Arkin，1982）、降低努力程度（Frankel & Snyder，1978；Pyszczynski & Greenberg，1983）、放棄嘗試機會或縮短練習時間（Harris & Snyder，1986；Hirt，Deppe，& Gordon，1991）都是方法之一，或者個體也可以故意選擇困難的目標，或以選聽有分心效果的音樂（Rhodewalt & Davison，1986；Tice，1991）等種種方式來妨礙個人表現，使得個人可以將失敗歸因於個人「能力」以外的這些其他因素。

　　綜合上面所敘述，我們知道自我設限具有自我保護的功能，主要目的在維護個人自尊。但華人是否也會出現自我設限行為呢？先前跨文化的研究中指出，以相依我為主的日本人具有自謙的傾向，似乎並未有維持正向自我評價的需求，但此結果未必可以類推至華人受試者身上。在本研究中我們想探討的是，當有關個體能力相關的層面，也就是個體的獨立我面向，亦即個人取向自我受到衝擊時，華人個體會有何種反應？是否會有維持正向自我評價的需求？再者，透過自我肯定歷程的概念，我們除了可以檢驗 Steele（1988）所謂不同自我功能作用在一整體自我的概念是否正確之外，更可藉此瞭解不同的自我功能之間是否也會彼此影響，以維持華人個體的正向自我評價。這是相當基本的課題，過去卻鮮少有這方面的研究，對華人的自我評價及其維持歷程進行探討。

一、研究假設

　　研究一採 2×3 二因子受試者間實驗設計，包括經濟取向的個別差異變項（高經濟取向者或低經濟取向者）及回饋變項（沒有回饋、正向回饋或經濟興趣問卷）。基本上我們認為當華人重要個人取向自我面向受到衝擊，個人取向自我受到激發時，應該也會出現維持正向自我評價的需求，因此我們假設：

1. 在無回饋的情境下，受試者對其能力的不確定感仍存在 （Tice & Baumeister，1990），所以我們預期「無回饋組」的受試者將會出現自我設限傾向。而且高、低經濟價值取向的人因均未獲得任何回饋來消除其不確定感，因此自我設限行為應該沒有任何差異。

2. 雖然 Steele、Spencer、及 Lynch（1993）的研究中指出，給予個體正向回饋也是達成自我肯定的方式之一。但細究其實驗設計，是在受試者「選擇後認知失調」、自我平衡受到衝擊時，給予受試者在其他人格測驗所得有關人格特質的正向回饋，所以才會具有自我肯定效果。但在本研究中的正向回饋對受試者而言應是非關聯的正向回饋，因為受試者並不確定其何以能在一個自己都不甚有把握的作業上得到優秀的評價。因此我們預測應該無法減少受試者面對類似作業情境時，對自己能力的不確定感（Berglas & Jones，1978）。所以「正向回饋」組的受試者，應仍有自我設限的傾向，而且高、低經濟價值取向者的自我設限沒有差異。

3. 我們也預測「高經濟價值取向的受試者」做「經濟興趣問卷」會產生自我肯定的效果，而「低經濟價值取向者」做「經濟興趣問卷」則不會有自我肯定的效果（Steele & Liu，1983；Liu & Steele，1986）。當受試者面對威脅的情境，個體會有自我設限的動機，若藉由自我肯定使整體的自尊獲得提升，會降低自我設限的傾向。因此我們預期「高經

濟價值取向──經濟興趣問卷」組的受試者因為有實際自我
肯定的效果，故其自我設限傾向應比「低經濟價值取向──
經濟興趣問卷」組的受試者為低。

　　以上為本研究的主要研究假設，不過有些前提必須注
意。首先，若要有自我設限的行為出現，引發自我設限的作
業之難易度必須適中。當作業過於簡單時，個人對完成作業
有十足的信心與把握，因此不會有不確定感的產生，自我設
限的行為也就不會出現。相對的，當面對的作業過於困難
時，個人雖已預期失敗，但其可直接將失敗做外在歸因（亦
即將失敗歸因於作業的難度太高），因此個人也沒有自我設
限的必要。再者，作業本身的重要性也是影響自我設限行為
出現與否的重要因素。當作業的重要性偏低時，即使失敗也
無關緊要，因此個人不會感受到失敗的威脅，所以同樣沒有
自我設限的必要。

　　基於上述的考量，本研究所使用的作業為實驗者自編的
非語文智力測驗，再經前測控制此測驗的難易程度於適當水
準。而且一般而言，智力通常被視為個人能力的重要指標，
因此在智力測驗上表現的好壞，對個人具有相當程度的重要
性，所以智力測驗作業應可提供適當的威脅性（Mayerson &
Rhodewalt，1988；Rhodewalt，1988）。

　　最後，在本研究中，自我設限的指標為音樂的選擇。實

驗者告知受試者可以在五種不同效果的音樂中做選擇，其中
有促進測驗表現的音樂，也有抑制測驗表現的音樂。這些提
示可以提供受試者明確的自我設限線索。

二、方法

　1. 預試

　(1) 受試者的選取

　　首先研究者取得各任課教師的同意，在各班級中以「社
會興趣調查問卷」施測，接受施測的樣本為 575 人。此社會
興趣調查問卷可以測量理論型、經濟型、審美型、社會型、
政治型、及宗教型等六種價值取向，經考慮各個價值取向的
得分分配情形，及男女生分配比例等因素，發現此樣本在
「經濟型」的得分最接近常態分配，且男女生的比例較為接
近，因此我們決定以在經濟價值取向的得分為選取受試者的
標準。此樣本在經濟型的平均得分為 42.98，標準差為
6.67，我們以此樣本母群在經濟型的分數超過一個標準差以
上的個體者做為「高經濟價值取向者」的選取範圍，以低於
一個標準差以下的個體做為「低經濟價值取向者」的選取範
圍。

　　再者，在選取高經濟價值取向或低經濟價值取向受試者

時，我們所必須考量的不僅是受試者的得分要高於或低於其他個體，更重要的是經濟價值取向的得分也必須是在其個人六種價值取向分數中最高或最低者才符合選取條件，因為這方能顯現出個體對此向度的相對重視程度。符合上述兩個條件的「高經濟價值取向者」共有 44 名，「低經濟價值取向者」共有 52 名，受邀參加正式實驗。

(2) 非語文智力測驗的選取

本實驗所編製的非語文智力測驗有二份，取材自「羅桑二氏非語文智力測驗」，第一份給受試者做為練習用，第二份則做為正式測驗之用。在預試時，各有 9 名受試者及 10 名受試者分別對我們所編製的非語文智力測驗①及非語文智力測驗②，做難易度的評估及答對百分比的評估。受試者以九點量表評估，-4 表示非常簡單，4 表示非常困難。但為了計分方便，我們將-4 轉換為 1，-3 轉換為 2，以此類推，直至 4 轉換為 9。結果受試者對非語文智力測驗①的難易度評估的平均值為 6.77，而評估自己可以答對題目的百分比的平均值則為 60%。受試者對非語文智力測驗②的難易度評估的平均值為 7.00，評估自己可以答對題目的百分比之平均值則為 62.14%。預試結果顯示受試者認為兩份測驗的難度略高，評估自己可答對的百分比皆為 60%左右，我們認為這樣的難易程度應可適度的引發受試者對其本身能力的不確定感，因此我們以這二份測驗做為正式施測時使用的測驗。

2. 受試者

中原大學學生共 96 名。心理系的學生參加研究可得到相關科目加分的優待，外系的學生參加研究則可獲得實驗者所準備的小禮物一份。

3. 實驗設計

本研究的實驗設計為 2（經濟價值取向：高經濟價值取向、經濟價值取向）× 3（回饋情形：沒有回饋、正向回饋、經濟價值觀問卷）二因子受試者間設計。

4. 實驗工具

(1) 社會興趣調查問卷

本研究中所採用的社會興趣調查問卷係黃堅厚（1967）根據「價值研究量表」（Study of Values）（Allport，Vernon，& Lindzey，1960）編譯修訂而成。

原價值研究量表係依 Spranger（1928）對價值研究的分類法所編製，於一九三一年編製完成，並於一九五一年及一九六○年先後兩次修訂。該量表可用來測量理論型、經濟型、審美型、社會型、政治型、及宗教型等六種個人價值取

向。該量表是以問卷方式設計出不同的情境，讓受試者在各
情境下依其偏好來做選擇，從而披露出六種價值在他心目中
相對的重要性。問卷分成兩大部分，第一部分有三十題，每
題含有兩種不同的價值觀的陳述，受試者依每題之陳述，將
3 分分配給兩種價值取向（例如 3 分、0 分或 2 分、1 分）。
第二部分有十五題，每題含有四種不同價值觀的陳述句，受
試者依喜好程度排列，分別給予 4 分、3 分、2 分、1 分。

　　為適應我們的文化民情，黃堅厚於翻譯此「價值研究量
表」時修訂了部分題目編製而成「社會興趣調查問卷」。修
訂後之再測信度雖比原量表略低 （王有倫，1983；周逸
衡，1983），但各個價值的再測信度仍達到 .01 的顯著水
準，因此此份翻譯修訂的「社會興趣調查問卷」仍不失為一
可利用之問卷。

　　除了信度良好之外，本研究之所以選擇以這個翻譯修訂
的價值觀量表做為操弄的工具，主要也是因為在此社會興趣
調查問卷中所測得六種價值取向是具有普世的共性，個別差
異比文化差異更明顯，而且修訂後的題目頗符合文化民情，
並非西化式的描述，因此受試者在作答理解上並無困難。

(2) 非語文智力測驗

　　本研究所用非語文智力測驗的題目，取材自「羅桑二氏

非語文智力測驗（第二種）」之歸納測驗及類推測驗，以及
「普通能力測驗（大學一年級用）」之圖形比例測驗。內容
包括「類推測驗」（14 題）及「歸納測驗」（16 題），共
30 題，平均分成兩半，各標明為「新編非語文智力測驗①」
及「新編非語文智力測驗②」。

(3) 音樂內容

本研究中所使用的音樂，在選擇時以類似一般背景音
樂、不容易記憶或有深刻印象為原則。最後選定 Ottmar
Liebert（1993）的吉他作品「The hours between night＋
day」，約十五分鐘，將同樣的音樂內容錄製五份，各標上
＋＋」、「＋」、「O」、「－」及「－－」等記
號。

(4) 評估問卷

包括對智力測驗難易度及個人表現的評估，用來測驗難
易度的題目為：「您覺得此測驗的難易程度為何？」（九點
量表，-4 表示非常簡單，4 表示非常困難）；測量表現評估
的題目為：「您覺得您的測驗成績將會如何？」（九點量
表，-4 表示非常差，4 表示非常好）。

5. 實驗程序

　　研究者先取得各任課教師的同意，在各班級中以「社會興趣調查問卷」施測，區分出「高經濟價值取向」與「低經濟價值取向」的受試者。大約一星期之後，主試者則以電話聯絡符合條件的受試者，在約定的時間個別前來實驗室進行實驗。

　　受試者在進入實驗室坐定後，主試者先簡單自我介紹，隨後則拿出新編非語文智力測驗①並告知受試者：

> 你所參加的是一個有關興趣、音樂與智力表現的相關研究。為了本研究的進行，請你先練習做這一份非語文智力測驗。基本上這是一份與個人學術智慧有關的非語文智力測驗，這個測驗的成績和你目前在校的學業成績不一定有直接的相關，但是它卻是一項個人能力的重要指標。

　　在受試者填答第一份非語文智力測驗之後，實驗者接著告知：「過去的研究指出音樂會影響語文智力的表現，有些音樂可以促進語文智力的表現，有些音樂則會抑制語文智力的表現。但到目前為止，還沒有研究探討音樂對非語文智力

的影響，本研究的主要目的就是想針對這個問題進行探討。
因此，等一下我們將再給你填答一份與剛才那份測驗的難易
程度相似的非語文智力測驗。而在你填寫這份非語文智力測
驗的同時，我們會播放音樂，以了解音樂對非語文智力的影
響情形。」

　　受試者此時被隨機分派至三種不同回饋情境之一：

(1) 無回饋組　　實驗者沒有給予受試者有關
第一次測驗成績的任何訊息或回饋。

(2) 正向回饋組　　實驗者告知受試者：「經
電腦閱卷並將你的原始分數轉換成百分等
級之後，顯示如就大學生的常模而言，你
的成績在 88%百分等級的位置上，這表示
你第一份非語文智力測驗的成績相當不
錯。」

(3) 經濟價值觀問卷組　　主試者拿出社會興
趣調查問卷之「經濟型價值觀分測驗（共十
題）」，告訴受試者：「很抱歉，上次請你
做過的社會興趣調查問卷，因電腦病毒的
關係，有一部分的資料不見了，而你的資
料正好是其中之一。因為資料分析上需

要，所以我們再把這些遺失資料的題目挑
出來，想再麻煩你補做這些題目。」

在操弄以上三種回饋情形的其中一種程序之後，主試者
接著拿出錄音帶，將錄音帶放在桌上，由左至右依序排成一
排（——、—、〇、＋、＋＋），然後說：

在你這次的正式測驗之前，我先簡單說明這五
卷錄音帶的內容。這些是我們根據過去的研究
所挑選錄製的五種不同類型的音樂，你看到標
示一個「＋」號的卡帶，表示這種音樂可以促
進智力的表現。最右邊標示二個「＋」號的卡
帶，表示這種音樂對於智力表現具有更強的促
進效果。標示有「〇」號的卡帶，表示這類型
的音樂對於智力表現沒有影響。標示一個
「—」號的卡帶，表示這種音樂會抑制智力的
表現。標示二個「—」號的卡帶，表示這種音
樂抑制智力表現的效果更強。

繼續再告訴受試者：「因為現在我們的實驗才開始進
行，還需要收集很多的資料，所以你儘可選擇其中任何一種
音樂。等一下你做第二份非語文智力測驗時，我們就播放這
卷錄音帶的音樂。」

　　當受試者選擇音樂並做完第二份測驗之後，給受試者填寫評估問卷。受試者填寫完問卷後，實驗者問受試者是否有任何問題並解答之，最後謝謝受試者參與並致贈小禮物一份，實驗到此正式結束。

6. 依變項

(1) 自我設限指標

　　本實驗的主要依變項是自我設限的指標（亦即受試者選擇音樂的種類）。受試者所選擇的音樂愈是抑制智力的表現，則表示受試者自我設限的傾向愈強。

(2) 第一份非語文智力測驗難易程度及個人表現評估

　　除了「自我設限指標」這個主要的依變項之外，受試者對第一份非語文智力測驗以九點量表評估其難易程度，且對其本身測驗表現以九點量表進行評估。

三、結果

1. 操弄檢核

　　在操弄檢核部分，首先再次檢核實驗一的受試者對非語文智力測驗①的難易度評估，為九點評估量表，結果顯示受

試者對第一份非語文智力測驗「難易度評估」的平均數為
6.17。其次檢核受試者自認可以答對百分比的評估，也為九
點量表，結果顯示受試者對第一份測驗的「答對百分比評
估」平均數為 60.26%。此結果與預試時受試者對第一份非
語文智力測驗的難易度評估（6.77）與答對百分比的評估
（60%）沒有顯著差異（$p > .05$），可見非語文智力測驗Φ難
易度的操弄成功，符合預期，應能引發受試者的不確定感
（見表1）。

【表1】　受試者對第一份非語文智力測驗之「難易度評
估」及「答對百分比評估」之平均數
（前測與正式測驗之比較）

項目	難易度評估		答對百分比評估	
	平均數	人數	平均數	人數
前測	6.77	9	60.00	7
正式	6.17	96	60.26	96

2. 主要依變項分析

本研究主要的依變項為受試者選擇的音樂類型，即為其
自我設限程度的指標，所選擇的音樂若是愈抑制智力表現的
類型，則表示其自我設限的程度愈強。計分方式為選取極抑
制智力表現的音樂類型（－－）得 5 分；選取略為抑制智力

表現的音樂類型（－－）得 4 分；選取對智力表現沒有影響的音樂類型（○）得 3 分；選取略為促進智力表現的音樂類（＋）得 2 分；選取極促進智力表現的音樂類型（＋＋）得 1 分。換言之，指標分數越高，自我設限的傾向越高。

首先將無回饋組及無關聯正向回饋組的平均得分，分別與無自我設限估計值（得分為 3）進行比較，考驗是否有自我設限的行為出現，結果顯示無回饋組（$M= 3.54$；$t_{29}= 2.16$，$p<.05$）和非關聯正向回饋組（$M= 3.53$；$t_{29}= 1.83$，$p<.05$）都與不偏估計值 3 有顯著差異，顯示這兩組的受試者都出現自我設限的行為傾向。

再將此指標進行經濟取向程度（高經濟取向或低經濟取向）×回饋變項（無回饋、無關聯正向回饋或經濟興趣問卷）的二因子變異數分析。結果顯示了「經濟取向程度」的主要效果（$F_{(1, 90)} = 5.47$，$p< .05$），「回饋變項」的主要效果（$F_{(2, 90)} =4.98$，$p < .01$），及「經濟取向程度」×「回饋變項」的二因子交互作用（$F_{(2, 90)} = 4.47$，$p<.05$）。針對「經濟取向程度」的主要效果進行進一步的分析，顯示高經濟取向的受試者（$M=2.86$）自我設限指標分數顯著低於低經濟取向的受試者（$M=3.48$），亦即高經濟取向的受試者其自我設限的傾向比低經濟取向的受試者為低。再者，針對「回饋變項」的主要效果進行事後比較，顯示經濟興趣問卷組的受試者（$M=2.64$）自我設限指標低於無回饋組

（ M=3.53），也低於非關聯正向回饋組（ M=3.53，p <.05），但非關聯正向回饋組與無回饋組之間則無顯著差異。

【表2】　在各組中自我設限指標之平均數及人數

項目	沒有回饋		正向回饋		經濟興趣問卷	
	平均數	人數	平均數	人數	平均數	人數
高經濟取向	3.64 (1.39)	14	3.40 (1.55)	15	1.60 (0.74)	15
低經濟取向	3.44 (1.36)	16	3.67 (1.63)	15	3.38 (1.53)	21

註：平均數越高，代表自我設限程度越高。

括號內為標準差。

最後對「經濟取向程度」×「回饋變項」的二因子交互作用進行進一步的分析，發現在「經濟興趣問卷」的情境下有經濟取向程度的單純主要效果（ $F_{(1, 90)}$=10.93，p <.01），顯示在給予「經濟興趣問卷」的情境下，高經濟取向的受試者（ M=1.60）比低經濟取向的受試者（ M=3.38）有著較低的自我設限傾向。另外，在高經濟取向的情境下有回饋變項的單純主要效果（ $F_{(2, 90)}$=9.39，p< .001）。以薛費氏法（Scheff'e）進行事後多重比較得知，高經濟取向的受試者，若經自我肯定，亦即填寫「經濟興趣

問卷」後，則其自我設限的傾向顯著低於無回饋情境下的受試者（$M=1.60$ 相對於 $M=3.64$，$p<.05$），同時也顯著低於「非關聯正向回饋」的情境下的受試者（$M=3.40$，$p<.05$）（見表 2）。

四、討論

　　實驗一的結果基本上支持了我們的假設，我們發現，即使是以社會取向自我為主的華人個體，在個人取向自我面向受到衝擊，激發個人取向自我時，也會出現自我保護動機，試圖維持正向自我評價。Berglas 與 Jones（1978） 強調自我設限行為是個體面臨了自己沒有把握的事情時，為了避免失敗傷及自尊，所採取的一種自我保護的行為。其他的研究者亦指出，自我設限行為不但具有自我保護的功能（如表現失敗時，可將失敗歸因於自我設限的行為），更具有自我提升的功能（如表現成功時，更有理由可以自我膨脹）（如Tice，1991；Tice & Baumeister，1990；陳惠邦，1990）。換言之，自我設限行為是一種與自尊關係密切的自我功能。Tice 與 Baumeister（1990）指出，當受試者對其本身能力的不確定感仍存在時，就可能有自我設限的傾向。因此我們預期在「沒有回饋」的情況下個體會出現自我設限行為，而且高、低經濟取向者的自我設限程度應該沒有差異，結果也正如我們預期。這結果顯示即使是華人受試者在面臨個人取向自我的重要面向受到衝擊、可能威脅其自我評價時，個體仍

是會採取自我設限的方式來避免面對可能的失敗。

　　在正向回饋的情境中，我們所操弄的是類似 Berglas 與 Jones（1978）所謂的非關聯性正向回饋的情形，此時受試者雖然得到正向回饋，但是卻並不確知為何自己的表現會如此傑出，亦沒有把握自己再做一次類似的測驗時仍會有好的表現，因此這樣的正向回饋並不能降低受試者不確定感，當然也不具有自我肯定效果（Steele，Spencer，及 Lynch，1993），所以我們預期受試者仍應會出現自我設限的行為。在本研究中所使用的非語文智力測驗本身有一定的難度，受試者自行評估可能答對題目的百分率平均只有 60.26%，為了操弄非關聯正向回饋，我們告知受試者其表現是居於 88 的百分等級（以大學生為常模），絕大多數受試者都覺得這樣的表現遠超過其本身所預期。這種回饋造成了受試者心理上的壓力，深怕下次表現會變差，所以自我設限的傾向仍然存在。因此當再次面臨類似的作業情境時，為了避免失敗而失去了既有的「成就」、傷及自尊，受試者應該仍會表現出自我設限的行為，而結果也正如我們所預期。上述結果在在都顯示，華人個體在面對個人取向自我的重要向度受到衝擊時，仍會表現出自我設限行為來維持正向自我評價，並非如一般跨文化的研究所指出，以相依我為主的個體會出現自謙的動機，不需維持正向自我評價。

　　我們的想法，也進一步在接受自我肯定操弄組的受試者

身上得到支持。自我肯定可由許多途徑達成，本研究參考其他研究常使用的自我肯定方法之後，採用了肯定個人重要價值觀的方式來進行操弄。經過預試的篩選，我們選定了高低經濟取向價值觀的受試者進行研究。我們預測，高經濟取向者因在意有關經濟方面的訊息，當他接觸了社會興趣調查問卷之經濟價值觀分測驗時，會引發許多經濟價值上的想法，因而造成自我肯定的效果；而低經濟取向者，因經濟並不是其個人重要的自我價值，所以當他填寫社會興趣調查問卷之經濟價值觀分測驗時，並不會引發相關想法，因此不會有自我肯定的效果出現。結果正如我們預期，自我肯定組，亦即「高經濟取向──填寫經濟興趣問卷」組與無回饋組有顯著差異。高經濟取向的受試者在填寫經濟價值觀問卷之後，自我設限的傾向顯著降低，不再選擇抑制智力表現的音樂；相對的「低經濟取向──經濟興趣問卷」的非自我肯定組的受試者則仍傾向於選擇抑制智力表現的音樂，顯示這一組的受試者仍有自我設限的傾向。這樣的結果也支持了自我肯定歷程的運作是在維持正向自我評價的概念。自我肯定理論所強調的自我是一個整體自我系統的概念，自我系統之中各種不同的自我功能，彼此之間會互相影響，使自我維持在平衡狀態，若自我系統因某些外在因素而失去平衡時，若有某一部分的自我功能開始運作，使得自我系統回復平衡，則其他部分自我功能的運作就會減少或停止。

在實驗一中，自我肯定歷程的運作首次在華人個體上獲

得檢證。我們以個人取向自我的重要面向（智力）受到威脅來激發受試者的不確定感，結果顯示即使是華人受試者，也會採取自我設限的策略來保護自我評價。我們也發現當個體重要的自我概念得到肯定，則其自我設限的傾向將會因自我系統回復平衡而降低。這也證明了華人個體個人取向自我面向受到衝擊時，也能透過自我肯定歷程的運作來維持正向的自我評價。

第五節　實驗二

在以獨立我為主的西方社會中，自我威脅均與個人能力、特質、表現成就等有關，而個體肯定自我、獲致正向自我評價的來源，也都與這些自我向度有關，在實驗一中，我們也獲得相似的結果。但對以社會取向自我為主的華人個體而言，肯定自我或獲得正向自我評價來源的重要自我向度可能與西方社會大不相同。對具社會取向自我的個體而言，個人重要的社會角色（significant social roles）、重要的人際關係，及地位等等，更可能在肯定自我、維持正向自我評價上扮演著舉足輕重的角色。

在實驗一中，我們要求受試者從事一項頗為困難的智力測驗練習，隨後告知其表現優異但需再進行一個難度相當的正式測驗。之後在正式測驗作業時，讓受試者自由選擇聆聽

對智力作業表現具有不同影響的音樂，研究結果顯示得到自
我肯定的受試者不會選擇降低個人作業表現的音樂。這結果
雖然證明了華人自我評價的維持也可透過自我設限的運作來
達成，而且自我肯定歷程的運作確實涵蓋了包括自我設限在
內的不同自我功能，但整個運作卻仍限於獨立我的內涵。自
我肯定歷程的概念是否能涵蓋兩種不同自我的運作，亦即當
社會取向自我受到衝擊時是否能由肯定個人取向自我的部分
來恢復平衡，或者必需藉由肯定其他重要社會取向自我的面
向方能恢復，仍有待研究二做更進一步的澄清。

　　因此在實驗二中我們希望更進一步探討當華人個體的社
會取向自我的重要自我面向（例如與好朋友的友誼瀕臨破
裂）受到威脅時，是否可藉由肯定社會取向自我的其他重要
自我面向（例如在公司中是一個深受愛戴的上司）來使得自
我系統恢復平衡、正向的自我評價得以維持。換言之，我們
想探討自我肯定歷程的概念是否也適用於社會取向自我層
面。

　　最後，在實驗二中，筆者同時將關係層次的概念納入考
量。近年來學者何友暉、陳淑娟、趙志裕（1989）與黃光國
（1995a）的研究紛紛指出中國人是非常關係取向的，不同
關係層次對個人的影響也不盡相同。因此本研究亦將操弄來
自不同關係層次的肯定，以期對華人個體的社會取向自我面
向的自我肯定歷程有著更深入的了解。

一、研究假設

　　本研究旨在瞭解自我肯定歷程如何在華人社會取向自我的範疇下運作，是否仍會維持社會取向自我層面的正向自我評價？而當社會取向自我受衝擊時（例如無法恰如其份的表現出某個重要角色），是否可以藉由肯定社會取向自我的不同面向或個人取向自我，使得整體自我又恢復平衡狀態、維持正向自我評價？基本上我們同意許烺光（Hsu，1985）「心理社會平衡」的想法，尤其在對華人而言更為重要的社會取向自我面向，我們預期可以觀察到自我肯定歷程的運作。在本研究中，實驗組的受試者會在「無意間」得知合作伙伴認為他不是好的合作對象（即給予社會取向自我面向的衝擊），之後隨機接受不同自我肯定作業。我們預測：

　　1. 社會取向自我衝擊回饋——填無關問卷組（filler）：此時自我受衝擊又無法恢復平衡，所以會藉由貶抑對方來恢復正向自我評價，因此應會發現對伙伴、合作過程評價低，及出現負面情緒反應的情況。

　　2. 社會取向自我衝擊回饋——填關係肯定問卷組：本研究中分別操弄兩種關係的肯定，一是朋友關係，另一組則是與父母之關係的肯定。我們認為社會取向自我的某一面向受衝擊後，藉由關係肯定問卷肯定另一社會取向自我面向，受試者的自我系統應能恢復平衡。尤其對華人而言，與父母關

係更是重要，因此肯定與父母關係組應更能恢復平衡、維持正向自我評價，因此不需藉由貶抑對方來恢復自我評價。所以我們預測，應能發現受試者對伙伴的評價、合作歷程的評估，及情緒反應等與控制組（亦即沒有衝擊社會取向自我層面的無回饋組）無顯著差異。

　　3. 社會取向自我衝擊回饋──填重要價值觀問卷：此組反應是非常值得觀察的，因其探討的是當衝擊社會取向自我的重要面向，使社會取向自我失去平衡時，是否可藉由肯定個人取向自我的重要面向使社會取向自我恢復平衡。若兩種不同自我的自我評價是彼此無涉，那麼不會出現肯定效果，應仍會觀察到貶低伙伴及合作過程的情形。

二、方法

1. 受試者選取

(1) 社會興趣取向

　　本研究首先取得各任課教師的同意，於中原大學「普通心理學」與「心理學與你」通識課程，及心理學系一、二年級課程，普發「社會興趣調查問卷」與「人際關係問卷」施測，接受施測的樣本共為 421 人。在此社會興趣調查問卷中可以測量理論型、經濟型、審美型、社會型、政治型及宗教

型等六種社會興趣取向，我們考量各個取向的得分分配情形，及男女生分配比例等兩因素，挑選最接近常態分配的「理論型」社會興趣取向，做為研究中受試者樣本的挑選範圍。最後我們以分數分配在前三分之一且其理論價值取向得分是在其個人六種價值取向中最高者為「高理論興趣取向受試者」，共選取 87 名，其中男女生各半，正式實驗時每次邀請兩名同性別受試者參加實驗。

(2) 關係肯定取向

就 87 名受試者於先前「人際關係問卷」中所回答的內容區分受試者。問卷中，請受試者分別陳述兩段滿意與不滿意關係經驗。若受試者填答滿意父母關係，且滿意度達八或八以上，且不滿意關係中無涉及父母關係者，則區別受試者為「父母關係肯定組」；若受試者填答滿意朋友關係，且滿意度達八或八以上，且不滿意關係中無涉及朋友關係者，則區別受試者為「朋友關係肯定組」。

2. 實驗程序

在正式實驗開始前，研究者先至普通心理學班級廣發問卷，其中包括「重要價值觀問卷」（Study of Values，國內修訂版）（黃堅厚，1967），及重要人際關係問卷（此部分包括對不同人際關係看法及滿意度的評估等），所得的結果

將做為後續實驗設計篩選、操弄的基礎。隨後研究者排定時間，每一時段邀請兩位篩選後的受試者來到實驗室。至實驗室之後，實驗者隨即告知：

> 本實驗主要針對大專學生的社會興趣來加以評估，希望可以了解相同社會興趣與不同社會興趣的人，在合作與獨立完成作業中，是否會有不同差異出現。本實驗分為兩個部分，第一部分由兩人合作完成，第二部分則是由自己一個人獨立完成，最後會請同學填答與實驗相關的個人意見。接下來，現在我們要進行實驗的第一部分，這裡是一份邏輯推理作業，請兩位共同討論、解決問題。在開始之前請各位詳細閱讀指導語，如果沒有不清楚的地方，可以開始作答。

　　第一階段結束後，研究者隨即分別將兩人帶開，各自填寫一份關於剛才兩人作業的簡單評估問卷，這主要是做為之後假回饋操弄的伏筆。接著實驗者告知即將進行個人作業：「接下來，第二部分是請你獨自完成一項語句完成作業，請你獨自將它完成」。此時實驗者開始進行回饋情境的操弄：

　　(1) 無回饋組即為無社會取向自我衝擊回饋組，此受試者並未收到任何來自先前工作夥伴的訊息，直接開始進行語

句作業，此組即為控制組。

(2) 社會取向自我衝擊回饋組的受試者均會收到實驗者假裝不小心夾在語句完成測驗的中間的假回饋，也就是先前合作夥伴的兩人作業評估問卷，讓受試者無意間得知合作夥伴對他的負面看法，覺得合作不順，認為他不是一個理想的合作夥伴（以不能扮演一個適當的社會角色來操弄對社會取向自我中重要面向的威脅）。

待語句作業完成之後，實驗者告知需要時間準備最後的問卷，請受試者在等待的時間順便幫忙完成一份其他老師正在修訂的問卷，此時社會取向自我受衝擊的受試者被分派接受下列四種情境之一：(1)填寫肯定重要價值觀問卷（在本研究中是高理論取向受試者填寫理論取向的價值觀問卷，用以肯定其個人取向自我的重要面向），(2)填寫肯定與父母關係之問卷（根據受試者先前所填資料中找出受試者有著滿意的親子人際關係者，以此來肯定社會取向自我的另一重要面向），(3)填寫肯定與朋友關係之問卷（根據受試者先前所填資料中找出受試者有著滿意的朋友人際關係者，以此來肯定社會取向自我的另一重要面向），及(4)填無關問卷組（填寫與理論取向無關之價值觀問卷）。

在無回饋組及社會取向自我衝擊回饋組均完成之前的作業後，實驗者會拿出一份與整體實驗相關的問卷請受試者填

寫，問卷則包括對實驗同伴的種種評價。在整個實驗完成之後，實驗者則會詢問社會取向自我衝擊回饋組的受試者是否在語句完成測驗中看到一張伙伴填寫的兩人作業評估問卷，若受試者回答無，則該筆資料不予採用；若受試者回答有，則進行解釋，最後所有受試者均經過釋疑程序，告知真正實驗目的並謝謝其參與實驗。

3. 研究工具

(1) **重要價值觀問卷**（Study of Values）（黃堅厚，1967）（同實驗一）

(2) **關係肯定問卷**　為研究者自編，主要依據前測中受試者對其較滿意的人際關係所做的陳述加以編製。筆者就關係類型先做區分，挑選關係滿意程度相近但不同類型的關係，分別為父母之關係或朋友關係，編製了兩份問卷。題目各為十題，主要在描述與父母關係或是朋友關係的狀況，請受試者加以圈選，為 7 點量表，1 表示非常不同意，7 表示非常同意。

(3) **伙伴及合作過程的評價問卷**　受試者分別就合作性及討人喜歡的程度等方面來評估其實驗伙伴，並評估合作過程及後續合作意願（7 點量表，1 表示非常不同意，7 表示非常同意）

(4) 情緒狀態評估問卷　評估題目涉及悲傷、憤怒、快樂、挫折、沮喪、痛苦、煩躁、喜悅等八種情緒狀態（七點量表，1 表示相當不同意符合目前狀態，7 表示相當同意符合目前狀態）。

三、結果

本實驗受試者共分為五組，分別為無回饋組〈做為實驗組之比較基準〉、父母關係肯定組、朋友關係肯定組、重要價值觀肯定組，及無關問卷組，各組受試者分別為 14 名，且男女比例達平衡。依變項為目前情緒狀態評估，對合作伙伴及合作過程的評估。

1. 依變項分析

(1) 目前情緒狀態評估

本研究其一依變項為受試者填答目前情緒狀態評估，評估題目涉及悲傷、憤怒、快樂、挫折、沮喪、痛苦、煩躁、喜悅等八種情緒狀態。肯定方式〈無回饋、父母肯定、朋友肯定、無關問卷與重要價值觀肯定〉的單因子變異數分析結果顯示各組並未有顯著差異出現（ps > 1）。

(2) 對合作夥伴及合作過程的評估

對合作夥伴及合作過程的評估，題目共計十二題，分別進行肯定方式〈無回饋、父母肯定、朋友肯定、無關問卷與重要價值觀肯定〉的單因子變異數分析，結果顯示均有肯定方式的主要效果。現將性質相近的題目分數合併，以其平均數為單一指標，檢驗其變化情形：

第一組　將詢問合作過程中伙伴配合情形的題目，合併為配合度評估指標。依假設進行事前比較，結果顯示，無社會取向自我衝擊回饋組（M=5.61）與父母關係肯定組（M=5.61）的受試者在合作過程中的配合度評估上並未有顯著差異（t_{26}=0.00，p>0.05）；無回饋組（M=5.61）與朋友關係肯定組（M=5.00）的配合度評估的差異也未達顯著水準（t_{26}=1.48，p>0.05）。而無社會取向自我衝擊回饋組（M=5.61）與重要價值觀自我肯定組（M=4.57）則有顯著差異（t_{26}=2.88，p<0.05），與無關問卷組（M=4.89）的差異也達邊緣顯著（t_{26}=1.98，p=0.056）。這結果顯示得到負面回饋衝擊其社會取向自我面向的受試者，若有機會肯定其與父母親或朋友的關係，其自我評價都可恢復平衡，因此不會出現貶低對方的情形。但未有機會從事自我肯定作業的受試者（無關問卷組），或藉由填寫重要價值觀來肯定重要個人取向自我面向的受試者，則仍是出現了貶低合作伙伴的情形，顯示並未出現自我肯定歷程的運作。由上述結果顯示，

社會取向自我層面受衝擊後，若能從事重要關係的自我肯定作業，均有助於自我平衡的回復。（見圖1）

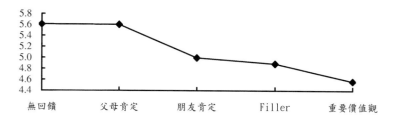

【圖1】　各組配合度評估指標之平均值

第二組　將針對受試者認為合作夥伴表現是否恰如其分，對合作同伴的欣賞程度等題目加以合併，成為合作伙伴的評價指標。依假設進行事前比較，結果顯示無社會取向自我衝擊回饋組（M=5.51）與父母關係肯定組（M=5.45）對合作夥伴的評價未達顯著差異（t26=0.20，p>0.05）；無回饋組（M=5.51）與朋友關係肯定組（M=4.62）之差異達顯著水準（t26=2.87，p<0.05）；無社會取向自我衝擊回饋組（M=5.51）與無關問卷組（M=4.48）及重要價值觀組（M=4.43）的差異也都達到顯著水準（t26=4.06，p < .05；t26=2.78，p < .05）。換言之，除無社會取向自我衝擊回饋組與父母關係肯定組外，其餘三組皆顯著的給予合作夥伴較低的評價，認為合作同伴表現並不好也不甚欣賞對方。此結果似乎顯示填答父母關係肯定組的受試者，可以藉由填答父

母關係肯定問卷，得到自我肯定的機會，使自我狀態回復到
與無社會取向自我衝擊回饋組一般的水準。（見圖2）

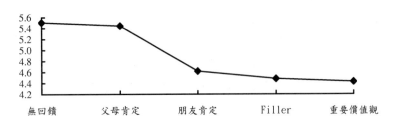

【圖2】　　各組對合作伙伴的評價指標之平均值

　　第三組　　將受試者是否願意與合作同伴有再次的合
作，及成為朋友的可能性等題目，合併為後續合作指標。依
假設進行事前比較，結果顯示，無社會取向自我衝擊回饋組
（M=5.54）與父母關係肯定組（M=5.46）願意與合作夥伴
再次接觸的意願相當接近，未有顯著不同（t26=0.17，
p> .05）；無回饋組（M=5.54）與朋友關係肯定組
（M=4.29）的意願則有顯著差異（t26=3.15，p< .05）；無
社會取向自我衝擊回饋組（M=5.54）也明顯的比填無關問卷
組（M=4.43）的受試者更有意願與合作夥伴進行後續合作
（t26=3.37，p< .05）；無回饋組（M=5.54）與重要價值觀
組（M=4.79）的意願也有顯著差異（t26=2.06，p< .05）。
整體而言，除無社會取向自我衝擊回饋組與父母關係肯定組
有顯著較高的意願與合作夥伴進行後續合作外，其餘三組的

意願均顯著低於無回饋組，與合作同伴有進一步的合作的意願偏低。（見圖3）

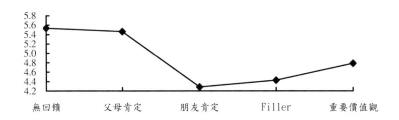

【圖3】　各組與合作伙伴後續合作意願指標之平均值

　　第四組　最後則是根據受試者評估若是和別人一起合作，合作過程會比這次好的可能性進行分析。分析結果顯示，無社會取向自我衝擊回饋組（M=3.50）與父母關係肯定組（M=3.57），朋友關係肯定組（M=3.57），填無關問卷組（M=3.79）、及重要價值觀肯定組（M=4.29）之間的差異均未達顯著水準（ps >.05）。但若觀察其分數的變化趨勢，仍與之前指標相似，關係肯定組的效果似乎也均優於填無關問卷組及重要價值觀肯定組。（見圖4）

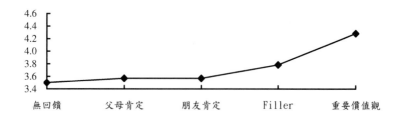

【圖4】　各組評估若其他人合作會更佳的可能性之平均值

四、討論

　　實驗二的結果相當程度的呼應了我們的想法，以社會取向自我為主的華人不僅會嘗試維持社會取向自我層面的自我評價，而且自我肯定歷程的運作也確實存在，不同自我功能會彼此影響，使得社會取向自我層面的正向自我評價得以維持。我們預期當受試者發現機會從事自我肯定作業的受試者（亦即填寫無關問卷組），確實對合作同伴的配合度有著較低的評價，也較不欣賞對方，與對方再次合作的意願也相當低，而也傾向於認為若跟其他人合作會有較佳的表現。

　　我們也預期，當社會取向自我的面向受到衝擊後，如能藉由填答關係肯定問卷提供受試者肯定社會取向自我另一重要面向的機會時，受試者的自我系統應可恢復平衡，不需藉由貶低合作同伴來提高自我評價。結果誠如我們所預期，填

答父母關係肯定問卷組的受試者，雖有來自合作夥伴的負面回饋的衝擊，但對於合作同伴的配合度，欣賞程度，及再次合作意願等等的評估卻與無社會取向自我衝擊回饋組沒有顯著差異，並未出現貶低對方的情形。這顯示受試者在肯定了這個重要的社會取向自我面向的角色後，自我恢復平衡，不再需要藉由貶抑對方來獲致正向自我評價。不過，我們也同時發現，填朋友關係肯定問卷並未有同樣的自我肯定效果出現，除了在配合度上與無回饋組無顯差異之外，其他在對伙伴的欣賞程度，及後續合作的意願的評估方面都與無回饋組有顯著差異存在，顯示肯定受試者社會取向自我層面的朋友角色，對其自我評價的恢復，幫助不大。這似乎也呼應了費孝通（1948）所謂的差序格局的看法，中國人的人際關係是以同心圓的方式區分親疏遠近，父母親是同心圓的最內圈，是真正的「自己人」。黃光國（2005）在其華人關係主義的論述中也強調，父子關係是中國人重視的五倫關係中最重要的家族內關係。因此肯定與父母關係，對個體而言，顯然更為重要，更具有自我肯定的價值，因此會出現較佳的自我肯定效果。

　　我們也不排除衝擊來源和朋友的「同質性」可能是造成這結果的另一個可能原因。在本研究中給予受試者「虛構的負面回饋」的合作夥伴是大學生，受試者的朋友多半也可能是大學生，雖然 Steele（1988）的研究因未曾觸及過相依我部分，因此並未論及，不過若就自我肯定的概念加以推論，

當個體的某一自我面向受衝擊，多是藉由肯定其他面向來獲得平衡（例如智力受衝擊，肯定某種人格特質），其意涵在於受衝擊的面向即使受了肯定可能仍是疑慮未消，因此肯定其他面向應該更有幫助，所以這也可能是為何肯定與父母關係比肯定朋友關係更有效果的可能原因之一。

在實驗二中，筆者也希望探討當社會取向自我受衝擊時，是否可以藉由肯定個人的個人取向自我面向來恢復整體自我的平衡，因此筆者也藉由給予受試者填答符合其重要價值觀問卷的機會來肯定其個人取向自我，結果發現似乎並無此效果，社會取向自我受衝擊的受試者，即使肯定個人取向自我層面的重要價值觀，也不能提升自我評價使其自我系統恢復平衡，因此相較於無社會取向自我衝擊回饋而言，此組受試者仍會貶低合作伙伴，認為他們配合度差，不甚欣賞對方，也沒有與對方後續合作的意願。這似乎顯示，對重視社會取向自我的華人受試者而言，個人取向自我面向的肯定並不能恢復其社會取向自我層面的自我平衡。

整體而言，我們發現當社會取向自我受到衝擊時，可藉由肯定其社會取向自我的另一重要面向來達到自我肯定。結果也同時顯示，自我肯定歷程同時涵蓋了兩種不同的自我層面，而就華人而言，社會取向自我層面受衝擊時，對其重要個人取向自我面向加以肯定並不能使自我評價回復。

　　實驗二中另一值得觀察的依變項，情緒狀態評估，並未出現預期的變化。就筆者先前研究預測，當受試者社會取向自我面向受到衝擊，且未有任何肯定機會時，應該會出現情緒低落的情形。而藉由肯定問卷來肯定自我社會取向自我面向或個人取向自我面向時，情緒應能平復。然而研究結果顯示，各組間皆未出現顯著的情緒狀態差異，推論可能的原因與情緒狀態評估問卷填寫的時機有關。在各種回饋的操弄後，受試者首先先對合作過程及合作夥伴進行評估，然後才評估其當下的情緒狀態。筆者揣測，在藉由貶低合作夥伴的方式獲致自我的平衡後，受試者情緒皆已平復，因此在情緒的測量上並未出現顯著的差異。因此建議後續研究或許可以改變問卷的順序，或是採用生理測量的方式或許更能觀察到情緒的變化。

　　另外值得一提的是，在實驗二的程序部分，我們也做了些細緻的考量。為了要確定假回饋衝擊的是個體的社會取向自我而非個人取向自我，在受試者無意間看到的假回饋，也就是兩人作業評估表上，我們設計讓受試者看到伙伴對他的能力和努力的評估方面是持中間偏正向的看法，僅是在合作順利以及是否是個好的合作伙伴上給予較低的分數。這樣的設計主要是避免屬於個人取向自我的重要面向（能力）也受到衝擊，混淆了研究結果。

　　此外，我們研究結果顯示，肯定父母關係的受試者對合

作伙伴的評價均與無回饋組相似，較不會貶低合作伙伴及合作過程，顯示肯定社會取向自我的重要面向，確實可以使受衝擊的自我恢復平衡。這樣的結果或許會有人質疑，大學生與父母爭執、有衝突應是常態，因此是否有可能當初找出的這一群與父母關係滿意度高的受試者，本身就是好脾氣好修養的人，因此衝擊對其是無效的。針對這可能出現的質疑，在實驗二中我們做了一些先前的控制，在填寫無關問卷組中我們所用的受試者一半是與父母關係滿意者，另一半則是與朋友關係滿意者。我們所做的分析結果顯示在這一組的這兩類受試者，其反應都與無社會取向自我衝擊回饋組有顯著差異。這應可證明填寫父母關係肯定問卷的受試者，其所出現的反應並非先前個別差異所致。

第六節　綜合討論

　　到底以社會取向自我為主的華人是否仍有維持正向自我評價的需求，這是一個值得探究的問題。同樣的，以維持正向自我評價為基本前提所建立的種種有關自我功能的研究發現是否可以同樣適用於華人也有待進一步的釐清。在 Heine 等人（1999）的一篇回顧文章中，將自我相關的一些研究進行了比較整理。他們做出了結論，認為追求或維持正向的自我評價是根植於西方文化之下自我需求，成長於東方社會、以相依我為主的個體是不存有此種需求的，也不會有自我肯

定歷程的運作。他們的看法，受到了許多美國與日本的跨文化研究的支持（即 Heine et al.，2001）。但這樣的結論是否適用於華人？我們持相當保留的態度。

　　華人自我的形成受到中國文化的影響，其中又以孔子的影響最為深遠。以孔子為首的儒家文化固然相當強調個體的社會取向自我（相依我），認為個體應謹守人際分際，恰如其份的扮演適當的角色，要以大局為重等等；不過卻未曾忽略對個人能力，或特質部分的要求。孔子希望個人能朝向君子的方向努力，而君子則需要一些操行及能力上的修為，「修己以敬」是要求個體要自重，「禮樂射御書數」則是君子應有的技能，這些傳統儒家對個人能力、操行上的要求，與個人取向自我的內涵實質相似。再者，楊國樞（2003）也曾對當代華人的自我提出論述，認為現代化的歷程早已對當代華人造成影響，自主、獨立、競爭與平權等取向，已成為華人的個人取向自我，亦即獨立我的一部分。綜上所述，我們認為，華人應是同時兼具個人取向自我及社會取向自我這兩種自我，而這兩種不同自我是否都有維持或追求正向自我評價的需求存在，則應審慎評估，不宜驟下斷語。再者，來自兩個不同自我層面的評價，彼此是否會互相影響，先前的研究都未曾觸及。因此在本研究中，我們嘗試對上述問題一一加以澄清。

　　在實驗一中我們選定了個體個人取向自我面向的重要向

度，並衝擊個體在這方面的自我評價，探討當華人個體的個
人取向自我重要面向受到衝擊時，個體是否也有所謂的自我
肯定歷程，可以透過不同自我功能間的彼此運作，來維持正
向自我評價。結果我們發現個人取向自我面向的重要向度受
到了挑戰、出現了不確定感時，即便是華人個體也會出現自
我設限行為來維持個人的自我評價。而實驗一也證實了在個
人取向自我層面，自我肯定歷程也確實在運作，種種自我功
能之間會互相影響，達成自我系統平衡。這樣的結果也印證
我們之前的論述，傳統文化中對個人的要求及現代化歷程對
個人的影響共同型塑出了華人的個人取向自我層面，這個自
我層面下的華人，確實透過自我肯定歷程來維持正向自我評
價。不過，對於以社會取向自我為主的華人而言，在社會取
向自我層面之下，是否也會維持正向的自我評價或有自我肯
定歷程的運作，則有賴實驗二加以回答。

　　實驗二中我們發現華人個體在社會取向自我的層面也出
現了維持正向自我評價的情形，自我肯定歷程的運作也的確
存在。當個體在社會取向自我面向受到否定，被認為不是一
個好的合作伙伴時，會藉由貶低合作伙伴來維持自我評價，
但若能肯定個體與父母關係時，即可使社會取向自我面向的
自我評價獲致平衡，不再貶低伙伴，這顯示了社會取向自我
層面確實有自我肯定歷程的運作。而最有趣的是，我們發現
來自個人取向自我面向的自我肯定運作，並無助於恢復社會
取向自我層面所受的衝擊。華人是需要維持正向自我評價，

但這兩個不同的自我層面似乎是各自努力維持平衡，個體在這兩個不同自我層面所獲致的自我評價似乎是彼此無涉的，也或者是在個人取向自我，亦即獨立我層面所獲致的自我肯定，不足以恢復社會取向自我面向所受的的衝擊。楊國樞（2003）曾強調華人具有個人取向自尊與社會取向自尊，並認為這兩種不同的自我評價應該分別加以測量，本研究結果也為這樣的想法提出了直接有力的證據。

　　本研究所獲致的結論或許與之前跨文化的研究結果有很大的差異，因為之前以日本人為東方文化代表的跨文化研究，多數強調相依我的個體多是具有自貶的動機，並不特別嘗試去維持正向的自我評價，更遑論有自我肯定歷程的運作。但這樣籠統的以東西文化的區隔來論述自我動機的觀點逐漸受到挑戰，Sedikides、Gaertner、及 Toguchi（2003）就強調自我提升動機應是一種普世（universal）的動機，文化主要是型塑了個體所認定的重要性（personal importance），當個體面對自己所在意的面向時都有維持正向自我評價的需求。我們相當認同這樣的想法，我們認為對於華人而言，其所具有的傳統文化的傳承與所經歷的現代化歷程與日本人並不相同，單純都以相依我為主的個體來進行類化性的論述，實為不妥。我們以為，要真切地瞭解華人的自我及相關自我功能的運作，還是要回到華人群體與文化架構下，進行實徵研究，才能獲致確切的結論。

　　本研究所探討的自我肯定歷程的概念，或許有人認為這是一個西化的概念，但我們從生活中觀察，確實也常見到個體在某方面受到打擊時，會轉向其他途徑尋求安慰的情形。因此我們由現象面著手，設計實驗情境，嘗試在實驗室中引發對個體的不同衝擊，再給予不同自我肯定的途徑對此加以檢驗，希望能確切探討在華人身上是否也會有這種嘗試肯定自我、維持自我評價的情形出現，也同時檢驗這現象是否具有普世性。研究結果大致都支持我們的看法，但研究方式或許仍有未盡周延之處，建議後續研究或許也可以考慮採用更本土的研究方式進行。§

§ 本文曾發表於《本土心理學研究》（臺北，2003），24 期，139-187。本文的撰寫係在中華民國教育部資助之「華人本土心理學研究追求卓越計畫」（89-H-FA01-2-4-3）項下完成；實驗一的部分數據取材自第二作者的碩士論文。

第九章
華人的內隱自尊

余思賢[*]、孫蒨如

余思賢＊、孫蒨如

每個人對自己都會存有一些看法，譬如認為自己是很聰明、覺得自己運動神經很差，或是認為自己很有人緣等。除了這些片面的自我評價之外，在觀察我們周遭的人物時，人們還有對自己的一個整體的看法或評價，有些人認為自己很不錯、很喜歡自己，有些人則認為自己在各方面都不甚出色，這種對自我的整體評價，就稱為自尊。

＊ 臺灣大學心理學研究所博士班研究生。

第一節　正向自尊的需求

　　長久以來，眾多的歐美心理學研究都認為一般人對自己的看法是偏正向的，而且會努力地維持這種正向的自我評價，例如 Steele（1988）提出的自我肯定理論（self-affirmation theory）。根據自我肯定理論，人們都有一個整體的自我系統（self-system）存在，這系統包含了各種自我功能的運作，這些自我功能相互作用，以維持整體自我形象（global self-image）的完整。該理論認為，由於個體具有維持正向自我評價的需求，所以當個體的自我受到威脅時，整體的自我系統會失去平衡，此時自我功能即開始運作，藉由自我肯定歷程（例如肯定自己的一些重要價值），使得整體自我系統恢復平衡，個體仍能維持對自己正向的評價。

　　Tesser 與 Cornell（1991）也同樣認為個人希望獲得正向的自我評價，許多自我功能的運作目的都在維持自我評價，當一項功能順利運作達到目的之後，其餘的功能就會停止運作。在他們的實驗中，觀察了當個人的自我受到威脅時，兩種自我功能的運作狀況：第一種功能就是 Steele 等人（1988）提及的自我肯定，第二種自我功能是自我評價維護模式（self-evaluation maintenance model，簡稱 SEM）的運作，此模式認為人們會藉由疏遠對方、改善自己的表現、降低對方的表現，或減少作業表現與自我的關聯性來維護自我

評價，如在實驗中 Tesser 與 Smith（1980）操弄了猜字作業與自我的相關性，當受試者認為自己在作業上的表現與個人智力有高度的關聯時，受試者不介意給陌生人較有效的線索，但是卻會給自己的朋友較艱難的線索以免朋友的表現太好，衝擊到自我評價。然而若是實驗者讓受試者在實驗過程中填寫一份與自我價值觀一致的問卷，給予受試者這個自我肯定的機會，那麼上述的情形就不會發生。這樣的結果相當符合他們所強調的個體希望維持正向自我評價的看法。

　　雖然歐美眾多研究皆顯示西方人一般都擁有正向的自我概念，也有維持正向的自我評價的需求，但反觀在東方社會的相關研究，卻似乎有著不同的主張。Heine、Lehman、Markus、及 Kitayama （1999）在回顧歐美、日本，及多項跨文化研究後，主張追求正向自尊的現象並非普世性的，而是西方個人主義文化下的產物。他們認為東方文化強調集體主義，重視自我與他人的關係，在這種「相依我」（interdependent self）的自我結構下，個體追求的是與他人的歸屬感，而不是個人的正向自尊。例如 Heine 等人（1999）在一些跨文化研究發現，日本人並不像歐美人士一樣傾向將成功歸因於自己的能力，或在遭遇測驗結果的負回饋後，會降低對該測驗的重要性和正確性評價。相反的，日本人反而是在獲得正向回饋後才會降低對測驗的評價。因此

Heine 等人（1999）認為日本人未必希望維持正向的自我評價，反而是具有自我貶抑（self-criticism）的傾向。再者，在比較日本與歐美受試者的自尊分數時也發現，歐美研究樣本在 Rosenberg 自尊量表的分數上，呈現出平均值高於中點的負偏態分佈，顯示絕大部分歐美人擁有正向自尊，但日本人在該量表的平均分數幾乎位於量表中點，傾向常態分配。由此看來，日本人的自尊和西方人似乎有著很大的差異。那麼，華人的研究是否和日本一樣呢？

即使日本的研究結果日本人具有自我貶抑的傾向，但這樣的論點未必一體適用於所有東方人，因為在針對華人進行的相關研究中，卻發現華人受試者仍會想維持正向自尊。例如王崇信與孫蒨如（1994）的自我設限研究中即指出華人受試者在從事重要的作業時，若能在其他面向獲得自我肯定，則不會出現自我設限行為，否則個體會選擇不利於表現的環境，例如選擇在較吵雜的噪音下進行作業，做為表現不夠好的藉口，來維持自尊。蔡芬芳（1997）的實徵研究則發現受試者在清晰的自我概念向度上，仍會將正向的表現做內歸因，認為是自己的能力或努力所致，並沒有自謙的傾向。其他華人學者似乎同樣主張華人有追求正向自我評價的傾向。例如黃光國（2002）便強調華人重視面子，然而，除非「面子」是來自於家人等重要關係人物的傑出表現，否則當個體

覺得「有面子」的時候，自尊也都能同時提升，可見華人追求面子和提升自尊兩者之間是很難分割的。楊國樞（Yang，2003）也曾提出跨文化的需求階層模式，稱為雙 Y 模式（Double-Y Model）。該模式提及在集體主義的社會中，個體仍會有自尊需求，只是個體可能較在意的是社會上或人己關係中具正面意義的重要目標，但不同文化下的個體對追求正向自尊這點而言，並無差異。

　　不過在一些以華人為受試者的研究中，似乎也發現在某些情況下個體對自己的評價出現了自謙的傾向，例如 Yu 與 Murphy （1993）就曾發現大陸員工自陳自己的工作表現仍有改進的空間，而 Yik、Bond、及 Paulhus （1998）則指出香港大學生在情感穩定性（emotional stability）、社交能力（ sociability ）、助人性（ helpfulness ）、勤勉（application），以及嚴謹（restraint）方面的自我評價都比同儕對他們的評價來得低。上述的研究均是以自陳量表要求受試者填答，因此仍難排除自我呈現（self-presentation）或印象整飾（impression management）的爭議。

　　換言之，若以自陳的方式來測量自我評價，個體可能會因為要讓別人認為自己是優秀的，而提高自我報告的分數；個體也可能為了要表現出謙虛的態度，而在自陳時以較保守

的方式呈現自己。Joinson（1999）即曾證明西方人在匿名或非匿名狀況下，自尊量表所得的結果不甚相同。因此若僅以自陳的測量方式來瞭解個體的自我評價，那麼觀察到的結果可能仍難排除自我呈現動機的影響，因此若要確實了解華人對自己的基本評價傾向為正或為負，應可考慮改以間接方式測量個體的自我評價，在個體察覺不到測量目的情況下進行測量，以排除自我呈現或印象整飾對個體的影響。

第二節　內隱自尊的興起

　　近年來，有些學者提出了內隱自尊（implicit self-esteem）的概念，Greenwald 與 Banaji（1995）將其定義為「以內省無法確認出（或是無法正確確認出）的自我看法，使個體對與自我有關和無關的事物有著不同的反應。」換言之，內隱自尊越高者對自我相關事物之評價越高。Epstein 與 Morling（1995）根據認知經驗自我理論（cognitive-experiential self theory，簡稱 CEST）強調人們有兩種訊息處理歷程，其一為理性的（rational），另一種為經驗的（experiential），前者在意識控制下運作，符合邏輯、理性，後者則為非意識的自動化歷程，是大量經驗累積下的直覺運作歷程。根據 CEST 的觀點，Epstein 與 Morling

（1995）認為個體對自我的評價也應存在著兩種歷程運作下的不同結果，一種是理性歷程運作形成的外顯自尊，一種是經驗歷程形成的內隱自尊。因此 Epstein 與 Morling（1995）將個體直覺性的、經驗式的、及下意識的整體自我評價稱為內隱自尊，而先前用自我報告方式測量的自尊則稱之為外顯自尊（explicit self-esteem），以做區別。外顯自尊或以自陳方式測得之自尊，其前提在於相信「個體能夠經由內省，以意識觸接到內在的自我評價」，但如果個體的自我評價，有一部分存在於自己也無法察覺到的下意識中，那麼自陳式的自尊量表便無法測得此一層面。而且，如前所述，自陳量表也同時存在著自我呈現的問題，換言之，受試者可能因為在意自己在別人面前的表現，而使得他們在量表的反應上產生偏誤，因為畢竟個體總會在意自己帶給人的印象，因此個體在進行自我評價時多會以社會讚許的方式表現自己。

　　以內隱自尊瞭解個體的自我概念不但可排除自我呈現的影響，內隱自尊的另一個特點是它比外顯自尊來得穩定，更接近個體因長期生活經驗產生的基本自我看法。根據 CEST 的主張，內隱自尊是過去長久的經驗累積下產生的整體自我評價，所以內隱自尊本身應該是很難改變的，如果會改變也是依照新經驗的累積才漸漸改變（Hetts，Sakuma，& Pelham，1999）。Hetts、Sakuma、及 Pelham（1999）曾以

跨文化比較的方式，以實徵研究驗證了這個想法。Hetts 等
人（1999）發現，當個體從集體主義的文化區域遷居到個人
主義的文化區域時，其內隱自尊的改變是漸進的，然而外顯
的自我評價卻和遷居後的時間無關——在接受個人主義的文
化規範後，外顯自我評價就已改變，個體的外顯自尊和當地
居民一樣的出現了偏高的現象。由此可知，內隱自尊是依賴
過去的長期經驗而形成，要在短期內有所改變是相當困難
的。

　　從 Hetts 等人（1999）的研究看來，內隱自尊與外顯自
尊形成的先後不同，內隱自尊是長期的、舊有的自我評價，
而外顯自尊是因外在環境改變而產生的新自我評價。
Wilson、Lindsey、及 Schooler（2000）提出的雙重態度
（dual attitudes）模式正可說明這一點，此模式主張當新的
態度形成時，舊態度並非消失，而是被新態度壓制
（override）而保留在內隱層次，當個體認知資源不足或因
某些原因無法提取外顯態度時，原本熟悉的內隱態度會再度
主宰個體的評價反應。因此當個體到一個新的文化區域時，
雖然產生了新的自我評價（外顯自尊），但舊的自我評價仍
會留在內隱層次不會消失（內隱自尊）。延續雙重態度模式
與 CEST 的想法，Koole、Dijksterhuis、及 Knippenberg
（2001）更直接地以實驗證明了內隱自尊是個體對自我的自

動化評價。在該研究中，Koole 等人（2001）操弄外顯自尊的測驗速度或認知負荷量，結果發現，在一般狀況下雖然內隱自尊和外顯自尊有很大的差異，但是如果讓受試者在高時間壓力或高認知負荷量下從事外顯自尊測量，那麼該測量結果就會和內隱自尊產生顯著的正相關，顯示內隱自尊是個體經由自動化歷程，對自我所做的整體評價。從 Hetts 等人（1999）與 Koole 等人（2001）的研究，可以得知內隱自尊是一個存在的建構，它和外顯自尊一樣都是個體對自我的整體評價或態度，也都和正向自尊需求有所關聯，其特色在於它依據過去長久的生活經驗形成，當個體以直覺式、自動化的歷程評價自己時，就會顯現出內隱自尊。

　　正因為內隱自尊的測量可完全排除自我呈現或印象整飾因素造成的影響，所以在本研究中，我們嘗試發展出中文的內隱自尊測量工具，並觀察測量結果的分配狀況。希望藉由這種間接測量的方式，探討華人是否具有正向的自我評價，抑或如同 Heine 等人（1999）所言，具有「相依我」自我結構的東方人是自謙與自貶的。我們認為，即使日本研究指出日本人似乎沒有正向自尊，但這應該不宜一體適用於所有東方人，唯有在排除自我呈現或印象整飾的影響後，才能真正檢驗華人在內心深處的整體自我評價。

第三節　實驗一

　　由於目前臺灣對內隱自尊之研究仍在起步階段，當然也並未發展出一套測量工具，實驗一的目的即在探討翻譯自西方的工具之可行性，若可行，則進一步確定內隱自尊的測量程序。

　　相較於外顯自尊的直接測量，內隱自尊是由非自我報告的方式間接測得的。西方文獻中常見的內隱自尊測量分別為內隱關聯測驗（Implicit Association Test，簡稱 IAT）、觸發作業（priming task）、文字完成（word-completion）作業，及首位字母或生日數字偏好測驗等。以 IAT 測量內隱自尊時，會要求受試者將自我相關的詞與正向詞歸為一類，自我無關詞與負向詞歸為另一類，並測量反應時間，再要求受試者把自我無關詞與正向詞歸為一類，自我相關詞與負向詞歸為另一類，並且再測量一次反應時間，後者減去前者的時間差即為內隱自尊（Greenwald & Farnham，2000）；觸發作業則先呈現一個與自我有關的詞（例如「我」）作為觸發詞，給受試者看，再要求受試者確認接著呈現的文字是正向詞還是負向詞，並記錄受試者的反應時間。內隱自尊較高的個體在觸發詞（例如「我」）的影響下，對之後出現的正向詞判斷時間會較短，而對負向詞的判斷時間則較長；文字完成測驗則是藉由觸發個體的自我概念（如要求受試者在與個人有

關的描述上做符合性的判斷），觀察個體隨後在一些文字上的完成反應，例如對「＿OOD」做填空，內隱自尊較高的受試者應比低自尊的受試者更傾向於填成「GOOD」而不是其他的字（例如「MOOD」或「HOOD」）；首位字母或生日數字偏好測驗則藉由測量個體對自己的名字第一位字母或生日的數字之評價，來測量內隱自尊。這些測驗的共通特點是，受試者在進行測驗時並不會意識到該測驗與自我評價的關聯，因此不會有內省能力的問題，也不會有自我呈現的因素牽涉其中。

目前這些內隱自尊測驗中，IAT 與觸發作業的實證文獻較多，應用較廣，也能符合中文適用性的要求，因此本實驗同時使用 IAT 與觸發作業來測量受試者的內隱自尊，以探討內隱自尊適當的測量方式。我們預期各種測量所得到的內隱自尊分數，即 IAT 中兩種分類程序的反應時間差和各種自我觸發作業中的負向詞與正向詞反應時間差之間，應有顯著相關；而這些內隱自尊分數和非自我觸發作業中的負向詞與正向詞反應時間差都應無顯著相關。

一、實驗材料

本實驗的正負向判斷詞參考陳學志（1998）的中文詞聯

想常模的研究中發展出的詞庫，從高頻詞中選取情緒性（- 3
-+ 3）在+1.80 以上的正向詞或- 1.35 以下的負向詞共 40 個作
為 IAT 的正負向詞彙，以確定這些詞是受試者熟悉而且是足
以激發正向或負向概念的中文詞彙。由於該詞庫中高頻極端
負向情緒詞較少，故僅控制在- 1.35 而非 - 1.80 以下，但從整
個詞庫的情緒性評價而言，平均值原本就略偏於正向（平均
情緒性為 +.2566），因此我們認為這樣的選取並未失去正向
詞和負向詞之間的對稱性。在所選詞彙中，正向詞包括細
心、尊重、勇敢、智慧、幽默、靈活、歡喜、溫柔、健康、
幸福、微笑、舒適、和平、圓滿、獎勵、熱情、平安、笑
容、愛心、溫馨；負向詞包括惡化、痛苦、生病、破壞、死
亡、指責、寂寞、崩潰、垃圾、害怕、汙染、憤怒、疾病、
暴力、煩惱、失敗、貧窮、懲罰、消極、忽視（由於題數太
多，我們將其拆成前後兩半給不同的受試者施測），自我相
關詞則包括受試者的姓、名、生日、星座、中原大學、科
系、居住地、出生地，以及就讀過的高中。

　　觸發作業除了使用上述 40 個詞作為正負向的判斷詞之
外，我們還加上「好」、「優」兩個正向詞，以及「壞」、
「差」兩個負向詞。在觸發詞上，我們以受試者的「姓名」
和「我」做為自我觸發詞，另外再加上「它」與「他們」作
為非自我觸發詞來和自我觸發詞的觸發效果做區辨。

二、實驗程序

本實驗的受試者為中原大學學生共計 53 人。實驗中以 3 至 6 人的小團體同時施測,待所有受試者於電腦前坐定之後,主試者就先介紹整個實驗的目的與內容,佯稱本實驗是「語文反應速度測驗」,目的是探討受測者對不同詞彙的反應是否可以反映出受測者的特質,並同時瞭解這種語文反應速度測驗運用在電腦操作的可行性。

說明結束後,主試者表示整個實驗程序包含兩個語文速度反應測驗,隨之便進入 IAT 的測驗階段,在正式測驗前,所有受試者都會做一次完整 IAT 程序作為練習。在進行 IAT 測量時,以電腦螢幕以交錯的順序呈現自我相關或無關字以及正負向詞,此時要求受試者用兩個電腦按鍵依序做五種 IAT 指定的分類,同時在正確的前提下用最快的速度做反應:

1.只呈現自我相關詞與非自我相關詞,要求受試者做與自我相關還是無關的分類,並以右鍵反應與自我相關的詞,左鍵反應與自我無關的詞。

2.只呈現正向詞與負向詞,要求受試者做該字眼是正向還是負向的分類,並以右鍵反應正向詞,左鍵反應負向詞。

3.呈現所有字眼，要求受試者以右鍵反應正向
詞或自我相關詞，並以左鍵反應負向詞或非自
我相關詞。
4.只呈現正向詞與負向詞，要求以右鍵反應負
向詞，左鍵反應正向詞。
5.呈現所有字眼，要求受試者以右鍵反應負向
詞或自我相關詞，並以左鍵反應正向詞或非自
我相關詞。

　　另外，在所有的受試者中，有一半的人同時將第二步與
第四步，以及第三步與第五步對調順序，以平衡可能產生的
次序效果（order effect）。在「正向自我」的前提下，第三
步驟將自我與正向概念做聯結是為「和諧」的判斷階段，而
第五步驟則為「不和諧」的判斷階段。本研究在 IAT 的分數
計算上與 Greenwald、McGhee、Schwartz（1998）相同，將
「不和諧」階段減去「和諧」階段的反應時間差即為該受試
者的內隱自尊，該差值越高者表示該受試者的內隱自尊越
高，但在極端值之處理上，相較於 Greenwald 將 2000 毫秒
以上之反應時間當作 2000 毫秒計算，本研究仍以原反應時
間計算，若超過 3000 毫秒則以遺失值處理。

　　在 IAT 結束後，隨即進行觸發作業，程序如下。同樣
地，受試者亦被強調須在正確的前提下儘快做判斷：

1. 螢幕中央先呈現凝視點「+」300ms 讓 Ss 集中注意。
2. 呈現觸發詞 100ms。
3. 呈現 100ms 的遮罩（mask）。
4. 呈現判斷詞（正負向詞）直到 Ss 以左鍵或右鍵判斷判斷詞是正向或負向。
5. 受試者反應後 1500ms 呈現下一個凝視點。

　　其中，觸發詞包括「我」、「它」、「他們」，以及受試的「姓名」共 4 個詞，判斷詞除了與 IAT 相同的 20 個正向詞和 20 個負向詞之外，還加上「好」、「優」、「壞」、「差」四個字。每個觸發詞和每個目標詞都以隨機順序配對一次，所以 Ss 需做 4 ×44 = 176 次的判斷。內隱自尊的分數即是觸發詞為「我」或以受試者「姓名」做觸發時，負向詞的平均反應時間減去正向詞的平均反應時間。

三、結果與討論

　　本實驗的依變項包括三種內隱自尊分數與兩種非自我觸發作業分數。其中三種內隱自尊分數包含觸發作業中，分別用「我」和「姓名」作為觸發詞而計算出的反應時間差，以及 IAT 程序所得到的反應時間差，這些分數越高代表受試者擁有越高的內隱自尊；兩種非自我觸發作業分數則分別是用

「它」和「他們」作為觸發詞時，負向詞的平均反應時間減去正向詞的平均反應時間。

　　從各依變項的相關分析（見表 1）得知，「我」的觸發結果雖與「姓名」的觸發結果有顯著相關（r (51) = .342，p < .05），卻也與「他們」觸發結果產生顯著相關（r (51) = .304，p < .05）；而 IAT 的分數與「它」的觸發結果有顯著相關（r (51) = -.417，p < .01），結果並未十分合理，只有「姓名」的觸發結果不但與「我」觸發結果有顯著相關，具有不同自我觸發結果的輻合效度，而且「姓名」觸發結果又與「它」、「他們」兩種非自我觸發結果有區辨效度，所以由此相關分析得知，似乎各內隱自尊的測量上只有「姓名」觸發作業是較好的內隱自尊測量方式。

【表 1】　實驗一各觸發結果與 IAT 結果的相關分析表

項目	姓名觸發	我觸發	它觸發	他們觸發	IAT
姓名觸發		.342*	.075	-.061	.097
我觸發			.083	.304*	.273
它觸發				-.015	-.417**
他們觸發					-.039
IAT					

註：*p < .05，**p < .01

　　我們可以同時以 IAT 與各觸發作業結果的分配狀況來瞭解華人的內隱自尊狀態（見表 2）。如果華人擁有正向的內隱自尊，那麼內隱自尊分數應顯著高於參照中點 0，分佈狀況若同時呈現負偏態則能更清楚顯示出華人普遍對自己有正向的觀點。另外，觸發作業則可進一步比較自我觸發作業結果與其他非自我觸發作業結果的平均值，自我觸發作業的分數應較高。本實驗結果發現，觸發作業的內隱自尊分數和 0 沒有顯著差異，雖然「姓名」觸發結果呈現負偏態，但其平均值亦未顯著高於零。如果單就觸發測驗中，各個觸發詞的觸發效果做相依樣本的兩兩 t 考驗，結果發現各個觸發詞的負向減去正向判斷詞之平均反應時間都沒有顯著差異（$ps > .1$），顯示相對於「他們」與「它」兩種非自我觸發詞，「我」與「姓名」兩種自我觸發作業並沒有對正向概念有顯著的觸發效果。由此看來，觸發結果可能顯示華人並未擁有正向內隱自尊，但我們卻質疑這個結果可能導因於觸發詞呈現時間不夠長，相較於 Hetts 等人（1999）研究中 200 毫秒的觸發詞呈現時間，本實驗的呈現時間只有 100 毫秒，因此在實驗二我們將改以 200 毫秒呈現觸發詞再做探討。另外，本實驗 IAT 的平均值顯著高於 0 （$t(50) = 7.922$，$p < .001$），但其分配之偏態值為正值，與 Greenwald 等人（1998）研究中呈現之負偏態數值有所不同。

【表2】　實驗一各測驗分數的分配狀況

項目	IAT	我觸發	姓名觸發	它觸發	他們觸發
平均數	360.00	5.49	5.16	-9.63	-8.41
（毫秒）	（324.51）	（51.91）	（39.45）	（46.42）	（47.42）
偏態	1.27	-.50	-.21	-1.09	.69
峰度	1.77	2.02	-.22	3.92	3.07

註：1.各觸發作業的測驗分數 ＝ （對負向詞平均反應時間 - 對
　　　正向詞平均反應時間）/2。

　　2.括弧內的數值為標準差。

　　雖然實驗一的結果似乎並未顯示華人擁有正向內隱自
尊，但各種內隱自尊分數之間並沒有如預期產生顯著相關，
而 IAT 分數和「我」觸發作業結果卻與非自我觸發作業結果
產生顯著相關，結果不甚合理，因此華人的內隱自尊是否維
持在正向水準上，仍舊難以定論。我們將在實驗二中做一些
測量程序的修正，包括延長觸發詞的呈現時間，同時改變正
負向判斷詞的內容，並設法平衡觸發作業中左右手的反應差
異，期能以最恰當的方式測得受試者的內隱自尊。

第四節　實驗二

　　在實驗一的結果分析上，自我觸發作業結果的平均值不
管是與參照中點 0 比較或與非自我觸發作業結果比較都未顯

示出自我有正向的觸發效果，這些結果似乎顯示華人並未擁有正向的內隱自尊，但是在接受這個結論之前，我們認為在測量程序上有些問題有待釐清，例如實驗一中觸發作業的觸發詞顯示時間只有 100 毫秒，而 Hetts 等人（1999）研究中使用的觸發時間長達 200 毫秒，這種差異使我們懷疑實驗一的結果可能導因於觸發時間不夠長，自我觸發詞還無法產生顯著的觸發效果。另外實驗一的測量程序中還有一些混淆變項，如判斷詞的詞頻與觸發作業中受試者左右手的反應差異等，可進一步嚴謹控制。鑑於這些問題，我們必須在測量程序上再做改善，以排除這些混淆因素對實驗結果的影響。因此在實驗二中，我們將測驗的內容與程序作了幾點修正：第一是更嚴謹的控制判斷詞之詞頻：除了「好」和「壞」以外，所使用的詞仍舊由陳學志（1998）發展出的詞庫選取，但詞頻更嚴謹地控制在 99 以內，希望能進一步減少不同詞頻對反應時間的影響。本實驗在最後的正負向判斷詞選取上，採用的正向詞有高級、道德、彩虹、神奇、細心、圓滿、笑容、好；負向詞有汙染、生病、寂寞、消極、害怕、障礙、黑暗、壞。第二是增長觸發詞的呈現時間：在觸發作業上，觸發詞的呈現時間由原本的 100 毫秒增長為 200 毫秒。第三則是平衡左右手反應時間的影響：每個受試者在觸發作業上重複做兩次，一半的受試者在前半段以右手反應正向詞，左手反應負向詞，後半段則相反；另一半受試者則先

以右手反應負向詞，左手反應正向詞，如此可將左右手對反
應時間的可能影響作有效的控制。在本實驗中，觸發效果的
計算方式為（右手對負向詞平均反應時間+左手對負向詞平
均反應時間）／2 減去（右手對正向詞平均反應時間+左手對
正向詞平均反應時間）／2。錯誤反應則當作遺失值不予計
算。內隱自尊即是「我」或「姓名」的觸發效果。第四點是
增加觸發作業的自我觸發詞：觸發作業加上「自己」這個詞
彙的觸發作業，用以做更多的比較。

一、研究工具

　　1. 自尊量表

　　本實驗採用王梅君（1993）參考 Rosenberg 自尊量表、
莊耀嘉的自我概念量表、段亞新的自尊量表，並加上王梅君
本人自編的題目編彙而成的自尊量表。本量表為六點量表共
16 題，根據其因素分析與信度分析的結果，因素總解釋變異
量為 46.4%；內部一致性之 Chronbach 係數 α ＝ .92；折半信
度 r ＝ .87；再測信度 r ＝ .83。

　　2. 內隱關聯測驗

　　本測驗為實驗的第一個內隱自尊測驗，除上述判斷詞的

修改外，程序與實驗一相同。

3. 觸發作業

本測驗為實驗的第二個內隱自尊測驗，除上述幾點修改外，程序與實驗一相同。

二、實驗程序

本實驗的受試者為中原大學心理系學生共計 130 人。在實驗的前一至二星期，實驗者先到受試者所屬的班級，佯稱進行大學生生活態度與價值觀的調查，用自尊量表測量受試者的外顯自尊，再以電話聯絡受試者在約定的時間前來實驗室進行實驗，每次安排兩位同班的受試者同時施測，分別以 IAT 與觸發作業測量每位受試者的內隱自尊。

三、結果與討論

本實驗的依變項包括四種內隱自尊分數與兩種非自我觸發作業分數。其中四種內隱自尊分數包含 IAT 分數以及觸發作業中，分別用「我」、「姓名」及「自己」作為觸發詞而計算出的分數，這些分數越高代表受試者擁有越高的內隱自

尊；兩種非自我觸發作業分數則分別是用「它」與「他們」
作為觸發詞時計算出的分數。

1. 內隱自尊的測量結果

本實驗各觸發詞的觸發效果如表 3 所示。「它」、「他
們」兩種非自我觸發結果與「我」的觸發結果並未達顯著差
異，而「姓名」與「自己」則顯著高於其中的「它」觸發效
果（$ps < .01$）。因此，從自我觸發結果與非自我觸發結果的
比較上，可得知「我」的觸發結果和實驗一相同，並沒有顯
著的正向觸發效果，但「姓名」與「自己」的觸發效果卻出
現了正向觸發的顯著結果。

【表3】 實驗二各觸發詞的觸發結果

項目	觸發詞				
	我	姓名	自己	它	他們
觸發效果 （毫秒）	.88 ab （36.04）	9.77 a （34.53）	11.30 a （36.86）	-5.48 b （38.54）	1.08 ab （34.57）

註：1.觸發結果＝〔（右手對負向詞平均反應時間＋左手對負向詞
　　　平均反應時間）／2〕－〔（右手對正向詞平均反應時間＋左
　　　手對正向詞平均反應時間）／2〕。

　　2.各數值下標的顯著水準為.05。

　　3.括弧內的數值為標準差。

　　再以自尊分數的分配狀況，來了解華人內隱自尊的狀態（見表 4），我們發現 IAT 以及「姓名」、「自己」的觸發效果都高於參照中點 0（*ps* < .01）。從偏態看來，各觸發結果計算出的三種內隱自尊偏態值皆為負。另外，為了有效區分各受試者的異質性，內隱自尊的分佈應呈現低闊峰較佳。在實驗一中三種內隱自尊分數只有「姓名」觸發結果呈現低闊峰（見表 2），而在實驗二各內隱自尊分數分布的峰度上，我們發現仍舊只有「姓名」觸發效果傾向低闊峰，IAT 和「我」、「自己」的觸發效果都是傾向高狹峰的分配，尤其是 IAT 的結果，其高狹峰分配的情形相當嚴重。因此就本實驗的結果看來，在改進實驗一之缺失後，「姓名」觸發結果似乎依舊是最佳的內隱自尊測量工具，其不但再次印證實驗一傾向負偏態之低闊峰分配，在本實驗的自我及非自我觸發作業結果比較上，也顯示出「姓名」有正向的觸發效果，反映出華人的內隱自尊是正向的。

【表 4】　實驗二各內隱自尊分數的分配狀況

項目	IAT	我觸發	姓名觸發	自己觸發
平均值（毫秒）	286.06（214.57）	.88（36.04）	9.77（34.53）	11.30（36.86）
偏態	1.56	-.23	-.06	-.10
峰度	4.27	1.47	-.06	.78

2. 外顯自尊的測量結果

我們將外顯自尊量表的負向題反向記分，再求得受試者總得分作為該測驗的分數。在外顯自尊的測量結果上，信度 $\alpha = .8983$，平均數為 62.88，標準差為 10.88，偏態為 -.09，峰度為 -.11。由這些數據看來，本實驗的受試者在外顯自尊上平均數顯著高於其量表中點 56（$t(129) = 7.375$， $p < .01$），顯示多數華人的外顯自尊一般而言也是維持在正向的狀態。

3. 各項自尊分數的相關

各自尊分數的相關分析如表 5 所示，因為內隱自尊與外顯自尊是不同建構，故兩者間不應存在顯著相關。本研究在外顯自尊測量與各種內隱自尊測量的相關分析上，只有外顯自尊與「自己」的觸發效果呈現顯著的低相關（$r(128) = .185$，$p < .05$），其他的內隱自尊測量，包括我們認為最佳的「姓名」觸發作業結果，和外顯自尊都沒有顯著相關。在內隱自尊的相關上，「自己」和「我」，以及「自己」和「姓名」的觸發效果都有顯著正相關（$r(128) = .303$，$p < .01$；$r(128) = .213$，$p < .05$），因此各項觸發作業的內隱自

尊分數，顯示出測量的輻合效度。在 IAT 的分數上，IAT 則
和任何其他的內隱自尊測量都沒有顯著相關（*ps* > .05）。若
將各項自我觸發作業分別減去各項非自我觸發作業（包括
「它」、「他們」觸發作業）分數，再與 IAT 進行相關分
析，仍舊無任何顯著相關出現（*ps* > .05）。在區辨效度方
面，「它」與「他們」觸發作業的結果和各個內隱自尊分數
都沒有顯著相關（*ps* > .05），可區別出自我和非自我內隱評
價作業的不同。

【表5】　　實驗二各種測量結果的相關分析

項目	外顯自尊	IAT	我觸發	姓名觸發	自己觸發	它觸發	他們觸發
外顯自尊		.139	.037	-.020	.185*	-.219*	.125
IAT			-.092	-.150	-.125	-.210*	.031
我觸發				-.003	.303**	.120	-.081
姓名觸發					.213*	-.012	.131
自己觸發						-.082	.048
它觸發							.106
他們觸發							

註：*p < .05，** p< .01

　　因此，綜合以上各個結果看來，實驗中最佳的內隱自尊
測量，亦即「姓名」觸發作業，所得結果的平均值高於非自
我觸發作業中的「它」觸發結果，也高於參照中點，同時其

偏態值為負，顯示華人普遍而言大都具有正向的內隱自尊。
甚至在本實驗其他四個內隱自尊測量中，也有三個平均數均
顯著高於參照中點，這些證據也都大致支持了華人具有正向
的內隱自尊的看法，符合「正向自我」的假設，連華人的外
顯自尊也是如此，顯示出華人不但具有正向的內隱自尊，也
同具有正向的外顯的整體自我評價。

第五節　綜合討論與建議

　　本研究嘗試以中文的內隱自尊測量工具，測量華人受試
者的內隱自尊，同時與外顯自尊的數據做比較，以探討華人
在整體自我評價上是否會顯現正向自我評價。現在就各研究
結果逐一做討論。

　　本研究在實驗一時比較的內隱自尊測量工具有 IAT、
「我」觸發作業，以及「姓名」觸發作業，實驗二時又加入
「自己」的觸發作業，故整個研究的內隱自尊測量工具有兩
種，包括四種測量分數。在實驗一的觸發作業中，雖然在觸
發作業結果相關分析上，「姓名」觸發作業與非自我觸發作
業具有區辨效度，與其他自我觸發作業則具有輻合效度，符
合我們對測量工具的要求，但「姓名」和「我」觸發結果的
平均值都未高於參照中點，也未高於非自我觸發作業的分

數，沒有觀察到華人和西方人一樣擁有正向內隱自尊的現象，這和 IAT 平均數明顯高於 0 的結果差異頗大。由於實驗一觸發作業的觸發詞呈現時間可能不夠長，而且可能存在著左右手反應差異和詞頻等混淆變項的干擾，我們認為實驗一觸發作業的結果應再做驗證，因此進行實驗二。經過實驗二增長觸發詞的呈現時間，嚴格控制正負向判斷詞的詞頻及平衡左右手反應傾向之後，「姓名」觸發作業不但複製了實驗一的區辨效度和輻合效度，其結果還顯示受試者在自我被觸發時，對正向詞的反應時間會更快。此外，「姓名」觸發作業的結果呈現低闊峰分配，可見「姓名」觸發作業對個體差異具有相當的敏感性。從這些數據看來，「姓名」觸發作業應是較佳的內隱自尊測驗，而該測量結果顯示出華人擁有正向的內隱自尊。

在實驗二的觸發作業中，我們也加入了「自己」的觸發作業，結果「自己」觸發作業與外顯自尊顯現出顯著的正相關，在區辨效度上略嫌不佳，但「自己」和「姓名」一樣有正向的觸發效果，分配之偏態值亦為負，顯示受試者的內隱自尊分數往正向集中，多數人的內隱自尊都在正向水準上。在 IAT 的測量方面，雖然在實驗二的大樣本中呈現正偏態的趨勢，但其平均值仍顯著大於 0。事實上，在實驗二的 130 個受試者中，IAT 分數小於 0 的僅僅只有 3 人，因此 IAT 分

數所得結果也並未因傾向正偏態而違反華人擁有正向自尊的
結論。

　　綜合上述結果而言，本研究發現「姓名」觸發作業似乎
是最佳的內隱自尊測量工具，其他的觸發作業及 IAT 雖然未
必是最佳的測量方式，但所得的結果卻有著共同的趨勢，顯
示出華人具有正向的內隱自尊。因此，我們認為華人在內隱
自我評價上和歐美人士相似，普遍維持在一個正向的位置，
並沒有因為東西方文化的差異而出現自我貶抑的情形，先前
一些華人研究中所展現的自貶現象可能是個體在自我報告時
以謙虛的方式做印象整飾而已。在本研究中，我們也發現華
人不但是對自己基本、穩定的整體看法是正向的，即使在外
顯自尊上也有著相同的趨勢，受試者的外顯自尊也呈現平均
數大於參照中點的分佈情形。所以不論是內隱或外顯層面，
本研究均顯示華人擁有正向的自我評價。

　　過去眾多研究內隱自尊的學者都發現，內隱自尊和外顯
自尊並沒有顯著的相關（或是只發現低相關），顯示內隱自
尊和外顯自尊在心理層面上具有不同的意義（Aidman，
1999；Hetts，Sakuma，& Pelham，1999；Pelham & Hetts，
1999；Bosson，Swann，& Pennebaker，2000；Greenwald &
Farnham，2000）。本研究在內隱自尊與外顯自尊的相關分

析上，除了「自己」的觸發效果與外顯自尊有顯著的低相關
之外，其餘均無顯著相關存在，此結果與先前研究結果一
致，再次證明內隱自尊與外顯自尊兩者是不同的建構，對個
體應有各自獨立的影響甚而產生交互作用的可能。內隱自尊
與外顯自尊除了因自我呈現產生的差異之外，根據 CEST 與
雙重態度模式的論點，內隱自尊是由過去長久經驗累積而形
成的，是個體對自己較為直覺的看法，而外顯自尊則是較新
的自我態度。由此看來，仰賴長久經驗才建立起來的內隱自
尊應更接近個體對自己的真正感受，畢竟外顯自尊容易因外
在生活環境的改變而不穩定，但內隱自尊的改變卻不那麼容
易（Hetts，Sakuma，& Pelham，1999）。事實上，在過去
的研究中就發現外顯自尊並不穩定，個體在自尊穩定性方面
呈現的差異對人格的研究也存在著重要的意義。例如在高外
顯自尊的群體中，外顯自尊不穩定的人對正回饋有較強的偏
好（Kernis，Cornell，Sun，Berry，& Harlow，1993），在
自尊的威脅下會出現較強的敵意（Kernis，Grannemann，&
Barclay，1989）。我們相信相對於外顯自尊，內隱自尊是長
期沉潛於個體內在的，對個體應有著更長久深遠的影響。在
本研究中，藉由 IAT 與觸發作業來測量華人的內隱自尊，嘗
試排除自我呈現等因素，我們發現華人在累積種種經驗、潛
移默化之後其實是頗為自信的，在大多數華人內心深處都有
著正向的整體自我評價。

　　對本研究所得的結果，我們也有一些建議供後續研究者
參考。首先就觸發作業而言，在實驗二中，「我」的觸發效
果不但未曾顯現，而且在這樣一個較實驗一更大的樣本中仍
呈高狹峰分配，可見「我」並不適合做為內隱自尊觸發作業
中的自我觸發詞。我們認為「我」之所以沒有正向觸發效果
可能導因於「我」其實並不適合做為華人個人自我的觸發
詞，華人對「我」的概念也許較歐美人士更為複雜。「我」
這個代名詞對華人而言，也許並不像「姓名」或「自己」主
要激發出個人的獨特性，華人的「我」所觸發出來的概念可
能較偏向於個體在社會脈絡下的角色定位，而非對自己的評
價想法，因此本實驗中的「我」並未出現正向的觸發效果，
建議後續研究可就華人的「我」所代表的意涵做更進一步的
探討。

　　在本研究中也採用了 IAT 的測量，但就本研究結果而
言，我們並不認為 IAT 是內隱自尊的良好工具。雖然在研究
中 IAT 的平均數如同「姓名」的觸發作業一般，都明顯大於
參照中點 0，似乎也出現了「正向自我評價」的趨勢，但其
在兩個實驗中均出現了 IAT 與「它」的觸發作業顯著相關的
情形（分別為 $r=.417$，$p<.01$，及 $r=.210$，$p<.05$），此結果
頗不合理，難以解釋。再者，在實驗二的大樣本中，IAT 的
分數呈現嚴重的高狹峰分配，後續研究若要沿用 IAT 探討內

隱自尊的個體差異，可能會使區分高低內隱自尊受試者的目的受到阻礙。不過 IAT 畢竟是一種新興的測量工具，也許仍有許多改進的空間，在使用 IAT 測量內隱自尊時，我們認為在程序方面有幾個問題必須注意：第一個問題是 IAT 在測量自尊時，使用的刺激詞除了正負向詞之外，還有自我相關與自我無關兩類詞，由於受試者對自我相關詞的熟悉度必然高於自我無關詞，因此在測量自尊或自我概念時，刺激詞的熟悉度將是一個嚴重的混淆因素，干擾了 IAT 的測量結果。

　　第二個問題是 IAT 可能蘊涵了與自尊無關的心理歷程影響了受試者在詞彙上的判斷反應。我們發現，在 IAT 的兩個主要測量程序中，只有將自我相關詞與負向詞歸為一類（不和諧判斷階段）的反應時間與 IAT 的分數有關，另一個主要階段，亦即將自我相關詞與正向詞歸為一類（和諧判斷階段）的反應時間，則和 IAT 分數則無相關。依照 IAT 的計算方式，內隱自尊是兩階段的平均反應時間相減而得，所以內隱自尊應與不和諧判斷階段連結的反應時間有正相關，而與和諧判斷階段的反應時間有負相關才對。然而，本研究中的測量結果顯示不和諧判斷階段的反應時間主宰了 IAT 的結果，而這個結果導因於不和諧判斷階段的反應時間，其個體間的異質性遠大於和諧判斷階段的反應時間（以實驗二為例，不和諧判斷階段的全距為 1293.74，標準差為 226.60；

和諧判斷階段的全距為 429.16，標準差為 71.41）。同時，
在實驗一與實驗二中，IAT 的平均值，也就是兩個主要階段
的差值，一直都維持在 270 毫秒以上，這個差異遠高於觸發
作業一直維持在 20 毫秒內的結果。由此觀之，IAT 的不和
諧判斷階段似乎蘊涵了其他與自尊無關的因素，干擾甚至蓋
過了內隱自尊在反應時間上的影響，使得該階段的反應出現
了較大的歧異，而相較於和諧判斷階段，反應時間也有不正
常的延遲現象，但是上述的推論仍有待後續研究的驗證。不
過即便 IAT 沒有其它的可能的心理歷程干擾，那麼在計算方
式上或許也可考慮做一些修正，因為單純地將兩主要階段的
反應時間相減可能會過於偏重不和諧判斷階段的影響。

　　最後，在操作 IAT 的程序方面也須加以注意。在 IAT 的
程序中，受試者都只經歷一次的和諧判斷階段和不和諧判斷
階段，如此將無法平衡左右手造成的不同影響，往後如使用
IAT 時，我們建議兩個主要程序需以左右手互換各進行兩
次，或是事先根據受試者的左利或右利傾向，進行不同的測
量程序，以排除左右手反應時間的影響。

　　在本研究測量工具的信效度考驗上，內隱測量一般均視
為一種實驗程序的操弄，因此並未像建構自陳量表一般，對
內部一致性或折半信度等信度進行考驗，而在本研究中也並

未對測得的內隱自尊進行預測效度的檢驗。整體而言，在本研究中不論是 IAT 或是各種觸發作業，若就這些內隱自尊測量工具所測得的內隱自尊分數的相關分析而論，我們並未發現明顯的整體輻合效度。這個結果和 Bosson、Swann、及 Pennebaker（2000）的研究結果相同，也意味著內隱自尊的測量方式仍有很大的探討空間，如何確定測量工具的測量效度及改善或發展出更有效的內隱自尊測量工具應是一個值得努力的方向，未來研究或許可以再檢視是否有更理想的測量工具，同時觀察測量結果對個體認知或行為之預測效度，如此應能使內隱自尊之測量方式更臻完美。[§]

§　本文曾發表於《本土心理學研究》（臺北，2004 年），22 期，329-357。

第十章
華人多元自尊的概念分析
與量表建構：本土化觀點

翁嘉英[*]、楊國樞、許燕[**]

第一節　個人主義自尊與集體主義自尊

西方人格與社會心理學中，有一項公認的事實：在以個

---

* 中正大學心理學系副教授。
** 北京師範大學心理學院院長、教授。

人主義（individualism）為主要意識型態的西方文化中，人們仍然具有顯著甚至強烈之維持、擴增及保護個人自尊的傾向或需求（如 Carlock, 1999; Heine, Lehman, Markus, & Kitayama, 1999; Yang, 2003）。Baumeister（1997）認為自尊是自我概念（self-concept）的評價向度（evaluative dimension）。就評價方面來說，Josephs（1992）直截了當地將自尊界定為一個人對他或她自己看得多高或多好。Carlock（1999）則兼採眾家之見，將自尊視為你對自己的感受如何，以及將對自己看得多高多好。她並根據 Cantor 與 Bernay（1992）、McDowell（1984）等學者的論述，列舉以下數項作為個人判斷自尊程度的重要因素：

1. 你相信你自己可愛的程度。
2. 你感到被需要的程度與有歸屬感的程度。
3. 你相信你自己特別（special）或獨特（unique）的程度。
4. 你感到自己在能力上足以勝任的程度，以及你實現個人潛能的程度。
5. 你願意冒險與面對挑戰的程度。
6. 你設定目標、做出選擇、及達成目標與夢想的能力。

Carlock 所綜合出來的六項自尊判斷因素，除第二項外，其他五者皆是個人取向或自我中心的，內中包括個人或

自我的可愛度、獨特性、能力高低、潛能實現、冒險性、面
對挑戰、及定目標、做選擇、達成夢想等能力。即便在第二
項中，被需要是指自己被別人（尤其是重要他人）所需要，
也是以自我為出發點的。至於歸屬感看似具有社會性或集體
性，但從 Tajfel（1981）與 Yang（2003）的分析看來，依然
具有相當個人取向或自我中心的意涵。

　　從上面的說明可知，西方人的自尊是個人取向或自我取
向的。從 Heine 等人（1999），Kitayama 與 Karasawa
（1997），及 Kitayama, Markus, Matsurmoto, Norasahkunkit
（1997）的研究與論述看來，這種個人取向的自尊或自我擴
增（self-enhancement）難以見之於日本人，或只能以隱性自
尊 (implicit self-esteem) 的方式存在。對此情形，Yang
（2003）提出了一種解釋，即日本人及其他遠東國家或地區
（如臺灣、香港、大陸、韓國，皆屬儒家文化圈之社會）的
人，其個人取向的自尊雖弱，集體取向的自尊卻強。基本而
言，Yang（2003）認為世界各地人民有兩種不同的自尊，一
為個人性與內在性自尊（personal-internal self-esteem），另
為社會性與關係性自尊（social-relational self-esteem）。楊氏
將前者界定為一種來自個人正面自我評價的感受，此類評價
的基礎有二，一是個人追求自己內在設定之目標所獲得的成
功與成就，二是個人擁有之自己所珍視的內在心理屬性與行

為特徵。他將社會性與關係性自尊界定為一種來自個人正面
自我評價的感受，此類評價的基礎有二，一是個人追求社會
性與關係性目標所獲得的成功與成就，二是個人擁有之從社
會與（人際角色）關係的觀點所珍視的心理屬性與行為特
徵。楊氏所說的個人性與內在性自尊，實即個人主義的自尊
（individualistic self-esteem）；他所說的社會性與關係性自
尊，實即集體主義的自尊（collectivistic self-esteem）。從過
去的有關研究（如 Hofstede, 1980, 1991; Triandis, 1990,
1995; Triandis, Bontempo, P., Betancourt, H., Bond, M., Leung,
K., Brenes, A., Georgas, J., Hui, C. H. , & de Montmollin, G.,
1986; Triandis, McCusker, & Hui, 1990）看來，個人主義
（individualism）的文化主要見之於丹麥、加拿大、法國、
美國、英國、紐西蘭、荷蘭、瑞士、德國、澳洲、及其他歐
洲國家，集體主義（collectivism）的文化則主要見之於中國
大陸、巴拿馬、巴基斯坦、日本、加納、臺灣、印度、南斯
拉夫、香港、哥倫比亞、泰國、秘魯、馬來西亞、斯洛伐
克、智利、菲律賓、新加坡、葡萄牙、墨西哥、韓國、及亞
洲、非洲、拉丁美洲的其他國家、歐洲的部分地區（如南義
大利、希臘鄉區）。

第二節　華人自尊的概念分析

一、多元特殊自尊的界定

從楊國樞（1993）、Yang（1995）之個人取向（individual orientation）與社會取向（social orientation）的觀點來看，Yang (2003)所界定的個人主義自尊與集體主義自尊，亦即楊國樞（2004）、Yang（2004）所說的個人取向自尊（individual-oriented self-esteem）與社會取向自尊（social-oriented self-esteem）。楊氏在此兩文中曾進一步將華人的社會取向自尊再分為關係取向自尊（relationship-oriented self-esteem）、家族（團體）取向自尊（familistic（group） self-esteem）、及他人取向自尊（other-oriented self-esteem）。他並將個人取向自尊與關係取向自尊、家族（團體）取向自尊、他人取向自尊三者並列為華人的四種主要自尊。他之所以將原本盛行於西方社會的個人取向自尊納為華人自尊的一部分，主要是因為從日常觀察及楊國樞（1994）、楊國樞、余安邦、葉明華（1991）、及Yang（1996）的研究與分析，可以得知至少臺灣的華人已經具有個人現代性的心理與行為（如平權開放、獨立自顧、樂觀進取、及兩性平等），而且此等新的心理及行為能與華人傳統的心理及行為並存。尤有進者，最近陸洛（2003）以臺灣成人為受試者，發現個人取向的自我成分與社會取向的自我成分可以同時並存，合而形成一種折衷性自我。楊國樞（2002a）以兩

岸大學生為研究對象，發現自尊之心理狀態的內涵兼含個人取
向與社會取向的成分。陸洛、楊國樞（2005）發現臺灣大學學
生、研究生及社會成人兼有個人取向與社會取向之自我實現的
觀念。再者，楊國樞、陸洛（2005）發現臺灣大學生與社會成
人兼具個人取向自我實現者與社會取向自我實現者的心理特
徵。我們可以用 Lu 與 Yang(in press)所提出之「傳統性與現代
性雙元自我」（tradition–modern bicultural self）的概念來統合
以上的研究發現。由以上種種證據看來，將個人取向自尊視為
華人自尊的一部分是有必要的，是符合現實的。既然如此，以
下將分就個人取向自尊、關係取向自尊、家族(團體)取向自
尊、及他人取向自尊四者分別說明其涵義。

1. 個人取向的自尊

　　楊國樞（2004）、Yang（2003, 2004）為個人性與內在性
自尊（personal-internal self-esteem）所提出的定義，實可視為
個人取向自尊的定義。為便於進一步說明其意涵，特將該定義
修改如下：個人取向自尊是指一種對自己的正面評價，此類正
面評價的來源或基礎主要有二，一是自己追求自行設定之個人
性、自發性及獨特性目標所獲得的成功或成就，二是自己所擁
有之有利於追求個人性目標的心理屬性、行為特徵、及體能長
相。在此定義中，個人性目標是由獨立自主之個人所自由界
定，不同的個人所設定之目標的內容差異甚大。個人取向自我

（individual-oriented self）的主要需求是自立、自足、獨立、自我接受、個人成就、自我肯定、自我優越、個人權力、及與眾不同（Yang, 2004），故個人自行設定與追求的具體生活目標，主要是涉及與滿足上述需求有關的事物。個人追求此等生活目標愈成功或成就愈大，他（她）所感受到的個人取向自尊就愈高。

　　定義中所說之有利於追求個人性目標的心理屬性、行為特徵、及體能長相，主要是個人所具有之有利於滿足上述各項個人取向需求的心理屬性、行為特徵、及體能長相，如獨有特質、自我強度、個人能力、自我信心、自我效能、獨立性格、自主習慣、自由意志、體能優越、及長相漂亮等。個人所擁有之此等身心屬性與特徵愈多愈強，他(她)所感受到的個人取向自尊就愈高。

2. 關係取向的自尊

　　依據楊國樞（2004）、Yang（2003, 2004）的界定，華人關係取向自尊是指第二種對自己的正面評價，此類自我評價的主要來源或基礎有二，一是自己追求家族以外之人際（兩人間）關係性目標所獲得的成功或成就，二是自己所擁有之有利於追求關係性目標的心理屬性與行為特徵。定義中所說的人際關係，主要是指華人家族以外的各種角色關係，如師生關係、

朋友關係、同事關係、鄰居關係、教友關係、同事關係、及上司下屬關係等。關係性目標則指在特定角色關係中的個人，為了維護、延續及加強其關係，採取社會規範所設定的應然目標，作為自己追求的目標。例如，就上司下屬之人際角色關係而論，關係中的下屬為了維護、延續及加強其與上司關係，會依社會規範選定上下和諧為一重要的關係性目標。追求和諧不只是上司下屬關係的一項重要關係性目標，也是其他各種角色關係的一項共同的重要關係性目標。

定義中所說之有利於追求關係性目標的個人屬性與特徵，主要是指對家族以外各主要角色關係的維護、延續及加強特別有利的個人屬性與特徵。這些屬性與特徵因為符合當地當時的社會規範與價值觀念，常為眾人所稱許。例如，在師生關係中，有利的個人屬性與特徵，就老師而言應是（對學生）很慈愛、多關心、善管教、會指導；就學生而言應是（對老師）很尊敬、多關心、善受教、會學習。其他種種角色關係也各有其有利而重要的不同屬性與特徵。自己所擁有之有利於追求人際關係性目標的屬性與特徵愈多，他（她）所感受到的關係取向自尊就愈高。

3. 家族（團體）取向的自尊

第三種華人自尊是家族（團體）取向自尊。稍微修改楊國

框（2004）、Yang（2003, 2004）的定義，此項自尊是指一種
對自己的正面評價，此類自我評價的主要來源或基礎有二，一
是自己追求家族性或團體性目標所獲得的成功或成就，二是自
己所擁有之有利於追求家族性或團體性目標的心理屬性與行為
特徵。此一定義所說的家族性或團體性目標，主要是指自己的
家族（或家庭）或自己是成員的其他重要團體（如就讀學校、
工作團體、專業團體、社交團體、娛樂團體）所重視的目標。
以家族性目標而論，依據楊國樞（1993）、Yang（1995）之華
人社會取向中之家族取向的分析，及葉明華、楊國樞（1998）
有關華人家族主義的研究，華人家族所重視的目標主要是家族
和諧、家族團結、家族榮譽、家族昌盛、及家族延續。在這些
團體性目標的追求上，個人的貢獻愈多、成就愈大，他(她)所
感受到的家族取向自尊便愈高。

　　定義中所說的有利於追求家族性或團體性目標的心理屬性
與行為特徵，主要是指有利於家族或其他團體達成其整個目標
的個人特性。就自己的家族或家庭而言，有利於達成家族和
諧、家族團體、家族榮譽、家族昌盛、及家庭延續等目標的個
人心理屬性與行為特性，至少有以家為重、忠於家族、能識大
體、謙虛忍讓、善避衝突、為家貢獻、為家犧牲、顧全家聲、
榮耀門楣、及生男育女等項。個人擁有這些愛家、利家、護家
之心理屬性與行為特徵的項目愈多、程度愈強，他（她）所感

受到的家族取向自尊便會愈高。以上說明是以家族（或家庭）
為例，個人在其他成員團體中的情形亦復如此。

4. 他人取向的自尊

最後一種華人自尊是他人取向自尊。將楊國樞（2004）、
Yang（2003, 2004）的定義略加修改，此類自尊可以界定為一
種對自己的正面評價，此類自我評價的主要來源或基礎有二，
一是自己從非特定他人處追求各種好評與聲望（如面子、尊
嚴、敬重、名譽、及光榮）所獲得的成功或成就，二是自己所
擁有之有利於追求非特定他人之好評與聲望的心理屬性與行為
特徵。此一定義所說的從非特定他人處追求好評與聲望所獲得
的成功或成就，有幾點應加說明。首先，此處所說的非特定他
人為數眾多，但卻既無與之個別直接交往的經驗，也不知其姓
名，更不識其面貌，所以是一種集體性的概化他人（the
generalized other）(詳見楊國樞，1993; Yang，1995 之說明)。
項羽烏江自刎之前所說的「無顏見江東父老」中的父老，有人
做了嚴重丟臉的事情之後所說的「無臉見人」中的人，人們做
了不該做的事之後所說的「我做了這樣的事，別人會怎麼想」
中的別人，都是非特定他人的例子。第二，定義中所說的面
子、尊嚴、敬重、名譽及光榮都是來自非特定他人，所以是公
眾性的面子、尊嚴、敬重、名譽、及光榮，而非在人際關係中
的面子、尊嚴、及敬重，也非在家族或其他所屬團體中的面

子、尊嚴、敬重、名譽、及光榮。第三，在華人社會中，個人
要想從非特定他人處追求面子、尊嚴、敬重、名譽及光榮，就
必須在立德、立功及立言等方面能有良好的表現。個人在追求
公眾性的面子、尊嚴、敬重、名譽及光榮方面愈成功，他（或
她）所感受到的他人取向自尊就愈高。

　　至於定義中所說的有利於追求來自非特定他人之好評與聲
望的心理屬性與行為特徵，主要是指有利於獲得公眾性面子、
尊嚴、敬重、名譽及光榮的個人心理屬性與行為特徵，其中主
要有道德高超、為人正直、講究義氣、善於助人、服務大眾、
功在國家、見解出眾、言能服人、及著作卓越。前三項與立德
有關，中間三項與立功有關，最後三項與立言有關。個人擁有
此等特性的項目愈多、程度愈強，他（或她）所感受到的他人
取向自尊就愈高。

　　簡而言之，以上四種自尊是以互動對象的不同而區分。個
人取向自尊是以自己為互動對象，關係取向自尊是以家庭外的
另一人為互動對象，家族（團體）取向自尊是以自己的家族或
其他成員團體為互動對象，他人取向自尊是以非特定他人為互
動對象。進而言之，四種自尊的分類所根據的主要向度是追求
正面自我評價的來源不同：個人性來源、人際性來源、團體性
來源、及非特定他人性來源。個人取向自尊是來自對自己本身
的良好評價，關係取向自尊是來自對自己與特定個別他人之互

動的良好評價，家族（團體）取向自尊是來自對自己與家族或其他團體之互動的良好評價，他人取向自尊是來自對自己與非特定他人之互動的良好評價。

後三種自尊的差異值得特別強調。關係取向自尊專注於家庭以外之兩人間的人己關係，而非自己與家族或其他團體的關係，也非自己與家族及其他團體以外之無法認定的概化性人群的關係。家族(團體)取向自尊專注於自己與家族或其他團體的關係，他人取向自尊則專注於自己與非爲團體之非特定他人的集合的關係。關係取向自尊與家族(團體)取向自尊所關涉的對象不同，前者的關涉對象主要是家族外之特定個人，後者的關涉對象則是自己的家族或其他特定團體。關係取向自尊與他人取向自尊所關涉的對象也不同，前者的關涉對象是家族外之特定個人，後者的關涉對象是一種非特定的概化他人。至於家族(團體)取向自尊與他人取向自尊所關涉之對象的不同，自不待言。

二、多元特殊自尊的分類

以上四種特殊自尊可依其範疇性、穩定性、及公私性加以分類。就其範疇大小而言，可將四者先分為個人取向自尊與社會取向自尊，後者包括關係取向自尊、家族（團體）取向自尊、及他人取向自尊。社會取向自尊也可先分為關係取向自尊

與集體取向自尊，後者再分為家族（團體）取向自尊與他人取向自尊。顯而易見，互動對象的多少所代表的是互動範疇的大小。在華人特殊自尊的分類系統中，範疇性是探討華人自尊的主要面向（facet），它具有相當大的文化涵義。

　　就穩定性而言，可將特殊自尊分為兩種，即特質自尊（trait self-esteem）與狀態自尊（state self-esteem）。前者是將自尊視為一種穩定的人格特質（personality trait），後者是將自尊視為一種暫時的心理狀態（psychological state）。William James（1890）早就認為自尊兼合特質成分與狀態成分，晚近將自尊分為特質自尊與狀態自尊的研究者漸多（如 Crocker & Park, 2003; Kernis & Goldman, 2003; Leary & MacDonald, 2003），以實徵方法分別測量二者並探討其間關係者也不乏其人（如 Crocker & Park, 2003; Heatherton & Polivy, 1991）。有些研究（如 Greenier, Kernis, McNamara, Waschull, Berry, Herlocker, & Abend, 1999; Levine, Wyer, & Schwartz, 1994）已經發現：個人對外在事件（如成就、挫敗、情況突變）與對事件的內在知覺或解釋，可使其狀態自尊在其特質自尊之穩定基線的上下有所升降或變動。這可以算是兩種自尊在變與不變之對比上的相對關係。

　　但要真正瞭解兩者的可能實質關係，還須從兩者與其他有關事項或變項的關係架構去理解。由圖 1 所提出之概念模式可

知，外在與內在的偶發事項或事件須經當事人從事認知評估
（cognitive appraisal）之後，方會產生狀態自尊的升降，此種
升降並能進一步影響後續的心理與行為活動。在此架構中，特
質自尊可直接影響狀態自尊，亦可經由影響認知評估而間接影
響狀態自尊。圖 1 所示只是一套概念性的假設，有待從事實徵
研究的驗證。

　　第三個有關華人自尊的重要面向是公私性。在此向度上，亦
可將自尊分為兩種，即私密自尊（private self-esteem）與公開
自尊（public self-esteem）。前者是指在無人在場的私密情形下
個人之正面自我評價的程度；後者則指在有他人在場或向他人
表白的情形下個人之正面自我評價的程度。華人講求謙虛，其
公開自尊可能較私密自尊為低。與此不同，西方人講求心口如
一的自我一致性（self-consistency）或自我信實性（self-
integrity），兩種自尊應無差異或差異較小。所以，從東西文
化之比較的觀點來看，私密自尊與公開自尊應有不同的特殊意
義。

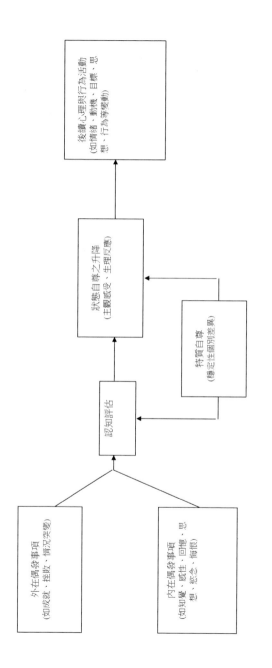

【圖1】

特質自尊與狀態自尊及其相關因素的概念架構

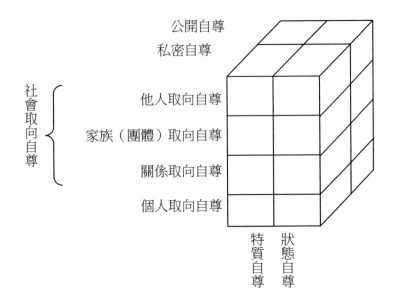

公開自尊
私密自尊

社會取向自尊 {

他人取向自尊

家族（團體）取向自尊

關係取向自尊

個人取向自尊

特質自尊　狀態自尊

【圖2】　華人自尊的三面模式（採自楊國樞，2004，圖二）

　　到此為止，我們已經分別說明了華人自尊的三個主要面向，即自尊的範疇性、穩定性、及公私性。楊國樞（2004）已提出一套三面向的立體模式，以整合上述三方面的自尊內容（見圖2）。由此圖可知，自尊的三個面向可兩兩配成不同的組合，以界定不同的自尊內涵或自尊研究類型。垂直面向上的四種自尊（個人取向自尊、關係取向自尊、家族（團體）取向自尊、及他人取向自尊）與平鋪面向上的兩種自尊

（特質自尊與狀態自尊）可配搭成八種組合；垂直面向上的
四種自尊與縱深面向上的兩種自尊（私密自尊與公開自尊）
亦可配搭成八種組合；平鋪面向上的兩種自尊與縱深面向上
的兩種自尊則可配搭成四種組合。三個面向的各類自尊共有
十六（4 × 2 × 2）種組合，每種組合都可視為自尊的一種
特殊的內涵組成或研究類型。在本研究中，我們是將個人與
範疇面向之不同對象互動後所作的穩定性評價視為特質自尊
（而非狀態自尊），並在一種接近私密的條件下（團體施
測、不寫姓名、及集體分析）加以測量。簡單地說，本研究
是採取一種將不同範疇的自尊內涵與特質之自尊性質、私密
之測量條件二者相組合，成為一種有關華人自尊研究的特殊
類型。

　　圖 2 所呈現的自尊三面向之外，還有一個重要面向是整
體自尊（global self-esteem）與特殊自尊（specific self-
esteem）的區分。整體自尊是指個人直接對整個自我所做的
正面評價，而不是對自我的不同部分（如不同生活或互動範
疇的自我）或不同方面（如智能或道德方面的自我）所做的
正面評價。在西方自我心理學中，測量整體特質自尊
（global trait self-esteem）的最有名的工具，是 Rosenberg
（1965）的「自尊量表」（Self-Esteem Inventory）。特殊自
尊是指個人對自我的不同部分或不同方面所做的正面評價。
圖 2 中垂直面向上的四種自尊係個人對不同的特殊生活或互

動範疇中的自我所做的正面評價，所以皆屬特殊自尊而非整
體自尊。事實上，我們也編製了適用於華人的整體自尊量
表。但因限於篇幅，有關本土化整體自尊量表的概念分析、
編製程序、量表內容、及信度效度，將另文予以報導。

第三節　研究目的與研究方法

　　上節已經有系統地闡述了本研究所需要的概念架構。本
節將以此一架構為基礎，說明本研究所探討之有關華人自尊
的實徵問題，以及所採用的研究方法。

（一）研究目的與設計

　　本研究的主要目的在以上節所建構之華人自尊的概念系
統為基礎，編製一套適合於測量華人自尊的「華人多元自尊
量表」，作為未來從事有關學術研究與實務應用的工具。我
們將本研究所測量的自尊定位於特殊自尊、特質自尊、及私
密自尊，而非整體自尊、狀態自尊、及公開自尊。在自尊的
內涵上，我們將個人在四個不同互動範疇中的自尊（個人取
向自尊、關係取向自尊、家族（團體）取向自尊、及他人取
向自尊），作為撰寫自尊題目的主要內容範疇。從研究者的
觀點所寫的題目，只是作為建立華人多元自尊量表所需要的

題庫。但各種自尊因素的檢定，還是要以受試者的答題反應為基礎資料，從事探索性因素分析（exploratory factor analysis）及其他統計分析。建立華人多元自尊量表的其他程序，將依心理計量學的基本要求進行。

二、訪談與施測對象

1. 個別訪談部分

本研究之訪談對象共為 25 人，包括 13 位男性與 12 位女性，皆取自臺灣。男性年齡分佈在 18 歲到 53 歲之間；女性年齡分佈在 19 歲到 49 歲之間。平均訪談時間為 16 分鐘，最少訪談時間為 13 分鐘，最長訪談時間為 25 分鐘。

2. 開放式問卷施測部分

本研究以開放式問卷施測之對象共計 207 位，主要分成兩組，即社區組與大學組。社區組共 76 人，男 36 人，女 40 人；大學組共 99 人，男 51 人，女 48 人。社區組受試者主要來源為嘉義地區 34 人，上海地區 42 人；大學組受試者為臺灣地區 38 人，廣州地區 36 人，上海地區 25 人。

3. 預試題本施測部分

參考個別訪談法與開放問卷法所得質化資料，撰寫 300 餘題的題庫。經汰除不合適的題目後，編成多元自尊量表的預試題本（共 293 題）。施測對象分成臺灣地區與大陸地區之大學生，合計 967 人。臺灣地區是在北、中、南三區 8 所大學施測，共計 428 人，平均年齡 20.98 歲(標準差 1.13)，男性 268 人，女性 160 人。大陸地區是在北京的 8 所大學施測，學生來自全國各地，共計 539 名受試者，平均年齡 21.99 歲(標準差 3.38)，男性 185 人，女性 354 人。

4.信度與效度考驗部分

完成題目預試、因素分析、及選題程序後，特編製 100 題之包含六個分量表的「華人多元自尊量表」，接著應該進行各分量表之信度與效度的檢驗。這一步驟所用的樣本，必須不同於選擇題目之預試樣本。估算內部一致性信度（Cronbach α）所用的新樣本，包括臺灣地區與大陸地區的大學生合計 1446 人。臺灣地區在北、中、南、東四個地區的 11 所大學施測，共計 744 人，平均年齡 19.89 歲(標準差 2.41)，男性 330 人，女性 414 人。大陸地區在北京的 8 所大學，學生來自全國各地，共計 702 名受試者，平均年齡

20.75 歲(標準差 1.63)，男性 333 人，女性 369 人。至於再測信度（間隔四週）的估計，所用樣本為臺灣的大學生 127 人，男 58 人，女 68 人。

在構念效度的評估方面，主要是檢核華人多元自尊量表各分量表的分數是否與特定「其他變項」成理論或概念上所預測的關係（相關方向或程度）。本研究所選擇的其他變項有下列五者，在分別探討它們與各分量表分數的關係是否符合理論性或概念性的預測時，所用的受試樣本人數如下：

(1) 自我滿意度：共 1446 人。臺灣大學生 744 人，男 330 人，女 414 人；大陸大學生 702 人，男 333 人，女 369 人。

(2) 同儕他評優劣：共 271 人。臺灣大學生 149 人，男 27 人，女 122 人；大陸大學生 122 人，男 30 人，女 92 人。

(3) 負向情緒強度與頻率：共 1175 人。臺灣大學生 595 人（測自臺灣北、中、南區數所大學），男 303 人，女 292 人；大陸大學生 580 人（測自大陸北京數所大學），男 303 人，女 277 人。

(4) 身心症狀總數：共 1175 人。臺灣大學生 595 人，男 303 人，女 292 人；大陸大學

生 580 人，男 303 人，女 277 人。

(5) 父母社會經濟地位：共 1446 人。臺灣大學
生 744 人，男 330 人，女 414 人；大陸大
學生 702 人，男 333 人，女 369 人。

三、質化資料的蒐集方法

1. 個別訪談法

本研究希望以個別訪談的方式，獲得有關自尊的一般性
概念。經由對訪談資料的內容分析與討論，找出一般大學生
對自尊的看法，以及可能影響個人自尊高低的因素，並藉此
編製開放式問卷。

徵得每位受訪者的同意，採取錄音與事後謄稿的方式，
將訪談內容逐字記錄。訪談問題如下：

(1) 談談你覺得什麼是自尊？
(2) 什麼時候你會覺得自尊高？
(3) 什麼時候你會覺得自尊低？

2. 開放式問卷法

對自尊概念有了初步瞭解後，我們編製了一份開放式問

卷，希望能對自尊概念有更明確的瞭解。開放式問卷的內容
如下：

(1) 什麼是「自尊」或「自尊心」？

(2) 從你的生活經驗來看，在哪些狀況下你會
覺得自尊較高？

(3) 從你的生活經驗來看，在哪些狀況下你會
覺得自尊較低？

(4) 在你生活中，誰的自尊比較高，為什麼？
（可以不列姓名，直接寫理由。）

(5) 在你生活中，誰的自尊比較低，為什麼？
（可以不列姓名，直接寫理由。）

四、預試用自尊量表的編製

編製自尊量表的第一步是撰寫足夠的預試題目。預試題
本的編製，主要是以第二節楊氏所提出的四個層次之華人自
尊的理論架構為依據，參考個別訪談與開放式問卷的內容分
析結果，並參酌研究者在日常生活中的自尊經驗。在撰寫量
表題目時，是將理論架構與內容分析、生活經驗二者交互印
證，先確定自尊範疇，再參酌資料中受試者所提及的相關內
容，儘量撰寫各種有生活意義的題目。題目撰寫係依「個
人」、「關係」、「團體」、及「他人」四個自尊範疇。個

人取向自尊包含身體、外表、能力、做事、學習、道德、性格、及其他八個次範疇。關係取向自尊包含父母、手足、朋友、老師、同學五個次範疇。團體取向自尊包含家庭、學校、社會國家三個次範疇。他人取向自尊包含顧慮他人、順從他人、關注社會規範、重視名譽聲望、及其他五個次範疇。這些次級範疇的選擇，係由研究者共同討論後決定。

　　根據楊氏的概念架構撰寫足夠的題庫題目，再從題庫（共 300 多題）中選出最具代表性的題目，並邀請數位大學生進行題意的確認與修正。最後，21 個次範疇的題目共為 293 題，兼含正向自尊題目與負向自尊題目。將 293 題加以隨機排列，編成正式預試題本，採用 Likert 氏評定尺度，讓受試者判斷每個題目所敘述的自我評價內容與其個人的真實情形符合的程度：1，全不符合； 2，稍微符合； 3，相當符合； 4，大都符合； 5，完全符合。為減少自尊量表對受試者填答的威脅性，預試題本的名稱改為「自我瞭解量表」，其做法說明見附錄 1。

五、資料分析與選題程序

1. 刪除辨別力低的題目

　　本研究的目的在編製本土化的「華人多元自尊量表」。

要知每個題目所測得的自尊的心理成分為何，以及測到的程度多大，最有效的方法之一是進行因素分析。為了獲得較好的分析結果，宜先將辨別力低的題目刪除。首先分析各題的答題率、平均數、及標準差，刪去答題率偏低（966 人中回答該題者低於 600 人）、標準差偏低（SD < .90）、及評分平均數大於 4 或小於 2 的題目。共刪去 85 題，剩下 208 題，此後的因素分析便是以此等題目進行。

刪題後，在每位受試者的題目漏答處，皆填入全體受試樣本的眾數（mode）值。如此做的主要理由有二：（1）受試者如果不漏答，他（或她）勾選眾數反應的機率最大，及（2）以眾數填入漏答處，對全樣本之分數的分佈影響最小。兩岸樣本之漏答題皆以同樣的做法處理。

2. 將原始分數轉換為標準 z 分數

刪去低辨別力的題目後，各受試者在部分題目上之原始分數的分佈，仍有偏向低分端、偏向高分端、及聚集中間段的情形。為了使分數的分佈常態化，特將原始分數轉換為 z 分數。轉換的方式是將同一受試者在各題上的原始分數轉換為 z 分數，以使每個受試者在各題上的新分數成常態分佈。

3. 進行探索性因素分析

以各受試者在各題上的標準 z 分數，進行二至七個因素的探索性因素分析（exploratory factor analysis）。抽取因素的方法採用主成分分析法（principal component analysis），斜交因素轉軸則採用 Kaiser 之最優極大法（promax）。比較抽取不同因素數目（2 至 7）之六套因素分析結果，發現抽取六個因素時，每一因素之高因素負荷量（factor loading）的題目內容最具心理意義（psychological meaning）；也就是說，六因素各具不同之有關自尊的構念意義（construct meaning）。因此決定抽取六個因素，各因素的固有值（eigenvalue）分別為 39.15、10.45、7.40、7.39、5.98、5.70、及 5.35，所能解釋的總變異量百分率分別為 12.97 %、6.50 %、4.88 %、4.03 %、3.62 %、及 3.28 %，合共解釋 35.28 %。

每一因素的核心涵義，可自該因素之高因素負荷量之題目的共同內容得而知之。經過研究者共同仔細討論六個斜交因素的構念意義後，依次分別命名如下（圓括號內為所能解釋之總變異量的百分率）：「個人能力與獨立」（4.88 %）、「體能健康與外表」（4.03 %）、「人際關係與人緣」（12.97 %）、「家人情感與互動」（6.50 %）、「家

世背景與經濟」（3.28 ％）、及「社會認同與道德」（3.62 ％）。接著就此六因素進行選題，選取標準如下：（1）因素負荷量絕對值大於.30，（2）題意與因素之構念意義契合度高，（3）刪去在其他因素上亦有偏高負荷量的題目，及（4）刪除題意近似的其他題目。依據此等標準選擇題目，共得 109 題。

進一步以此 109 題進行第二次探索性因素分析，並依據下列標準選取最佳題目：（1）因素負荷量絕對值大於 .30，（2）題意與因素之構念意義契合度高，及（3）刪去在其他因素上亦有偏高負荷量的題目。最後獲得 100 題，編成正式之本土化「華人多元自尊量表」。

六、構念效度考驗的工具與方法

1. 多向度自我滿意度評量表

此一評量表（見附錄 2）為研究者所自編，主要是測量受試者對自己生活中與多元自尊的六個向度相對應之六方面的滿意度。評量表共有 14 題，各題內容的設計皆是對應於「個人能力與獨立」、「體能健康與外表」、「人際關係與人緣」、「家人情感與互動」、「家世背景與經濟」、及「社會認同與道德」六個自尊向度，分別測量受試者對自己

在生活的六方面之表現的滿意度，每一方面有 2 或 3 題。採用 Likert 氏五點評定尺度，請受試者判斷自己對每個題目所敘述之生活方面的滿意程度：1，非常不滿意； 2，不滿意； 3，半滿意半不滿意； 4，滿意； 5，非常滿意。

　　為了驗證評量表中測量自我滿意度的 14 個題目是否可以形成對應於六種特殊特質自尊的六個不同因素，特從事探索性因素分析。分析過程是以主軸法（ principal-axes method ）抽取六個因素，進而以 Kaiser 之最優極大法（promax）做斜交轉軸，獲得表 1 所示的清晰結果。斜交的六個因素共可解釋題目分數之總變異量的 78%。除第 8 題外，表中六個因素在其他各題上的因素負荷皆在 .70 以上，可謂頗高。這樣高的因素負荷量顯示兩項事實：（1）同一因素的兩個或三個不同題目間的相關程度頗高，也就是每一因素的內部一致性信度良好。（2）各題在六個因素上的因素負荷量皆頗高，且在每一因素上具有高負荷量的兩個或三個題目在內容上皆有明顯的共同心理意義（或構念意義）；也就是說，六個因素皆具有良好的因素效度（ factorial validity ）。顯而易見，六個自我滿意度因素各自的內容意義，分別與六個特殊特質自尊的內容意義相對應：因素 1 對應於「家人情感與互動」，因素 2 對應於「人際關係與人緣」，因素 3 對應於「體能健康與外表」，因素 4 對應於「家世背景與經濟」，因素 5 對應於「社會認同與道德」，

及因素 6 對應於「個人能力與獨立」。

　　另有一事亦應在此論及，此即表 1 中第 8 題之有關結果。在六個自我滿意度因素中，第 3 個因素（「體能健康與外表的滿意度」）應在第 8 題上有高因素負荷量，但事實上卻只有低負荷量（.37）；同時，第 2 個因素（「人際關係與人緣的滿意度」）在此題上也有低負荷量（.41）。換言之，對自己外表的滿意度與「體能健康與外表滿意度」、「人際關係與人緣滿意度」二因素皆有關聯，但關聯程度都不大。對自己外表的滿意度與人際關係與人緣滿意度之有關連，是一件值得注意的事。這可能意謂著外表滿意度會增進人際關係與人緣滿意度，後者又會進而加強人際關係與人緣方面的自尊。個人外表滿意度何以會增進人際關係與人緣滿意度？可能的解釋之一是：對自己的外表（長相、衣著及儀態）愈滿意的人，愈有信心與別人接近、來往及締交，也就愈容易為別人所接受、喜愛及欣賞，結果自然是人際關係與人緣愈好。影響所及，當事人對自己的人際關係與人緣的滿意度就會愈高。尤有進者，從表 11 可知，人際關係與人緣的滿意度愈高，人際關係與人緣的自尊就會愈高。外表滿意度對人際關係與人緣滿意度、人際關係及人緣自尊兩者的可能影響，是一個值得認真從事實徵研究的重要問題。

　　綜合而言，本研究所測量的六種特殊自尊與六種自我滿

意度之間有的成對應關係，有的成不對應關係。從聚合效度 (convergant validity)的角度來看，成對應關係的特殊自尊與自我滿意度之間，應有較高的相關程度；從區辨效度 (discriminant validity)的角度來看，成不對應關係的特殊自尊與自我滿意度之間，應有較低的相關程度。因此，同一受試者樣本之六種特殊自尊與六種自我滿意度的相關矩陣，可以作為檢驗六種自尊之聚合效度與區辨效度的重要數據。

2. 同儕提名排名問卷

　　相對於受試者個人主觀之自尊評定，此一工具特別蒐集同班同學對受試者的共同（客觀）評定資料，以進行多元自尊量表各分量表的效度檢核。這種蒐集資料的方式是以班級為單位，獲得同一團體中其他人對特定受試者的客觀評定。這一方法所用之問卷（見附錄 3）的設計是參考 Coie、Dodge、及 Coppotelli (1982)所提出的同儕提名法（peer nomination method），及 Asher、Singleton、Tinsley、及 Hymel(1979)所提出的同儕評定法（peer rating method）。以班的團體方式施測，目的是針對多元自尊的每個向度的有關特性、表現或條件（2-3 項），收集同班同學對特定受試者的他人評定。具體而言，其程序是請同一班的受試者就多元自尊之每個向度的有關項目，列出班上表現最好的與表現最差的各三位同學的姓名。計分方式是將被提名為最好的第一

【表1】　「多向度自我滿意度量表」各題的因素分析結果
　　　　　(N = 1446)

題目	自我滿意度六因素及各題因素負荷量					
	1	2	3	4	5	6[#]
1. 我對我與家人的關係的滿意度。	.94					
2. 我對我與家人情感與互動狀況的滿意度。	.90					
3. 我對我在家中受重視的狀況的滿意度。	.88					
4. 我對我的人際關係的滿意度。		.92				
5. 我對我在團體中受重視的狀況的滿意度。		.89				
6. 我對我的健康的滿意度。			.91			
7. 我對我的體能的滿意度。			.89			
8. 我對我的外表的滿意度。			.41	.37		
9. 我對我的家世背景的滿意度。				.96		
10. 我對我家的經濟狀況的滿意度。				.87		
11. 我對我的道德表現與守法情況的滿意度。					.89	
12. 我對我的關懷社會的狀況的滿意度。					.85	
13. 我對我的能力表現的滿意度。						.93
14. 我對我的獨立狀況的滿意度。						.71

#1至6的數字分別代表以下六個因素：
1.「家人情感與互動的滿意度」（簡稱「家人滿意度」）
2.「人際關係與人緣的滿意度」（簡稱「人際滿意度」）
3.「體能健康與外表的滿意度」（簡稱「體能滿意度」）

　　4.「家世背景與經濟的滿意度」（簡稱「家世滿意度」）
　　5.「社會認同與道德的滿意度」（簡稱「社會滿意度」）
　　6.「個人能力與獨立的滿意度」（簡稱「個人滿意度」）

名計 3 分，第二名計 2 分，第三名計 1 分；被提名為最差的第一名計 -3 分，第二名計 -2 分，第三名計 -1 分；沒有被提名者計 0 分。依此方式，計算班上同學對特定受試者在多元自尊之每個向度上的有關特性、表現或條件的提名排名分數。得分愈高，代表班上同學對他的特性、表現或條件評價愈高。為了提高受試者的填答意願，施測時特別選取座位間距離較寬的教室，並強調填答問卷時無須記名，且個人資料保密。

　　我們將以同一樣本的受試者為對象，用量表自評法測量六種特殊自尊，用同儕提名法評估與六種自尊相對應之六方面的表現或特徵。六種自尊與六種表現之間有的成對應關係，有的成不對應關係。從聚合效度的角度來看，成對應關係的自尊與表現之間，應有較高的相關程度；從區辨效度的角度來看，成不對應關係的自尊與表現之間，應有較低的相關程度。因此，同一受試者樣本之六種自尊與六種表現的相關矩陣，可以作為檢驗六種自尊之聚合效度與區辨效度的重要數據。

3. 負面情緒評量表

　　爲楊國樞、程千芳（2001）所使用，量表共有 13 個負面情緒名詞（見附錄 4），分測悲傷、擔憂、及羞愧三類情緒。此一評量表採用 Likert 氏五點評定尺度，由受試者評定自己平常的每種情緒（如沉痛、煩惱、愧疚）的程度。受試者評定自己的每種情緒感受時，係分就強度與頻率爲之。強度的評定尺度如下：0，毫無此情緒；1，稍有此情緒； 2，頗有此情緒； 3，甚有此情緒； 4，極有此情緒。頻率的評定尺度如下：0，從無此情緒；1，偶而有此情緒； 2，有時有此情緒； 3，經常有此情緒； 4，每天有此情緒。本研究的資料分析顯示：情緒強度的內部一致性信度（Cronbach α），憂鬱情緒強度爲 .82，焦慮情緒強度爲 .87，羞愧情緒強度爲 .85，皆屬可接受範圍；情緒頻率的內部一致性信度（Cronbach α），憂鬱情緒頻率爲 .80，焦慮情緒頻率爲 .86，羞愧情緒頻率爲 .84，亦在可接受範圍內。以上信度係數，係將臺灣與大陸樣本合併而得。在預先分析中，兩樣本之信度係數甚爲相近，故可以合併樣本計算之。

　　在本文緒論中，我們曾指出 Carlock（1999）博採眾家之見，將自尊視爲個人對自己的感受如何，以及對自己看得多高多好。一個人的自尊分數較高，表示他（她）對自己的感受較佳，將自己看得較高較好。這樣一個人的悲傷、擔憂

及羞愧等類的負向情緒當然會較少較弱。由此乃可預測本研究所編製之各自尊分量表的得分應與負向情緒的頻度與強度成負相關，負相關的程度可能因自尊分量表的不同而有異。

4. 身心症狀篩檢問卷

為陳慶餘、吳英璋（1987）所編製，該問卷列舉臨床上常見的 46 種身心症狀，如心悸、頭暈、拉肚子、失眠等，要求受試者逐項檢核，勾選自己在最近一或三個月以內曾經出現的身心症狀。此問卷乃參考張珏（1987）所修訂的身體症狀檢查表，並參考臺灣大學學生保健中心門診與臺大醫院家庭醫學科門診病人常見的症狀編製而成。本研究為探討特質自尊與身心健康的關係，特別採用較長的時段，請受試者勾選最近三個月曾經出現的身心症狀，並計算受試者勾選的症狀總數（介於 0 至 46），作為受試者身體健康的指標。

Carlock（1999）將自尊視為個人對自己的感受如何，以及對自己看得多高多好。一個人的自尊分數較高，表示他（她）對自己的感受較佳，將自己看得較高較好。這樣一個人的身心症狀當然會較少。依此乃可預測各自尊分量表的得分應與身心症狀成負相關，負相關的程度可能因自尊分量表的不同而有異。

5. 基本資料問卷

　　內容包括年齡、性別、父母親教育程度、父母親職業水準、及家庭月收入。父母親教育程度分為 7 個等級：不識字、識字、國小畢業、國（初）中畢業、高中（職）畢業、大學（學院）畢業、研究所畢業。父母親職業水準乃根據黃毅志(1997)所建立的臺灣地區新職業分類架構，同時參照主計處的職業分類等級，將職業類別分為五級。第一級包含家庭主婦、保母、臨時工、清潔工、管理員等；第二級包含郵差、司機、店員、廚師、推銷員、自耕農等；第三級包含船員、代書、代理商、服裝設計師、幼稚園老師、小型企業負責人、警察、消防隊員等；第四級包含中小學校長、中小學教師、會計師、法官、律師、警官、畫家、作家、音樂家、藥師、工程師等；第五級包含大專校長、大專教師、醫師、大法官、科學家、將級軍官、董事長、總經理等。家庭月收入部分，臺灣樣本是分為 11 個等級：兩萬元以內、兩萬到四萬元以內、四萬到六萬元以內、六萬到八萬元以內、八萬到十萬元以內、十萬到十二萬元以內、十二萬到十四萬元以內、十四萬到十六萬元以內、十六萬到十八萬元以內、十八萬到二十萬元以內、二十萬元以上；大陸樣本則同樣以相對應的收入狀況分為 11 個等級。

　　基本資料問卷主要是用以蒐集有關大學生之父母與家庭的社經地位(socio-economic status，簡稱 SES)的資料。自尊

與 SES 的關係可能是雙向的：自尊較高的人可能信心與動機
較強，因而會成就較大，SES 較高；SES 較高的人資源較
多，因而會事業順遂、生活優渥，從而培養出較強的自尊。
因此，自尊與 SES 應成正相關，但相關的程度可能因自尊分
量表的不同而有異。

第四節　研究結果

一、多元自尊因素的內涵與命名

　　以探索性因素分析鑑定華人多元自尊的各個因素，係先
分就臺灣與大陸兩樣本從事因素分析，因所得因素及其結構
大致相似，乃將兩樣本合併，再進行因素分析。分析結果顯
示，選取以下六個斜交因素時最有心理意義：（1）個人能
力與獨立，（2）體能健康與外表，（3）人際關係與人緣，
（4）家人情感與互動，（5）家世背景與經濟，及（6）社
會認同與道德。

　　第一個因素是「個人能力與獨立」，其較高因素負荷量
之題目見表 2。此因素的主要內涵是對個人在學習、做事及
做人等方面的能力、才幹、積極性、主動性、獨立性、及自
主性的評價。正向題目如「我的能力強」、「我精明能
幹」、「我敢做與眾不同的事」、「我的行動不受別人影

【表2】　「個人能力與獨立」自尊因素的主要題目及每題平均數、標準差、因素負荷量（N = 967）

序號	題目	平均數	標準差	因素負荷量
1.	我的能力強	3.46	.91	.60
2.	我精明能幹	3.16	.93	.57
3.	我很優秀	3.49	.92	.56
4.	我能言善道，口才好	3.00	1.07	.54
5.	我很會分析事理	3.58	.91	.54
6.	我的辦事效率高	3.43	.96	.52
7.	我的學習能力強	3.66	.88	.50
8.	我想要作的事都能去作	3.40	.89	.49
9.	我總是成功地完成事情	3.35	.86	.47
10.	我清楚自己要什麼	3.83	.94	.46
11.	我敢做與眾不同的事	3.21	1.03	.46
12.	我可以發揮潛能	3.40	.93	.45
13.	對事情我有自己的看法	3.94	.80	.44
14.	我能照顧自己	3.92	.85	.38
15.	我很清楚自己的人生目標	3.55	1.12	.38
16.	我的行動不受別人影響	3.14	1.02	.37
17.	我是個消極被動的人	3.99	.97	-.60
18.	我的表達能力欠佳	3.46	.98	-.60
19.	我是一個沒有特色的人	3.78	.97	-.58
20.	我經常依賴別人	3.71	.91	-.46
21.	我不會貿然去做沒人做過的事情	3.05	1.02	-.45

響」，負向題目如「我是個消極被動的人」、「我的表達能力欠佳」、「我經常依賴別人」。共有 21 題，包含正向題16 個，負向題 5 個。第二個因素是「體能健康與外表」，其較高因素負荷量之題目見表 3。此因素的主要內涵是對個人的運動能力、體能、身材、外表、長相、及健康情形的評價。正向題目如「我的體能很好」、「我的身材很好」、「我長的美(帥)」、「我的身體健康」，負向題目如「我的運動能力很差」、「我的體力不好」、「我的肌肉不發達」。合計 11 題，包含正向題 8 個，負向題 3 個。

　　第三個因素是「人際關係與人緣」，其較高因素負荷量之題目見表 4。此因素的主要內涵是有關各種人際或社會關係及其關係品質好壞的評價。對大學生而言，最突顯的關係是同學與朋友，其次是「別人」。每一量表題目都說到泛稱的「同學」、「朋友」或「別人」，所指的不是一種集體、團體或非特定他人，而是受試者曾在生活中與其個別互動過甚或建立人際關係之不同類別的關係人。題目中對於關係的評價包括正向的喜歡、讚美、器重、尊重、接納、人緣好、朋友多、相處融洽，及負向的被討厭、不合群、不被接受、得罪人、不被喜歡。正向題目如「同學喜歡我」、「朋友都器重我」、「我在學校人緣很好」、「我的朋友很多」、「我能與朋友維持長久的良好關係」，負向題目如「我不被朋友接受」、「同學認為我是不合群的人」、「別人不喜歡我」。合計 22 題，包含正向題 17 個，負向題 5 個。

【表 3】　「體能健康與外表」自尊因素的主要題目及每題
　　　　　平均數、標準差、因素負荷量（N = 967）

序號	題目	平均數	標準差	因素負荷量
1.	我的體能很好	2.84	1.07	.74
2.	我在運動場上很出風頭	2.29	1.11	.74
3.	我球打得不錯	2.88	1.09	.63
4.	我有健美的體格	2.80	1.05	.58
5.	我的身材很好	2.77	1.03	.55
6.	我的身體健康	3.63	.93	.46
7.	我的身體抵抗力不錯	3.47	1.05	.42
8.	我長得美(帥)	2.92	1.08	.40
9.	我的運動能力很差	3.64	1.07	-.80
10.	我的體力不好	3.54	1.03	-.69
11.	我的肌肉不發達	3.10	1.10	-.67

　　第四個因素是「家人情感與互動」，其較高因素負荷量
之題目見表 5。此一因素涉及個人與家人情感之好壞及家人
互動之情形的評價，其主要內涵包括與家人情感的好壞、家
人對個人的評價，及在家庭中的地位。對大學生而言，家人
中以父母的評價與態度最為重要　。情感部分包含正向的在
乎與疼愛，及負向的看不順眼、冷落及嫌棄。這一部分的正
向題目如「家人很在乎我」、「父母疼愛我」、「我與兄弟
姊妹和樂相處」，負向題目如「家人總是看我不順眼」、
「父母冷落我」、「父母不在乎我」、「我被家人嫌棄」。

【表4】　「人際關係與人緣」自尊因素的主要題目及每題
　　　　　平均數、標準差、因素負荷量（N = 967）

序號	題目	平均數	標準差	因素負荷量
1.	同學喜歡我	3.58	.80	.66
2.	我的人際關係很好	3.53	.88	.65
3.	我的朋友很多	3.37	1.03	.61
4.	我的同學常讚美我	3.19	.91	.60
5.	我的朋友常說我好	3.49	.87	.59
6.	朋友都器重我	3.52	.83	.59
7.	同學都覺得我是個好同學	3.58	.82	.57
8.	同學尊重我的意見	3.47	.78	.56
9.	我在學校人緣很好	3.50	.88	.56
10.	我的同學都接納我	3.56	.85	.52
11.	我與同學相處融洽	3.84	.86	.51
12.	我經常幫助同學	3.45	.84	.51
13.	同學們有事常會問我的意見	3.26	.89	.51
14.	別人都說我是個好人	3.62	.78	.50
15.	別人對我有好印象	3.59	.90	.49
16.	我總是與別人和諧相處	3.84	.83	.49
17.	我能與朋友維持長久的良好關係	3.82	.84	.44
18.	我不被朋友接受	4.26	.66	-.64
19.	同學認為我是不合群的人	4.02	.86	-.61
20.	我常得罪別人	3.85	.85	-.54
21.	同學討厭我	4.31	.70	-.53
22.	別人都不喜歡我	4.38	.74	-.53

【表 5】　「家人情感與互動」自尊因素的主要題目及每題
　　　　　平均數、標準差、因素負荷量（N = 967）

序號	題目	平均數	標準差	因素負荷量
1.	父母重視我	4.27	.86	.65
2.	我是父母眼中的好孩子	4.03	.92	.64
3.	父母以我為榮	3.97	.96	.62
4.	父母常稱讚我	3.54	1.00	.59
5.	父母疼愛我	4.37	.86	.55
6.	家人很在乎我	4.23	.89	.52
7.	我與兄弟姐妹和樂相處	3.99	.88	.49
8.	我能達成父母期望	3.69	.87	.48
9.	我善與家人溝通	3.40	1.06	.48
10.	我在家中舉足輕重	3.54	1.07	.46
11.	我是個好兒子(女兒)	3.92	1.01	.45
12.	我的兄弟姊妹重視我	3.94	.98	.44
13.	我能讓父母快樂	3.68	1.01	.40
14.	家人總是看我不順眼	4.57	.66	-.66
15.	父母冷落我	4.63	.69	-.65
16.	我在家中地位卑微	4.67	.63	-.59
17.	我在家中得不到尊重	4.47	.70	-.58
18.	父母不在乎我	4.55	.77	-.56
19.	我被家人嫌棄	4.68	.61	-.55
20.	父母總是責備我	4.15	.84	-.54
21.	父母常批評我	4.10	.82	-.54
22.	我不被家人肯定	4.36	.80	-.53

評價部分包含正向的稱讚、肯定、好孩子，及負向的責備、批評。這一部分的正向題目如「我是父母眼中的好孩子」、「父母以我為榮」、「父母常稱讚我」，負向題目如「父母總是責備我」、「父母常批評我」。家中地位部分則包含正向的被重視、舉足輕重，及負向的地位卑微，這一部分的正向題目如「父母重視我」、「我的兄弟姊妹重視我」，負向題目如「我在家中地位卑微」。合計 22 題，正向題 13 個，負向題 9 個。

　　第五個分量表是「家世背景與經濟」，其較高因素負荷量之題目見表 6。此因素的主要內涵為家世背景的顯赫或卑微與家庭經濟的好壞。正向題目如「我家很有錢」、「我的家世很好」、「我的經濟狀況不錯」，負向題目如「我家沒有足夠的錢供我唸書」、「我家很窮」、「我的父母身分卑微」。合計 12 題，正向題 4 個，負向題 8 個。

　　第六個分量表是「社會認同與道德」，其較高因素負荷量之題目見表 7。此因素的主要內涵是有關社會規範所推崇的倫理道德能否實踐，若能實踐則代表可以得到他人的尊敬與推崇；若不能實踐甚至違反，則代表將得到他人的鄙視與懲罰。正向題目如「我很遵守社會規範」、「我很守法」、「我品行良好」，負向題目如「我是個壞學生」、「我不負責任」、「我考試作弊」。合計 12 題，正向題 9 個，負向題 3 個。將以上六個分量表的全部題目加以隨機排列，合而

編成「華人多元自尊量表」，共包含 100 題，正向題 67
題，負向題 33 題。考慮實際從事研究工作的需要，如果研
究者不能採用量表的全部題目（太多），則可斟酌情形，選
擇各分量表中最好的題目（因素負荷量絕對值最高與題意最
適合研究目的），組成合用之較短量表，各題順序應做隨機
排列。但在蒐集研究資料後，應重新檢核各分量表之信度。
必要時，亦可配合研究需要，只採用六個分量表中的部分分
量表。

【表 6】　「家世背景與經濟」自尊因素的主要題目及每題
　　　　　平均數、標準差、因素負荷量（N = 967）

序號	題目	平均數	標準差	因素負荷量
1.	我的經濟狀況不錯	2.86	1.04	.68
2.	我家很有錢	1.92	.89	.67
3.	我的家世很好	2.58	1.04	.52
4.	我的父母很優秀	3.66	1.06	.40
5.	我家沒有足夠的錢供我唸書	3.87	1.10	-.72
6.	我很窮	4.56	.70	-.66
7.	我家道中落	4.11	.94	-.60
8.	我常常手頭很緊	3.63	1.10	-.51
9.	我的父母身分卑微	3.99	1.10	-.49
10.	我使家人的經濟負擔加重	3.26	1.19	-.48
11.	因為我而使父母的負擔加重	3.40	1.18	-.45
12.	我的家庭讓我蒙羞	4.65	.73	-.39

【表7】　「社會認同與關懷」自尊因素的主要題目及每題
　　　　　平均數、標準差、因素負荷量（N = 967）

序號	題目	平均數	標準差	因素負荷量
1.	我很遵守社會規範	3.80	.91	.67
2.	我很守法	4.05	.94	.59
3.	我品行良好	4.08	.82	.50
4.	我為社會犧牲奉獻	3.12	.97	.48
5.	我作事情問心無愧	3.92	.87	.46
6.	我是有公德心的人	3.86	.86	.41
7.	我以自己的學校為榮	3.57	1.06	.41
8.	我律己甚嚴	3.26	1.03	.39
9.	我以自己的國家為榮	3.95	1.07	.38
10.	我是個壞學生	4.50	.87	-.49
11.	我不負責任	4.25	.68	-.47
12.	我考試作弊	4.19	.97	-.35

二、各自尊分量表之得分的平均數與標準差

　　男性臺灣大學生、女性臺灣大學生、男性大陸大學生、
及女性大陸大學生四樣本，在六個自尊分量表上的平均數與
標準差見表 8。2（性別）x 2（地區）之乘階變異量分析獲
得三項主要結果：（1）就性別差異而言，在「個人能力與
獨立」上，兩性的平均數並無統計上的顯著差異。在「體能
健康與外表」上，男生的平均數顯著高於女生，表示男生的
此種自尊高於女生。在「人際關係與人緣」、「家人情感與

【表8】

性別與地區配合而成之四組受試者在六個自尊分量表上的平均數、標準差、及變異量分析結果(N=1446)

| | 臺灣地區 | | 大陸地區 | | 變異量分析 | | | | | |
| | 男生 (N = 330) | 女生 (N = 414) | 男生 (N = 333) | 女生 (N = 369) | 性別 | | 地區 | | 性別 x 地區 | |
	平均數 (標準差)	平均數 (標準差)	平均數 (標準差)	平均數 (標準差)	df	F	df	F	df	F
1. 個人能力與獨立	66.70 (11.18)	67.22 (10.93)	72.93 (12.99)	71.07 (11.41)	1	1.06	1	59.44***	1	3.32
2. 體能健康與外表	33.42 (7.86)	31.63 (7.21)	35.48 (6.64)	33.15 (6.25)	1	27.01***	1	20.50***	1	.47
3. 人際關係與人緣	76.49 (12.56)	80.06 (10.96)	81.05 (14.13)	83.95 (12.42)	1	21.13***	1	35.97***	1	.23
4. 家人情感與互動	78.38 (13.10)	86.49 (12.68)	89.24 (14.85)	94.86 (11.37)	1	86.90***	1	170.68***	1	2.89
5. 家世背景與經濟	38.01 (7.11)	41.58 (6.66)	39.22 (7.60)	41.57 (7.18)	1	54.71***	1	2.27	1	2.31
6. 社會認同與道德	40.13 (6.62)	42.98 (5.82)	45.83 (6.96)	47.78 (6.40)	1	40.32***	1	210.53***	1	2.03

** p < .01. *** p < .001. 雙尾檢定。

互動」、「家世背景與經濟」、及「社會認同與道德」四個
分量表上，男生的平均數則皆顯著低於女生，表示男生的這
四種自尊皆低於女生。（2）就地區差異而言，在「家世背
景與經濟」上，兩性的平均數並無統計上顯著的差異。在
「個人能力與獨立」、「體能健康與外表」、「人際關係與
人緣」、「家人情感與互動」、及「社會認同與道德」五個
分量表上，臺灣大學生的平均數皆顯著低於大陸大學生，表
示臺灣大學生的這五種自尊都低於大陸大學生。（3）大學
生的性別與地區對自尊平均數的大小皆無統計上顯著的互涉
性效果或影響（interaction effect）。

　　從上述分析可知，不論是臺灣或大陸大學生，在「個人
能力與獨立」的自尊向度上都無高低的性別差異，表示兩性
之個人取向自尊的程度是相同的。但在其他五種自尊上則皆
有性別差異，且兩岸大學生的性別差異方向是一致的，代表
了一套穩定的華人自尊性別差異模式。在此差異模式中，只
有「體能健康與外表」自尊的性別差異是男生高於女生；
「人際關係與人緣」、「家人情感與互動」、「家世背景與
經濟」、及「社會認同與道德」四種自尊的性別差異卻是女
生高於男生。這四者分屬關係取向、家族取向、及他人取向
自尊，因而可說：女生高於男生的差異只見之於社會取向的
自尊，而不見之於個人取向的自尊。何以女高於男的差異只
限於社會取向自尊？這可能同時涉及四個因素：（1）在華
人社會中，對人際關係、家族和諧、及他人意見等社會取向

的事務，女性的重視程度高於男性；（2）在這些事務上獲
得良好的成果，女性的期望強於男性；（3）在追求這種良
好成果的過程中，女性所做的努力多於男性；及（4）對所
追求到的良好成果，女性的滿意程度大於男性。女性的自尊
高於男性便是這四個因素統合作用的結果。是否真正如此，
有待從事進一步的理論分析與實徵研究。

　　再就地區差異來說，除了在「家世背景與經濟」的自尊
上無地區差異之外，在其他五種特殊自尊上皆是臺灣大學生
低於大陸大學生。綜合而言，臺灣社會的現代化程度與生活
素質高於大陸社會，依此推論，臺灣大學生的自尊程度應高
於大陸大學生，或至少兩者應大致相等（無差異），但事實
並非如此。原因究竟何在，值得從事進一步的分析與研究。

三、各自尊分量表之得分間的積差相關

　　「華人多元自尊量表」各分量表間的 Pearson 積差相關
係數見表 9。由表中有關數據可知，各分量表得分間之相關
係數的分布範圍為 .26 至 .65，多為中低程度的相關。其
中，「家人情感與互動」、「社會認同與道德」二分量表
間，及「個人能力與獨立」、「人際關係與人緣」二分量表
間之得分相關最高，「家世背景與經濟」、「社會認同與道
德」二分量表間之得分相關最低，餘者居中。「體能健康與
外表」分量表得分與其他五個分量表得分的相關皆較低。

【表 9】　「華人多元自尊量表」各分量表得分的 Pearson
　　　　　積差相關係數（N = 1446）

各分量表得分	個人能力與獨立	體能健康與外表	人際關係與人緣	家人情感與互動	家世背景與經濟
體能健康與外表	.48***				
人際關係與人緣	.64***	.40***			
家人情感與互動	.55***	.31***	.62***		
家世背景與經濟	.43***	.28***	.40***	.41***	
社會關懷與道德	.56***	.32***	.60***	.65***	.26***

　　** p < .01,　*** p < .001, 單側檢定。

「人際關係與人緣」分量表得分與「個人能力與獨立」、
「家人情感與互動」、及「社會認同與道德」三分量表得分
皆有較高之相關，與「體能健康與外表」、「家世背景與經
濟」兩分量表得分則有較低之相關。「家人情感與互動」分
量表得分與「個人能力與獨立」、「人際關係與人緣」、及
「社會認同與道德」三分量表得分之相關較高，與「體能健
康與外表」、「家世背景與經濟」兩分量表得分之相關較
低。「家世背景與經濟」分量表得分與其他五個分量表得分
之相關皆較低。「社會認同與道德」分量表得分與「個人能
力與獨立」、「人際關係與人緣」、及「家人情感與互動」
三分量表得分之相關較高，與「體能健康與外表」、「家世
背景與經濟」兩分量表得分之相關頗低。綜合而言，「個人
能力與獨立」、「人際關係與人緣」、「家人情感與互

動」、及「社會認同與道德」四者互成較高之相關，相關係數皆在 .26-.65 之間；但四者與「體能健康與外表」、「家世背景與經濟」二者皆成較低之相關，後二者之間的相關亦頗低。

四、各自尊分量表的信度

　　依標準化樣本（standardization sample）資料分析所得結果，選擇適當題目編成「華人多元自尊量表」後，進而以新樣本之原始分數從事各分量表之內部一致性信度的分析，以評估各自尊分量表之信度。以 Cronbach α 為指標進行內部一致性信度分析，所得係數介於 .81-.94。再測信度部分，間隔 4 週之再測信度係數介於 .76 到 .90 之間。以上結果顯示各分量表皆具良好的內部一致性信度與再測信度（見表10）。

五、各自尊分量表的構念效度

　　為了檢驗「華人多元自尊量表」之六個分量表的構念效度，研究者必須先依據個人取向自尊、關係取向自尊、家族（團體）取向自尊、及他人取向自尊四者的理論或概念內涵，及因素分析所抽取的六個特殊自尊因素之高因素負荷量的題目的共同內容，推想六種特殊自尊各自的構念特性或意涵。然後再在理論或概念上，從此等特性或意涵推論或假設

【表10】　「華人多元自尊量表」各分量表之內部一致性信度(N = 1446)與再測信度(N = 127)

分量表	正向題數	負向題數	總題數	分量表平均數	(標準差)	單題平均數	(標準差)	Cronbach α	再測信度(隔四周)
1. 個人能力與獨立	16	5	21	69.09	(11.89)	3.29	(.57)	.90	.90
2. 體能健康與外表	8	3	11	33.20	(7.20)	3.02	(.66)	.81	.76
3. 人際關係與人緣	17	5	22	80.12	(12.74)	3.64	(.58)	.93	.88
4. 家人情感與互動	13	9	22	86.85	(14.21)	3.95	(.65)	.94	.88
5. 家世背景與經濟	4	8	12	40.15	(7.27)	3.35	(.61)	.81	.78
6. 社會認同與關懷	9	3	12	43.89	(7.09)	3.66	(.59)	.84	.86

六個自尊分量表得分應與「其他變項」有何關係。在本研究中，用以檢核六種特殊自尊分量表之構念效度的「其他變項」共有五類：（1）多向度自我滿意度，（2）同儕提名排名之他評表現，（3）負向情緒強度與頻度，（4）身心症狀總數，及（5）家庭社會經濟地位。下文將同時以聚合效度與區辨效度檢核各特殊自尊分量表得分與第（1）與第（2）兩類其他變項的關係。我們的預測是：在這兩套關係中，代表聚合效度之相關係數皆有高於代表區辨效度之相關係數的傾向。至於各自尊分量表得分與其他三類變項的關係，我們

的預測是：各自尊分量表得分與負向情緒強度與頻度、身心症狀總數皆有成負相關的傾向，與各 SES 變項都有成正相關的傾向。

【表 11】　各特殊自尊分量表得分與自我滿意度的 Pearson 積差相關係數 (N = 1446)

		個人能力與獨立	體能健康與外表	人際關係與人緣	家人情感與互動	家世背景與經濟	社會認同與道德
個人滿意度	臺灣(N = 744)	.61***	.39***	.42***	.30***	.17***	.32***
	大陸(N = 702)	.62***	.34***	.52***	.44***	.27***	.42***
體能滿意度	臺灣(N = 744)	.42***	.78***	.36***	.21***	.25***	.24
	大陸(N = 702)	.45***	.68***	.42***	.32***	.25***	***
人際滿意度	臺灣(N = 744)	.50***	.42***	.67***	.31***	.28***	.31***
	大陸(N = 702)	.55***	.38***	.58***	.38***	.27***	.35***
家人滿意度	臺灣(N = 744)	.30***	.18***	.32***	.65***	.32***	.23***
	大陸(N = 702)	.38***	.22***	.53***	.68***	.30***	.44***
家世滿意度	臺灣(N = 744)	.27***	.20***	.23***	.32***	.57***	.22***
	大陸(N = 702)	.23***	.17***	.27***	.26***	.54***	.18***
社會滿意度	臺灣(N = 744)	.31***	.16***	.36***	.23***	.22***	.55***
	大陸(N = 702)	.41***	.21***	.44***	.50***	.20***	.53***

** $p < .01$,　*** $p < .001$，單側檢定。

1. 自尊分量表得分與自我滿意度的關係

六個各自尊分量表得分與六種自我滿意度之間的積差相關係數見表 11。從表中數據可知，臺灣與大陸兩樣本皆呈現明顯的聚合與區辨的趨勢。換言之，在相對應的向度上，受試者之自尊評定與自我滿意度評定間的相關係數，皆高於非

相對應向度間的相關係數。在相對應的向度上，臺灣的受試者之自尊評定與自我滿意度評定間的相關係數大多介於 .55到 .78 之間，高於非相對應向度間的相關係數（大多在 .42以下）。在相對應的向度上，大陸的受試者之自尊評定與自我滿意度評定間的相關係數大多介於 .51 到 .68 之間，高於非相對應向度間的相關係數（大多在 .45 以下）。由上述結果可知，自尊向度與自我滿意度向度的關係模式顯示：「華人多元自尊量表」的六個分量表是具有聚合構念效度與區辨構念效度的，證實了上文三(六)1 中所做的概念性預測。

2. 自尊分量表得分與同學他評得分的關係

同班同學對受試者的排名評定分數與受試者在各自尊分量表上得分間的相關分析結果見表 12。就臺灣樣本而言，自尊的多數分量表大致具有聚合效度與區辨效度；但就大陸樣本而言，則皆無聚合效度與區辨效度。具體而言，在對應向度上，臺灣受試者之自尊的自我評定與表現的他人評定間的相關係數，大多高於非對應向度間的相關係數。在對應向度上，受試者之自尊評定與其表現的他人評定間的相關係數皆介於 .14 到 .46 之間，六個係數中有五個具有統計顯著性。尤其是受試者在客觀可見的「體能健康與外表」與「家世背景與經濟」兩個自尊分量表上的得分，與同學對受試者在對應項目之特徵或表現上的評定間相關係數分別為 .46（ *p*

< .01）與 .32（ *p* < .01），高於非對應向度間的相關。確切地說，「個人能力與獨立」、「體能健康與外表」、「家人情感與互動」、及「家世背景與經濟」四種自尊各有其聚合效度與區辨效度；「人際關係與人緣」與「社會認同與道德」兩種自尊則無明顯聚合效度與區辨效度。

【表12】　各自尊分量表得分與班上同學評定分數的 Pearson 積差相關係數 (N = 271)

		個人能力與獨立	體能健康與外表	人際關係與人緣	家人情感與互動	家世背景與經濟	社會認同與道德
個人他評	臺灣(N = 149)	.30**	.16**	.16**	.08	.12	.18**
	大陸(N = 122)	.15	.11	.02	-.01	-.06	.00
體能他評	臺灣(N = 149)	-.03	.46**	.14	-.07	.01	-.08
	大陸(N = 122)	.07	.21**	.04	.00	-.06	-.09
人際他評	臺灣(N = 149)	.11	.16**	.14	-.05	.06	.03
	大陸(N = 122)	.14	.08	.00	-.13	-.13	-.02
家人他評	臺灣(N = 149)	.23**	.05	.15	.29**	.24**	.13
	大陸(N = 122)	.07	.01	-.04	-.03	.00	-.05
家世他評	臺灣(N = 149)	.11	.04	.10	.05	.32**	-.03
	大陸(N = 122)	.06	.15	.07	-.08	.08	-.05
社會他評	臺灣(N = 149)	.06	.05	.02	-.03	.01	.17**
	大陸(N = 122)	.11	.09	.01	.00	-.07	-.06

** p < .01，　*** p < .001, 單側檢定。

表 12 中大陸樣本之「體能健康與外表」自尊分數與六項同學評定分數的相關係數，顯示此一自尊分量表具有聚合與區辨兩種效度。但其他五個自尊分量表則無這兩種效度的相關模式。對於這樣的出乎意料的結果，可能的解釋是：用

同樣方法與工具在大陸蒐集同班同學對受試者的排名評定資料，同學們可能不大習慣此種將同班同學直接排名的作業程序，因而顧慮較多，難以切實反應；也可能是因為大陸同學對工具中之作法說明的理解或解釋有不同於臺灣同學之處。

綜合而言，表 12 中的研究發現部分支持上文三(六)2 中所做的概念性預測。

3. 自尊分量表得分與負向情緒的關係

有關特殊自尊與負向情緒之關聯性的研究結果見表 13。在臺灣與大陸兩樣本中，各自尊分量表的分數與悲傷、擔憂、及羞愧三種情緒的強度與頻率，幾乎皆成統計上顯著的低度負相關，顯示各項特殊自尊與三種負向情緒皆有成負相關的傾向。這一發現證實了上文三(六)3 中之有關自尊與負向情緒應成負向相關的概念性預測。

4. 自尊分量表得分與身心症狀總數的關係

關於各自尊分量表得分與身心症狀總數的關聯性，統計分析的結果見表 14。在臺灣與大陸兩樣本中，大多呈現統計上顯著的極低負相關，相關係數介於 -.11 到 -.24（ p < .01），只有少數負相關不具統計顯著性。由此可知，個人

的自尊高低的確與其身心症狀的多少有負向關聯性，證實了
上文三(六)4 中之有關自尊與身心症候成負向關係的概念性
預測。

5. 自尊分量表得分與家庭社經地位的關係

　　特殊自尊各分量表得分與父母親教育程度、父母職業等
級、及家庭月收入等家庭社經地位變項間的相關見表 15。在
六個分量表中，以「家世背景與經濟」分量表得分與各 SES
變項的正相關最高，且皆達 .001 的顯著水準，其中，臺灣
樣本的相關係數介於 .22 與 .37 之間，大陸樣本則介於 .37
與 .42 之間。「家世背景與經濟」分量表得分與 SES 各變
項的相關之所以最明顯，主要是因為兩類變項在性質上皆與
社會經濟地位有相當密切的關係。

　　「個人能力與獨立」、「體能健康與外表」、「人際關
係與人緣」、及「家人情感與互動」四個分量表得分與五個
ＳＥＳ變項間的 40 個相關係數皆甚低，只有約半數達到 .01
或 .001 的統計顯著水準，且統計上顯著的相關係數皆為正
向。綜合而言，除「社會認同與道德」外，其他五個自尊分
量表得分與各 SES 變項皆有成低度正相關的傾向，大致支持
上文三(六)5 中之概念性的有關預測。

【表 13】　各自尊分量表得分與負面情緒的 Pearson 積差相關係數 (N = 1175)

		個人能力 與獨立	體能健康 與外表	人際關係 與人緣	家人情感 與互動	家世背景 與經濟	社會認同 與道德
悲傷 強度	臺灣(N = 595)	-.30***	-.25***	-.31***	-.25***	-.19***	-.17***
	大陸(N = 580)	-.36***	-.24***	-.38***	-.32***	-.28***	-.28***
擔憂 強度	臺灣(N = 595)	-.29***	-.29***	-.25***	-.16***	-.14***	-.11**
	大陸(N = 580)	-.30***	-.22***	-.30***	-.24***	-.21***	-.23***
羞愧 強度	臺灣(N = 595)	-.25***	-.15***	-.31***	-.25***	-.18***	-.24***
	大陸(N = 580)	-.31***	-.10**	-.38***	-.36***	-.33***	-.33***
悲傷 頻率	臺灣(N = 595)	-.30***	-.24***	-.33***	-.28***	-.20***	-.18***
	大陸(N = 580)	-.37***	-.27***	-.38***	-.33***	-.28***	-.30***
擔憂 頻率	臺灣(N = 595)	-.30***	-.28***	-.25***	-.20***	-.16***	-.11***
	大陸(N = 580)	-.30***	-.22***	-.29***	-.24***	-.20***	-.25***
羞愧 頻率	臺灣(N = 595)	-.23***	-.14***	-.27***	-.22***	-.15***	-.22***
	大陸(N = 580)	-.30***	-.14***	-.36***	-.35***	-.35***	-.32***

** p < .01,　*** p < .001, 單側檢定。

【表 14】　各自尊分量表得分與身心症狀個數的 Pearson 積差相關係數（N = 1175）

		個人能力 與獨立	體能健康 與外表	人際關係 與人緣	家人情感 與互動	家世背景 與經濟	社會認同 與道德
身心 症狀	臺灣(N = 595)	-.13**	-.26***	-.11**	-.03	-.12**	-.02
	大陸(N = 580)	-.17***	-.24***	-.19***	-.19***	-.09	-.16***

** p < .01,　*** p < .001, 單側檢定。

【表 15】　各自尊分量表得分與父母社經地位的 Pearson 積
差相關係數（N = 1446）

		個人能力 與獨立	體能健康 與外表	人際關係 與人緣	家人情感 與互動	家世背景 與經濟	社會認同 與道德
父親 教育程度	臺灣(N = 744)	.08	.04	.09**	.09**	.26***	.02
	大陸(N = 702)	.12**	.11**	.12**	.03	.39***	.05
母親 教育程度	臺灣(N = 744)	.10**	.03	.11**	.08*	.26***	-.01
	大陸(N = 702)	.17**	.13**	.13**	.00	.38***	-.01
父親 職業等級	臺灣(N = 744)	.10**	.02	.06	.03	.22***	.05
	大陸(N = 702)	.07	.07	.04	-.03	.42***	-.04
母親 職業等級	臺灣(N = 744)	.08	.07	.06	.05	.23***	.00
	大陸(N = 702)	.10**	.10**	.09**	-.02	.37***	-.05
家庭 月收入	臺灣(N = 744)	.22***	.12**	.10**	.10**	.37***	.07
	大陸(N = 702)	.13**	.10**	.03	-.07	.40***	-.10**

** p < .01,　*** p < .001，單側檢定。

第五節　綜合討論

　　本研究的主要目的有三：(1)為華人的四種特殊自尊的意
涵建構一套概念架構；(2)依照此一概念架構撰寫有關特殊自
尊的各類題目，組成一套有理論根據的自尊題庫，作為將概
念架構加以操作化（operationalization）的基礎；(3)運用此
一自尊題庫，以適當方法選擇足夠的適當題目，編成具有華
人社會文化意義的正式多元自尊量表，作為未來從事有關華
人自尊的各種基礎性與實用性研究的工具。

　　就第一個目的而言，我們所採用之華人自尊的理論或概念架構，已在楊國樞(2004)、Yang (2004)之有關華人自我的整體理論中提出初步說明，本文第二節則對華人特殊自尊的概念系統做了更進一步的闡述。概念架構中最主要的部分是有關個人取向自尊、關係取向自尊、家族（團體）取向自尊、及他人取向自尊的說明。這四類華人特殊自尊的內涵與區分，即是我們撰寫題目與建立題庫的主要依據。經慎選題目、實際施測、及因素分析後，獲得了六個主要的華人特殊自尊因素，即「個人能力與獨立」、「體能健康與外表」、「人際關係與人緣」、「家人情感與互動」、「家世背景與經濟」、及「社會認同與道德」。

　　從本文所採用的概念架構來看，「個人能力與獨立」與「體能健康與外表」應屬個人取向自尊的因素。這兩者皆是關乎個人特徵，但前者屬於心理，後者屬於身體，性質顯然不同，故分裂成兩個因素。就因素性質而言，較能代表「個人取向自尊」意涵的應是「個人能力與獨立」，因為此因素在概念上與個人取向所強調的個人獨立、自主及自足相近。

　　「人際關係與人緣」中的人際關係主要是指個人與家人以外的個別朋友、同學、同事或他類相識者之一對一的對偶關係，人緣主要是指當事人與眾多個人之良好關係的綜合狀況。人緣中所涉及的眾多個人，不但包含了當事人已與其形

成對偶關係的個人，也包含了當事人曾與其一對一交往過但
却不熟的個人。由此觀之，「人際關係與人緣」基本上是一
個關乎(人際)關係取向自尊的因素。

　　從表 5 的題目看來，「家人情感與互動」兼含當事人與
個別家人的關係及其與整體家族的關係。與前者有關的題目
如「父母重視我」、「父母疼愛我」、「我與兄弟姐妹和樂
相處」、及「我的兄弟姐妹重視我」。與後者有關的題目如
「我在家中地位卑微」、「我不被家人肯定」、「家人很在
乎我」、及「我在家中舉足輕重」。與個別家人有關的題目
約佔全部題目的三分之二，與整體家族有關的題目約佔全部
題目的三分之一。此處必須指出：與個別家人有關的題目，
多是說到個人與父母的關係。此種關係在華人家族中大都具
有家族主義的色彩，常被視為華人家族主義的重要部分（葉
明華、楊國樞，1998）。事實上，自傳統華人社會以來，家
族以內的家人關係與以外的人際關係頗為不同。各種家人關
係全皆籠罩在華人家族倫理系統之長久而深沉的影響下，充
滿了家族主義的色彩。由此觀之，整體而言，「家人情感與
互動」仍應視為家族取向自尊因素。又從表 6 中的題目內容
看來，「家世背景與經濟」應是另一家族取向自尊因素。
「家族取向自尊」分成「家人情感與互動」 與「家世背景
與經濟」兩個因素，應是因為兩者的性質差異頗大，前者所
涉及的是個人對自己與家人的感情及互動的評價，後者所涉

及的是個人對自己整個家族之社會經濟地位的評價。對家人與家族的這兩種評價，在評價對象與評價內涵兩方面皆有明顯不同，分而形成兩個因素可謂良有以也。家族取向自尊的這兩個因素間的相關係數為具有統計顯著性(r ＝ .41，p ＜ .001)（見表 9 ），表示兩者仍是互有關連的。

「社會認同與道德」應為他人取向自尊之因素。在楊國樞(1993)、Yang(1995)之中國人社會取向的概念系統中，「他人取向」的四項主要特徵是顧慮人意（在乎別人意見）、順從他人（著重社會順同）、關注規範（強調社會規範）、及重視名譽（珍重自己在他人心目中的好印象）。測量「社會認同與道德」的量表中，不少題目涉及道德規範，而道德規範是社會規範的主要部分。尤有進者，量表中因素負荷量最大的題目是「我遵守社會規範」。顯而易見，這些題目都明顯符合「他人取向」之「關注規範」（重視社會規範）的成分特徵。量表題目中的「我以自己的學校為榮」與「我以自己的國家為榮」等社會認同性的題目，則明顯符合「他人取向」之「順從他人」（著重社會順同）的成分特徵。基於以上理由，我們將「社會認同與道德」視為「他人取向自尊」的對應因素。

綜合以上的說明與分析，我們可以大致確定以下的對應關係：

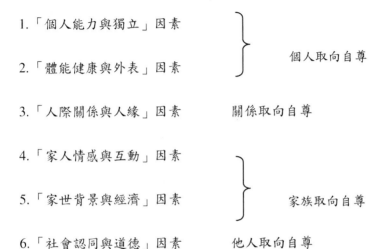

1.「個人能力與獨立」因素

2.「體能健康與外表」因素 　　　個人取向自尊

3.「人際關係與人緣」因素　　　關係取向自尊

4.「家人情感與互動」因素

5.「家世背景與經濟」因素 　　　家族取向自尊

6.「社會認同與道德」因素　　　他人取向自尊

　　此處必須指出：以上六個自尊因素的順序是依照右邊四種取向之自尊的順序排列，而不是依照六者在因素分析中出現的先後順序（依因素的大小或所能解釋之總變異量百分率的高低）排列。如依因素大小排列，「人際關係與人緣」因素（所解釋之總變異量百分率為 12.97％）遠大於其他五個因素，「家人情感與互動」因素（6.5％）次之，「個人能力與獨立」（4.88％）又次之，「體能健康與外表」（4.03％）、「社會認同與道德」（3.62％）、及「家世背景與經濟」（3.28％）三因素最小。上述發現有兩點值得特別注意。第一，「人際關係與人緣」與「家人情感與互動」兩個自尊因素最大，對於強調關係取向與家族取向的華人而言，這當然是意料中的事。第二，「個人能力與獨立」是第三大

的因素，顯示個人取向的自尊也具有相當的強度，清楚證實
了社會取向自我與個人取向自我並存的現象（陸洛，2003；
陸洛、楊國樞，2005；楊國樞，2002a；楊國樞、陸洛，
2005），也支持了「折衷自我」（陸洛，2003）與「雙元自
我」（Lu & Yang, in press）的概念。也就是說，當前華人社
會之民眾（特別是大學生）的自我，兼含了社會取向自我
（又分關係取向自我、家族取向自我、及他人取向自我）與
個人取向自我兩種成分。

　　本研究發現六個特殊自尊分量表得分相互的積差相關係
數皆在 .26 至 .65 之間（見表 8）。「個人能力與獨立」、
「人際關係與人緣」、「家人情感與互動」、及「社會認同
與道德」四者彼此的相關較高（在 .55-.65 之間），它們與
「體能健康與外表」、「家世背景與經濟」二者的相關皆較
低。前四者所測的皆屬內在之心理性的自尊因素，後二者所
測的則屬外顯之體能長相與社經地位的自尊因素。前四個心
理性的自尊因素，正好分屬個人取向、關係取向、家族取
向、及他人取向四種自尊。這四者彼此間之能成較高的正相
關，表示華人的四種心理性特殊自尊還是具有相當程度的統
合性。但四者的相關係數既在 .55-.65 之間，意即每兩種自
尊間的共同變異量僅佔總變異量的 30% 到 42% 之間，表
示四者仍然各有其相當程度的特殊性。據此而論，可以說華
人的四種主要特殊自尊兼具統合性與特殊性。

　　在信度考驗方面，六個分量表的內部一致性信度
（Cronbach α）介於 .81-.94 ；再測信度（間隔四週）介
於 .76 到 .90 之間，顯示各分量表具有良好的內部一致性與
再測信度。具有這樣的內部一致性信度與時間穩定性信度
（再測信度）的測量工具，用之於以整體樣本資料的分析與
論述為重點的研究，應該是適當而可靠的。但用之於以個案
資料的分析、評鑑及應用為重點的情形，則須特別謹慎。

　　在構念效度方面，「華人多元自尊量表」的六個分量
表，除了具有良好的因素效度，本研究還進一步檢驗各分量
表的區辨效度與聚合效度。為了達到這一目的，我們分別完
成兩項小研究，一是計算「多向度自我滿意度量表」六因素
與六個自尊分量表得分的相關係數，二是計算以同儕提名排
名法所獲得的他評分數與六個自尊分量表得分的相關係數。
兩項研究皆發現：概念上係測量同一特殊自尊的兩個對應變
項（如「人際關係與人緣」自尊與人際滿意度，「體能健康
與外表」自尊與體能他評得分），確有成較高正相關的傾
向；概念上係測量不同特殊自尊的兩個變項（如「人際關係
與人緣」自尊與「家世滿意度」，「體能健康與外表」自尊
與人際他評分數），則有成較低相關、零相關、或低度負相
關的傾向。其中，以「多向度自我滿意度量表」所得結果特
別清楚，顯示六個自尊分量表具有人致可以接受的聚合效度
與區辨效度。

此外，從心理健康的角度出發，本研究推論六項特殊自尊應與負向情緒強度與頻率及身心症狀總數皆成負向的關聯性。分析結果顯示：臺灣與大陸兩樣本中，各自尊分量表分數與悲傷、擔憂、及羞愧之情緒強度與頻率，幾乎皆呈現統計上顯著的低度負相關，相關係數皆介於 -.10 到 -.38 之間。尤有進者，負相關的方向與大小並不因悲傷、擔憂、及羞愧三種負面情緒的不同而有異。各相關係數的絕對值雖皆偏低，但卻一致地證實各種特殊自尊在理論或概念上應與負面情緒成負相關的預測。六個自尊分量表得分與負向情緒之間的相關程度雖然偏低，但六者與正向情緒之間的相關程度則可能較高。此一預測是否屬實，有待進一步研究的驗證。

在臺灣與大陸兩樣本中，六個自尊分量表得分與身心症狀總數大多成統計上顯著的低度負相關，相關係數介於 -.10 到 -.24 之間， 顯示自尊較高的受試者會有較少的身心症狀。這一發現證實六種特殊自尊高低與身心症狀多少在理論或概念上應成負相關的預測。

至於六個自尊分量表得分與父母及家庭社會經濟地位的關係，已分就父母教育程度、父母職業等級、及家庭月收入五個指標加以分析。分析結果顯示各分量表得分與社經地位有成微弱正相關的傾向。其中，以「家世背景與經濟」自尊與社經地位的正向相關最為明確，這當然是意料中的事。

　　綜合而言，本研究有關內部一致性信度、再測信度、及構念效度的實徵探討，顯示我們依據本土化的概念分析架構所編製的「華人多元自尊量表」，其各分量表皆具良好的信度，也皆有大致符合概念性預測的初步構念效度。惟測量工具之構念效度的建立，只靠一組研究是不夠的，還要繼續進行長期的系列研究，方能對華人六種特殊自尊的性質、內容及意義獲得更廣更深的理解。但就「華人多元自尊量表」目前的信度與效度來看，它應可有效用之於以整體樣本資料作為分析與討論重點的基礎性及應用性學術研究。[§]

---

§ 本文係根據教育部資助之「華人本土心理學研究追求卓越計畫」（89-H-FA01-2-4-3）第三分項計畫（華人的自我歷程、自我概念及自我評價）所完成之兩項子計畫的研究資料所撰寫：（1）翁嘉英、楊國樞（2001）：〈社會取向自尊與個人取向自尊：概念分析與量表建立〉。（2）翁嘉英、楊國樞（2003）：〈社會取向自尊與個我取向自尊：華人自尊量表之建構效度與常模建立〉。以上兩個研究報告之文本皆見臺灣大學「華人本土心理學研究追求卓越計畫辦公室」主編之二○○一與二○○三兩年的計畫執行報告書。教育部對本文之相關研究的資助，特此致謝。

第十一章
華人特質自尊與狀態自尊的關係：
社會取向與個人取向的觀點

潘君鳳*、楊國樞、許功餘**

第一節　自尊

　　自尊是個人對自己的整體看法（Kernis ＆ Goldman，
2003）及對自己評價後所產生正負向價值的感受（James，

* 臺灣大學心理學系博士班研究生。
** 佛光大學心理學系助理教授。

1890/1950）。自尊的高低與每個人的生活息息相關，原因在於自尊對人類認知、動機、情緒、及行為都有很大的影響力，所以西方心理學對自尊的研究已有相當久遠的歷史（Banaji ＆ Prentice，1994；Campbell ＆ Lavallee，1993；翁嘉英、楊國樞，2001）。

　　過去研究者常將自尊視為一種長期穩定的個人特質（Rosenberg，1979），並按程度區分為高、低自尊，分別探討其有關的心理現象。高自尊的人代表他對自己的評價較正向，自覺很有價值，喜歡自己，對自己感到接納與滿意；而低自尊的人則相反，對自己的評價較為負向，自覺無存在價值，不喜歡自己，對自己採取拒絕的態度。因此，自尊高低之於人類，不僅是基本的個體需求，更是個體看待自己生命意義的重要指標。影響著個體看自己的角度，也影響著個體日常生活中的行為結果。

　　自尊是指個人對自己表現整體的評價程度，就發展觀點，Epstein（1983）提出自尊是經由個人早期發展漸漸形成，不容易受外界環境影響而改變，可以長時間維持一個穩定的狀態。當外在威脅降低個人的自我評價時，自尊具有維持、提昇自我評價（Brown ＆ Dutton，1995）及自我一致性（Swann，1987）的功能。就動機觀點來看，在 Maslow（1970）之需求論的五項心理需求中，自尊是達到自我實現的基本條件，個體需要經由他人的重視與尊重來滿足超越別

人的優勢感，才可能逐漸達到自我實現之境界。就社會互動
觀點來看，Cooley（1902）以鏡中自我之論點說明個人對自
己的概念，是基於他人對自己的反應與知覺所產生。因此，
個人對自我的評價有相當部分是受到重要他人的影響。Well
與 Marwell（1976）提出四個向度以闡釋自尊的意義，分別
為：（1）視自尊為對自我概念的主觀評價及讚許與否的態
度，（2）視自尊為理想我與現實我的符合程度，（3）視自
尊為一種心理感受，及（4）視自尊為人格功能。之後的學
者對於自尊本質的定義並未超脫此一分類架構。

一、自尊類型

　　綜合不同學者的理論，乃知探討自尊類型可從三方面的
特性著手，分別是自尊的範疇性、穩定性、及公私性。以下
將分別加以說明。

1. 範疇性：整體自尊與特殊自尊

　　Rosenberg（1979）認為自尊是個人對自己整體性的正負
向態度與看法。他將自尊依自尊內涵之範疇的大小分類為整
體自尊（global self-esteem）與特殊自尊（specific self-
esteem）。他認為整體自尊是個人在整合一切對自我的評價
與感受之後，所產生之整體性的「對自己讚許與否的態
度」；除了會有整體自尊外，個人也會對自己在不同特殊領
域的能力與表現有特定的評價，也就是特殊自尊。雖然整體

自尊和特殊自尊之間會有些重疊之處，它們彼此的層次是不同的，且是無法互相替換的。特殊自尊比整體自尊更能預測特 殊 行 為 （ Rosenberg 、 Schooler 、 Schoenbach 、 及 Rosenberg，1995）。在西方自我心理學中，測量整體特質自尊（global trait self-esteem）的最有名的工具，是 Rosenberg 的「自尊量表」（Self-Esteem Inventory）。

　　林杏足（1997）整理學者對自尊的劃分，將自尊的內涵歸納出兩種不同方向：一種是以「個人的生活層面」為方向來看自尊；另一種則是從「自尊的內涵和本質」的方向來探討自尊。就前者而言，Pope、McHale 及 Craighead（1988，引自陳俐君，2002）認為個人對自己的評價及感受與生活中所經驗到的各種事件息息相關，因此可由與青少年生活有關的社會、學業、家庭、身體意象等不同領域來探究青少年的自尊。就後者而言，Tafarodi 與 Swann（1995）曾指出自尊是個人的內在心理與外在環境互動過程中，經由評估個人的能力與內化之社會文化價值觀而形成。因此自尊可分為自我能力感與自我喜愛感兩個向度。在「自我能力感」方面，自尊是個人對自己是否有能力達成理想目標及對環境的影響力與掌控力的感受，主要在於對自己的能力的認知評價。若個人的行為能達成預期中的結果，則對自我能力會有較高的肯定（Cast & Burke，2002；Tafarodi & Swann，1995）。在「自我喜愛感」方面，由於個人是所屬社會的一分子，所以個人會依據自己的表現是否合乎社會標準與社會價值所產生

之對自己的喜愛感受，包括喜歡、讚賞、及接納自己，主要
是屬於情意方面。簡略地說，林杏足所說之個人在不同生活
層面的自尊，及 Pope 等人所說之個人在不同生活領域的自
尊，皆屬特殊自尊；林杏足所說之個人的自尊內涵與本質，
及 Tafarodi 與 Swann 所說之個人的能力感與喜愛感，則應屬
整體自尊。

2. 穩定性：特質自尊與狀態自尊

近年來發現自尊並非是很穩定的特質（Kernis、
Whisenhunt、Waschull、Greenier、Berry、Herlocker、及
Anderso，1998）。除了探討自尊的全面性與特殊性之外，
許多學者則致力於研究自尊是否具有可變動的性質，此一論
點意味著個人之自我評價是具有脆弱性質的，且是易於產生
波動的。例如，Rosenberg（1986）將自尊區分為：（1）由
情境所引發的短暫波動，但長期而言仍維持一相對穩定的水
準，這稱為短期浮動；及（2）因重大生活事件所引發之自
尊的真實變動，亦即由一相對穩定水準變動到另一相對穩定
水準。Crocker 與 Wolfe（2001）所提出的整體自尊模式中
清楚論及：無論是整體自我價值的判斷或特殊領域的自我評
價，自尊通常是「相對穩定特性」與「根據情境而變動的狀
態」兩者兼而有之；換言之，人們有其典型、平均或特有的
自尊水準，但自尊程度是會在這特有的水準附近有所波動的
（吳銘玟，2002）。

　　Epstein（1991）認為個體一定要維持自我的穩定性，才能以此為基礎來覺知與理解外在世界，並引導個體行為。Markus（1977）的研究說明穩定自我有助於認知運作的經濟性與反應的效率性。有的學者認為自尊是可以變動的，如Kernis 等人（1998）指出自尊會隨個體內在的情緒與外在經歷的壓力或評價事件而改變，Butler、Hokanson、及 Flynn（1994）的研究顯示自尊可能隨著個體所知覺到的經驗而波動，Campell（1984）則認為降低目標與理想，或是提升實際的能力水準，便可提升自尊。目前學者間的共識是：自尊同時具有相對穩定性與變動可能性（如 Crocker & Wolfe，2001；Markus & Kunda，1986）。越來越多的證據顯示：自尊並非那麼穩定不變，是會隨個體內在的情緒與外在的環境壓力或評價事件而改變。

　　本研究參考 Spielberger（1966）的研究結果，擬更進一步的探討自尊內涵。他認為焦慮有些不是很穩定的特質，故將焦慮分為特質焦慮（trait anxiety）與狀態焦慮（state anxiety）兩類。特質焦慮是指個人在面對各種壓力情境時，所呈現之相當穩定的個人焦慮傾向；狀態焦慮是暫時性的狀態，在不同的情境、不同的時空下會有不同強度的不安感受，尤其是面對外在的危險或威脅時所產生的焦慮。也就是說，特質焦慮是一種個人的人格傾向或特質，狀態焦慮是一種面對壓力的即時情緒反應（Spielberger，1975；劉淑娟，1986）。

　　同理，自尊亦可分為兩類：特質自尊（trait self-esteem）與狀態自尊（state self-esteem）。特質自尊乃是將自尊視為一種人格向度，經由個體長期發展而成，是一穩定的特質，不太受環境變遷的影響，對個體的各種適應（如心理適應、社會適應、生活適應）具有長期的影響與功能，所以能預測個體長期的連續行為。狀態自尊乃將自尊視為個體在特殊情境下暫時的心理表現，是個人在成功或失敗的情境中所引起之自尊的暫時波動。由於此種自尊易受情境影響，對個體的各種適應（如心理適應、社會適應、生活適應）具有短暫的影響與功能，所以僅能預測個體短暫而不連續的行為。兩者的概念差異見表1。

【表1】　特質自尊與狀態自尊之概念差異

特質自尊	狀態自尊
1.　在個體發展過程中逐漸形成	1.　特殊事件下的心理感受
2.　是一種人格向度	2.　是一種心理狀態
3.　穩定、長期	3.　變動、短期
4.　少受情境影響	4.　易受情境影響
5.　對個人適應具有長期影響與功能	5.　對個人適應具有短暫影響與功能
6.　能預測長期的連續行為	6.　僅能預測暫時的不連續行為

3. 公私性：公開自尊與私密自尊

參考 Scherer、Wallbott、及 Summerfield （1986）提出
「契合性標準」（compatibility standard）的類型，作為探討
影響自尊狀態升降的因素類型。所謂契合性標準的類型，包
括外在標準與內在標準兩種。外在標準指的是與社會規範有
關的標準，例如道德規範、團體規範、及公平正義法則，此
種標準主要反映他人對個體行為的預期；內在標準指的是個
人需要或自我理想等個人目標，此種標準往往是以「應得」
（deservedness）作為評判標準，主要反映個人對於自我目標
的預期。在公開情境下，社會取向的處事方式容易考慮外在
標準，個人取向的處事方式容易考慮內在標準。因此，在成
功或失敗事件發生時，行動者會因考慮內在或外在標準而導
致自尊狀態的升降，從而影響個人在眾人之前的表現。延伸
此一概念，可將自尊分為兩種，即私密自尊（private self-
esteem）與公開自尊（public self-esteem）。前者是指在無人
在場或知曉的私密情形下，個人之正面自我評價的程度；後
者則指在有他人在場或向他人表白的情形下，個人之正面自
我評價的程度。自尊狀態升降可能會受到社會情境的影響，
所以在公開情境下自尊狀態的升降與私密情境下自尊狀態的
升降並不一致。華人講求謙虛，其公開自尊可能較私密自尊
為低。西方人講求心口如一的自我一致性，兩種自尊應無差
異或差異頗小。

　　從內容上來看，特質自尊及狀態自尊與 Rosenberg 等人（1995）所提出之特殊自尊及整體自尊的構念，似乎有某種程度的重複性。實則，以上兩套構念涉及自尊的部分特性，特殊與整體是指自尊之內涵範圍（空間）方面的不同，特質與狀態是指自尊之強度變動（時間）方面的不同。雖然在內容上有所分歧，但是卻可以同時存在。為求更清楚的了解，研究者特將以上四類自尊加以綜合分類（見表 2）。由此表可知，將自尊之內涵範圍的大小與強度變動的難易加以組合，可得四種主要自尊，即整體特質自尊、特殊特質自尊、整體狀態自尊、及特殊狀態自尊。茲分別簡說如下：

【表2】　自尊構念的綜合分類

自尊強度變動	自尊內涵範圍	
	整體性 （跨情境）	特殊性（部分性） （特殊情境）
特質 （穩定難變）	整體特質自尊	特殊特質自尊
狀態 （波動易變）	整體狀態自尊	特殊狀態自尊

　　（1）　整體特質自尊（跨情境）：個體在生活中的各個情境或範疇都具有穩定之高或低自尊傾向，形成一類跨情境、跨範疇的人格特質，影響著日常生活的行為方式。一般

所研究的自尊多屬此類。

（2）　特殊特質自尊（特殊情境）：個體在某一生活範疇中才有的穩定之高或低自尊傾向，形成一種在特定生活範疇才存在的人格特質，影響著日常生活的行為方式。

（3）　整體狀態自尊（跨情境）：個體的整體自尊會因特殊事件的發生而上升或下降。自尊雖有所起伏，卻不易持續，不會形成一類跨時間的人格特質。在特殊事件結束後，個體已變動的自尊會恢復原來狀態。

（4）　特殊狀態自尊（特殊情境）：特殊事件的發生，會使個體的某類狀態自尊上升或下降。此上升或下降的情形只限於該事件發生的特殊範疇，是針對該事件所影響的該類自尊而言，不會擴及到其他生活範疇。例如，個體在英文考試中獲得優異成績，此時關於他的英文能力的自尊便會上升，其他能力（如數學能力或口語表達能力）的自尊並不會隨之升高。但若在他走出考場時，遇到一個外國人問路，卻無法與此路人流暢的以英語談話，此時本已提升的英文能力自尊便會降低。

整體自尊的層次，並不具有文化差異性（Crocker & Wlofe，2001；Heine、 Lehman、Markus、及 Kitayama，1999），是普世皆同的。但是特殊自尊的層次則具有文化差

異。楊國樞（2004）以人與環境之互動方式的觀點，指出在東西方文化中個人的自尊可分別用社會取向（social orientation）與個人取向（individual orientation）的觀點來加以描述，楊國樞近一步指出華人之自尊型態主要是社會取向自尊。

二、華人自尊

跨文化心理學者 Heine，Lehman，Markus，及 Kitayama（1999）指出東方社會中個人同樣會對自己產生看法和評價，但其內涵則與西方社會有明顯之文化差異。因此，在進行華人之自尊研究時，有必要進一步考慮文化傳承與脈絡，及其對自尊之評價內容與評價歷程所可能造成的影響。

因為文化上的差異，Yang（2003）認為世界各地人民可依據自我評價來源基礎的不同將自尊分為兩類，分別為個人內在性自尊（personal-internal self-esteem），與社會關係性自尊（social-relational self-esteem）。楊氏將前者界定為一種來自個人因追求自己內在設定之目標所獲得的成功與成就，且擁有自己所珍視的內在心理屬性與行為特徵之後，所形成的正面自我評價之感受；後者則為一種來自個人因追求社會性與關係性目標所獲得的成功與成就，且擁有從社會與（人際角色）關係的觀點所珍視的內在心理屬性與行為特徵之後，所形成的正面自我評價之感受。楊氏所說的個人內在性

自尊，實即個人取向的自尊（individual self-esteem）；他所說的社會關係性自尊，實即社會取向的自尊（social self-esteem）。個人取向自尊主要見之於以個人主義為主要意識型態的西方文化中，如英國、法國、丹麥、美國、加拿大等國家的人民，這裡的人們具有顯著且強烈之維持、擴增及保護個人性自尊的傾向或需求（如 Carlock，1999；Heine et al.，1999；Yang，2003）。社會取向自尊主要見於以社會主義為主要意識型態的東方文化中，如中國大陸、臺灣、日本、韓國、泰國、巴拿馬等國家或地區的人民，這裡的人們具有顯著且強烈之維持、擴增及保護社會性自尊的傾向或需求。

從楊國樞、余安邦、葉明華（1991）、楊國樞（1994；Yang，1996）的研究與分析，得知至少臺灣的華人已經具有個人現代性的心理與行為特徵（如平權開放、獨立自顧、樂觀進取、尊重感情及兩性平等），而且這些新的心理特徵及行為表現能與華人傳統的心理特徵及行為表現並存。楊國樞（2002b）以臺灣大學生為研究對象，發現自尊的心理狀態兼含個人取向與社會取向的感受內涵。陸洛（2003）以臺灣成人為受試者，發現個人取向的自我成分與社會取向的自我成分可以同時並存，合而形成折衷自我。陸洛與楊國樞（2005）發現臺灣的大學生、研究生及社會成人兼有個人取向與社會取向之自我實現的觀念。由以上幾個研究結果得知，將個人取向自尊視為華人自尊的一部分是有必要的。因

此楊氏將原本盛行於西方社會之個人取向自尊納為華人自尊的一部分，將個人取向自尊與關係取向自尊、家族（團體）取向自尊、他人取向自尊三者並列為華人的四種主要自尊。

四種取向自尊是以互動對象的不同來界定的（見表3）。個人取向自尊是以自己為互動對象，關係取向自尊是以另一個人為互動對象，家族（團體）取向自尊是以自己的家族或其他成員團體為互動對象，他人取向自尊是以非特定他人為互動對象（翁嘉英、楊國樞及許燕，2004）。

1. 個人取向的自尊

依 Yang（2003）為個人內在性自尊所提供的定義，個人取向自尊乃是指一種來自個人因追求自己內在設定之目標所獲得的成功與成就，且擁有自己所珍視的內在心理屬性、行為特徵、及體能長相之後，所形成的正面自我評價之感受。

2. 關係取向的自尊

Yang（2003）將華人關係取向自尊定義是指一種來自個人因追求日常生活裡人際角色關係性之重要目標所獲得的成功與成就，且擁有人際角色關係的觀點下所珍視的內在心理屬性與行為特徵之後，所形成的正面自我評價之感受。

【表 3】

特質自尊的類別及其互動對象與正面評價的主要基礎

華人特質 自尊類別	個人取向特質自尊	社會取向特質自尊		
		關係取向特質自尊	家族（團體）取向特質自尊	他人取向特質自尊
互動對象	自己	另一個人（關係中的對方）	自己家族或其他成員團體	非特定他人（為數眾多）
正面評價的主要基礎　個人的成功與成就	個人追求自己內在設定之目標所獲得的成功與成就	個人追求人際角色關係性之目標所獲得的成功與成就	個人追求家族性或團體性之目標所獲得的成功與成就	個人從非特定他人處追求面子、名譽及尊嚴所獲得的成功與成就
個人的良好特性	個人擁有之自己所珍視的心理屬性、行為特徵、及體能長相	個人擁有之從人際角色關係的觀點所珍視的心理屬性與行為特徵	個人擁有之家族或團體成員所珍視的心理屬性與行為特徵	個人擁有之非特定他人所珍視的心理屬性與行為特徵

3. 家族（團體）取向的自尊

Yang（2003）認為家族（團體）取向自尊是指一種來自個人因追求所屬家族性或團體性之目標所獲得的成功與成就，且擁有以所屬家族的觀點或其他成員團體所珍視的內在心理屬性與行為特徵之後，所形成的正面自我評價之感受。

4. 他人取向的自尊

Yang（2003）認為他人取向自尊是指一種來自個人因從非特定他人處追求面子、名譽及尊敬所獲得的成功與成就，且擁有以非特定他人的觀點所珍視的內在心理屬性與行為特徵之後，所形成的正面自我評價之感受。

楊國樞（2004）整合整體自尊、上述的華人四種取向特殊自尊、特質自尊與狀態自尊、及公開自尊與私密自尊之內容與性質，進而提出一套華人自尊的三面向（facet）的模式（見圖 1）。由此模式可知，每個面向上的自尊類型可以兩兩配合成不同的組合型態（共 20 種類型），而每種組合都是值得深入研究，以界定不同的自尊類型與內涵。X 與 Z 兩面可以配合成四種組合，即 X 面向上的特質自尊與狀態自尊都可從公開自尊與私密自尊兩個層次加以研究。Y 與 Z 兩個面向可配合成十種組合，即 Y 面向上的每種自尊都可從私密自尊與公開自尊兩個層次加以研究。X 與 Y 兩個面亦可配合

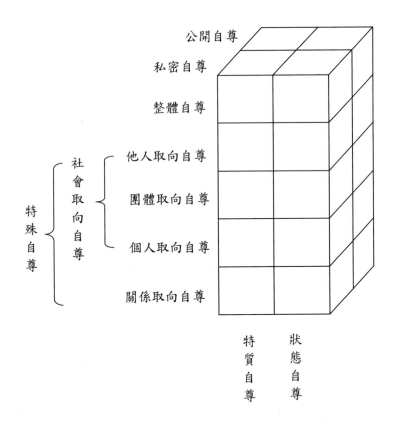

【圖1】
華人自尊的三面向模式（採自楊國樞，2005，修訂版）

成十種組合，即 Y 面上的每種自尊都可從特質自尊與狀態自尊兩個層次加以研究。

　　除了可以圖 1 所呈現的自尊三面向探討自尊之外，還有一個重要面向是整體自尊與特殊自尊的區分。圖 1 中 Z 面上四種取向的自尊係個人對不同生活範疇中的自我所做的正面評價，所呈現的皆屬特殊自尊而非整體自尊。

第二節　研究目的與研究方法

　　東方人與西方人的自我概念是有差異的，Markus 與 Kitayama（1991）曾經指出文化會影響個人的自我建構。他們認為西方人具有獨立我的自我建構（independent self-construal），著重個體的獨立性與獨特性；東方人具有相依我的自我建構（dependent self-construal），著重個體的歸屬與融入。楊國樞（1993）以 Angyal 的論點為基礎，用機體論（organismic theory）的理念建立其人格理論。他認為自主性（autonomy）與融合性（homonomy）的觀念可以用來了解人類社會之心理與社會運作的基本類型。進而提出「社會取向」與「個人取向」的自我建構概念，並擴充了社會取向的具體內涵，包括家族（團體）取向、關係取向、權威取向及他人取向四種次級特徵，形成了「華人自我四元論」。自我建構的差異會影響個人在認知、情緒及動機上的反應與行為上的表現，所以自尊會因自我建構的方式不同，而呈現不同的反應與行為表現。換言之，唯有透過對華人自我建構的了解，才能確實掌握特質自尊與狀態自尊之間的關係。因此

本研究乃從「社會取向」與「個人取向」的自我建構概念來探討特質自尊與狀態自尊之間的關係。

然而研究者在回顧華人以往的自尊研究後，發現相關研究多是套用西方心理學概念、理論、方法、及工具；多以特質自尊相關的命題為主，甚少有關狀態自尊的研究；且多在討論華人整體自尊，少有華人特殊自尊之論述。若要確實瞭解華人自尊內容，實有必要以具有本土契和作為原則，針對華人本土的自尊現象與問題著手研究。華人的自尊有三個主要面向與十個種類，三個面向即自尊的範疇性（個人取向自尊、關係取向自尊、家族取向自尊、及他人取向自尊）、穩定性（特質自尊與狀態自尊）、及公私性（公開自尊與私密自尊）（楊國樞，2004）。以上除特質自尊與狀態自尊兩者之外，其餘六類自尊係個人對不同生活範疇中的自我所做的正面評價，所以皆屬特殊自尊而非整體自尊。誠如 Rosenberg 等人（1995）所言：特殊自尊比整體自尊能預測個人的特殊行為。

一、研究目的

本研究的目的有三：

楊國樞（2002b）的研究中採取模擬故事的方法，蒐集臺灣與大陸大學生的樣本資料，探討成敗事件後之自尊、尊

嚴、面子、榮譽等感受的增減及正負情緒的變化，是否會因成敗事件、公私條件、及主角性別等因素的不同而有異，結果發現臺灣大學生的確具有顯性自尊。在成功及失敗情形下，分別會產生及喪失自尊、尊嚴的感受。他們將與自尊有關之感受變項從事因素分析，試圖要把相關變項區分出兩個主要因素。因素分析結果取得兩類因素：（1）融合性自尊感，即「社會取向狀態自尊」與（2）自我擴增感（成功事件下）或自我縮減感（失敗事件下），即「個人取向狀態自尊」兩個因素。這兩個因素間的相關係數約為 .60。因此，本研究擬擴充楊氏（2002）的研究，增加或修訂原來模擬故事問卷中與自尊有關之感受變項，再度嘗試將狀態自尊區分為社會取向者與個人取向者。

基於自尊一致論（consistency theory of self-esteem），高自尊者為了維持自我形象的一致性，對自己在各方面的表現有較正面的評價，反之低自尊者對自己在各方面的表現有較負面的評價（樊景立、鄭伯壎，1997）。因此，本研究旨欲探討是否在任何情境下，特質自尊與狀態自尊都呈現對應的關係。

由於特質自尊可直接影響狀態自尊，亦可經由影響認知評估而間接影響狀態自尊。所以本研究希望以實徵方法驗證特質自尊直接影響狀態自尊之可能性。

二、研究方法

1. 研究對象

　　本研究採標準化量表法與模擬故事法，以公私立大學的學生為對象。以直接發放、個別或團體施測方式共收集 598 位大學生，每位受試者皆須完成「華人整體特質自尊量表」、「華人多元特質自尊量表」、及「華人狀態自尊模擬故事問卷」三種工具之填答，經刪除有一致性填答與缺失填答等情形的無效問卷後，獲得 478 份有效問卷進行本研究的統計分析，問卷之有效回收率為 80％。其中男性 201 位、女性 277 位，平均年齡 20.48（標準差為 1.768）。

2. 研究工具

（1）華人整體特質自尊量表

　　採用楊國樞、翁嘉英、及許燕（2003）所編製之「華人整體特質自尊量表」，作為測量受試者整體特質自尊的主要工具，共 10 題（見附錄 5）。評量方式採五點量尺，分別為「全不符合」、「不太符合」、「有點符合」、「大都符合」、及「完全符合」，各給予 1 分至 5 分。在統計分析時，反向題的分數轉換，以 6 分減去原始分數即可。

（2）華人多元特質自尊量表

　　採用翁嘉英、楊國樞、及許燕（2004）所編製之「華人多元特質自尊量表」(見附錄 6)，作為測量受試者特質自尊的主要工具。爲避免量表題數過多，僅採用原量表中四個分量表：（1）個人能力與獨立，（2）人際關係與人緣，（3）家人情感與互動，及（4）社會認同與道德。四個分量表的題數各 10 題，共為 40 題。問卷題目在依據亂數表法加以重新排列順序，讓受試者依序填答。本量表的信、效度資料詳見第四張。評量方式採五點量尺，分別為「全不符合」、「不太符合」、「有點符合」、「大都符合」、及「完全符合」，各給予 1 分至 5 分。在統計分析時，反向題的分數轉換，以 6 分減去原始分數即可。

（3）華人狀態自尊之模擬故事問卷

　　使用楊國樞（2002b）研究中的模擬故事問卷，來測量受試者的整體狀態自尊與特殊狀態自尊。原問卷依據四類華人自我的範疇（個人取向、關係取向、家族（團體）取向、及他人取向）分別設計出四種模擬故事，每個模擬故事皆有成功事件版與失敗事件版。

　　本研究重新設計並修改了原問卷的評定項目內容，編成整體狀態自尊與特殊狀態自尊兩套評定量尺（rating scale），每種有 11 個評定項目，兩種共 22 項。狀態自尊升降程度的評量方式採六點量尺，分別為「不會」、「稍

微」、「相當」、「明顯」、「頗大」、及「極大」，各給予 1 分至 6 分。

綜合而言，本研究所用的模擬故事問卷有四個主要自變項，即四類取向的模擬事件（評量個人、關係、家族（團體）、及他人四種取向的狀態自尊）、兩類事件結果（成功或失敗）、兩類情境（公開或私密）及兩類故事主角性別（男性或女性），皆是受試者間變項。在此設計下，不論是四類模擬事件、成功或失敗結果，公開或私密情境、或是男性或女性主角，受試者間的變項共有 32 種組合，故須編成 32 種模擬故事。其中一種模擬故事見附錄 7。

（4）背景資料問卷

背景資料問卷包括性別、年齡、就讀學校、系別、年級、十八歲以前居住地、宗教信仰、父親教育程度、母親教育程度、家庭經濟狀況等項目。

本研究測量整體特質自尊與整體狀態自尊所使用的工具是不同的，測量前者的工具為「華人整體特質自尊量表」，測量後者的工具為「華人狀態自尊模擬故事問卷」中的整體狀態自尊感受評定量尺。前項工具的組成單位是完整語句的題目，後項工具的組成單位是簡短名稱的項目（而非題目）。也就是說，兩種測量工具不但所測量的內容不同（一

測穩定自尊，一測自尊的變動或升降），而且所採用的測量方式也很不同。兩者在測量方式上的不同，可以有效避免共同方法變異量（common method variance）的形成，以防止因測量方式的相同或相似而虛假的提高了整體特質自尊與整體狀態自尊之間的相關程度。

Rosenberg(1965)認為自尊是個人對自己整體性的正負向態度與看法，因此編製了「整體自尊量表」，測量個人直接對整體自我所做的正向評價之整體特質自尊 (global trait self-esteem)，而非對自我不同方面所做的正向評價之特殊自尊。同樣的，本研究使用「華人狀態自尊模擬故事問卷」中的各整體狀態自尊感受評定量尺，也是請受試者在閱讀完故事後，針對整體自我評定其整體狀態自尊的升降情形，如「覺得自己的整個自尊增加」。「華人狀態自尊模擬故事問卷」的各特殊狀態自尊感受評定量尺，則有別於各整體狀態自尊感受評定量尺。前者是依據受試者所閱讀之不同取向的故事版本（分為個人取向、關係取向、家族（團體）取向、及他人取向），評定不同生活領域或互動領域中之成敗事件後的自尊升降程度，在每個評定項目中，多了情境或生活或互動範疇的訊息，如「覺得自己在人際關係方面的自尊增加」。

3、研究程序

將「華人整體特質自尊量表」、「華人多元特質自尊量

表」、不同版本的「華人狀態自尊模擬故事問卷」、及基本
資料問卷四者依序裝訂成冊，即為本研究的施測題本。各題
本中之整體特質自尊量表、多元特質自尊量表、及基本資料
問卷相同，但狀態自尊模擬故事之版本則不同，因有 32 種
版本的模擬故事問卷，故有 32 種的不同題本。每種題本印
製約 20 份，全部共有約 650 份。先將全部題本以隨機順序
排列，再以直接發放、個別或團體方式進行施測，順序發出
題本。團體施測時，主試者先簡單介紹研究目的，並朗讀封
面上的指導語內容。次施測時間約為 30 分鐘，每位受試者
皆須完成四種工具之填答。

　　為了防止作業的先後順序會對研究結果產生影響，考慮
若先讓受試者填華人狀態自尊模擬故事問卷，將會影響後續
的華人特質自尊量表的結果，所以每位受試者先填華人整體
特質自尊量表，次填華人多元特質自尊量表，再填華人狀態
自尊之模擬故事問卷，最後填背景資料問卷。

　　填答時間到後，收回同學的問卷後，剔除具有填答一致
性與資料不完整之廢卷，得有效問卷，然後再進行統計分
析。

第三節　研究結果

　　本節將針對三個主要研究目的，說明本研究使用的分析

方法與結果，最後再討論大學生的狀態自尊是否可分為社會取向與個人取向，特質自尊與狀態自尊的關係，以及影響大學生狀態自尊升降的原因。

　　本研究主要以模擬故事法作為研究方式，讓受試者填答問卷，並想像自己是故事中的主角，再根據填答故事的內容回答問卷中的項目。在成功事件之故事下受試者填答整體狀態自尊分量表時，其整體狀態自尊增加的程度在「明顯程度的增加」到「頗大程度的增加」之間（平均數在3.32~4.37）。在失敗事件之故事下受試者填答整體狀態自尊分量表時，其整體狀態自尊減少的程度在「相當程度的減少」到「明顯程度的減少」之間（平均數在 3.34~3.78），成功與失敗事件下的特殊狀態自尊增加與減少的程度也大致相同於整體狀態自尊增加與減少的程度（成功事件時，大學生的特殊狀態自尊減少的平均數在 3.49~4.09；失敗事件時，大學生的特殊狀態自尊增加的平均數在 3.45~3.75）。此一結果顯示了受試者的狀態自尊的確因模擬故事的內容不同而有所提升或減低。

一、狀態自尊的種類

　　本研究認為華人的狀態自尊並非只是單一面向，至少可分為個人取向與社會取向兩種狀態自尊。為了探討此一問題，特以模擬故事中下狀態自尊有關之感受變項上的評定分

數為資料，分就原始分數與 z 分數，分別採用主成分分析法
（principal component analysis）或主軸分析法（principal axis
method）抽取一至五個因素，再分別以最優斜交轉軸法
（promax）與直接斜交轉軸法（direct oblimin）將抽取之因
素加以轉軸，獲得數套斜交因素，以比較不同因素結構之差
異。

　　整體狀態自尊是分別以四個取向的故事中整體狀態自尊
評定題目的總分來分析，特殊狀態自尊亦是分別以四個取向
的故事下特殊狀態自尊評定題目的總分來分析。經由上述的
程序，發現不論用原始分數或 z 分數、不同的抽因素方法與
斜交轉軸方法所得的結果均類似，因此最後決定以原始分數
做主成分分析抽取因素，並以最優斜交轉軸法所轉軸，就四
種取向的故事分別探討成功事件與失敗事件下的整體狀態自
尊因素與特殊狀態自尊因素。八組人數見表 4。

【表 4】　不同取向之模擬故事下的受試者人數

故事類型	成功事件		失敗事件	
	人數	百分比	人數	百分比
個人取向的故事	61	24	57	24
關係取向的故事	64	27	59	26
家族取向的故事	62	25	55	24
他人取向的故事	61	24	59	26
總和	248	100	230	100

本研究預期狀態自尊至少可區分為兩類，即社會取向狀態自尊與個人取向狀態自尊，但此一假設在探索性因素分析結果中並未獲得足夠清晰的證實。基本上，四種取向的故事不論是成功或失敗事件，整體狀態自尊與特殊狀態自尊兩者皆僅抽得一個狀態自尊因素，顯示大學生樣本之狀態自尊內涵中個人取向狀態自尊內容與社會取向狀態自尊內容不僅是共存的而且是融合的，並不易明確區分出個人取向狀態自尊與社會取向狀態自尊兩個因素。

如將因素數設定為 2 之後，因素分析結果顯示不同取向的故事中兩因素的題目內容會有所變動而不一致，且兩因素間都有中度以上的相關。表示至少就大學生而言，即使用因素分析方法強迫抽出兩個因素，也不易明確區分出社會取向狀態自尊與個人取向狀態自尊。由此觀之，社會取向狀態自尊內容與個人取向狀態自尊內容可能是融合為一。

二、特質自尊與狀態自尊的關係

以 Pearson 簡單相關分析與多元迴歸分析探討特質自尊與狀態自尊的關係，主要探討四件議題：（1）狀態自尊與情緒的關係，（2）整體特質自尊與整體狀態自尊有無關係，（3）特殊特質自尊與特殊狀態自尊是否皆有對應關係，及（4）特殊性狀態自尊的升降程度是否會與整體性狀態自尊的升降程度有關。所得結果分別說明如下：

1. 狀態自尊與情緒的關係

依成敗事件的不同，以相關分析方法探討整體狀態自尊、特殊狀態自尊分別與狀態自尊升降時所產生的正負面情緒之關係。在成功事件下，由於問及隨著狀態自尊提升而產生之正面情緒的題目只有六題，故將視為一個因素，以六題情緒項目之總分與狀態自尊求相關；但在失敗事件下，由於問及隨著狀態自尊下降而產生之負面情緒的題目共有十三題，故先進行探索性因素分析，抽出三個負面情緒的因素，但結果顯示各取向故事下，各情緒因素的內容並不一致，且因素間相關達 .6 左右，所以最後決定以十三題情緒項目之總分與狀態自尊求相關。分析結果顯示，就全部受試者而言，不論成功或失敗事件下，整體狀態自尊的增減與正負面情緒強度有統計上顯著的正相關（r 成功＝.586，p＜.001；r 失敗＝.644，p＜.001）；特殊狀態自尊的增減與正負面情緒強度有統計上顯著的正相關（r 成功＝.594，p＜.001；r 失敗＝.654，p＜.001），因此可說明模擬故事之成功與失敗事件的操弄，會影響受試者整體狀態自尊與特殊狀態自尊的升降，進而使其產生正面或負面情緒。

2. 整體特質自尊與整體狀態自尊的關係

在成功事件下，就全部受試者而言，整體特質自尊與整體狀態自尊有統計上顯著的正相關（r＝.238，p＜.001）；在失敗事件下，分別就全部受試者、所有男性受試者、及所

有女性受試者而言，整體特質自尊與整體狀態自尊皆無統計上顯著的相關。

3. 特殊特質自尊與特殊狀態自尊的關係

表 5 中結果顯示，在成功事件下，就全部受試者而言，「個人能力與獨立」之特殊特質自尊與特殊狀態自尊有統計上顯著的正相關（r＝.269，p＜.001）；「人際關係與人緣」之特殊特質自尊與特殊狀態自尊有統計上顯著的正相關（r＝.267，p＜.001）；「家人情感與互動」之特殊特質自尊與特殊狀態自尊有統計上顯著的正相關（r＝.267，p＜.001）；「社會認同與道德」之特殊特質自尊與特殊狀態自尊有統計上顯著的正相關（r＝.291，p＜.001）。在失敗事件下，四類特殊特質自尊與特殊狀態自尊都無統計上顯著的相關。

【表 5】　成敗事件下特殊特質自尊與特殊狀態自尊之簡單相關係數

特殊特質自尊	成功事件		失敗事件	
	n	r	n	r
個人能力與獨立	248	.269 ***	230	.082
人際關係與人緣	248	.267 ***	230	.036
家人情感與互動	248	.267 ***	230	.050
社會認同與道德	248	.291 ***	230	.075

** p＜.01，*** p＜.001，單側檢定。

4. 整體狀態自尊與特殊狀態自尊的關係

就全部受試者而言，不論成功或失敗事件下，整體狀態自尊與特殊狀態自尊有統計上顯著的正相關（r 成功 ＝.873，p＜.001； r 失敗＝.877，p＜.001）。

綜合以上的相關研究結果，模擬故事問卷的內容對受試者的狀態自尊是有影響的。就全部受試者而言，不論是成功或失敗事件下，整體狀態自尊之升降與情緒有統計上顯著的正相關，顯示受試者在讀完模擬故事後，狀態自尊確實會因想像故事中的成功事件所產生角色扮演的效果而有所上升，進而產生正面情緒；也會因想像故事中的失敗事件所產生角色扮演的效果，而使狀態自尊有所下降，進而產生負面情緒。所以，本研究採模擬故事問卷之研究方式，確實能有效操弄狀態自尊之升降。

本研究預期整體特質自尊與整體狀態自尊呈統計上顯著的正相關。Pearson 簡單相關分析結果部分的支持了本研究的此一假設。這顯示在成功事件發生時，整體特質自尊高的大學生，其整體狀態自尊的增加也高；在失敗事件下，整體特質自尊與整體狀態自尊則沒有統計上顯著的相關，表示經歷失敗事件時，整體特質自尊的高低與整體狀態自尊的下降

程度並無關係。

　　本研究預期特殊特質自尊與特殊狀態自尊呈統計上顯著的正相關。Pearson 簡單相關分析結果也部分的支持了本研究之假設。這顯示「個人能力與獨立」、「人際關係與人緣」、「家人情感與互動」、及「社會認同與道德」四種特殊特質自尊高的大學生，在成功事件發生時其特殊狀態自尊的增加也大。在失敗事件下，特殊特質自尊與特殊狀態自尊並無統計上顯著的相關，表示經歷失敗事件時，特殊特質自尊的高低與特殊狀態自尊的下降程度並無關係。

　　若進一步探討特殊特質自尊是否可預測特殊狀態自尊，可由逐步多元迴歸分析結果得知。如表 6 顯示，在成功事件中，「社會認同與道德」之特殊特質自尊可以用來預測全部受試者的特殊狀態自尊。在失敗事件中，各取向故事的四類特殊特質自尊則皆無法預測特殊狀態自尊。

　　本研究預期整體狀態自尊與特殊狀態自尊應呈統計上顯著的正相關。由 Pearson 簡單相關分析結果得知，不論成敗事件，受試者整體狀態自尊的升降程度越大，其特殊狀態自尊的升降程度越明顯。此一分析結果充分支持本研究原先之假設。

【表6】 成功事件下特殊特質自尊預測特殊狀態自尊之逐步多元迴歸係數

受試者	n	預測變項	β	R	R^2	$\triangle R^2$	F
全部	248	社會認同與道德	.291 ***	.291	.085	.085	22.751 ***

三、影響狀態自尊的因素

　　此節欲探討整體特質自尊、特殊特質自尊、公私情境、受試者性別、及故事主角性別等不同條件下，狀態自尊的升降程度是否有所不同。在多因子變異量分析中，本研究分別以整體狀態自尊與特殊狀態自尊為依變項，進行 4（故事取向）×2（公私情境）×2（高低特質自尊）的三因子變異量分析。就第三個自變項而言，特質自尊的高低是以受試者得分的中位數為界。由於本研究將特質自尊分為整體特質自尊與四類特殊特質自尊，本節將作五套以整體狀態自尊為依變項與五套以特殊狀態自尊為依變項的三因子變異量分析。

　　研究結果，發現在成功事件及失敗事件下，受試者的整體狀態自尊、特殊狀態自尊的提升程度與減低程度是有差異的。在成功事件之故事下，受試者在讀完故事後，評定整體

狀態自尊增加的程度時，多是勾選「相當程度的增加」到「頗大程度的增加」之間的數值。在失敗事件下，受試者在讀完故事後，評定整體狀態自尊減少的程度時，多是勾選在「相當程度的減少」到「明顯程度的減少」之間的數值。成功與失敗事件下的特殊狀態自尊增加與減少的程度也大致相同於整體狀態自尊增加與減少的程度。這表示受試者的狀態自尊會因模擬故事的成敗內容不同，而有所提升或減低的現象。

整體而言，多因子變異量分析結果顯示：在成功事件下，故事取向、公私情境、及高低特質自尊（含整體特質自尊、「個人能力與獨立」之特殊特質自尊、「人際關係與人緣」之特殊特質自尊、「家人情感與互動」之特殊特質自尊、及「社會認同與道德」之特殊特質自尊）對整體狀態自尊與特殊狀態自尊的提升程度有顯著影響。又在成功事件中，閱讀他人取向故事的大學生之特殊狀態自尊提升的程度高於閱讀其他三類取向故事（個人取向、關係取向、及家族（團體）取向）的大學生。在公開情境下的大學生其整體狀態自尊與特殊狀態自尊提升的程度高於私密情境下的大學生。具有高特質自尊特性的大學生，其整體狀態自尊與特殊狀態自尊提升的程度高於具有低特質自尊特性的大學生。

但在失敗事件下，多因子變異量分析結果顯示故事取向、公私情境、及高低特質自尊的不同，對狀態自尊降低的

程度皆無顯著的差異存在。這表示在失敗事件下，大學生的整體狀態自尊與特殊狀態自尊之降低程度不為故事取向、公私情境、特質自尊高低等條件之差異所影響。

第四節　綜合討論與檢討

一、本研究的特色、成果及意義

1. 本研究在設計上的主要特點

　　本研究採取本土化的研究策略。在理論方面，本研究參考楊國樞(2004)華人自我四元論中提及的華人自尊三面向模式之理論架構（見圖 1），依不同生活範疇將特質自尊分為個人取向特質自尊、關係取向特質自尊、家族（團體）取向特質自尊、及他人取向特質自尊，將狀態自尊分為個人取向狀態自尊、關係取向狀態自尊、家族（團體）取向狀態自尊、及他人取向狀態自尊。四種特質自尊可從整體性與特殊性及私密情境與公開情境兩個層次加以研究，狀態自尊亦可從整體性與特殊性及公開情境與私密情境兩個層次加以研究。在研究工具方面，本研究採用「華人整體特質自尊量表」（楊國樞、翁嘉英、及許燕，2003）測量大學生的整體特質自尊，並非使用 Rosenberg(1965)的整體自尊量表；以

「華人多元特質自尊量表」（翁嘉英、楊國樞、及許燕，2004）測量大學生的特殊特質自尊；重新設計楊國樞（2002b）之研究中的模擬故事問卷來測量大學生的狀態自尊，問卷中除列出一般性自尊的題目，並考慮了文化因素，列出華人特有的「面子」、「尊嚴」、及「為家庭增光」等題目。

　　本研究從理論上推測，整體特質自尊會影響整體狀態自尊，特殊特質自尊會影響特殊狀態自尊，並在分析結果中獲得驗證此一假設。由翁嘉英、楊國樞，及許燕（2004）所提出之概念架構（見圖 1）可知，外在與內在的突發事件，經過當事人認知評估之後，狀態自尊會有所升降。在此架構中，特質自尊可直接影響狀態自尊，亦可經由影響認知評估而間接影響狀態自尊。本研究進行 Pearson 簡單相關分析與逐步多元迴歸分析的結果都顯示整體特質自尊與整體狀態自尊是有相關的，四類特殊特質自尊與特殊狀態自尊也有相關。多因子變異量分析的結果亦顯示，整體特質自尊會影響整體狀態自尊的升降，特殊特質自尊會影響特殊狀態自尊的升降。

　　本研究在探討特質自尊與狀態自尊之關係的方法上，為避免因共同方法變異量（common method variance）使特質自尊與狀態自尊之間有虛假的相關存在，特別使用了兩種研究工具測量特質自尊與狀態自尊。在整體自尊方面，測量整

體特質自尊時使用「華人整體特質自尊量表」，測量整體狀態自尊時使用模擬故事問卷中的整體狀態自尊分量表。在特殊自尊方面，測量特殊特質自尊時使用「華人多元特質自尊量表」，測量特殊狀態自尊時使用模擬故事問卷中的特殊狀態自尊分量表。

本研究使用不同模擬故事的成敗事件下，受試者所勾選的自尊升降程度，作為測量狀態自尊的指標。為了驗證問卷中自尊的升降程度即代表受試者本身狀態自尊的升降程度，特別將正負面情緒的強度與自尊升降的程度求相關。結果發現不論成功事件或失敗事件，整體狀態自尊之升降程度與正負面情緒之強度有統計上顯著相關，特殊狀態自尊之升降程度與正負面情緒之強度亦有統計上顯著相關。顯示受試者的狀態自尊確實會因模擬故事的成敗事件內容不同有所升降。在成功事件下，受試者的狀態自尊不僅會提升，也會引起正面情緒強度增大；同樣的，在失敗事件下，受試者的狀態自尊不僅會降低，也會引起負面情緒強度增大。

2. 本研究的主要結果與其意義

以 478 位臺灣的大學生為有效樣本從事實徵研究後進行資料分析，然而，發現數據結果並不完全支持本研究原先的所有假設。綜合本研究之研究結果與討論，可歸納出下列幾項主要問題與發現。

（1）　狀態自尊是否可分為社會取向與個人取向？

　　翁嘉英、楊國樞、及許燕（2004）將特質自尊分為個人取向者及社會取向者。同理，研究者也認為概念上狀態自尊亦應可分為個人取向者及社會取向者。但以主成分分析法加上最優斜交轉軸法之探索性因素分析所得結果，並無法驗證大學生狀態自尊是為一多向度的心理構念。執行探索性因素分析時，本研究曾將因素數設定為 2，因素分析結果顯示，不同取向故事中兩因素的題目內容會有所變動而不一致，且兩因素間都有中度以上的相關。

　　由此可知，就本研究之大學生樣本而言，狀態自尊並無法明確再分為社會取向與個人取向狀態自尊，而是可以分為兩個相關很高的因素。換言之，社會取向與個人取向狀態自尊有相當高的傾向呈現出一種融合為一的狀態自尊。但由於華人自我觀是相當社會取向的，因此因素分析所獲得的單一因素可能是以社會取向狀態自尊為主。也就是說，就當前的大學生而言，文字上看似所指的是個人取向的狀態自尊，實際上可能具有社會取向的成分。這顯示直接將西方人的「self esteem」翻譯為華人的「自尊」這個名詞，表面上看似相同，但是本質上的意義卻並非相同。西方人的「self esteem」的內涵是非常個人取向的，而華人「自尊」的內涵則可能是以社會取向為主的。本研究驗證了楊國樞（2002b）的看法，華人的狀態自尊是一種以社會取向為主

的自尊。

（2）　特質自尊是否會影響狀態自尊？

本研究以 Pearson 簡單相關分析與逐步多元迴歸分析，探討當成敗事件發生時，受試者的整體特質自尊、特殊特質自尊兩者與整體狀態自尊、特殊狀態自尊有無關係。分析結果顯示，整體特質自尊與整體狀態自尊是有相關的，四類特殊特質自尊與特殊狀態自尊也是有相關的，若進一步探討不同取向故事下的情形，則發現在他人取向故事的成功事件下，四類特殊特質自尊皆與特殊狀態自尊呈統計上顯著的相關。

在從特殊特質自尊預測特殊狀態自尊的逐步多元迴歸分析中，「社會認同與道德」之特殊特質自尊對特殊狀態自尊有顯著的預測力，表示「社會認同與道德」之特殊特質自尊越高的大學生，其特殊狀態自尊增加的程度就越高。這顯示，居處於現代臺灣社會的大學生，容易因為突發事件（特別是他人取向的事件）而產生狀態自尊的改變，其改變的程度則受到自己的特質自尊之高低的影響。

（3）　在成敗事件、故事取向、公私情境、及特質自尊的不同條件下，狀態自尊的升降程度是否有所不同？

以整體狀態自尊與特殊狀態自尊為依變項，進行 2（故事取向）×2（公私情境）×2（高低整體特質自尊）的三因子變異量分析。分析結果發現在成功事件中，特質自尊的高低（含整體特質自尊、「個人能力與獨立」之特殊特質自尊、「人際關係與人緣」之特殊特質自尊、「家人情感與互動」之特殊特質自尊、及「社會認同與道德」之特殊特質自尊）、公私情境、及不同故事取向會分別在整體狀態自尊與特殊狀態自尊之增加上有顯著差異。

在成功事件中，大學生的整體狀態自尊與特殊狀態自尊提升的程度，會受個人的特質自尊特性、事件發生在何種生活範疇（故事取向）、以及是公開或私密情境而影響。易言之，高特質自尊的大學生，在公開的他人取向情境中，若有成功事件發生，其狀態自尊會明顯的提升。由此可見，即使是 e 世代的年輕大學生，還是相當重視社會取向的自尊（特別是他人取向的自尊）

但在失敗事件下，多因子變異量分析結果顯示故事取向、公私情境、及高低特質自尊對狀態自尊降低的程度皆無顯著的影響。這表示在失敗事件下，大學生的整體狀態自尊與特殊狀態自尊之降低程度，不為其自身特質自尊高低、事件發生在何種生活範疇、公私情境、及是公開或私密情境所影響。

二、檢討與建議

1. 關於融合性狀態自尊的解釋

　　由上述主要發現得知，就本研究之大學生樣本而言，其狀態自尊並無法明確再分為社會取向與個人取向狀態自尊，其佐證有二：（1）探索性因素分析結果，（2）即使將狀態自尊依概念分析區分為社會取向與個人取向狀態自尊兩類，後續的 Pearson 簡單相關分析結果仍顯示社會取向狀態自尊與特質自尊的相關情形類似於個人取向狀態自尊與特質自尊的相關情形。在理論上，華人的自尊可區分為個人取向自尊與社會取向自尊（Yang，2004），但是本研究中卻未出現原先所預期的結果，無法將狀態自尊區分為個人取向狀態自尊與社會取向狀態自尊。這樣的研究結果比較類似楊國樞（2002b）的研究發現，楊氏將與狀態自尊有關之感受變項加以因素分析，獲得兩類因素：（1）融合性自尊感，（2）自我擴增感（成功事件下）或自我縮減感（失敗事件下）兩因素。本研究之未能獲得社會取向與個人取向兩種狀態自尊，可能的原因如下：

　　工具局限：本研究曾重新設計楊國樞（2002b）之研究中的模擬故事問卷來測量大學生的狀態自尊，整體狀態自尊量表與特殊自尊量表的題目內容可能有定義不明確容易混淆之處，致使受試者因不易分辨題目意涵而無法清楚表達狀態自尊增降的程度。

　　時代趨勢：由於長期在集體主義的文化背景下成長過程中，華人自小在家庭中應是先養成社會取向的狀態自尊，日長之後，開始接觸西方個人主義的相關文化，逐漸形成了個人取向狀態自尊，並與原先的社會取向狀態自尊融合。

　　發展階段：本研究的受試者皆是大學生，正有待整合自己自小至大所受的人格教育。在尚未形成明確的自我概念時，可能也不會發展出一個穩定的狀態自尊，更不會將狀態自尊再分為社會取向狀態自尊與個人取向狀態自尊。因此，大學階段是個人取向狀態自尊與社會取向狀態自尊尚未分殊化的階段。

　　概念定義：陸洛（2003）認為現代華人已結合了個人取向與社會取向的自我建構，形成一種具有建設性、創造性的折衷自我觀。依此延伸，現代臺灣大學生應會結合個人取向與社會取向狀態自尊，形成一種折衷性的狀態自尊。換言之，現代大學生所界定的個人取向狀態自尊會帶有社會取向狀態自尊的色彩或內涵，所界定的社會取向狀態自尊會帶有個人取向狀態自尊的色彩或內涵。

　　2. 關於失敗事件中特質自尊與狀態自尊的關係

　　由於狀態自尊是在特殊情境下暫時的心理表現與複雜的情緒反應。因此在特質自尊與狀態自尊的關係之預測上，本

研究認為不論在成功或失敗事件，受試者的狀態自尊應該會有所升降，而且特質自尊會與狀態自尊有相關。但是分析結果顯示僅在社會取向（含關係取向、家族取向、他人取向）故事的成功事件中，特質自尊才會與狀態自尊有顯著正相關，這個結果表示，就本研究之大學生樣本而言，只有在社會取向的故事中，遇到了成功事件，高特質自尊的人之狀態自尊的提升程度才會明顯升高。由此可以看出，社會取向的故事內容會影響受試者對自己的狀態自尊提升程度的評估，這可能是因為受試者本身是集體主義文化下的個體，遇到成功事件時，特別在乎周遭「別人」的知覺與讚許，因此也特別重視社會取向事件的成功。那為什麼在失敗事件發生時此種關係即不顯著？又為什麼本研究的結果沒有支持華人有個人取向狀態自尊的論點？這些問題的可能答案如下：

可能是個人的情緒反應影響了狀態自尊減低的程度。每個人在經歷失敗事件時，常常會伴隨著一些負面情緒（如，焦慮、憂鬱），這些負面情緒加深了個人狀態自尊的減低程度。也可能在遭遇失敗事件時產生自我防衛的機制與思考心態，減低了個人狀態自尊的減低程度。

個人過去的失敗經驗的不同使個體看待新的失敗事件的態度有所差異。一個人若長久處於成功境界，忽然遇到一次失敗事件，可能會增加個人狀態自尊的減低程度；一個人若長久處於失敗境界，再次遇到失敗事件，個人狀態自尊的減

低程度可能會不明顯。由於大學生過去的失敗經驗較少、較輕，他們會以正面的與積極的態度面對新的失敗事件，因此狀態自尊降低的幅度不大。

　　自我防衛機制之個別差異的影響，與失敗經驗之個別差異的影響，擾亂了特質自尊對狀態自尊的影響，因此使兩類自尊的相關係數不具統計顯著性。

　　過去研究發現東方人（特別是華人）自我批評或自我改善的傾向高，這種傾向使得華人對失敗事件相當敏感。因此，面對自己的失敗，無論別人知道與否，對個人自己的評價都可能造成極大的衝擊，也就是不論特質自尊的高或低者，個人的狀態自尊都有相當大的降低。

　　3. 關於「整體狀態自尊」與「特殊狀態自尊」兩者間之高相關現象

　　本研究的資料顯示受試者的整體狀態自尊與特殊狀態自尊的簡單相關都屬於中高程度的相關（ r ＝ .868~.882 ， p ＜.001）。這可能是因為特殊狀態自尊本來就是整體狀態自尊的一部分，正如同翁嘉英、楊國樞、及許燕（2004）的研究結果證實整體特質自尊與特殊特質自尊之間有高相關。但是，也可能是因為整體狀態自尊量表與特殊狀態自尊量表中的評定題目在形式上或方法上過於相似，這可能形成共同方

法變異量（common method variance），提高了整體狀態自尊與特殊狀態自尊的相關程度。

4. 關於「自我擴大」與「自我縮小」

就成敗事件來講，很清楚的可以瞭解受試者在成功事件中，勾選狀態自尊增加的程度時，所有的受試者都無人勾選「不會」增加的選項，這表示狀態自尊確已明顯增加，證實了大學生受試者有「自我擴大」的現象。失敗事件中，在勾選狀態自尊降低的程度時，所有的受試者都無人勾選「不會」降低的選項，這表示狀態自尊確已明顯降低，證實了大學生受試者有「自我縮小」的現象。就公私情境來講，成功事件發生時，公開情境下受試者的狀態自尊增加程度會高於私密情境下受試者的狀態自尊增加程度。

5. 具體建議

本研究測量狀態自尊的升降所使用的模擬故事問卷中，有些題目的題意可能不清，整體狀態自尊分量表與特殊狀態自尊分量表安排位置可能太近，造成狀態自尊的測量結果與研究預期有所不符，未來的有關研究可針對這些問題發展出題意明確、更符合華人整體狀態自尊與特殊狀態自尊內涵的量表來測量。並應將整體狀態自尊與特殊狀態自尊分量表的位置錯開，或在兩個量表間插入性質很不相同的題目。

　　從研究結果看來，大學生的狀態自尊可能是融合的。未來可探討此可能現象是屬於發展過程中的一部分，還是已發展完成的自尊型態。若是本研究所測得的現象是尚在發展中的自尊類型，以後可以將受試對象向下延伸至幼稚園、國小、及國高中學生，向上延伸至不同年齡層的成年人，探討狀態自尊的發展過程及其影響因素。

　　楊國樞（2004）在其華人自我四元論中將自尊區分為四種：個人取向自尊、關係取向自尊、家族（團體）取向自尊、及他人取向自尊，再加上自尊穩定性及公私性之區別，建構華人自尊的三面向模式。本研究乃基於此一理論探討自尊議題，但本研究所得結果並非完全符合楊氏對華人自尊之分類，未來研究仍可驗證華人自尊是否真的可以依華人自我四論分為四類自尊型態，繼續探討華人自尊的特性、以及此四類自尊是否也同時存在於非華人社會的民眾。[§]

---

§ 本文係依據第一作者在佛光大學心理學研究所完成之碩士論文改寫而成。該學位論文係在楊國樞與許功餘兩位教授指導之下完成，特此致謝。

結語：
未來華人自我研究的瞻望

陸洛

　　華人的文化傳統是以「家庭」為核心的集體主義，強調人境融合，人際和諧，自我克制及顧全大局，並相當限制個人的自我表現，也十分壓抑過度彰顯所謂的個體獨特性。故此，華人不僅關注的「自我」層面與西方人不同，在這些受到關注之層面上的分化，理解與感受也與西方人不同，但卻可能比西方人更為細膩。正因如此，移植西方心理學的理論、概念、方法、與工具來探討華人的自我，不僅是隔靴搔癢，根本是張冠李戴。然這正是早年臺、港、中三地自我心理學研究的實況(參見第 2 章)，更甚者，這些早期的研究所關注的大多是認知層面的自我知識，如自我概念，幾乎完全忽略對深層之「我觀」的剖析，即對自我之本質的探討。楊

國樞(Yang, 2003)在深入分析，詳盡對比了中、西文化中「自我」之本質內涵的差別後指出：傳統華人的自我是「社會取向」的，而西方的自我則是「個人取向」的，兩者在內涵、特徵、及運作原則上之不同所反映的正是中、西文化深層之對「人」的本質的不同認定。相較西方個人取向的自我，華人傳統的社會取向自我實則更豐富、更細膩、也更複雜，楊氏(參見第 4 章)稍後將之細分為關係取向自我、家族(團體)取向自我，及他人取向自我。順應社會變遷的現實，楊氏亦將源自西方文化之個人取向自我納入現代華人的自我系統之中，此乃兼容並蓄了傳統與現代之「雙文化自我」(參見第 6 章)。這些開創新局的本土化自我心理學理論建構，及其引導出的系統性實證研究的成果，在相當程度上奠定了華人自我心理學之文化認同的基礎，也建築起與西方自我心理學(同樣是他們的本土心理學)對話的對等平臺。這些得來不易的研究成果彙集成書，本身也可謂一項創舉了。

　　至此，我們已在理論層次上清楚地證明了當今華人確實具備了個人取向與社會取向之「雙文化自我」，也提供了初步的實徵研究證據，在華人「自我四元論」和「雙文化自我」的架構下，未來研究尚有無限可能，一個非常值得關注且相當急迫的議題正是這兩套自我觀之間的關係究竟為何？又如何在同一個體身上運作？

　　楊國樞(Yang, 1996)曾提出一套完整的概念，來描述社會

現代化衝擊下，發展中國家人民之態度與價值變遷的動態歷程，這套架構同樣可用來解釋並預期現代華人雙文化自我的運作模式。楊國樞界定了三種不同的態度與價值混合類型：輪替型 (alternating)，置換型 (replacing) 及統整型 (integrating)。若以自我觀念為例，輪替型的人以「心理區隔」的機制同時擁有個人取向和社會取向的自我觀，並不覺矛盾，也無須改變，他們可在不同的生活場域中，以自利的方式，輪流啟動兩種自我觀念。置換型的人則逐漸以個人取向的自我觀取代社會取向的自我觀，強化前者，弱化後者，此為「前進式處理」(forward resolution)。但另一些置換型的人卻可能採「後退式處理」(backward resolution)，即以社會取向自我觀取代先前已形成的個人取向自我觀，亦即「傳統的回歸」。最後，統整型的特色在楊國樞的早期理論(Yang, 1996)中並未說明，但最近他(Yang, 2003)則認為此為最具創意的一型，是個人長期持續地努力統合個人取向與社會取向自我觀的結果，是一個平衡、統整的新系統，對各個生活層面的適應都是最為有利的。楊氏更進而指出：統整型嚴格來講已不再是一種混合類型，而是超越了個人取向及社會取向的自我觀，並在更高層次上所完成的全新整合。

若我們能超越西方理論中個人主義/集體主義建構的模糊性，也擴大獨立我/互依我建構的狹隘性，直接檢視涵括了本體與功能雙面向的自我觀念，結果會如何呢？陸洛（2007）所收集的實徵資料正可回答這樣的問題。在該研究中，個人

取向與社會取向自我觀之間最具意義的典型相關（係數
為.76，p<.001）顯示：「情境自我」與「自我修養」這兩項
社會取向自我觀因素的線性組合分數，與個人取向自我觀的
「獨立」因素分數成統計上顯著的正相關。

　　這項典型相關的意涵值得仔細分析。個人取向自我觀中
的「獨立」意涵主要是超越環境的局限，並堅定自信心；而
社會取向自我觀中的「情境自我」之意涵主要為相信「變」
是不變的原則，並依情境、角色、關係的要求調整自己，做
出最合宜的表現；至於「自我修養」的內涵則更強調經由不
懈的道德努力，力求超越「小我」，完成「大我」。表面看
來，「獨立」十足反映了西方文化強調以個人為中心去宰制
環境的信念（Hsu，1985），以及對自信的高度重視（Suh，
2000），這樣的獨立、主宰、和努力如果能置於「行仁」的
道德規範之下，其實正是儒家所強調的「忠恕之道」。也就
是經由主體自我的提振與覺醒，從修身的內省功夫開始，由
「修己以敬」到「修己以安人」，再到「修己以安百姓」，
將道德實踐的範圍從自己開始，在人際關係網中層層外推，
在這漸次提升的修身、齊家、治國、平天下的「大我」實踐
中，自我的主體性、獨立性、和主宰性是關鍵的起點，自我
的覺醒和自動自發的努力正是儒家所謂自我修養的精義（參
見第 7 章）；而儒家的典範「君子」是十足入世的，他們不
是消極地適應環境，而是依照自己的道德理想戮力改造世
界；他們投身俗世之中，追求道德、學問及美學的卓越，以

滋養身心，提升精神（Tu，1994）。這樣的自我轉化歷程所反映的正是華人民間社會所流傳的「謀事在人，成事在天」的積極進取精神，最近的實徵研究也發現：在臺灣華人中「互依我」與強調獨立主宰的「初級控制」（primary control）信念並不衝突，反而能共同促進心理福祉（Lu & Gilmour，2004）。雖然典型相關分析的結果有時很難清楚地解釋，較宜視為探索性的分析而非驗證性或假設檢驗性的分析（Rosenthal，Blanck，& Vannicelli，1984）。但我們可初步假設：現代華人在自我修養的道德前提之下，遵循社會角色和社會情境的規範做出合理合宜的表現，也努力超越環境的局限，展現積極進取的精神和堅定不移的自信，並非不可能、不可行、或不可欲。這樣做反而可能同時發揚了西方文化與儒家傳統中的積極精神，也符合了重視成就和努力，同時強調道德與倫理的現代華人社會的要求（Yang，1996；Brindley，1989，1990）。當然，這只是初步假設，有待更多、更嚴謹的實徵資料來檢驗。

　　基於上述理論分析，未來研究可以「個人取向/社會取向」構念為理解現代「華人雙文化自我」的主軸，並具體探討下列問題：（1）現代華人如何認知「自我」的觀念？（2）兩套源自不同文化傳統的自我系統在現代華人身上究竟如何共存？（3）個人如何決定何時何地、何種考量下啟動何套自我系統？（4）兩套系統是否真能輪替運作而無矛盾衝突？（5）哪些個別差異因素能解釋雙文化自我在不同

人身上共存與運作順暢的不同程度？（6）個人知覺到雙文
化自我內在的衝突是否會衝擊個人的生活適應？（7）個體
的壓力因應又扮演了怎樣的角色？（8）個人知覺到雙文化
自我內在的衝突與生活適應間是否存在相互影響的關係？
（9）個體的壓力因應又是否具有穩定性？這些問題的探討
將有助於我們開始了解身處社會變遷與文化交融的歷史洪流
中的現代華人如何協調、折衝、統合兩套不同的自我系統，
以求更平衡有效地適應生活環境，追求幸福人生。§

---

§ 作者感謝國科會「華人本土心理學追求學術卓越延續計畫」
（NSC96-2752-H-002-019-PAE）經費支持。

【附錄一】
華人多元自尊量表之做法說明

> ## 自我瞭解量表

親愛的朋友：

您好。我們正在進行一項研究，目的是想要瞭解人們有關自己的感受、看法、想法及做法。我們誠懇邀請您填答這份問卷。

問卷的答案只做學術研究之用，絕不讓研究人員以外的人接觸，您也不要在問卷上寫出自己的姓名，因此可以放心填答。研究人員不會進行任何個人資料的分析，整體趨勢的分析才是我們的目的。問卷最後一頁的基本資料，請您務必填寫，以方便我們歸類及整理問卷。

下面列舉了很多簡短的題目，每個題目都是描述一項個人自己的感受、看法、想法或做法。為了增進你對自己的瞭解，請你仔細閱讀每個題目，然後判斷一下該題所說的內容**與你的真實情形**是否相同或符合。

例如：我的數學成績很好。

　　如果**全不符合你的實情**，就在題後的第（1）個空格中劃個「∨」號；

　　如果**不太符合你的實情**，就在第（2）個空格中劃個「∨」號；

　　如果**有點符合你的實情**，就在第（3）個空格中劃個「∨」號；

　　如果**大都符合你的實情**，就在第（4）個空格中劃個「∨」號；

　　如果**完全符合你的實情**，就在第（5）個空格中劃個「∨」號；

　　每個人的真實情形都與別人不同，只要照實判斷與作答就行了。如果你想改變答案，將原先的答案塗掉即可。請不必在任何一題上耗費太多時間，而且每個題目都要回答。

　　謝謝您的合作。

【附錄二】
多向度自我滿意度評量表

　　請評定你對自己在**生活各方面表現**的**滿意程度**。請在每題的五個選項中，選擇一項最符合你的情形，並在空格裡打個『∨』號。

　　例如，如果你對自己的學業表現感到**非常滿意**，就在「非常滿意」的空格打『∨』。

　　如果你對自己的學業表現感到**非常不滿意**，就在「非常不滿意」的空格打『∨』。

	非常滿意	滿意	半滿意半不滿意	不滿意	非常不滿意
1. 我對我在**家中受重視的情形**感到……	□	□	□	□	□
2. 我對我的**健康**感到……………………	□	□	□	□	□

3. 我對我在團體中受重視的情形感到… ☐ ☐ ☐ ☐ ☐

4. 我對我關懷社會的情形感到………… ☐ ☐ ☐ ☐ ☐

5. 我對我的體能感到……………………… ☐ ☐ ☐ ☐ ☐

6. 我對我與家人的關係感到…………… ☐ ☐ ☐ ☐ ☐

7. 我對我的能力表現感到……………… ☐ ☐ ☐ ☐ ☐

8. 我對我的道德表現與守法情形感到… ☐ ☐ ☐ ☐ ☐

9. 我對我的獨立狀況感到……………… ☐ ☐ ☐ ☐ ☐

10. 我對我與家人的情感與互動情形感到 ☐ ☐ ☐ ☐ ☐

11. 我對我家的經濟狀況感到…………… ☐ ☐ ☐ ☐ ☐

12. 我對我的家世背景感到……………… ☐ ☐ ☐ ☐ ☐

13. 我對我的外表感到…………………… ☐ ☐ ☐ ☐ ☐

14. 我對我的人際關係感到……………… ☐ ☐ ☐ ☐ ☐

【附錄三】
同儕提名排名問卷

第一部分

　　每個人都有他（她）的特性、表現或條件，現在就請你環顧四周的**班上同學**，看看哪些人符合下列每題所說的特性、表現或條件，並**依優先順序寫下他們的姓名（請勿用綽號）**。本問卷的資料將遵循研究規範之保密原則處理，只做團體性的統計分析，個人資料絕不外流，請放心做答。

1. 哪些人學業表現最好？　　1.＿＿＿＿　2.＿＿＿＿　3.＿＿＿＿
2. 哪些人能力最好？　　　　1.＿＿＿＿　2.＿＿＿＿　3.＿＿＿＿
3. 哪些人最獨立自主？　　　1.＿＿＿＿　2.＿＿＿＿　3.＿＿＿＿
4. 哪些人長的美(帥)？　　　1.＿＿＿＿　2.＿＿＿＿　3.＿＿＿＿
5. 哪些人體能最好？　　　　1.＿＿＿＿　2.＿＿＿＿　3.＿＿＿＿
6. 哪些人身體最健康？　　　1.＿＿＿＿　2.＿＿＿＿　3.＿＿＿＿
7. 哪些人人緣最好？　　　　1.＿＿＿＿　2.＿＿＿＿　3.＿＿＿＿
8. 你最喜歡哪些人？　　　　1.＿＿＿＿　2.＿＿＿＿　3.＿＿＿＿
9. 你覺得哪些人最被同學
重視？　　　　　　　　　1.＿＿＿＿　2.＿＿＿＿　3.＿＿＿＿

10. 哪些人經濟狀況最好？　　1._____　2._____　3._____
11. 哪些人家世最好？　　　　1._____　2._____　3._____
12. 哪些人最熱心公益(班
上活動/系上活動/學校活動
/社會服務工作)?　　　　　1._____　2._____　3._____
13. 哪些人最有公德心？　　　1._____　2._____　3._____
14. 哪些人最守法？　　　　　1._____　2._____　3._____
15. 那些人與家人關係最
好？　　　　　　　　　　　1._____　2._____　3._____
16. 那些人在家中最被肯定
與重視？　　　　　　　　　1._____　2._____　3._____

第二部分

　　每個人也都會有一些負面的特性、表現或條件，這一部
分是請你環顧四周的**班上**同學，看看哪些人符合下列每題所
說的特性、表現或條件，並**依優先順序寫下他們的姓名（請
勿用綽號）**。

1.　哪些人學業表現不佳？　1._____　2._____　3._____
2.　哪些人能力不佳？　　　1._____　2._____　3._____
3.　哪些人最依賴他人　　　1._____　2._____　3._____
4.　哪些人長的其貌不揚？　1._____　2._____　3._____
5.　哪些人體能最差？　　　1._____　2._____　3._____
6.　哪些人身體不健康？　　1._____　2._____　3._____

7. 哪些人人緣不好？　　　　1._____　2._____　3._____

8. 你最不喜歡哪些人？　　　1._____　2._____　3._____

9. 哪些人最被同學忽略？　　1._____　2._____　3._____

10. 哪些人經濟狀況不佳？　　1._____　2._____　3._____

11. 哪些人家世背景不佳？　　1._____　2._____　3._____

12. 哪些人最不熱心公益(班
上活動/系上活動/學校活動/
社會服務工作)？　　　　　1._____　2._____　3._____

13. 哪些人最沒公德心？　　　1._____　2._____　3._____

14. 哪些人最不守法？　　　　1._____　2._____　3._____

15. 那些人與家人關係最不
好？　　　　　　　　　　　1._____　2._____　3._____

16. 那些人在家中最不被肯
定與重視？　　　　　　　　1._____　2._____　3._____

【附錄四】
負面情緒評量表

　　情緒是每天都會感受到的一種心理狀態。請問在日常生活的一般情形下,你感受到下列每項情緒狀態的程度與頻率如何。請在每項之後圈選一個適當數字,以代表你的回答。

發生頻率						情緒程度				
	沒有過此情緒	偶而有此情緒	有時有此情緒	經常有此情緒	每天有此情緒		毫無此情緒	稍有此情緒	頗有此情緒	甚有此情緒	極有此情緒
1. 悲哀	0	1	2	3	4	1. 悲哀	0	1	2	3	4
2. 擔憂	0	1	2	3	4	2. 擔憂	0	1	2	3	4
3. 羞恥	0	1	2	3	4	3. 羞恥	0	1	2	3	4
4. 沉痛	0	1	2	3	4	4. 沉痛	0	1	2	3	4
5. 煩惱	0	1	2	3	4	5. 煩惱	0	1	2	3	4
6. 愧疚	0	1	2	3	4	6. 愧疚	0	1	2	3	4
7. 失望	0	1	2	3	4	7. 失望	0	1	2	3	4
8. 不安	0	1	2	3	4	8. 不安	0	1	2	3	4
9. 憂愁	0	1	2	3	4	9. 憂愁	0	1	2	3	4
10. 焦慮	0	1	2	3	4	10. 焦慮	0	1	2	3	4
11. 慚愧	0	1	2	3	4	11. 慚愧	0	1	2	3	4
12. 煩躁	0	1	2	3	4	12. 煩躁	0	1	2	3	4
13. 自責	0	1	2	3	4	13. 自責	0	1	2	3	4

【附錄五】
華人整體特質自尊量表

	全不符合 [1]	不太符合 [2]	有點符合 [3]	大都符合 [4]	完全符合 [5]
1. 有時候，我覺得自己一無是處。	☐	☐	☐	☐	☐
2. 整體來說，我覺得自己有很多優點。	☐	☐	☐	☐	☐
3. 在很多方面，我可以把事情做得跟別人一樣好。	☐	☐	☐	☐	☐
4. 我覺得自己沒有什麼好得意的地方。	☐	☐	☐	☐	☐
5. 有時候，我覺得自己真是沒有用。	☐	☐	☐	☐	☐
6. 我覺得自己是個有價值的人。	☐	☐	☐	☐	☐
7. 總的來說，我對自己感到很滿意。	☐	☐	☐	☐	☐
8. 我覺得自己是一個值得別人尊重的人。	☐	☐	☐	☐	☐
9. 整體而言，我覺得自己是個失敗者。	☐	☐	☐	☐	☐
10. 作為一個人，我覺得自己是很不錯的。	☐	☐	☐	☐	☐

【附錄六】
華人多元特質自尊量表

一、「個人能力與獨立」分量表：

	全不符合 [1]	不太符合 [2]	有點符合 [3]	大都符合 [4]	完全符合 [5]
1. 我是個消極被動的人	☐	☐	☐	☐	☐
2. 我的表達能力欠佳	☐	☐	☐	☐	☐
3. 我的能力強	☐	☐	☐	☐	☐
4. 我是一個沒有特色的人	☐	☐	☐	☐	☐
5. 我精明能幹	☐	☐	☐	☐	☐
6. 我很優秀	☐	☐	☐	☐	☐
7. 我能言善道，口才好	☐	☐	☐	☐	☐
8. 我很會分析事理	☐	☐	☐	☐	☐
9. 我的辦事效率高	☐	☐	☐	☐	☐
10. 我的學習能力強	☐	☐	☐	☐	☐

二、「人際關係與人緣」分量表

	全不符合	不太符合	有點符合	大都符合	完全符合
	[1]	[2]	[3]	[4]	[5]
1. 同學喜歡我	☐	☐	☐	☐	☐
2. 我的人際關係很好	☐	☐	☐	☐	☐
3. 我不被朋友接受	☐	☐	☐	☐	☐
4. 我的朋友很多	☐	☐	☐	☐	☐
5. 同學認為我是不合群的人	☐	☐	☐	☐	☐
6. 我的同學常讚美我	☐	☐	☐	☐	☐
7. 我的朋友常說我好	☐	☐	☐	☐	☐
8. 朋友都器重我	☐	☐	☐	☐	☐
9. 同學都覺得我是個好同學	☐	☐	☐	☐	☐
10. 同學尊重我的意見	☐	☐	☐	☐	☐

三、「家人情感與互動」分量表

	全不符合 [1]	不太符合 [2]	有點符合 [3]	大都符合 [4]	完全符合 [5]
1. 家人總是看我不順眼	☐	☐	☐	☐	☐
2. 父母冷落我	☐	☐	☐	☐	☐
3. 父母重視我	☐	☐	☐	☐	☐
4. 我是父母眼中的好孩子	☐	☐	☐	☐	☐
5. 父母以我為榮	☐	☐	☐	☐	☐
6. 父母常稱讚我	☐	☐	☐	☐	☐
7. 我在家中地位卑微	☐	☐	☐	☐	☐
8. 我在家中得不到尊重	☐	☐	☐	☐	☐
9. 父母不在乎我	☐	☐	☐	☐	☐
10. 父母疼愛我	☐	☐	☐	☐	☐

四、「社會認同與道德」分量表

	全不符合 [1]	不太符合 [2]	有點符合 [3]	大都符合 [4]	完全符合 [5]
1. 我很遵守社會規範	□	□	□	□	□
2. 我很守法	□	□	□	□	□
3. 我品行良好	□	□	□	□	□
4. 我是個壞學生	□	□	□	□	□
5. 我為社會犧牲奉獻	□	□	□	□	□
6. 我不負責任	□	□	□	□	□
7. 我作事情問心無愧	□	□	□	□	□
8. 我是有公德心的人	□	□	□	□	□
9. 我以自己的學校為榮	□	□	□	□	□
10. 我律己甚嚴	□	□	□	□	□

【附錄七】
華人狀態自尊之模擬故事問卷

一、成功事件版本的各類評量項目

以關係取向、成功事件、私密情境、主角為女性的模擬故事版本（**R₂**）為範例：

秋華是一位二十來歲的年輕女性，她有好幾個好朋友，私下分別和每一個朋友都能和諧而親密的交往，培養了深厚的友情。她的幾個好朋友彼此互不認識，並不知道秋華還有別的好朋友，**家人、老師、同學等也不知道秋華這麼會交朋友，這麼會與人親密相處。**

請你認真想像一下，假如你是秋華，**對於你私下（別人不知）這麼善於和朋友建立良好而和諧的人際關係，你會有什麼感受或想法？**

當你想到自己私下（別人不知）這麼善於和朋友建立良好的人際關係，你是否會因此而產生以下的各種感受？（勾選一個數字，代表你的感受程度。）

1. 整體性狀態自尊感受

增 加 的 程 度

	不會 [0]	稍微 [1]	相當 [2]	明顯 [3]	頗大 [4]	極大 [5]
1. 覺得自己的整個自尊增加	☐	☐	☐	☐	☐	☐
2. 覺得自己的整個重要性增加	☐	☐	☐	☐	☐	☐
3. 覺得自己的整個自信心增加	☐	☐	☐	☐	☐	☐
4. 覺得自己的整個價值增加	☐	☐	☐	☐	☐	☐
5. 覺得自己的整個自負心增加	☐	☐	☐	☐	☐	☐
6. 覺得自己的整個榮譽感增加	☐	☐	☐	☐	☐	☐
7. 覺得自己的整個自我好像「擴大」	☐	☐	☐	☐	☐	☐
8. 覺得自己的整個幸福感增加	☐	☐	☐	☐	☐	☐
9. 覺得自己的整個尊嚴感增加	☐	☐	☐	☐	☐	☐
10. 覺得自己的整個面子增加	☐	☐	☐	☐	☐	☐
11. 覺得自己的整個成就感增加	☐	☐	☐	☐	☐	☐

2.特殊性狀態自尊感受

增 加 的 程 度

	不會 [0]	稍微 [1]	相當 [2]	明顯 [3]	頗大 [4]	極大 [5]
1. 覺得自己在人際關係方面的自尊增加	□	□	□	□	□	□
2. 覺得自己在人際關係方面的重要性增加	□	□	□	□	□	□
3. 覺得自己在人際關係方面的自信心增加	□	□	□	□	□	□
4. 覺得自己在人際關係方面的價值增加	□	□	□	□	□	□
5. 覺得自己在人際關係方面的自負增加	□	□	□	□	□	□
6. 覺得自己在人際關係方面的榮譽感增加	□	□	□	□	□	□
7. 覺得自己在人際關係方面的幸福感增加	□	□	□	□	□	□
8. 覺得自己在人際關係方面的尊嚴感增加	□	□	□	□	□	□
9. 覺得自己在人際關係方面的面子增加	□	□	□	□	□	□
10. 覺得自己在人際關係方面的個人成就感 增加	□	□	□	□	□	□
11. 覺得自己在人際關係方面為家庭爭光	□	□	□	□	□	□

二、失敗事件版本的各類評量項目

以關係取向、失敗事件、私密情境、主角為女性的模擬故事版本（**R₂**）為範例：

秋華是一位二十來歲的青年人，她先後交過好多個朋友，但每交一個朋友，都是不歡而散。在交友過程中，秋華時常為了一些芝麻小事爭論不休，難以與人融洽相處，結果是彼此只有不快，而無樂趣。她所交的朋友，幾乎都是有名無實，並無友情可言。**秋華這麼不會交朋友，這麼難以與朋友個別建立融洽而親密的關係，只有她自己心裡有數，家人、親戚、鄰居、老師及同學並不清楚。**

請你認真想像一下，假如你是秋華，**對於你私下（別人不知）這麼不善於和朋友建立良好而和諧的人際關係，你會有什麼感受或想法？**

當你想到自己私下（別人不知）這麼不善於和朋友建立良好的人際關係，你是否會因此而產生以下的各種感受？（勾選一個數字，代表你的感受程度。）

1. 整體性狀態自尊感受

減 少 的 程 度

	不會	稍微	相當	明顯	頗大	極大
	[0]	[1]	[2]	[3]	[4]	[5]
1. 覺得自己的整個自尊減少	□	□	□	□	□	□
2. 覺得自己的整個重要性減少	□	□	□	□	□	□
3. 覺得自己的整個自信心減少	□	□	□	□	□	□
4. 覺得自己的整個價值減少	□	□	□	□	□	□
5. 覺得自己的整個自負心減少	□	□	□	□	□	□
6. 覺得自己的整個榮譽感減少	□	□	□	□	□	□
7. 覺得自己的整個自我好像「縮小」	□	□	□	□	□	□
8. 覺得自己的整個幸福感減少	□	□	□	□	□	□
9. 覺得自己的整個尊嚴感減少	□	□	□	□	□	□
10. 覺得自己的整個面子減少	□	□	□	□	□	□
11. 覺得自己的整個成就感減少	□	□	□	□	□	□

2. 特殊性狀態自尊感受

減 少 的 程 度

	不會 [0]	稍微 [1]	相當 [2]	明顯 [3]	頗大 [4]	極大 [5]
1. 覺得自己在人際關係方面的自尊減少	☐	☐	☐	☐	☐	☐
2. 覺得自己在人際關係方面的重要性減少	☐	☐	☐	☐	☐	☐
3. 覺得自己在人際關係方面的自信心減少	☐	☐	☐	☐	☐	☐
4. 覺得自己在人際關係方面的價值減少	☐	☐	☐	☐	☐	☐
5. 覺得自己在人際關係方面的自負減少	☐	☐	☐	☐	☐	☐
6. 覺得自己在人際關係方面的榮譽感減少	☐	☐	☐	☐	☐	☐
7. 覺得自己在人際關係方面的幸福感減少	☐	☐	☐	☐	☐	☐
8. 覺得自己在人際關係方面的尊嚴感減少	☐	☐	☐	☐	☐	☐
9. 覺得自己在人際關係方面的面子減少	☐	☐	☐	☐	☐	☐
10. 覺得自己在人際關係方面的個人成就感減少	☐	☐	☐	☐	☐	☐
11. 覺得自己在人際關係方面讓家庭蒙羞	☐	☐	☐	☐	☐	☐

各章作者簡介

楊國樞

美國伊利諾大學(University of Illinois, Urbana)哲學博士學位(心理學)，曾任臺灣大學心理學系教授兼系主任、中央研究院民族學研究所研究員兼副院長，並當選中央研究院院士。現任中原大學心理科學研究中心暨心理學系講座教授。主要研究興趣為中國人的性格、社會行為、及其變遷，主要研究課題如心理傳統性、心理現代性、家族主義、孝道心理、基本性格向度、社會取向成就動機、及社會取向自我。採取本土化研究策略，並在臺灣、香港、大陸、及國際倡導心理學的本土化運動。曾撰寫與主編專書二十餘種，如《中國人的性格》、《社會及行為科學研究的中國化》、《中國人的蛻變》、《華人本土心理學》(上下冊)、《華人心理的本土化研究》、Progress in Asian Social Psychology: Conceptual and Empirical Contributions、及 Indigenous and Cultural Psychology: Understanding People in Context；發表中英文論文一百六十餘篇。Email：yangks@cycu.edu.tw。

陸洛

　　獲英國牛津大學(University of Oxford, UK)實驗心理學系心理學博士學位，曾任牛津大學博士後研究員、高雄醫學大學行為科學研究所專任副教授、高雄大學通識教育中心兼任副教授、海洋技術學院學生輔導中心兼任輔導老師、輔仁大學心理學系專任副教授、專任教授、臺灣大學心理學系兼任副教授、兼任教授、中央大學人力資源管理研究所專任教授、特聘教授、副教務長，以及臺灣心理學會理事。現職為臺灣大學工商管理學系/商學研究所教授。研究興趣主要圍繞著壓力（stress）、主觀幸福感（subjective well-being，SWB）、「文化」、「自我」、和職場健康相關的議題展開。已發表中英文期刊論文 90 餘篇，國內外學術研討會論文 90 餘篇。曾獲國科會傑出研究獎。目前擔任《臺灣公共衛生雜誌》、《人力資源管理學報》副主編，及國內外期刊如《本土心理學研究》、*Asian Journal of Social Psychology* 以及 *Journal of Happiness Studies* 的編輯委員。另策劃編著《社會心理學叢書》共 13 冊（國立編譯館主譯，巨流圖書公司印行），《心理學：日常生活中的應用》，《人格理論》，及《社會心理學》（後三冊皆由 Thomson 出版）。

楊中芳

　　美國芝加哥大學心理學社會心理學博士，曾任教於香港大學及廣州中山大學心理學系，現任北京北大人格與社會心理研究中心研究員及中國社會科學院社會學研究所社會心理小組客座研究員。長期遊走海峽兩岸三地，從事本土心理學研究，編著有《中國人‧中國心》、《如何研究中國人》、

《如何理解中國人》、《中國人的人際關係、情感與信任》、《本土心理學研究論叢》等。現今主要研究興趣：對「中庸」實踐思維的構念化及實徵檢驗工作。希望未來用這一本土架構來重新審視中國人的自我、人際關係、情感與信任，從而讓中國人的心理學研究生根於自己的文化土壤。

孫蒨如

　　美國喬治亞大學（University of Georgia, Athens）社會心理學博士，現任中原大學心理系副教授，專長領域包括社會認知、人際知覺、團體動力、社會心理學，和研究方法等等。研究興趣為自我歷程、情緒、印象形成、團體歷程與社會判斷等。目前研究主軸可分為兩方面，其一為華人的自我評價、自我複雜度、及自我調控的相關歷程，另一主軸則為華人的認知失調及陰陽思維。研究論文發表於國內外期刊。chienru@cycu.edu.tw

王崇信

　　中原大學心理研究所碩士畢業後，即從事人力資源管理相關工作，曾服務於港商南順集團的南順工業股份有限公司，擔任人事主管一職。主要負責之業務為人員招募、薪資及人事管理制度的規劃及執行。現處於職業生涯轉型期，正積極規劃下一階段的努力目標。

余思賢

　　中原大學心理學研究所碩士班畢業。現就讀於臺灣大學心理學研究所博士班，專攻社會心理學。主要研究興趣為多元自我以及群際信任與合作。psyma@ms27.hinet.net。

翁嘉英

　　臺灣大學臨床心理學博士，現任中正大學心理學系副教授。主要研究興趣為中國人的自尊與敵意性格對身心健康的影響，主要研究課題包括性格與冠狀動脈心臟病、敵意性格與心血管自主神經反應、敵意性格與內皮細胞功能、敵意與健康行為。曾撰寫與主編《健康心理學》；發表中英文論文十餘篇。psycyw@ccu.edu.tw。

許燕

　　北京師範大學教育學博士，北京師範大學心理學院院長、教授、博士生導師。中國心理學會理事，中國心理學會教學工作委員會副主任、中國心理學會人格心理學專業委員會副主任，北京心理學會副理事長、北京社會心理學會副理事。教育方面主要論著有：《實用心理學》、《人格》、《大學心理學》、《心理健康教育》、《救援生命，重建希望——大學生自殺的鑒別與預防》等，發表〈北京大學生價值觀演變及相關因素研究〉、〈SARS 突發病害與大學生價值觀的變化歷程〉、〈當代大學生價值觀變遷的社會取向〉、〈當代大學生核心人格的研究〉、〈優秀教師心理素

質的結構與素質教育的研究〉、〈中國中小學教師職業心理枯竭的特點和成因分析〉等論文。主持科研項目：高校教師職業枯竭的產生機制與預警研究、高校學生隱性自殺行為的鑒別與危機干預。

潘君鳳

畢業於佛光大學心理學研究所碩士班，目前就讀於臺灣大學心理學系博士班。主要研究興趣為華人性格、社會行為、及婚姻與家庭，主要研究課題如華人自尊與個人適應歷程。d95227105@ntu.edu.tw。

許功餘

臺灣大學心理研究所博士（人格與社會心理學），現職為佛光大學心理系助理教授。主要研究領域為本土心理學，主要研究課題為華人性格結構與發展、社會行為、及社會關係。kyhsu@mail.fgu.edu.tw。

參考書目

于洋(1992)：《Y 形結構──人性的先天與後天》。廣州市：花城出版社。

方立天(1994)：《佛教哲學》。臺北：洪葉文化。

方靜嫻(1996)：《先秦之仁義禮說》。臺北：文津出版社

王有倫(1983)：〈我國師專學生價值理念及教學態度之研究〉。高雄師範學院教育研究所，碩士論文。

王垶(1993)(編譯)：《老子新編校譯》。臺北：洪葉文化。

王崇信、孫蒨如(1994)：〈自我肯定對自我設限的影響〉。中國心理學會主辦「第三十四屆中華心理學會年會」（臺北），宣讀之論文。

王梅君(1993)：《社會支援的知覺評估、自我尊嚴及生活壓力對身心症狀的影響》。私立中原大學心理學研究所，碩士論文。

朱義祿(1991)：《儒家理想人格與中國文化》。瀋陽：遼寧教育出版社。

朱瀅、張力(2001)：〈自我記憶效應的實驗研究〉。《中國科學》(大陸)，31 卷，1 期，1-7。

何友暉、陳淑娟、趙志裕(1989)：〈關係取向：為中國社會心理方法論求答案〉。《中國人的心理與行為：理念及

方法篇（一九九二）》。臺北：桂冠圖書公司。

何英奇(1977)：〈成敗經驗對自我評價與抱負水平之影響〉。《師大教育研究所集刊》，19，77-162。

何英奇(1981)：〈大學生性別角色與自我概念的關係〉。《師大教育心理學報》，14，221-230。

余安邦、楊國樞(1990)：〈社會成就：成就動機本土化的省思〉。見楊中芳、高尚仁（主編）：《中國人·中國心：人格與社會篇》。臺北：遠流出版公司。

余英時(1983)：《從價值系統看中國文化的現代意義》。臺北：時報出版社。

余英時(1987)：〈儒家君子的理想〉。劉述先編：《儒家倫理研討會》，29-46。新加坡：東亞哲學研究所。

吳武典(1977)：〈制握信念與學業成就、自我觀念、社會互動之關係及其改變技術〉。《師大教育研究所集刊》，19，163-178。

吳金香(1979)：〈父母教養方式與國中學生自我概念的關係〉。《師大教育研究所集刊》，21，431-440。

吳銘玟(2001)：《青少年自尊內容向度之建構研究》。中正大學心理學研究所，碩士論文。

吳麗娟(1986)：〈理情教育課程對國中學生理性思考，情緒穩定與自我尊重之影響〉。《師大教育心理學報》，19，177-218。

吳麗娟(1987)：〈理情教育團體對大學生理性思考，社會焦慮與自我接納效果之研究〉。《師大教育心理學報》，20，183-204。

呂武吉(1987):〈儒家「自我」的道德修養〉。劉述先編:《儒家倫理研討會》,161-178。新加坡:東亞哲學研究所。

宋維真(1985):〈中國人使用明尼蘇達多相個性測驗量表的結果分析〉,未發表論文。

杜維明(1987):〈論儒家的「體知」一德性之知的涵義〉。劉述先編:《儒家倫理研討會》,98-111。新加坡:東亞哲學研究所。

杜維明(1990):《儒家自我意識的反思》。臺北:聯經出版社。

周逸衡(1983):《國人價值體系與臺灣大型企業管理行為關係之研究》。政治大學企業管理研究所,碩士論文。

林一真、杜淑芬(1984):〈他們真不誠實嗎……說謊量表初探〉。《中國測驗年刊》,33,95-108。

林一虞、杜淑芬(1987):〈說謊的測量〉。《中國測驗年刊》,34,101-116。

林以正(1985):《自我檢校,人際關係,情境公開性與酬賞分配》。臺灣大學心理系碩士論文。

林以正、楊中芳(2000):〈華人在研究情境中的自我呈現〉。見華人本土心理學研究追求卓越計畫辦公室(主編):《華人本土心理學研究追求卓越計畫八十九年度計畫執行報告書》。臺北:華人本土心理學研究追求卓越計畫辦公室。

林以正、楊中芳(2001):〈「公我」與「私我」的拿捏對華人自我呈現行為的影響〉。見華人本土心理學研究追求卓越計畫辦公室(主編):《華人本土心理學研究追求

卓越計畫九十年度計畫執行報告書》。臺北：華人本土
心理學研究追求卓越計畫辦公室。

林杏足(1997)：《諮商中當事人自尊改變歷程之分析研
究》。彰化師範大學輔導與諮商學系，博士論文。

林邦傑(1979)：〈最不喜歡工作伙伴量表的因素結構及其與
刻板印象自我概念之關係〉。《中華心理學刊》，21，
41-52。

林邦傑(1980)：〈田納西自我觀念量表之修訂〉。《中國測
驗年刊》，27，71-78。

林邦傑(1981)：〈性別角色與自我防衛。生活適應，認知能
力的關係〉《中華心理學刊》，23，107-129。

林邦傑(1984)：〈讚許欲與人格特質，青少年犯罪之關
係〉。《政大教育與心理研究》7，1-17。

林清財(1985)：〈青少年自我統整與心理特質關係之研
究〉。《政大教育與心理研究》，8，235-237。

林碧峰、楊國樞、繆瑜、楊有維（1974）：〈中國兒童焦慮
量表之修訂〉。張春興、楊國樞合編 《中國兒童行為
之發展》，465-518。臺北：環宇出版社。

金耀基(1988)：〈「面」、「恥」與中國人行為之分析〉。
中文大學校外課程進修部報紙課程「禮：情理的表
現」。

柯永河(1981)：〈從一個心理健康定義談測定個人心理健康
的方法〉。《中國測驗年刊》，28，78-94。

洪有義（1974）：〈社會文化環境與內外制握的關係〉。
《中華心理學刊》，16，52-68。

韋政通(1972)：〈傳統中國理想人格的分析〉。見李亦園、
　　楊國樞（主編）：《中國人的性格》。臺北：中央研究
　　院民族學研究所。

唐君毅(1944)：《人生之體驗》。上海：中華書局。

孫蒨如(2000)：〈自我肯定歷程在相依我概念下的運作過
　　程〉。見華人本土心理學研究追求卓越計畫辦公室(主
　　編)：《華人本土心理學研究追求卓越計畫九十三年度
　　計畫執行報告書》。臺北：華人本土心理學研究追求卓
　　越計畫辦公室。

孫蒨如(2000)：〈自我肯定歷程在相依我概念下的運作過
　　程〉。見華人本土心理學研究追求卓越計畫辦公室（主
　　編）：《華人本土心理學研究追求卓越計畫八十九年度
　　計畫執行報告書》。臺北：華人本土心理學研究追求卓
　　越計畫辦公室。

孫蒨如(2001)：〈自我界定及自我評價維持模式〉。見華人
　　本土心理學研究追求卓越計畫辦公室（主編）：《華人
　　本土心理學研究追求卓越計畫九十年度計畫執行報告
　　書》。臺北：華人本土心理學研究追求卓越計畫辦公
　　室。

孫蒨如(2002)：〈自我評價、自我提升、及自我保護：個人
　　取向與社會取向的觀點〉。見華人本土心理學研究追求
　　卓越計畫辦公室（主編）：《華人本土心理學研究追求
　　卓越計畫九十一年度計畫執行報告書》。臺北：華人本
　　土心理學研究追求卓越計畫辦公室。

徐復觀(1974)：《中國思想史論集》（三版），臺北：臺灣
　　學生書局。

翁淑緣(1985)：〈青少年的自尊以及相關變項的研究〉。
《政大教育與心理研究》，8，79-114。

翁嘉英、楊國樞(2001)：＜社會社會取向與個人取向的自
尊：概念分析與量表建立＞。見《大學學術追求卓越發
展計劃，華人本土心理學研究追求卓越計劃：九○年度
計劃執行報告書》，臺北：臺灣大學心理學系卓越報
告。

翁嘉英、楊國樞、許燕(2003)：〈社會取向自尊與個人取向
自尊：華人多元自尊量表之構念效度的檢證〉。見華人
本土心理學研究追求卓越計畫辦公室（主編）：《華人
本土心理學研究追求卓越計畫九十二年度計畫執行報告
書》。臺北：華人本土心理學研究追求卓越計畫辦公
室。

翁嘉英、楊國樞、許燕(2004)：〈社會取向自尊與個人取向
自尊：概念分析與實徵測量〉。見楊國樞、許功餘(主
編)：《華人的自我歷程、自我概念及自我評價研討會
論文集》。宜蘭縣，礁溪：佛光人文社會學院心理學研
究所。

馬小虎(2004)：《魏晉以前個體〝自我〞的演變》。北京：
中國人民大學出版社。

高德鳳、蘇瑞瑞、陳彰儀(1975)：〈國中學生場地獨立性與
智力、性別、自我接受三者的關係〉。《中華心理學
刊》，17，105-108。

張長芳(1982)：〈大一學生的人際關係與其自我觀念及歸因
特質的關係〉。《政大教育與心理研究》，5，1-46。

張春興(1981)：〈高中生的自我知覺與對父母期待知覺的差

距，與其學業成績的關係〉。《教育心理學報》，14，31-40。

張春興、黃淑芬(1982)：〈大學教育環境與青年期自我統整形成關係的初步研究　〉。《師大教育心理學報》，15，31-46。

張春興、簡茂發(1969)：〈自我能力與性格的了解對大學生成績的影響〉。《師大心理與教育》，3，89-99。

張玨(1987)：〈大專聯考壓力症候群的探討〉。《中華心理衛生學刊》，6期，43-55。

郭生玉(1973)：〈國中低成就學生心理特質之分析研究〉。《師大教育研究所集刊》，15，451-534。

郭為藩(1972)：《自我心理學》，臺北：開山書店。

郭為藩(1979)：〈資賦優異兒童生活適應（自我觀念）之評鑑〉。《教育部資賦優異兒童教育研究實驗叢書》，5，14-29。

郭為藩、李安德（1979)：〈自我心理學的理論架構〉。《師大教育研究所集刊》，21，51-146。

陳李綢(1983)：〈大專男女生自我統整程度與職業選擇、學習滿意度及父母養育方式之比較研究〉。《師大教育心理學報》，16，89-98。

陳俐君(2002)：《青少年自尊、親子關係、性態度與性行為之關係研究》。彰化師範大學輔導與諮商學系，碩士論文。

陳惠邦(1990)：〈自我設限與行為歸因〉。政治大學心理學研究所，碩士論文。

陳照雄(1978)：〈臺北市國小資優班與普通班自我觀念之分析研究〉，陳照雄自印《談教育與心理》，124-129。

陳慶餘、吳英璋(1987) ：〈以生物心理社會模式探討臺大新生之身心症狀〉。《中華心理衛生學刊》，3期，89-105。

陳學志(1998)：〈認知及認知的自我監控：中文詞聯想常模的建立〉。行政院國家科學委員會研究計畫，計畫編號NSC87-2418-H-030-006。

陸洛(2001)：〈人我關係與自我運作〉。見華人本土心理學研究追求卓越計畫辦公室（主編）：《華人本土心理學研究追求卓越計畫九十年度計畫執行報告書》。臺北：華人本土心理學研究追求卓越計畫辦公室。

陸洛(2002)：〈個人取向幸福觀與社會取向幸福觀：理念與測量〉。見華人本土心理學研究追求卓越計畫辦公室（主編）：《華人本土心理學研究追求卓越計畫九十一年度計畫執行報告書》。臺北：華人本土心理學研究追求卓越計畫辦公室。

陸洛(2003)：〈人我關係之界定——「折衷自我」的現身〉。《本土心理學研究》，20，139-207。

陸洛(2004)：〈現代華人之個人與社會文化的差距對其生活適應之衝擊〉。見華人本土心理學研究追求卓越計畫辦公室(主編)：《華人本土心理學研究追求卓越計畫九十三年度計畫執行報告書》。臺北：華人本土心理學研究追求卓越計畫辦公室。

陸洛(2007)：〈個人取向與社會取向的自我觀：概念分析與實證測量〉，《美中教育評論》，4期，1-24。

陸洛、楊國樞(2005)：〈社會取向與個人取向的自我實現：概念分析與實徵初探〉，《本土心理學研究》，23 期，3-69。

勞思光(1987)：〈從「普遍性」與「具體性」探究儒家道德哲學之要旨〉。劉述先編：《儒家倫理研討會》，16-28。新加坡：東亞哲學研究所。

勞思光(1990)：《新編中國哲學史》（五版）。臺北：三民書局。

喬健(1985)：〈建立中國人計策行為芻議〉。見李亦園、楊國樞、文崇一等編著：《現代化與中國化論文集》。臺北：桂冠出版社。

彭秀玲、柯永河(1987)：〈大學生的生活壓力和自我強度對心理健康的影響〉。《中華心理衛生學刊》，3（2），99-115。

曾一澈(1977)：〈國中學生的控制信念與父母的控制信念及教養方式之關係〉。《師大教育研究所集刊》，19，495-505。

費孝通(1947)：《鄉土中國》。上海：觀察社重印。

費孝通(1948)：《鄉土中國》。上海：觀察社。

費孝通(1948)：《鄉土中國》。香港：鳳凰出版社。

黃光國(1993)：〈自我實現與華人社會中的價值變遷〉。見楊國樞（主編）：《中國人的價值觀：社會科學觀點》。臺北：桂冠圖書公司。

黃光國(1995a)：《知識與行動》。臺北：心理出版社。

黃光國(1995b)：〈儒家價值觀的現代轉化：理論分析與實徵

研究〉，《本土心理學研究》(臺北)，3 期，276-338。

黃光國(2002)：〈自尊與面子：東亞社會中的自我與社會關係〉。未發表之手稿。

黃光國(2005)：《儒家關係主義：文化反思與典範重建》。臺北：臺大出版中心。

黃光國、黃曬莉(1982)：〈低社會階層罪犯之自我概念、價值觀念與犯罪心態〉。《社會變遷中的犯罪問題及其對策研討會集刊》，167-200。

黃曼聰、陳美津(1984)：〈精神分裂症病人自我概念之探討〉。《中華心理學刊》。26，85-93。

黃堅厚(1967)：〈社會興趣量表〉。臺灣師範大學教育心理與輔導學系。未出版。

黃智慧(1991)：《般若菩提心》。臺北：耀文圖書公司。

黃瑞煥(1973)：〈才賦優異兒童自我概念與情緒穩定性之研究〉。《師大教育研究所集刊》，15，369-450。

黃毅志(1997)：〈臺灣地區新職業分類的建構與評估〉。《調查研究》，5期， 5-36。

黃澄月(1965)：《自我概念與問題少年》。臺灣大學心理學系，學士論文。

楊中芳(1987)：〈試談大陸社會心理學研究的發展方向〉。《社會學研究》（大陸），10，62-89。

楊中芳(1990)：〈試論中國人道德思慮的發展：一個自我發展的觀點〉。馬慶強等主編：《道德教育論文集(心理學著)》，香港：中文大學出版社。

楊中芳(1991a)：〈回顧港臺「自我」研究：反省與展望〉。

見楊中芳、高尚仁(合編)（1991a）：《中國人‧中國心：人格與社會篇》（頁 15-92）。臺北：遠流出版事業股份有限公司。

楊中芳(1991b)：〈試論中國人的「自己」：理論與研究方向〉，見高尚仁，楊中芳(主編)：《中國人‧中國心：人格與社會篇》，93-145。臺北：遠流出版社。

楊中芳、趙志裕(1987)：〈中國受測者所面臨的矛盾困境：對過份依賴西方量表的反省〉。《中華心理學刊》，29，59-78。

楊中芳、趙志裕(1988a)：〈有關測量中國人「自己」的一些問題〉。未發表論文。

楊中芳、趙志裕(1988b)：〈頻率副詞在西方引進測謊題內的作用〉。未發表論文。

楊牧貞、黃光國(1980)：〈自我揭露的喫型模式及其相關變項〉。《中華心理學刊》，22，51-70。

楊國樞(1974)：〈小學與初中學生自我概念的發展及其相關因素〉。見張春興、楊國樞(合編)：《中國兒童行為之發展》。臺北：環宇出版社。

楊國樞(1981)：〈中國人的性格與行為：形成及蛻變〉。《中華心理學刊》，23 卷，1 期，39-55。

楊國樞(1982)：〈心理學研究的中國化：層次與方向〉。見楊國樞、文崇一（主編）：《社會及行為科學研究的中國化》。臺北：中央研究院民族學研究所。

楊國樞(1992)：〈傳統價值觀與現代價值觀能否同時並存？〉。見漢學研究中心（主編）：《中國人的價值觀》。臺北：漢學研究中心。亦見楊國樞（主編）

（1994）：《中國人的價值觀──社會科學觀點》。臺北：桂冠圖書公司。

楊國樞(1993)：〈中國人的社會取向：社會互動的觀點〉。見楊國樞、余安邦（主編）：《中國人的心理與行為：方法與理念篇（一九九二）》。臺北：桂冠圖書公司。

楊國樞(1994)：〈傳統價值觀念與現代價值觀念能否同時並存？〉。見楊國樞（主編）：《中國人的價值觀──社會科學的觀點》。臺北：桂冠圖書公司。

楊國樞(1995a)：〈家族化歷程、泛家族主義、及組織管理〉。見鄭伯壎（主編）：《臺灣與大陸的企業文化及人力資源管理研討會論文集》。臺北：信義文化基金會。

楊國樞(1995b)：〈中國人對現代化的反應：心理學的觀點〉。見喬健、潘乃谷（主編）：《現代化與中國文化》。天津：天津人民出版社。

楊國樞(1997)：〈心理學研究的本土契合性及其相關問題〉。《本土心理學研究》（臺北），8 期，75-120。

楊國樞(2002a)：〈成敗情境、公私條件、及社會取向與個人取向生活事件下之華人狀態自尊的成分與改變：一項模擬故事的研究〉。見華人本土心理學研究追求卓越計畫辦公室（主編）：《華人本土心理學研究追求卓越計畫九十年度計畫執行報告書》。臺北：臺灣大學心理學系，華人本土心理學研究追求卓越計畫辦公室。

楊國樞(2002b)：＜個人取向與社會取向的自我提昇及自我改進＞。見《華人本土心理學研究追求卓越計畫：九十一年度計畫執行報告書》。臺北：臺灣大學心理學系追求

卓越計畫辦公室。

楊國樞(2003)：〈華人自我的理論分析與實徵研究〉。《本土心理學研究》（臺北），22 期，11-80。

楊國樞(2004)：〈華人自我的理論分析與實微研究：社會取向與個人取向的觀點〉。《本土心理學研究》（臺北），22 期，11-80。

楊國樞、余安邦、葉明華（1991）：〈中國人的個人傳統性與現代性：概念與測量〉，見楊國樞、黃光國(主編)：《中國人的心理與行為》，213-240，臺北：桂冠。

楊國樞、林以正(2002)：〈家庭內外人己關係的心理差序格局：自我關涉性記憶效應的驗證〉。見華人本土心理學研究追求卓越計畫辦公室（主編）：《華人本土心理學研究追求卓越計畫九十一年度計畫執行報告書》。臺北：華人本土心理學研究追求卓越計畫辦公室。

楊國樞、侯玉波(2002)：〈個人取向與社會取向的自我提升及自我改進〉。見華人本土心理學研究追求卓越計畫辦公室（主編）：《華人本土心理學研究追求卓越計畫九十一年度計畫執行報告書》。臺北：華人本土心理學研究追求卓越計畫辦公室。

楊國樞、柯永河、李本華(1973)：〈國中學生的心理特質與學業成就〉。《中央研究院民族研究所集刊》，15，41-86。

楊國樞、陸洛(2004)：〈社會取向自我實現者與個人取向自我實現者的心理特徵：概念分析與實徵衡鑑〉。見楊國樞、許功餘（主編）：《華人的自我歷程、自我概念、及自我評價研討會論文集》。宜蘭縣，礁溪：佛光人文

社會學院心理學研究所。

楊國樞、陸洛(2005)：〈社會取向與個人取向自我實現者的心理特徵：概念分析與實徵研究〉。《本土心理學研究》，23期，71-143。

楊國樞、程千芳(2001)：〈自我概念差距與情緒：Higgins理論的本土化驗證〉。見華人本土心理學研究追求卓越計畫辦公室（主編）《華人本土心理學研究追求卓越計畫九十年度計畫執行報告書》。臺北：臺灣大學心理學系，華人本土心理學研究追求卓越計畫辦公室。

楊國樞、瞿海源(1974)：〈中國「人」的現代化──有關個人現代性的研究〉。《中央研究院民族學研究所集刊》，37，1-38。

楊敏玲(1985)：〈高中生教師期望、父母期望與自我期望關係之研究〉。《教育與心理研究》，8，239-240。

楊慶豐(1991)：《孔子與老子思想之比較研究》。私立中國文化大學哲學研究所，博士論文。

楊慧傑(1981)：《天人關係論》。臺北：大林出版社。

葉明華、柯永河、黃光國(1981)：〈生活壓力諸因素對心理健康的影響〉。《中央研究院民族研究所集刊》，52，173-210。

葉明華、楊國樞(1998)：〈中國人的家族主義：概念分析與實徵研究〉。《中央研究院民族學研究所集刊》，83期，169-225。

賈馥茗(1968)：〈自知與大學生活之調適〉。《師大學報》，13，95-124。

雷霆(1990):〈中國人的「自我」與「自己」:形上與形下、新理與心理〉。見楊中芳、高尚仁（主編）:《中國人‧中國心:人格與社會篇》。臺北:遠流出版公司。

廖玲燕(1999):《臺灣本土社會讚許量表之編製及其心理歷程分析》。臺灣大學心理學研究所,碩士論文。

劉述先(1987):〈論儒家,「內聖外王」的理想〉。劉述先編:《儒家倫理研討會》,218-231。新加坡:東亞哲學研究社。

劉淑娟(1986):《護理學生自我實現、社會支持、焦慮特質與焦慮狀態之關係》。國防醫學院護理研究所,碩士論文。

劉錦志、尤淑純、陳明終(1981):〈國小資優兒童學業成就與心理特質之關係〉。《中國測驗年刊》,28,47-54。

樊景立、鄭伯壎(1997):<華人自評式績效考核中的自謙偏差:題意、謙虛、價值及自尊之影響>。《中華心理學刊》,39 (2),103-118。

潘小慧(1997):〈君子〉。見哲學大辭書編審委員會（主編）:《哲學大辭書第三冊》。臺北:輔仁大學出版社。

蔡芬芳(1997):《自尊對自利歸因的影響:自我概念內容與架構的交互作用》。臺灣大學心理學研究所,碩士論文。

蔡美麗(1987):〈「大同世界」——儒家烏托邦理念之剖析〉。劉述先編:《儒家倫理研討會》,251-263。新

加坡：東亞哲學研究所。

蔡順良(1984)：〈家庭環境因素、教育背景與大學生自我肯定性的關係暨自我肯定訓練效果研究〉。《教育心理學報》，17，179-230。

蔡順良(1985)：〈家庭社經地位，父母管教態度與學校環境對國中學生自我肯定及生活適應的影響研究〉。《教育心理學報》，18，239-264。

蔡順良(1986)：〈國中生自我肯定與社會興趣之關係暨性別因素對不同情境自我肯定在友伴接納和人際吸引方面之影響〉。《教育心理學報》，19，149-176。

蔡碧璉(1982)：〈場地獨立/依賴、內外控取向與人際關係之研究〉。《教育心理學研究》，5，343-346。

盧欽銘(1979)：〈我國兒童及青少年自我觀念的發展〉。《師大教育心理學報》，12，123-132。

盧欽銘(1980a)：〈我國國小及國中學生自我觀念發展之研究〉。《師大教育心理學報》，13，75-84。

盧欽銘(1980b)：〈國小及國中學生自我觀念特質之分析〉。《中國測驗年刊》，27，33-44。

盧欽銘(1981)：〈我國兒童及青少年自我觀念縱貫三年發展之研究〉。《師大教育心理學報》，14，115-124。

盧欽銘(1982)：〈資賦優異兒童自我觀念特質分析〉。《師大教育心理學報》，15，111-126。

錢遜(1998)：《中國古代人生哲學》。北京：清華大學出版社。

錢憲民(1996)：《快樂的哲學》。臺北：洪葉文化

錢穆(1955，2004 重印)：《人生十論》。桂林市：廣西師範大學出版社。

簡茂發、楊銀興(1988)：〈國小學生場地獨立性、向外控信念與道德判斷的關係〉《中國測驗年刊》，35，85-102。

蘇建文(1978)：〈親子間態度一致性與青少年生活適應〉。《師大教育心理學報》，11，25-35。

Abbott, K. A. (1970). *Harmony and individualism.* Taipei: Oriental Cultural Service.

Adler, A. (1930). Individual psychology. In C. Murchison (Ed.), *Psychologies of 1930.* Worcester, MA: Clark University Press.

Agarwal, R., & Misra, G. (1986). A factor analytic study of achievement goals and means: An Indian view. *International Journal of Psychology, 21,* 717-731.

Aidman, E. V. (1999). Measuring individual differences in implicit self-concept: Initial validation of the Self Apperception Test. *Personality and Individual Differences, 27,* 211-228.

Allport, G. W. (1961). *Pattern and growth in personality.* New York: Holt, Rinehart & Winston.

Allport, G. W., Vernon, P. E., & Lindzey, G. (1960). *Study of values* (3rd ed.). Boston: Houghton Mifflin.

Angyal, A. (1941). *Foundations for a science of personality.* New York: Commonwealth Fund.

Angyal, A. (1951). A theoretical model for personality studies. *Journal of Personality, 20,* 131-142.

Argarwal, R., & Misra, G. (1986). A factor analytic study of achievement goals and means: An Indian view. *International Journal of Psychology, 21,* 717-731.

Arkin, R. M., & Baumgardner, A. H. (1985). Self-handicapping. In J. H. Harvey & G. Weary (Eds.), *Attribution: Basic issues and applications.* New York: Academy Press.

Asher, S. R., Singleton, L. C., Tinsley, B. R., & Hymel, S.(1979). A reliable sociometric measure for preschool children. *Developmental Psychology, 15,* 443-444.

Asuma, H. (1984). Secondary control as a heterogeneous category. *American Psychologist, 39,* 970-971.

Baken, D. (1966). *The duality of human existence.* Chicago: Rand Mcnally Press.

Banaji, M. R., & Prentice, D. A. (1994). The self in social contexts. *Annual Review of Psychology, 45,* 297-332.

Barnlund, D. C. (1975). *Public and private self in Japan and the United States: Communicative styles of two cultures.* Tokyo: The Simul Press.

Bauer, W. (1976). *China and the search for happiness: Recurring themes in four thousand years of Chinese cultural history.* New York: The Seabury Press.

Baumeister, R. F. (1982). A self-presentation view of social phenomena. *Psychological Bulletin, 91,* 3-26.

Baumeister, R. F. (1997). Identity, self concept, and self-esteem: The self lost and found. In R. Hogan, J. Johnson, & S. Briggs (Eds.), *Handbook of personality psychology* (pp. 681-710). New York: Academic Press.

Baumeister, R. F. (Ed.) (1986). *Public self and private self.* New York: Springer-Verlag.

Bednar, W., & Peterson, S. (1989). *Paradoxes and innovations in clinical theory and practice*. Washington, DC: American Psychological Association.

Bendix, R. (1967). Tradition and modernity reconsidered. *Comparative Study in Society and History, 9,* 292-346.

Berglas, S., & Jones, E. E. (1978). Drug choice as a self-handicapping strategie in response to noncontingent success. *Journal of Personality and Social Psychology, 36,* 405-417.

Berry, J. W. (1989). Imposed etics-emics-derived etics: The operationalization of a compelling idea. *International Journal of Psychology, 24,* 721-735.

Bond, M. H., & Cheung, T. S. (1983). The spontaneous self-concept of college students in Hong Kong, Japan, and the United States. *Journal of Cross-cultural Psychology, 14,* 153-171.

Bosson, J. K., Swann, W. B., & Pennebaker, J. W. (2000). Stalking the perfect measure of implicit self-esteem: The blind men and elephant revisited? *Journal of Personality and Social Psychology, 79,* 631-643.

Brehm, J. (1956). Postdecision changes in the desirabilityof alternatives. *Journal of Abnormal and Social Psychology, 52,* 384-389.

Brindley, T. A. (1989). Socio-psychological values in the Republic of China (I). *Asian Thought and Society, XIV* (41-42), 98-115.

Brindley, T. A. (1990). Socio-psychological values in the Republic of China (I). *Asian Thought and Society, XIV* (43), 1-16.

Brown, J. D., & Dutton, K. A. (1995). The thrill of victory, the complexity of defeat： Self-esteem and people's emotional reactions to success and failure. *Journal of Personality and Social Psychology, 68,* 712-722.

Butler, A. C., Hokanson, J. E., & Flynn, H. A. (1994). A comparison of self- esteem liability and low trait self-esteem as vulnerability factors for depression. *Journal of Personality and Social Psychology, 66,* 166-177.

Byrne, D. (1964). Repression-sensitization as a dimension of personality. In B.A. Maher　(Ed.), *Progress in experimental personality research.* Vol. 1. New York: Academic Press.

Campbell, J. D., & Lavallee, L. F. (1993). Who am I？ The role of self-concept confusion in understanding the behavior of people with low self-esteem. In R. Baumeister (Ed.), *Self-esteem: The puzzle of low self-regard.* New York: Plenum Press.

Campbell, R. N. (1984). *The New science: Self-Esteem psychology. Boston:* University Press of America.

Cantor, D., & Bernay, T. (1992). *Women in power: The secrets of leadership.* Boston: Houghton Mifflin.

Carlock, C. J. (Ed.). (1999). *Enhancing self-esteem* (3rd ed.). Philadelphia, PA: Accelerated Development.

Caspary, W. R. (1987). The concept of core-self. In P. Young-Eisendrath & J. A. Hall (Eds.), *The book of the self: Person, pretext and process* (pp.366-381). New York: New York University Press.

Cast, A. D., & Burke, P. J. (2002). A theory of self-esteem. *Social Forces, 80,* 1041-1068.

Chan, S. K. B., & Chan, B. M. Y. (1983). *Self-evaluation in anticipation of potential threat of losing face.*

Undergraduate thesis, University of Hong Kong.

Chan, S. L. (1984). *Adolescence : Erikson's concept of identity crisis and identity statuses applied to Chinese males in Hong Kong.* Undergraduate thesis, University of Hong Kong.

Chan, W. T. (Trans.). (1963). *The platform scripture.* New York: St. John's University Press.

Chang, R., & Page, R. C. (1991). Characteristics of the self-actualized person: Visions from the East and West. *Counseling & Values, 36,* 2-10.

Cheng, F. M. C. (1981). *Development of the Chinese MMPI in Hong Kong: Comparisons between the Chinese and the English ver-sions.* Paper presented at the 7th International Conference on Personality Assessment. Honolulu, Hawaii.

Cheng, W. M. (1986). *A study of the relationship between self-disclosure and collectivism.* Undergraduate thesis, University of Hong Kong.

Cheung, S. C. (1986). *The self-concept of private and non-private secondary school students in Hong Kong.* Undergraduate thesis, University of Hong Kong.

Cheung, T. S. (1986). Sex differences if the effect of academic achievement on self-esteem: A Hong Kong case. *Social Behavior and Personality, 14,* 161-165.

Chiasson, N., Dube, L., & Blondin, J. (1996). Happiness: A look into the folk psychology of four cultural groups. *Journal of Cross-Cultural Psychology, 27,* 673-691.

Coan, R. W. (1974). *The optimal personality: An empirical and theoretical analysis.* New York: Columbia University Press.

Coan, R. W. (1977). *Artist, Sage or Saint: A survey of views on what is variously called mental health, normality, maturity, self-actualization and human fulfillment.* New York: Columbia University Press.

Coie, J. D., Dodge, K. A., & Coppotelli, H.(1982). Dimensions and types of social status: A cross-age perspective. *Developmental Psychology, 18,* 557-570.

Cooley, C. H. (1902). *Human nature and social order.* New York: Scribner's.

Coway, M. A., & Dewhurst, S. A. (1995). The self and recollective experience. *Applied Cognitive Psychology, 9,* 1-9.

Crocker, J., & Park, L. E. (2003). Seeking self-esteem: Construction, maintenance, and protection of self-work. In M. R. Leary & J. P. Tangney (Eds.), *Handbook of self and identity* (pp. 291-313). New York: Guilford Press.

Crocker, J., & Wolfe, C. T. (2001). Contingencies of worth. *Psychological Review, 108,* 593–623.

Cross, S. E., Bacon, P. L., & Marris, M. L. (2000). The relational-interdependent self-construal and relationships. *Journal of Personality and Social Psychology, 78,* 791-808.

Crowne, D. P., & Marlowe, D. A. (1960). A new scale of social desirability independent of psychopathology. *Journal of Consulting Psychology, 24,* 349-354.

de Bary, W. T. (1970). Individualism and humanitarianism in late ming thougt. In W. T. de Bary (Ed.), *Self and society in Ming thought* (pp. 145-249). New York: Columbia University Press.

Deaux, K. (1984). From individual differences to social

categories: Analysis of a decad's research on gender. *American Psychologist, 39*, 105-116.

DeVos, G., Marsella, A. J., & Hsu, F. L. K. (1985). Introduction: Approaches to culture and self. In A. J. Marsella, G. DeVos, & F. L. K. Hsu (Eds.), *Culture and self: Asian and Western perspectives.* New York: Tavistock Publications.

Dickstein, E. (1977). Self and self-esteem: Theoretical foundation and their implications for research. *Human Development, 20*, 129-140.

Diener, E., & Diener, M. (1995). Cross-cultural correlates of life satisfaction and self-esteem. *Journal of Personality and Social Psychology, 68*, 653-663.

Doi, T. (1986). *The anatomy of self: The individual versus society.* Tokyo: Kodansha International.

Elster, J. (Ed.) (1986). *The multiple self.* Cambridge: Cambridge University Press.

Epstein, S. (1983). The unconscious, the preconscious, and the self-concept. In J. Suls & A. Greenwald (Eds.), *Psychological perspectives on the self (Vol. 2)(pp.219-247).* Hillsdale, NJ: Lawrence Erlbaum.

Epstein, S. (1991). Cognitive-experiential self theory: Implications for developmental psychology. In M. R. Gunnar & L. A. Sroufe (Eds.), *Self processes and development: The Minnesota symposium on child development(Vol.2).* Hillsdale, NJ: Lawrence Erlbaum.

Epstein, S., & Morling, B. (1995). Is the self motivated to do more than enhance and/or verify itself? In H. M. Kernis (Ed.), *Efficacy, agency, and self-esteem.* New York: Academic Press.

Erikson, E. H. (1959). *Identity and the life cycle.* New York: International Universities.

Fenigstein, A., Scheier, M. F., & Buss, A. H. (1975). Public and private self-consciousness: Assessment and theory. *Journal of Consulting and Clinical Psychology, 43,* 522-527.

Festinger, L. (1957). *A theory of cognitive dissonance.* Evanston, IL: Row, Peterson.

Fitts, W. H. (1965). *The manual of Tennessee Self-concept Scale.* Tennessee: Counselor Recordings and Test.

Fong, C. M. (1983). *Self-concept in school and failure in matriculation examination.* Unedergraduate thesis, University of Hong Kong.

Frankel, A., & Snyder, M. L. (1978). Poor performance following unsolvable problems: Learned helplessness or egotism. *Journal of Social Psychology, 36,* 1415-1423.

Freud, S. (1924). The loss of reality in neurosis and psychosis. In J. Strachey (Ed.), *The standard edition of the complete psychological works of Sigmund Freud: Vol. 19. The ego and the id and other works* (pp. 183-187). London: Hogarth Press.

Fromm, E. (1941). *Escape from freedom.* New York: Holt, Rinehart & Winston.

Furnham, A., & Cheng, H.(2000). Lay theories of happiness. *Journal of Happiness Studies, 1,* 227-246.

Geertz, C. (1975). On the nature of anthropological understanding. *American Scientist, 63,* 47-53.

Geller, L. (1984). Another look at self-actualization. Journal of *Humanistic Psychology, 24,* 93-106.

Goldstein, K. (1939). *The organism.* New York: American Book.

Greenier, K. D., Kernis, M. H., McNamara, C. W., Waschull, S. B., Berry, A. J., Herlocker, C. E., & Abend, T. A. (1999). Individual differences in reactivity to daily events: Examining the roles of stability and level of self-esteem. European *Journal of Social Psychology, 24*, 63-77.

Greenwald, A. G. (1980). The totalitarian ego: Fabrication and revision of personal history. *American Psychologist, 35,* 603-618.

Greenwald, A. G., & Banaji, M. R. (1995). Implicit social cognition: Attitudes, self-esteem, and stereotypes. *Psychological Review, 102, 4-27*

Greenwald, A. G., & Breckler, S. J. (1985). To whom the self is presented? In B. R. Schlenker (Ed.), *The self and social life.* New York: McGraw- Hill.

Greenwald, A. G., & Farnham, S. D. (2000). Using the Implicit Association Test to measure self-esteem and self-concept. *Journal of Personality and Social Psychology, 79,* 1022-1038.

Greenwald, A. G., McGhee, D. E., & Schwartz, J. L. K. (1998). Measuring individual differences in implicit cognition: The Implicit Association Test. *Journal of Personality and Social Psychology, 74*, 1464-1480.

Greetz, C. (1973). *The interpretation of cultures.* New York: Basic Books.

Grob, A. (1995). Subjective well-being and significant life events across the life span. *Swiss Journal of Psychology, 50*, 3-18.

Gross, S. E., & Markus, H. R. (1991, August). *Cultural*

adaptation and the self: Self-construal, coping, and the stress. Paper presented at the annual meeting of American Psychological Association, San Francisco.

Gudykunst, W. B., & Lee, C. M. (2003). Assessing the validity of self construal scales: A response to Levine et al. *Human Communication Research, 29*, 253-274.

Gudykunst, W. B., Matsumoto, Y., Ting-Toomey, S., Nishida, T., Kim, K., & Heyman, S. (1996). The influence of cultural individualism-collectivism, self construals, and individual values on communication styles across cultures. *Human Communication Research, 22*, 510-543.

Harris, G. G. (1989). Concepts of individual, self, and person in description and analysis. *American Anthropologist, 91,* 599-612.

Harris, R. N., & Snyder, C. R. (1986). The role of uncertain self-esteem in self-handicapping. *Journal of Personality and Social Psychology, 51,* 451-458.

Harter, S. (1988). The construction and conservation of the self: James and Cooley revisited. In D. K. Lapsley & F. C. Power (Eds.), *Self, ego, and identity: Integrative approaches* (pp.43-70). New York: Springer Verlag.

Heatherton, T. F., & Polivy, J. (1991). Development and validation of a scale for measuring state self-esteem. *Journal of Personality and Social Psychology, 60*, 895-910.

Heelas, P., & Lock, A. (1981) (Eds.). *Indigenous psychologies: The anthropology of the self,* London: Academic Press.

Heine, S. J., Kitayama, S., Lehman, D. R., Takata, T., Ide, E., Leung, C., & Matsumoto, H. (2001). Divergent consequences of success and failure in Japan and North

America: An investigation of self-improving motivations and malleable selves. *Journal of Personality and Social Psychology, 81,* 599-615.

Heine, S. J., Lehman, D. R., & Kitayama, S. (1999). Is there a universal need for positive self-regard? *Psychological Review, 106,* 766-794.

Hetts, J. J., Sakuma, M., & Pelham, B. W. (1999). Two roads to positive regard: Implicit and explicit self-evaluation and culture. *Journal of Experimental Social Psychology, 35,* 512-559.

Higgins, E. T. (1987). Self-discrepancy: A theory relating self and affect. *Psychological Review, 93*(3), 319-340.

Higgins, E. T. (1989). Continuities and discontinuities in self-regulatory self-evaluative processes: A developmental theory relating self and affect. *Journal of Personality, 57,* 407-444.

Higgins, R. L., & Harris, R. N. (1988). Strategic alcohol use: Drinking to self-handicap. *Journal of Social and Clinical Psychology, 6,* 191-202.

Hirt, E. R., Deppe, R. K., & Gordon, L. J. (1991). Self-reported versus behavioral self-handicapping: Empirical evidence for a theoretical distinction. *Journal of Personality and Social Psychology, 61,* 981-991.

Ho, D. Y. F. (1981). Traditional patterns of socialization in Chinese society, *Acta Psychologica Taiwanica, 23,* 81-95.

Ho, D. Y. F. (1986). Chinese patterns of socialization. In M.H. Bond (Ed.), *The Psychology of the Chinese people* (pp.1-37). Hong Kong: Oxford University Press.

Ho, D. Y. F. (1989). Socialization in comtemporary mainland

China. *Asian Thought and Society, 14,* 134-146.

Ho, D. Y. F. (1995). Selfhood and identity in Confucianism, Taoism, Buddhism, and Hinduism: Contrasts with the West. *Journal for the Theory of Social Behaviour, 25,* 115-134.

Ho, D. Y. F. (1991). Relational orientation and methodological relationalism. *Bulletin of the Hong Kong Psychological Society, 26-27,* 81-95.

Ho, L. S. (1985). *The influence of locus of control to political awareness and participation through the mediating factors in Hong Kong.* Uedergraduate thesis, University of Hong Kong.

Hofstede, G. (1980). *Culture's consequences: International differences in work-related values.* Newbury Park, CA: Sage.

Hofstede, G. (1991). *Cultures and organizations.* London: McGraw-Hill.

Hogan, R. (1975) Theoretical egocentrism and the problem of complicance. *American Psychologist, 30,* 533-540.

Hogg, M. A., & Abrams, D. (1988). *Social identifications: A social psychology of intergroup relations and group processes.* New York: Routledge.

Horney, K. (1939). *New ways in psychoanalysis.* New York: Norton.

Hsieh, T., Shybut, J., & Lotsof, E. (1969). Internal versus external control and ethnic group membership : A cross-cultural compar-ison. *Journal of Consulting and Clinical Psychology, 33,* 122-124.

Hsu, F. L. K. (1985). The self in cross-cultural perspective. In A. J. Marsella, G. DeVos & F. L. K. Hsu (Eds.), *Culture and self: Asian and western perspectives* (pp. 24-55). New York:

Tavistock Publications.

Hsu, F. L. K. (1971). Psycho-social homeostasis and Jen: Conceptual tools for advancing psychological anthropology. *American Anthropologist, 73,* 23-44.

Hui, H. C. C. & Triandis, H. C. (1985). The instability of response sets. *Public Opinion Quarterly, 49,* 253-260.

Hui, H. C. C. (1988). Measurement of individualism-collectivism. *Journal of Research in Personality, 22,* 17-36.

Hwang, K. K. (1977). The patterns of coying strategies in a Chinese society. *Acta Psychologica Taiwanica, 19,* 61-73.

Hwang, K. K. (2001). Morality: East and West. In N. J. Smelser & P. B. Baltes (Eds.), *International encyclopedia of the social and behavioral sciences* (pp. 10039-10043). Oxford: Pergamon.

Hwang, K. K. (1987). Face and Favor: The Chinese power game. *American Journal of Sociological Society, 92,* 944-974.

James, W. (1890). *Principles of psychology.* New York: Holt.

James, W. (1892). *Psychology: The briefer course.* New York: Holt, Rinehart & Winston

Joinson, A. (1999). Social desirability, anonymity, and internet-based questionnaire. *Behavior Research Methods, Instruments, and Computers, 31,* 439-445.

Josephs, L. (1992). *Character structure and the organization of the self.* New York: Columbia University Press.

Josselson, R. (1988). The embedded self: I and thou revisited. In D. K. Lapsley & F. C. Power (Eds.), *Self, ego, and identity: Integrative approaches.* New York: Springer-Verlag.

Jourard, S. M. (1964). *The transparent self.* Princeton:

Vannostrand.

Jourard, S. M., & Landsman, T. (1980). *Healthy personality: An approach from the viewpoint of humanistic psychology.* New York: Collier Macmillan Publishers.

Jung, C. G. (1916). *Analytical psychology.* New York: Moffat Yard.

Kagitçibasi, C. (1990). Family and socialization in cross-cultural perspective: A model of change. In J. Berman (Ed.), *Nebraska Symposium on Motivation* (pp. 135-200). Lincoln: University of Nebraska Press.

Kagitçibasi, C., Sunar, D., & Bekman, S. (1988). *Comprehensive preschool education project final report.* Ottawa: IDRC.

Kanagawa, C., Cross, S. E., & Markus, H. R. (2001). "Who am I?" The cultural psychology of the conceptual self. *Personality and Social Psychology Bulletin, 27,* 90-103.

Kashima, E. S., & Hardie, E. A. (2000). The development and validation of the relational, individual, and collective self-aspects (RIC) scale. *Asian Journal of Social Psychology, 3,* 19-48.

Keenan, J. M., & Bailet, S. D. (1980). Memory for personally significant events. In R. S. Nickerson (Eds.), *Attention and Performance* (pp. 651-669). Hillsdale, NJ: Lawrence Erlbaum.

Kegan, R. (1982). *The evolving self: Problem and progress in human development.* Cambridge, MA: Harvard University Press.

Kernis, M. H., & Goldman, B. M. (2003). Stability and variability in self-concept and self-esteem. In M. R. Leary & J. P. Tangney (Eds.), *Handbook of self and identity* (pp. 106-

127). New York: the Guilford Press.

Kernis, M. H., Cornell, D. P., Sun, C. R., Berry, A., & Harlow, T. (1993). There's more to self-esteem than whether it is high or low: The importance of stability of self-esteem. *Journal of Personality and Social Psychology, 65,* 1190-1204.

Kernis, M. H., Grannemann, B. D., & Barclay, L. C. (1989). Stability and level of self-esteem as predictors of anger arousal and hostility. *Journal of Personality and Social Psychology, 56,* 1013-1022.

Kernis, M. H., Whisenhunt, C. R., Waschull, S. B., Greenier, K. D., Berry, A. J., Herlocker, C. E., & Anderson, C. A. (1998). Multiple facets of self-esteem and their relations to depressive symptoms. *Personality and Social Psychology Bulletin, 24,* 657-668.

Kernis, M.H., & Goldman, B.M. (2003). Stability and malleability in self-concept and self-esteem. In M.R. Leary and J.P. Tangey (Eds.), *Handbook of self and identity.* New York: Guilford Press.

Kim, U. (1994) Individualism and collectivism: Conceptual clarification and elaboration. In U. Kim, H. C. Triandis, C. Kagitçibasi, S. C. Choi & G. Yoon (Eds.), *Individualism and collectivism: Theory, method, and application.* London: Sage.

Kim, U., Triandis, H. C., Kagitçibasi, C., Choi, S. C., & Yoon, G. (1994). Introduction. In U. Kim, H. C. Triandis, C. Kagitçibasi, S. C. Choi & G. Yoon (Eds.), *Individualism and collectivism: Theory, method, and application* (pp. 1-16). London: Sage.

King, A. Y. C. (1982). *The individual and group in Confucianism: A relational perspective.* A paper presented at a conference on Individualism and Wholism: The Confucian and Taoist Philosophical Perspectives, York, Maine.

Kitayama, S., & Karasawa, M. (1997). Implicit self-esteem in Japan: Name letters and birthday numbers. Personality and *Social Psychology Bulletin, 23*, 736-742.

Kitayama, S., & Markus, H. R. (2000). The pursuit of happiness and the realization of sympathy: Cultural patterns of self, social relations, and well-being. In E. Diener & E. M. Sul (Eds.), *Culture and subjective well-being* (pp. 113-162). Cambridge, MA: The MIT Press.

Kitayama, S., Markus, H. R., Matsumoto, H., & Norasakkunit, V. (1997). Individual and collective processes of self-esteem management: Self-enhancement in the United States and self-depreciation in Japan. *Journal of Personality and Social Psychology, 72,* 1245-1267.

Kohler, W. (1947). *Gestalt Psychology.* New York: Mentor.

Kojima, H. (1984). A significant stride toward the comparative study of control. *American Psychologist, 39,* 972-973.

Kolditz, T. A., & Arkin, R. M. (1982). An impression management interpretation of the self-handicapping strategy. *Journal of Personality and Social Psychology, 43,* 492-502.

Kolfka, K. (1935). *Perception: An introduction to Gestalt.* San Diego, CA: Harcourt Brace Jovabovich.

Koole, S. L., Dijksterhuis, A., & Knippenberg, A. (2001). What's in a name: Implicit self-esteem and the automatic self. *Journal of Personality and Social Psychology, 80,* 669-685.

Kwan, V. S. Y., Bond, M. H., & Singelis, T. M. (1997). Pancultural explanations for life satisfaction: Adding relationship harmony to self-esteem. *Journal of Personality and Social Psychology, 73*, 1038-1051.

Kwong, L. K. (1982). *The relationship between locus of control and academic achievement among form one students in Hong Kong.* Undergraduate thesis, University of Hong Kong.

Lang, R. J., & Vernon, P. E. (1977). Dimensionality of the perceived self: the Tennessee Self Conccept Scale. *British Journal of Social and Clinical Psychology, 16*, 363-371.

Lao, R. C. (1978). Levinson's IPC (internal-external control) scale : A comparison of Chinese and American students. *Journal of Cross-cultural Psychology, 9*, 113-124.

Lao, R. C., Chuang, C. J., & Yang, K. S. (1977). Locus of control and Chinese college students. *Journal of Cross-Cultural Psychology, 8*, 299-313.

Lasch, C. (1978). *The culture of narcissism: American life in an age of diminishing expectations.* New York: Norton.

Lawler, J. (1980). Collectivity and individuality in Soviet educational theory. *Contemporary Educational Psychology, 5*, 163-174.

Leary, M. R., & MacDonald, G. (2003). In M. R. Leary & J. P. Tangney (Eds.), *Handbook of self and identity* (pp. 291-313). New York: The Guilford Press.

Leary, M. R., & MacDonald, G. (2003). Individual differences in self-esteem: A review and theoretical integration. In M. R. Leary & J. P. Tangney (Eds.), *Handbook of self and identity* (pp.401-418). New York: Guilford Press.

Lennox, R. D., & Wolfe, R. N. (1984). Revision of the Self-Monitoring Scale. *Journal of Personality and Social Psychology, 46*, 1349-1364.

Leu, W. H., Ko, Y. H., & Chen, W. Y. (1966). A preliminary report of the tryout of MMPI on the freshmen of National Taiwan University. *Acta Psychologica Twiwanica, 8,* 79-84.

Leung, O. C. (1982). *The relationship among creative thinking, locus of control and academic achievement of secondary students in Hong Kong.* Master's thesis, University of Hong Kong.

Levenson, H. (1974). Activism and powerful others : Distinctions within the concept of internal-external control. *Journal of Personality Assessment, 38,* 377-383.

Levine, S. R., Wyer, R. S., & Schwarz, M. (1994). Are you what you feel? The affective and cognitive determinants of self-judgements. *European Journal of Social Psychology, 24* (1), 63-77.

Lewin, K. (1935). *A Dynamic theory of personality.* New York: McGraw-Hill.

Li, W. Y. (1985). *Self-concept and its relationship with intellingence, school achievement, teachers' rating and peers rating of primary school pupils in Hong Kong.* Master's thesis, University of Hong Kong.

Liebert, O. (1993). The hours between night＋day, Audio CD, Manufacturer: Sony.

Lifton, R. J. (1967). *Thought reform and the psychology of totalism.* Harmondsworth, England: Penguin.

Lin, C. Y. C., & Fu, V. R. (1990). A comparison of child rearing practices among Chinese, immigrant Chinese, and Caucasian-American parents. *Child Development, 61,* 429-433.

Lin, T. Y. (1985). Mental disorders and psychiatry in Chinese culture: Characteristics features and major issues. In W. S. Tseng and D. Wu (Eds.), *Chinese culture and mental health* (pp. 367-393). New York: Academic Press.

Lin, Y., Huang, C., & Lieber, E. (1999). Are internality and externality exclusive causes? A Chinese point of view. *Progress in Asian Social Psychology, 2,* 63-74.

Liu, S. H. (1995). Identity as a philosophical problem: A Neo-Confucian perspective. *The Humanities Bulletin, 4,* 23-37.

Liu, T. J., & Steele, C. M. (1986). Attributional analysis as self-affirmation. *Journal of Personality and Social Psychology, 51,* 531-540.

Lu, L., & Kao, S. F. (2002). Traditional and modern characteristics across the generations: Similarities and discrepancies. *Journal of Social Psychology, 142,* 45-60.

Lu, L. (2001). Understanding happiness: A look into the Chinese folk psychology. *Journal of Happiness Studies, 2,* 407-432.

Lu, L., & Gilmour, R. (2004). Culture, self and ways to achieve SWB: A cross-cultural analysis. *Journal of Psychology in Chinese Societies, 5,* 51-79.

Lu, L., & Gilmour, R. (2006). Individual-oriented and social-oriented SWB: Conceptual analysis and scale development. Asian *Journal of social Psychology, 9,* 36-49.

Lu, L., & Yang, K. S. (2004, August). *The emergence, composition, and change of traditional-modern bicultural self of people in contemporary Chinese societies.* Paper presented at the Bicultural Self Symposium. Hong Kong City University, Hong Kong.

Lu, L., Gilmour, R., Kao, S. F., Eng, T. H., Hu, C. H., Chern, J. G., Huang, S. W., & Shih, J. B. (2001). Two ways to achieve happiness: When the East meets the West. *Personality and Individual Differences, 30,* 1161-1174.

Lu, L. (2001). Understanding happiness: A look into the Chinese folk psychology. *Journal of Happiness Studies, 2,* 407-432.

Lu, L., & Gilmour, R. (2004a). Culture and conceptions of happiness: Individual oriented and social oriented SWB. *Journal of Happiness Studies, 5,* 269-291.

Lu, L., & Yang, K. S. (2006). Emergence and composition of the traditional-modern bicultural self of people in contemporary Taiwanese societies. *Asian Journal of Social Psychology, 9,* 167-175.

Ma, H. Y. (1986). *Students' self-concept and perception of teachers' attitudes in heterogeneous and homogeneous groups.* Undergraduate thesis, University of Hong Kong.

Mahler, M. (1972). On the first three phases of the separation individuation process. *International Journal of Psychoanalysis, 53,* 333-338.

Marcia, J. E. (1966). Development and validation of ego identity status. *Journal of Personality and Social Psychology, 3,* 551-558.

Markus, H. R., & Kitayama, S. (1991). Culture and the self: Implication for cognition, emotion, and motivation. *Psychological Review, 98,* 224-253.

Markus, H. R., & Kitayama, S. (1994). A collective fear of the collective: Implication for selves and the theory of selves. *Personality and Social Psychology Bulletin, 20,* 569-579.

Markus, H. R. (1977). Self-schemata and processing information about the self. *Journal of Personality and Social Psychology, 35,* 63-78.

Markus, H. R., & Kitayama, S. (1998). The cultural psychology of personality. *Journal of Cross-Cultural Psychology, 29*, 63-87.

Markus, H. R., & Nurious, P. S. (1986). Possible selves. *American Psychologist, 41*, 954-969.

Markus, H., & Kunda, Z. (1986). Stability and malleability of the self-concept. *Journal of Personality and Social Psychology, 51*, 858-866.

Maslow, A. H. (1963). Self-actualizing people. In G. B. Levitas (Eds.), *The world of psychology (Vol. 2)*. New York: Braziller.

Maslow, A. H. (1968). *Toward a psychology of being* (2nd ed.). New York: Van Nostrand.

Maslow, A. H. (1970). *Motivation and personality* (2nd ed.). New York: Harper & Row.

Maslow, A. H. (1971). *The farther reaches of human nature*. New York: Viking.

Mayerson, N. H., & Rhodewalt, F. (1988). The role of self-protective attributions in the experience of pain. *Journal of Social and Clinical Psychology, 6*, 203-218.

McDowell, J. (1984). *Building your self-image*. Wheaton, IL: Living Books.

Mead, G. H. (1929). National-mindedness and international mindedness. *International Journal of Ethics, 39*, 385-407.

Mei, Y. P. (1967). The status of the individual in Chinese thought and practice. In C. A. Moore (Ed.), *The Chinese mind: Essentials in Chinese philosophy and culture* (pp.323-339). Honolulu: University of Hawaii Press.

Metzger, T. A. (1977). *Escape from predicament: Neo-Confucianism and China's evolving political culture.* New York: Columbia University Press.

Metzger, T. A. (1981). Selfhood and authority in Neo-Confucian polit-ical culture. In A. Kleinman & T. Y. Lin (Eds.), *Normal and abnormal behavior in Chinese culture* (pp. 7-27). Dordrecht: Reidel.

Mishra, R. C. (1994). Individualist and collectivist orientations across generations. In U. Kim, H. C. Triandis, S. C. Choi & G. Yoon (Eds.), *Individualism and collectivism: Theory, method, and application.* London: Sage.

Mok, Y. C. (1977). *Self-disclosure and interactional distance among Chinese: Their verbal and nonverbal communicative styles.* Undergraduate thesis, University of Hong Kong.

Morland, J. K. (1981, August). *Racial/ethnic identity in Chinese children in San Francisco, Taipei, and Hong Kong.* Paper presented at Joint IACCP-ICP Asian Regional Meeting, Taipei, Taiwan.

Ngan, P. Y. (1977). *Self-esteem related to self-prediction and reac-tions in face of different feedback in an experimental task.* Undergraduate thesis, University of Hong Kong.

Nisbett, R. E., Peng, K. P., Choi, I., & Norenzayan, A. (2001). Culture and systems of thought: Holistic versus analytic cognition. *Psychological Review, 108,* 291-310.

Ogilvie, D. M. (1987). The undesired self: A neglected variable in personality research. *Journal of Personality and Social Psychology, 52,* 379-385.

Pau, W. Y. (1976). *The influence of changing the medium of instruction from Chinese to English on the self-esteem of fist forms secondary school children in Hong Kong.* Undergraduate thesis, University of Hong Kong.

Paulus, D. L. (1984). Two-component models of socially desirable responding. *Journal of Personality and Social Psychology, 46*(3), 598-609.

Paulus, D. L., & Reid, D. B. (1991). Enhancement and denial in socially desirable responding. *Journal of Personality and Social Psychology, 160*(2), 307-317.

Pelham, B. W., & Hetts, J. J. (1999). Implicit and explicit personal and social identity: Toward a more complete understanding of the social self. In T. Tyler, R. Kramer, & O. John (Eds.), *The psychology of the social self.* New York: Erlbaum Press.

Pyne, L. W. (1981). *The dynamics of Chinese politics.* Cambridge, MA: The MIT Press.

Pyszczynski, T., & Greenberg, J. (1983). Determinants of reductions in intended effort as a strategy for coping with anticipating failure. *Journal of Research in Personality, 17,* 412-422.

Quah, S. H. (1995). Socio-culture factors and productivity: The case of Singapore. In K. K. Hwang (Ed.), *Easternization: Socio-culture impact on productivity.* Tokyo: Asian Productivity Organization.

Rank, O. (1945). *Will therapy and truth and reality.* New York: Alfred Knopf.

Rhodewalt, F. (1988). Self-handicappers: Individual differences in the preference for anticipatory self-protective acts. In R. L. Higgins & C. R. Cnyder (Eds.), *Self-handicapping: The paradox that isn't.* New York: Plenum.

Rhodewalt, F., & Davison, J. (1986). Self-handicappingand subsequent performance: Role of outcome valence and attributional certainty. *Basic and Applied Social Psychology, 5,* 197-209.

Roffe, M. W. (1981). Factorial structure of the Tennessee self-concept scale. *Psychological Reports, 48,* 455-462.

Rogers, C. R. (1951). *On becoming a person.* Boston: Houghton Mifflin.

Rogers, C. R. (1959). A theory of therapy, personality, and interpersonal relationships, as developed in the client-centered framework. In S. Koch (Ed.), *Psychology: A study of a science.* New York: McGraw-Hill.

Rogers, C. R. (1951). *Client-centered therapy.* Boston: Houghton Mifflin.

Rogers, C. R. (1959). A theory of therapy, personality, and interpersonal relationships, as developed in the client-centered framework. In S. Koch (Ed.), *Psychology: A study of a science, Vol.3. Formulations of the person and the social context* (pp. 184-256). New York: McGraw-Hill.

Rogers, C. R., & Dymond, R. F. (1954). *Psychology and personality change: Coordinated studies in the client-centered approach.* Toronto: University of Toronto Press.

Rosenberg, M. (1965). *Society and the adolescent self-image.* Princeton, NJ: Princeton University Press.

Rosenberg, M. (1979). *Conceiving the self.* New York: Basic Book.

Rosenberg, M. (1986). Self-concept from middle childhood through adolescence. In J. Sule, & A. G. Greenwald (Eds.),

Psychological Perspective of The Self (Vol.3) (pp.107-136). Hillsdale, NJ: Erlbaum.

Rosenberg, M. C., Schooler, C., Schoenbach, C., & Rosenberg, F. (1995). Global self-esteem and specific self-esteem: Different concepts, different outcomes. *American Sociological Review, 60,* 141-56.

Rosenthal, R., Blanck, P. D., & Vannicelli, M. (1984). Speaking to and about patients: Predicting therapists' tone of voice. *Journal of Consulting and Clinical Psychology, 52,* 679-686.

Rotter, J. B. (1966). Generalized expectancies for internal versus external control of reinforcement. *Psychological Monographs, 80* (1, Whole No. 609).

Sampson, E. E. (1977). Psychology and the American ideal. *Journal of Personality and Social Psychology, 35,* 767-782.

Sampson, E. E. (1985). The decentralization of identity: Toward a revised concept of personal and social order. *American Psychologist, 40,* 1203-1211.

Sampson, E. E. (1988). The debate on individualism: Indigenous psychologies of the individual and their role in personal and societal functioning. *American Psyshologist, 43,* 15-22.

Sampson, E. E. (1989). The challenge of social change for psychology: Globalization and psychology's theory of the person. *American Psychologist, 44,* 914-921.

Sandel, M. J. (1982). *Liberalism and the limits of justice.* Cambridge: Cambridge University Press.

Scherer, K. R., Wallbott, H. G., & Summerfield, A. B. (1986). *Experiencing emotion: a cross-cultural study.* New York: Cambridge University Press.

Sedikides, C., & Brewer, M. B. (Eds.) (2001). *Individual self, relational self, collective self.* Philadelphia, PA: Psychology Press.

Sedikides, C., Gaertner, L., & Toguchi, Y. (2003). Pancultural self-enhancement. *Journal of Personality and Social Psychology, 84,* 60-79.

Shavelson, R. J., Hobner, J. J, & Stanton, G. C. (1976). Self-concept : Validation of construct interpretations. *Review of Educational Research, 46,* 407-441.

Shikanai, K. (1978). Effects of self-esteem on attribution of success failure. *Japanese Journal of Experimental Social Psychology, 18,* 35-46.

Shweder, R. A. (1998). *Welcome to Middle Age!* (and Other Cultural Fiction). Chicago: University of Chicago Press.

Singelis, T. M. (1994). The measurement of the independent and interdependent self-construals. *Personality and Social Psychology Bulletin, 20,* 580-591.

Sinha, D., & Tripathi, R. C. (1994). Individualism in a collectivist culture: A case of coexistence of opposites. In U. Kim, H. C. Triandis, C. Kagitçibasi, S. C. Choi & G. Yoon (Eds.), *Individualism and Collectivism: Theory, method, and application* (pp. 123-136). London: Sage.

Smith, B. (1973). On self-actualization: A transambivalent examination of a focal theme in Maslow's psychology. *Journal of Humanistic Psychology, 13,* 17-32.

Smith, M. B. (1978). Perspectives on selfhood. *American Psychologist, 33,* 1053-1063.

Snyder, C. R., & Smith, T. W. (1982). Sympoms as self-handicapping strategies: The virtues of old wine in a new bottle. In G. Weary & H. L. Mirels (Eds.), *Integrations of clinical and social psychology.* New York: Oxford University Press.

Snyder, M. (1974). Self-monitoring of expressive behavior. *Journal of Personality and Social Psychology, 30,* 526-37.

Snyder, M. (1987). *Public appearances private realities: The psychology of self-monitoring.* New York: W. H. Freeman.

Solomon, R. H. (1965). *Mao's revolution and the Chinese political culture.* Berkeley, CA: University of California Press.

Spielberger, C. D. (1966). *Anxiety and behavior.* New York: Academic Press.

Spielberger, C. D. (1975). Anxiety: State-trait-process. In C. D. Spielberger & I. G. Sarason (Eds.), *Stress and anxiety, Vol. 1.* New York: Halsted Press.

Spranger, E. (1928). *Types of men: The psychology and ethics of personality.* New York: Johnson Reprint Co.

Steele, C. M. (1988). The psychology of self-affirmation: Sustaining the integrity of the self. In L. Berkowitz (Ed.), *Advances in experimental social psychology.* San Diego, CA: Academic press.

Steele, C. M., & Liu, T. J. (1983). Dissonance processes as self-affirmation. *Journal of Personality and Social Psychology, 45,* 5-19

Steele, C. M., Hopp, H., & Gonzalles, J. (1986). Dissonance and the lab coat: Self- affirmation and the free choice paradigm. Unpublished manuscript, University of Washington.

Steele, C. M., Spencer, S. J., & Lynch, M. (1993). Self-image resilience and dissonance: The role of affirmational resources. *Journal of Personality and Social Psychology, 64,*

885-896

Stephenson, W. (1953). *The study of behavior: Q-technique and its methodology*. Chicago: University of Chicago Press.

Stigler, J. W., Smith, S, & Mao, L. W. (1985). The self-perception of competence by Chinese chidren. *Child Development, 56,* 1259-1270.

Su, H. Y., & Yang, K. S. (1964). Self-concept congruence in relation to juvenile delinquency. *Acta Psychologica Taiwanica, 6,* 1-9.

Suh, E. M. (2000). Self, the hyphen between culture and subjective well-being. In E. Diener & E. M. Suh (Eds.), *Culture and subjective well-being* (pp. 63-86). Cambridge, MA: The MIT Press.

Suzuki, D. T. (1949). *Essays in Zen Buddhism* (First series). New York: Grove Press.

Suzuki, D. T. (1962). *The essentials of Zen Buddhism*. New York: E. P. Dutton.

Swann, W. B., Jr. (1987). Identity negotiation: Where two roads meet. *Journal of Personality and Social Psychology, 53,* 1038-1051.

Tafarodi, R. W., & Swann, W. B., Jr. (1995). Self-liking and self-competences as dimensions of global self-esteem: Initial validation of measure. *Journal of Personality Assessment. 65,* 322-342.

Tajfel, H. (1981). *Human groups and social categories: Studies in social psychology*. Cambridge: Cambridge University Press.

Takata, T. (1987). Self-depreciative tendencies in self-evaluation through social comparison. *Japanese Journal of*

Experimental Social Psychology, 27, 27-36.

Tang, C. Y. (1967). The individual and the world in Chinese methodology. In C.A. Moore (Ed.), *The Chinese mind: Essentials of Chinese philosophy and culture* (pp. 264-285). Honolulu: University of Hawaii Press.

Tesser, A. (1986). Some effects of self-evaluation maintenance on cognition and action. In E.T. Higgins (Ed.), *Handbook of motivation and cognition: Foundations of social behavior.* New York: Guilford Press.

Tesser, A. (1988). Toward a self-evaluation maintenance model of social behavior. In L. Berkowitz (Ed.), *Advances in experimental social psychology (Vol. 21)* (pp.181-227). New York: Academic Press.

Tesser, A., & Cornell, D. P. (1991). On the confluence of self processes. *Journal of Experimental Social Psychology, 27,* 501-526.

Tesser, A., & Smith, J. (1980). Some effects of task relevance and friendship on helping: You don't always help the one you like. *Journal of Experimental Social Psychology, 16,* 582-590.

Tice, D. M. (1991). Esteem protection or enhancement? Self-handicapping motives and attributions differ by trait self-esteem. *Journal of Personality and Social Psychology, 61,* 711-725

Tice, D. M., & Baumeister, R. F. (1990). Self-esteem, self-handicapping, and self-presentation: The strategy of inadequate practice. *Journal of Personality, 58,* 443-464.

Trafimow, D., Silverman, E. S., Fan, R. M. T., & Law, J. S. F. (1997). The effects of languages and priming on the relative accessibility of the private self and collective self. *Journal of Cross-cultural Psychology, 28,* 107-123.

Triandis, H. C, Bontempo, R., Betancourt, H., Bond, M., Leung, K., Brenes, A., Georgas, J., Hui, H. C., Marin, G., Setiadi, B., Sinha, J. B. P., Verman, J., Spangenberg, J., Touzard, H., & de Montmollin, G. (1986). The measurement of etic aspects of individualism and collectivitism accross cultures. *Australian Journal of Psychology, 38,* 257-267.

Triandis, H. C., & Gelfand, M. J. (1998). Converging measurement of horizontal and vertical individualism and collectivism. *Journal of Personality and Social Psychology, 74,* 118-128.

Triandis, H. C. (1984). Toward a psychological theory of economic growth. *International Journal of Psychology, 19,* 79-95.

Triandis, H. C. (1990). Cross-cultural studies of individualism. In J. Berman (Ed.), *Nebraska Symposium on Motivation: V. 37. Cross-cultural perspectives* (pp. 41-133). Lincoln: University of Nebraska Press.

Triandis, H. C. (1993). Collectivism and individualism as cultural syndromes. *Cross-Cultural Research, 27,* 155-180.

Triandis, H. C. (1994). Individualism and collectivism: Conceptual clarification and elaboration. In U. Kim, H. C. Triandis, C. Kagitçibasi, S. C. Choi & G. Yoon (Eds.), *Individualism and collectivism: Theory, method, and applications.* London: Sage.

Triandis, H. C. (1995). *Individualism and collectivism.* Boulder, CO: Westview Press.

Triandis, H. C., Bontempo, R., Villareal, M. J, Asai, M., & Lucca,

N. (1988). Individualism and collectivism: Cross-cultural perspectives on self-ingroup relationship. *Journal of Personality and Social Psychology, 54,* 323-338.

Triandis, H. C., McCusker, C., & Hui, C. H. (1990). Mutimethod probers of individualism and collectivism. *Journal of Personality and Social Psychology, 59,* 1006-1020.

Tu, W. M. (1985). *Confucian thought: Selfhood as creative transformation.* New York: State University of New York Press.

Tu, W. M. (1985). Selfhood and otherness in Confucian thought. In A. J. Marsella, G. DeVos, & F. L. K. Hsu (Eds.), *Culture and self: Asian and Western perspectives.* New York: Tavistock.

Tu, W. M. (1994). Embodying the universe: A note on Confucian self-actualization. In R. T. Ames, W. Dissanayake & T. P. Kasulis (Eds.), *Self as person in Asian theory and practice* (pp. 177-186). Albany, NY: State University of New York Press.

Tu, W. M. (1979). Ultimate self-transformation as a communal act. *Journal of Chinese Philosophy, 6,* 237-246.

Tu, W. M. (1988). Selfhood and otherness in Confucian thought. In A. J. Marsella, G. DeVos, & F. L. K. Hsu (Eds.), *Culture and self: Asian and Western perspectives.* New York: Tavistock.

Tu, W. M. (1994). Embodying the universe: A note on Confucian self-actualization. In R. T. Ames, W. Dissanayake, & T. P. Kasulis (Eds.), *Self as person in Asian theory and practice.* Albany, NY: State University of New York Press.

Tuan, Y. F. (1982). *Segmented worlds and self: Group life and* indi-vidual consciousness. Minneapolis, MN: University of Minnesota Press.

Wallner, F. (1997) *Introduction to constructive realism.* 見王榮麟、王超群 (譯)：《建構實在論》。臺北：五南圖書公司。

Wang, G. W. (1975). The rebel-reformer and modern Chinese biogra-phy. In G. W. Wang (Ed.), *Self and biography: Essays on the individual and society in Asia* (pp. 185-206). Sydney: Sydney University Press.

Waterman, A. S. (1981). Individualism and independence. *American Psychologist, 7,* 762-773.

Webster's Unabridged Dictionary (1966). New York: Simon & Schuster.

Weisz, J. R., Rothbaum, F. M., & Blackburn, T. C. (1984). Standing out and standing in: The psychology of control in America and Japan. *American Psychologist, 39,* 955-969.

Well, L. E., & Marwell, G. (1976). *Self-esteem: Its conceptualization and measurement.* CA: Sage.

Wilson, R. W. (1970). *Learning to be Chinese: The political socializa-tion of children in Taiwan.* Cambridge, MA: The MIT Press.

Wilson, T. D., Lindsey, S., & Schooler, T. Y. (2000). A model of dual attitudes. *Psychological Review, 107,* 101-126.

Wong, D. (1988). Anthropology and the identity of A person. An unpublished paper.

Wu, W. T. (1975). Children's sex, locus of control, and academicachievement. *Bulletin of Educational Psychology, 8,* 107-114.

Wylie, R. (1974). *The self concept: Revised edition (Vol. 1). A review of methodological considerations and measuring instruments.* Lincoln, NE: University of Nebraska Press.

Wylie, R. (1979). *The self concept: Vol.2. Theory and research on selected topics.* Lincoln, NE: University of Nebraska Press.

Yang, C. K. (1959). *Chinese communist society: The family and the village.* Cambridge, MA: the MIT Press.

Yang, K. S. (1995). Chinese social orientation: An integrative analysis. In W. S. Tseng, T. Y. Lin, & Y. K. Yeh (Eds.), *Chinese societies and mental health* (pp 19-39). Hong Kong: Oxford University Press.

Yang, K. S. (1996). Psychological transformation of the Chinese people as a result of societal modernization. In M. H. Bond (Ed.), *The handbook of Chinese psychology* (pp. 479-498). New York: Oxford University Press.

Yang, K. S. (2003). Beyond Maslow's culture-bound linear theory: A preliminary statement of the double-Y model of basic human needs. In V. Murply-Berman & J. J. Berman (Eds.), *Nebraska Symposium on Motivation: Vol.49. Cross-cultural differences in perspectives on the self* (pp.175-255). Lincoln: University of Nebraska Press.

Yang, K. S. (2004). Toward a theory of Chinese self: Conceptual analysis in terms of social orientation and individual orientation. In K. S. Yang & K. Y. Hsu (Eds.), *Proceedings of the Symposium on Chinese Self Process, Knowledge, and Evaluation* (pp.1-52). I-lan County, Taiwan: Department of Psychology, Fu Guang University.

Yang, K. S. (1986). Chinese personality and its change. In M. H. Bond (Ed.), *The psychology of Chinese people* (pp.106-170).

Hong Kong: Oxford University Press.

Yang, K. S. (1998). Chinese responses to modernization : A psychological analysis. *Asian Journal of Social Psychology, 1*, 75-97.

Yang, K. S. (2000). Monocultural and cross-cultural indigenous approaches: The royal road to the development of a balance global psychology. *Asian Journal of Social Psychology, 3*, 241-263.

Yang, K. S. (1988). Will society modernization eventually eliminate cross-culture psychological differences? In M. H. Bond (Ed.), *The cross-culture challenge to social psychology* (pp. 67-85). Newbury Park, CA: Sage.

Yang, K. S. (1992). Do traditional and modern values coexist in a modern Chinese society? *Proceedings of the Conference on Chinese Perspectives on Values*, 117-158.

Yang, K. S., & Yang, P. H. L. (1974). Relationship of repression-sensitization to self-evaluation, neuroticism, and extraversion among Chinese senior high-school boys. *Acta Psychologica Taiwanica, 16,* 111-118.

Yik, M. S. M., Bond, M. H., & Paulhus, D. L. (1998). Do Chinese self-enhance or self-efface? It's a matter of domain. *Personality and Social Psychology Bulletin, 24,* 399-406.

Yiu, L. C. (1981, August). *Cultural effect on the counseling preference and self-disclosure.* Paper presented at Joint IACCP-ICP Asian Regional Meeting, Taipei, Taiwan.

Yong, K. S. (1972). Immediate recall of consistent and inconsistent self-related material. *Acta Psychologica Taiwanica, 14,* 92-99.

Yoshida, T., Kojo, K., & Kaku, H. (1982). A study on the development of self-presentation in children. *Japanese Journal of Educational Psychology, 30,* 30-37.

Yu, J., & Murphy, K. R. (1993) Modesty bias in self-ratings of performance: A test of the cultural relativity hypothesis. *Personal Psychology, 46,* 357-363.

Yu, J., & Murphy, K. R. (1993) Modesty bias in self-ratings of performance: A test of the cultural relativity hypothesis. *Personal Psychology, 46,* 357-363.

人名索引

名詞索引

488, 491, 492, 493, 494, 495,
505, 507, 511, 526, 527, 529,
530, 531, 532, 535, 538, 544,
545, 547, 548, 586, 587, 589,
590, 591, 595, 596, 600, 602,
608, 630, 633, 642, 646, 649,
651, 658, 661, 662, 663, 667,
668, 669, 671, 673, 675, 676,
677, 683, 684, 687, 690, 691,
692, 695, 698, 699, 700, 701

差序格局, 172, 174, 180, 210,
214, 217, 220, 234, 275, 348,
543

特質自尊, 158, 179, 187, 191,
597, 598, 601, 602, 612, 618,
651, 654, 655, 657, 659, 660,
665, 667, 668, 669, 670, 671,
672, 673, 674, 675, 677, 678,
679, 680, 681, 682, 683, 684,
685, 687, 688, 689, 690, 691,
693

十二劃

焦點團體, 180, 181, 195, 236,
237, 238, 240, 249, 250, 253,
254, 258, 264, 266, 269, 274,
278, 292, 316, 325, 355, 356,
357, 358, 361, 362, 363, 368,
371, 374, 379, 381, 388, 389,
393, 398

華人自我四元論, 157, 160, 168,
169, 170, 171, 174, 191, 192,
193, 196, 294, 307, 310, 416,
667, 684, 695

集體主義, 153, 184, 209, 210,
212, 215, 220, 222, 224, 227,
230, 231, 262, 286, 290, 304,
305, 312, 324, 347, 415, 416,
478, 553, 555, 558, 585, 588,
589, 691, 692, 697, 699

十六劃

獨立我, 169, 172, 174, 176, 180,
208, 212, 220, 221, 222, 223,
224, 230, 234, 277, 285, 289,
304, 305, 306, 307, 308, 311,
313, 314, 315, 353, 503, 505,
507, 511, 529, 530, 547, 549,
667, 699

十八劃

雙文化自我, 164, 180, 279, 280,
281, 284, 291, 294, 296, 297,
298, 299, 300, 301, 303, 306,
307, 308, 309, 310, 312, 316,
317, 318, 319, 320, 321, 482,
484, 486, 495, 698, 699, 701

十九劃

關係取向, 147, 148, 149, 154,
155, 156, 157, 160, 161, 162,
164, 169, 171, 174, 176, 179,
180, 183, 186, 187, 189, 190,
192, 193, 195, 210, 213, 215,
236, 281, 286, 287, 288, 290,
294, 304, 307, 310, 347, 530,
589, 591, 592, 595, 596, 600,

【東亞文明研究叢書】

42. 陳昭瑛：《儒家美學與經典詮釋》
43. 黃光國：《儒家關係主義：文化反思與典範重建》
44. 李弘祺(編)：《中國教育史英文著作評介》
45. 古偉瀛(編)：《東西交流史的新局：以基督宗教為中心》
46. 高明士(編)：《東亞傳統家禮、教育與國法（一）：家族、家禮與教育》
47. 高明士(編)：《東亞傳統家禮、教育與國法（二）：家內秩序與國法》
48. 高明士：《中國中古的教育與學禮》
49. 林月惠：《良知學的轉折：聶雙江與羅念菴思想之研究》
50. 鄭仁在、黃俊傑(合編)：《韓國江華陽明學研究論集》
51. 吳展良(編)：《東亞近世世界觀的形成》
52. 楊儒賓、祝平次(合編)：《儒學的氣論與工夫論》
53. 鄭毓瑜(編)：《中國文學研究的新趨向：自然、審美與比較研究》
54. 祝平次、楊儒賓(合編)：《天體、身體與國體：迴向世界的漢學》
55. 葉國良、鄭吉雄、徐富昌(合編)：《出土文獻研究方法論文集初集》
56. 李明輝：《儒家視野下的政治思想》
57. 陳昭瑛：《臺灣儒學：起源、發展與轉化》
58. 甘懷真、貴志俊彥、川島真(合編)：《東亞視域中的國籍、移民與認同》
59. 黃俊傑：《德川日本《論語》詮釋史論》
60. 黃俊傑(編)：《東亞視域中的茶山學與朝鮮儒學》
61. 王曉波：《道與法：法家思想和黃老哲學解析》
62. 甘懷真(編)：《東亞歷史上的天下與中國概念》
63. 黃俊傑：《戰後臺灣的轉型及其展望》
64. 張伯偉：《東亞漢籍研究論集》
65. 黃俊傑、林維杰(合編)：《東亞朱子學的同調與異趣》
66. 林啟屏：《從古典到正典：中國古代儒學意識之形成》
67. 黃俊傑：《臺灣意識與臺灣文化》
68. 黃俊傑：《東亞儒學：經典與詮釋的辯證》
69. 張崑將：《德川日本儒學思想的特質：神道、徂徠學與陽明學》
70. 高明士：《東亞傳統教育與法文化》
71. 古偉瀛：《臺灣天主教史研究論集》
72. 徐興慶、陳明姿（合編）：《東亞文化交流：空間・疆界・遷移》
73. 楊國樞、陸洛（合編）：《中國人的自我：心理學的分析》

【東亞文明研究資料叢刊】

1. 吳展良(編)：《朱子研究書目新編 1900-2002》
2. 徐興慶(編)：《新訂朱舜水集補遺》
3. 劉文清、李隆獻(合編)：《中韓訓詁學研究論著目錄初編》
4. 鄧洪波(編)：《東亞歷史年表》
5. 謝金蓉(編)：《蔡惠如和他的時代》
6. 徐興慶、蔡啟清(編校)：《現代日本政治事典》

【東亞文明研究書目叢刊】

1. 張寶三(主編)：《臺灣大學圖書館藏珍本東亞文獻目錄
　　　　　　——日文臺灣資料篇》

國家圖書館出版品預行編目資料

中國人的自我：心理學的分析 ／ 楊國樞、陸洛合編.
--初版--臺北市：國立臺灣大學出版中心 2008〔民97〕
816 面；15 * 21 公分.(東亞文明研究叢書；73)
含名詞索引及人名索引
ISBN: 978-986-01-3992-1 (精裝)

1. 民族心理學 2. 民族性 3. 中華民族

535.72 97007268

統一編號 1009701124

東亞文明研究叢書 73
中國人的自我：心理學的分析

編　　者：楊國樞、陸洛
策 劃 者：國立臺灣大學人文社會高等研究院
　　　　　「東亞經典與文化」研究計畫（http://www.eastasia.ntu.edu.tw）
出 版 者：國立臺灣大學出版中心
發 行 人：李嗣涔
發 行 所：國立臺灣大學出版中心（http://www.press.ntu.edu.tw）
法律顧問：賴文智律師
展 售 處：國立臺灣大學出版中心
　　　　　10617 臺北市羅斯福路四段 1 號
　　　　　電話：02-23659286　傳真：02-23636905
　　　　　E-mail：ntuprs@ntu.edu.tw
責任編輯：吳欣蓓、林沛熙
封面設計：昇薰閣（sublimation.studio@gmail.com）
出版時間：2008 年 6 月初版
定　　價：新臺幣 1200 元整

GPN: 1009701124
ISBN: 978-986-01-3992-1 (精裝)